올라마와 오픈소스 LLM을 활용한

AI 에이전트 개발 입문

로컬 LLM을 활용한 보안과 비용 걱정 없는
지능형 AI 에이전트 구축

올라마와 오픈소스 LLM을 활용한

AI 에이전트 개발 입문

지은이 서영배, 김병규, 임재봉
펴낸이 박찬규 엮은이 이대엽 디자인 북누리 표지디자인 Arowa & Arowana

펴낸곳 위키북스 전화 031-955-3658, 3659 팩스 031-955-3660
주소 경기도 파주시 문발로 115 세종출판벤처타운 311호

가격 28,000 페이지 364 책규격 175 x 235mm

초판 발행 2026년 01월 02일
ISBN 979-11-5839-655-8 (93000)

등록번호 제406-2006-000036호 등록일자 2006년 05월 19일
홈페이지 wikibook.co.kr 전자우편 wikibook@wikibook.co.kr

올라마와 오픈소스 LLM을 활용한

AI 에이전트 개발 입문

로컬 LLM을 활용한 보안과 비용 걱정 없는
지능형 AI 에이전트 구축

서영배, 김병규, 임재봉 지음

위키북스

저자 소개

서영배

하고자 하면 못할 것이 없다는 개발자. 모바일부터 프런트엔드/백엔드를 거쳐 현재는 임베디드 프로젝트에 참여 중이다. 되면 한다!

김병규

'Mobile' 분야에서 임베디드 개발자로 시작했다. 'Mobility'를 위해 SDV와 자율주행을 만들었다. 이제 세 번째 'M'을 찾아, 'Medical' AI와 로보틱스로 향하는 여정을 시작했다.

임재봉

AI 개발자와 임베디드 개발자 사이의 어딘가에 위치한 개발자. 로봇, 자동차, 공장, 농장, 병원 등 다양한 필드를 누비며 임베디드 AI를 개발하고 있다.

서문

지금 이 시대를 표현하는 단어를 하나 꼽으라면 단연 AI를 꼽는 분이 많을 것입니다. 알파고를 보며 놀라워하던 게 엊그제 같은데, 어느새 AI가 인간의 직업을 대체하지 않을까 진지하게 고민하기 시작했습니다. 특히 소프트웨어 개발 분야에 불어온 AI의 바람이 심상치 않습니다. 최근에 등장한 CLI 기반 AI 코딩 도구들은 '바이브 코딩'이라는 새로운 트렌드를 확산시켰고, 개발자들에게 새로운 시대로의 적응을 강요하는 듯합니다. AI로 바뀐 바둑계의 풍경처럼 프로그래머의 개발 풍경도 변화하고 있습니다.

그럼에도 소프트웨어 개발의 주도권은 아직 개발자에게 있어 보입니다. 최종적으로 어떤 모습으로 변화할지는 알 수 없지만 상당 기간 동안 개발자는 AI와 공생(?)하는 모습으로 적응해 나갈 것입니다. 그래서 우리는 AI가 충분히 똑똑해질 때까지 AI를 똑똑하게 사용하는 방법을 배워야 합니다.

소프트웨어를 개발하다 보면 AI에 대한 갈증을 느낄 때가 있습니다. 논리와 계산을 코드로 구현하는 것은 개발자에게 익숙하고 자연스러운 일입니다. 하지만 사람의 의도를 파악하고 그에 맞게 동작하는 코드를 만드는 것은 전혀 다른 차원의 도전입니다. 예를 들어, 사용자가 남긴 메모에서 의미 있는 태그를 추출하거나 특정 태그와 가장 부합하는 메모를 찾아내는 작업을 생각해 봅시다. 사람이라면 직관적으로 해낼 수 있는 일이지만 이를 코드로 구현하려면 난감해집니다. 프로그래밍 경험이 있는 분이라면 단순한 키워드 매칭 그 이상이 필요하다는 것을 잘 아실 것입니다.

바로 이 지점에서 우리는 AI의 도움을 절실히 필요로 합니다. AI는 인간 수준 또는 그 이상의 능력으로 사람이 필요한 작업을 반복적이고 안정적으로 수행할 수 있습니다. 그리고 AI의 대중화와 함께 이 작업을 구현할 수 있는 방법도 마련됐습니다. 하지만 실제 구현 단계에서 개발자들은 '그럼 어디서부터 어떻게 시작해야 할까?'라는 의문에 부딪힙니다. 어떤 프레임워크와 언어를 선택하고, 코드를 어떻게 구현해야 할까? 내 개발 환경에서 어떤 라이브러리를 활용해야 할까? 이런 기본적인 고민부터 시작해야 합니다.

이 질문에 대한 가장 실용적이고 보편적인 답이 바로 랭체인(LangChain)입니다. 사람의 직접적인 개입 없이는 풀기 어려웠던 문제들이 랭체인을 이용한 프로그래밍으로 해결 가능해집니다. 더 나아가 MCP(Model Context Protocol)는 AI 시스템이 외부 데이터와 도구에 접근할 수 있게 해주는 새로운 표준으로, 랭체인과 결합했을 때 더욱 강력한 AI 애플리케이션 개발을 가능하게 합니다. 이 도구들을 사용하는 방법만 배우면 기존에 우리를 괴롭혔던 문제들을 AI를 이용해 해결할 수 있습니다.

이 책은 바로 이러한 필요를 가진 개발자들을 위해 실용적인 가이드이자 출발점을 제공하기 위해 만들어졌습니다. 특히 AI 전공자가 아닌 일반 개발자들이 AI 프로그래밍에 입문할 수 있도록 세심하게 구성했습니다. 단순히 랭체인과 에이전트, MCP의 사용법만을 나열하는 것이 아니라, 그 동작 원리를 이해하는 데 필요한 AI 관련 기초 지식도 충실히 담으려 노력했습니다. 이 책이 여러분이 원하는 목표를 직접 구현해주지는 않지만, 목표를 위한 첫 몇 걸음을 시작할 수 있도록 도와줄 것입니다. 이후부터는 자연스레 여러분이 원하는 바를 구현해 나갈 수 있을 것입니다.

너무 급작스럽게 다가온 AI 시대를 헤쳐나가기 위해 여념이 없는 독자분들의 건투를 빕니다.

– 서영배, 김병규, 임재봉

책 사용 설명서

예제 코드와 데이터

예제 코드는 다음 주소의 깃허브 저장소에서 관리합니다.

```
https://github.com/godstale/ollama-mcp-tutorials
```

코드에 오류가 발견되면 저장소의 코드를 수정할 예정입니다. 다만 이전 버전과 호환되지 않는 큰 변경 사항이 생길 경우에는 기존 버전에 대한 지원이 어려울 수 있습니다.

실습 환경 안내

이 책의 실습 환경은 독자가 직접 자신의 PC(데스크톱 또는 노트북)에 필요한 소프트웨어를 설치하고, 익숙한 개발 도구(예: VS Code)를 활용해 실습할 수 있도록 구성돼 있습니다. 모든 예제는 파이썬(Python) 3.10 이상의 환경에서 작동하며, 패키지 관리에 uv를 사용합니다. 각 장의 예제 코드는 깃허브 저장소에서 내려받아 바로 실행할 수 있도록 구성돼 있어 별도의 복잡한 환경 설정 없이 실습을 시작할 수 있습니다.

이 책에서는 실습을 위해 로컬 컴퓨팅 환경에서 LLM을 실행할 수 있도록 해주는 올라마(Ollama)[1]와 Qwen3 8B 모델[2]을 사용합니다. Qwen3 8B는 80억 개의 파라미터를 가진 대형 언어 모델로, 한국어를 지원합니다. 이 모델은

1 https://ollama.com/

2 https://huggingface.co/Qwen/Qwen3-8B

RTX 3060 이상의 그래픽 카드를 탑재한 노트북이나 데스크톱에서 원활하게 실습 가능합니다.

그래픽 카드가 없는 노트북이나 환경 제약이 있는 독자를 위해 구글 코랩(Google Colab)[3]을 활용하는 방법도 안내합니다. 코랩은 별도의 하드웨어 없이도 GPU를 사용할 수 있는 환경을 제공하므로 로컬에서 실습하기 어려운 경우에도 예제를 따라 할 수 있습니다. 아래의 코랩 환경 설정과 코드 실행 방법을 참고하기 바랍니다.

일부 예제는 OpenAI의 챗GPT API를 활용했습니다. 챗GPT를 사용하려면 OpenAI에서 발급받은 API 키가 필요하며, 환경변수에 해당 키를 추가해야 합니다.

파이썬, Git 설치

이번에는 Git을 활용해 이 책의 예제 코드를 다운로드하고 파이썬 실습 환경을 구성하는 과정을 단계별로 설명하겠습니다.

윈도우 운영체제에서는 시작 버튼을 마우스 오른쪽 버튼으로 클릭하고 **실행**을 선택한 뒤, **실행** 창에서 cmd를 입력해 명령 프롬프트를 실행합니다. 그럼 다음 그림과 같이 명령 프롬프트가 열립니다.

3 https://colab.research.google.com/

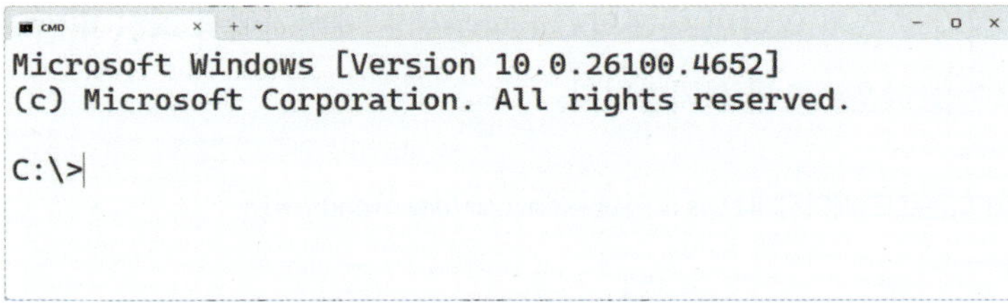

그림 0.1 명령 프롬프트 실행

이 책의 실습을 위해서는 3.10 버전 이상의 파이썬을 사용합니다. 터미널에서 다음 명령을 실행해 파이썬 설치 여부 및 버전을 확인합니다.

```
python --version
```

파이썬이 설치돼 있지 않거나 버전이 맞지 않는 경우 파이썬 공식 다운로드 페이지에서 파이썬 3.10.14 이상의 설치 프로그램을 다운로드해 설치합니다.

- 파이썬 다운로드 페이지: https://www.python.org/downloads/windows/

그러고 나면 터미널에서 `pip` 명령어를 사용해 `uv`를 설치합니다.

```
pip install uv
```

다음 명령으로 `uv` 버전을 확인합니다.

```
uv --version
```

다음으로 터미널에서 `git` 명령을 실행해 Git 설치 여부 및 버전을 확인합니다.

```
git --version
```

Git이 설치돼 있지 않다면 아래의 Git 다운로드 페이지에서 최신 버전의 설치 프로그램을 다운로드해 설치합니다.

- Git 다운로드 페이지: https://git-scm.com/downloads/win

명령 프롬프트에서 예제 코드 활용하기

명령 프롬프트에서 예제 코드를 저장할 폴더로 이동한 후 다음 명령을 실행해 깃허브 저장소의 예제 코드를 로컬 PC로 다운로드합니다.

```
git clone https://github.com/godstale/ollama-mcp-tutorials.git
```

예제 코드가 담긴 폴더로 이동합니다.

```
cd ollama-mcp-tutorials
```

이 폴더에는 실습에 필요한 모든 파일들이 포함돼 있으며, 다음 명령으로 확인할 수 있습니다.

```
dir
```

각 장의 예제 폴더로 이동합니다. 여기서는 아래 명령을 실행해 3장의 첫 번째 예제 폴더로 이동합니다.

```
cd ch03/01_simple_ollama_chat
```

다음 명령어를 순차적으로 입력해 예제를 실행합니다.

```
deactivate
uv sync
python main.py
```

VS Code에서 예제 코드 활용하기

이번에는 실습을 편리하게 할 수 있도록 마이크로소프트에서 개발한 무료 코드 에디터인 비주얼 스튜디오 코드(Visual Studio Code. 이하 VS Code)를 사용해 예제 코드를 활용하는 방법을 소개합니다. 만약 VS Code가 설치돼 있지 않다면 아래 사이트를 방문해서 설치하세요.

- VS Code 다운로드 페이지: `https://code.visualstudio.com/`

VS Code에서 앞서 Git으로 내려받은 폴더를 엽니다. 메뉴에서 **File → Open Folder**를 차례로 선택하고 예제 코드가 담긴 폴더를 선택합니다. 폴더가 열리면 VS Code의 왼쪽에 예제 코드의 폴더 구조가 나타납니다.

이어서 각 장의 예제 폴더로 이동한 후 `main.py` 파일을 선택합니다. 그럼 오른쪽 편집기 영역에서 코드 내용을 확인할 수 있습니다.

다음으로 VS Code에서 터미널을 엽니다. VS Code의 메뉴에서 **Terminal → New Terminal**을 차례로 선택합니다. 그러고 나서 하단에 표시된 터미널 탭의 화면에 실습 명령어를 입력해 예제를 실행하고 실행 결과도 확인할 수 있습니다.

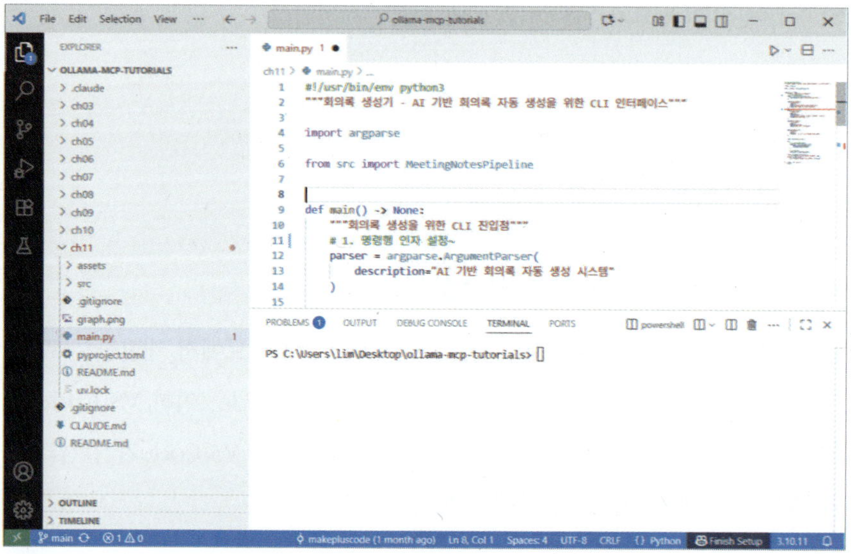

그림 0.2 VS Code에서 예제 코드와 터미널을 연 모습

코랩에서 예제 코드 활용하기

구글 코랩은 구글에서 제공하는 클라우드 기반의 주피터 노트북(Jupyter Notebook) 환경으로, 별도의 설치 과정 없이도 웹 브라우저를 통해 파이썬 코드를 작성하고 실행할 수 있는 무료 서비스입니다.

먼저 웹 브라우저에서 구글 코랩에 접속한 후 구글 계정으로 로그인합니다.

- 코랩 페이지: `https://colab.research.google.com/`

다음으로 이 책의 깃허브 저장소에 접속합니다.

- 깃허브 저장소: `https://github.com/godstale/ollama-mcp-tutorials`

깃허브 저장소의 README 페이지에서 스크롤을 조금 내리면 각 장별 코랩 링크를 확인할 수 있습니다. 예제별로 코랩 파일을 제공하므로 별도의 코드 추가 없이도 곧바로 예제를 테스트해 볼 수 있습니다.

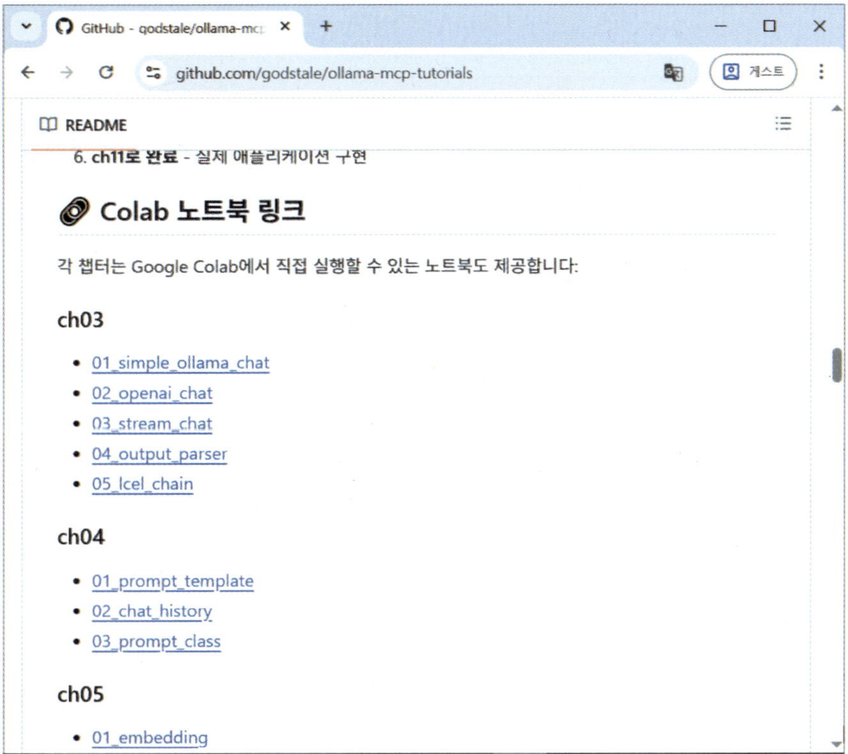

그림 0.3 실습 노트북 링크가 포함된 깃허브 저장소

실행하고 싶은 예제의 코랩 링크를 클릭하면 실습을 위한 코드가 모두 준비돼 있는 것을 확인할 수 있습니다. 참고로 API 키와 같이 독자가 직접 설정해야 하는 부분도 있는데, 이러한 사항만 설정하고 나면 **런타임** 메뉴의 **모두 실행**을 클릭하거나 Ctrl+F9를 누르면 실행 결과를 확인할 수 있습니다.

이를 통해 예제 코드를 실행하기 위한 환경을 별도로 구축하지 않고도 이 책의 실습을 진행할 수 있습니다.

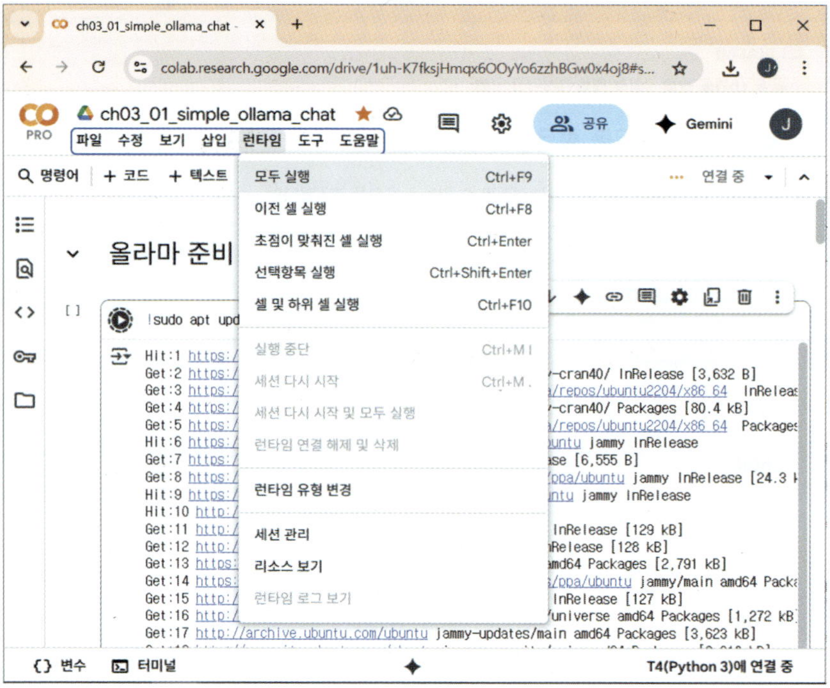

그림 0.4 코랩에서 예제를 실행

01. 대규모 언어 모델과 AI 에이전트 1

1.1 일상에 다가온 AI 에이전트 2

1.1.1 AI 에이전트를 시작하는 방법 3

1.1.2 오픈소스로 일상에 더 다가온 LLM 6

1.2 내 컴퓨터에서 작동하는 AI 에이전트 9

1.2.1 오픈소스 LLM의 장점 9

1.2.2 오픈소스 LLM 생태계: 라마와 올라마 10

1.2.3 한국어 LLM의 가능성과 Qwen 모델 12

1.3 LLM과 AI 에이전트의 이해 13

1.3.1 LLM이란? 14

1.3.2 LLM의 발전 과정 15

1.3.3 LLM의 구조와 작동 원리 17

1.3.4 최신 LLM 구조 20

1.3.5 LLM의 훈련과 활용 22

02. LLM과 올라마 25

2.1 올라마 시작하기 26

2.1.1 올라마 설치 26

2.1.2 올라마 실행 28

2.1.3 모델 관리 29

2.1.4 올라마로 다양한 오픈소스 LLM 사용해 보기 30

2.1.5 올라마로 다양한 크기의 LLM 사용해 보기 32

2.1.6 올라마로 양자화 LLM 사용해 보기 34

2.2 AI 에이전트 개발환경 설정 38

2.2.1 AI 프로그래밍에 적합한 언어, 파이썬 38

2.2.2 uv 패키지 관리자 설치와 사용법 40

2.3 올라마 API와 SDK 연동 45

2.3.1 상용 LLM API와 같은 REST API 방식 46

2.3.2 올라마 파이썬 SDK 사용 50

2.4 올라마 GUI와 웹 UI 55

2.4.1 올라마에 연결할 수 있는 GUI 도구 55

2.4.2 Open WebUI 설치 및 사용법 59

2.4.3 올라마 GUI 60

03. 랭체인: AI 프로그래밍의 시작 63

3.1 랭체인의 개념과 특징 63

3.1.1 랭체인이란? 64

3.1.2 랭체인의 구성 요소 65

3.2 올라마를 이용한 채팅 예제 68

3.2.1 올라마 채팅 예제 분석 70

3.2.2 LLM 모델 변경 방법 73

3.3 상용 LLM을 사용하는 방법 74

3.3.1 상용 LLM 채팅 예제 소개 74

3.3.2 OpenAI 채팅 예제 분석 80

3.3.3 상용 모델의 장단점과 주의사항 81

3.4 스트리밍 출력 예제 82
3.4.1 스트리밍 출력 예제 소개 82
3.4.2 스트리밍 출력 예제 분석 84
3.4.3 출력 방식과 출력 형식 85
3.5 출력 형식 변경 예제 86
3.5.1 JSON 출력으로 바꾸는 예제 86
3.5.2 소스코드 분석 88
3.5.3 다양한 출력 형식 91
3.6 LCEL을 이용한 기본 예제 92
3.6.1 LCEL 예제 소개 93
3.6.2 LCEL 예제 분석 95
3.6.3 LCEL의 장점 97
04. 프롬프트 엔지니어링 98
4.1 프롬프트 엔지니어링이란? 98
4.1.1 프롬프트와 프롬프트 엔지니어링 99
4.1.2 프롬프트 엔지니어링이 필요한 이유 100
4.2 랭체인에서 프롬프트를 제어하는 방법 101
4.2.1 프롬프트 템플릿 예제 소개 102
4.2.2 프롬프트 템플릿 예제 분석 104
4.2.3 프롬프트와 변수 106
4.3 대화 내용을 기억하는 연속 채팅 107
4.3.1 연속 채팅 예제 소개 107
4.3.2 연속 채팅 예제 분석 110
4.3.3 대화 기록 기능의 활용 112

4.4 프롬프트 클래스와 출력 스트림 처리 113
4.4.1 프롬프트 클래스와 출력 스트림 처리 예제 소개 114
4.4.2 프롬프트 클래스와 출력 스트림 처리 예제 분석 116
4.4.3 프롬프트와 출력 스트림의 활용 120

05. 검색 증강 생성(RAG) 123

5.1 RAG의 개념과 특징 124
5.1.1 RAG란? 124
5.1.2 RAG의 구성 요소 125

5.2 올라마를 이용한 임베딩 128
5.2.1 임베딩이란? 129
5.2.2 올라마 임베딩 예제 131
5.2.3 올라마 임베딩 예제 분석 134

5.3 벡터 저장소와 검색 136
5.3.1 랭체인 벡터 저장소 예제 138
5.3.2 올라마 임베딩 예제 분석 139

5.4 랭체인을 이용한 RAG 구현 141
5.4.1 랭체인 RAG 예제 142
5.4.2 랭체인 RAG 예제 분석 143

5.5 PDF를 활용한 RAG 148
5.5.1 랭체인 PDF RAG 예제 148
5.5.2 PDF RAG 예제 분석 150
5.5.3 RAG 예제의 활용 155

06. 랭스미스: AI 애플리케이션 모니터링 156

6.1 랭스미스: LLM 테스트, 평가 및 모니터링 도구 156

6.2 랭스미스 작동 모니터링 159

6.2.1 프로젝트 생성과 API 키 발급 159

6.2.2 테스트용 예제 코드 소개 164

6.2.3 작동 모니터링 167

6.3 랭체인 허브 시작하기 170

6.3.1 랭체인 허브를 이용한 뉴스 요약 예제 172

6.3.2 랭체인 허브를 이용한 뉴스 요약 예제 분석 174

6.3.3 랭체인 허브 사용의 효과 176

6.4 랭스미스 클라이언트를 통해 랭체인 허브 사용하기 178

6.4.1 랭스미스 클라이언트 예제 분석 180

07. 에이전트: 지능적인 LLM 사용법 182

7.1 에이전트가 필요한 이유 182

7.1.1 LLM의 한계와 도구 183

7.1.2 에이전트의 등장 184

7.1.3 에이전트의 작동 구조 186

7.1.4 에이전트의 시작: ReAct 188

7.2 검색엔진을 이용한 챗봇 에이전트 189

7.2.1 검색엔진 챗봇 에이전트 예제 소개 189

7.2.2 검색 엔진을 이용한 챗봇 에이전트 분석 193

7.2.3 에이전트 작동 모니터링 198

7.3 다양한 도구를 활용하는 에이전트 구현 200
7.3.1 멀티 도구 에이전트 예제 소개 200
7.3.2 여러 개의 도구를 사용하는 에이전트 예제 분석 204
7.3.3 에이전트 작동 모니터링 207

08. 랭그래프와 멀티 에이전트 시스템 211

8.1 랭그래프와 멀티 에이전트 시스템 소개 212
8.1.1 랭그래프란? 212
8.1.2 랭그래프의 구성 요소 215

8.2 랭그래프 챗봇 예제 218
8.2.1 프로젝트 생성과 테스트 218
8.2.2 랭그래프 챗봇 예제 분석 220
8.2.3 랭그래프 챗봇 실행 모니터링 226

8.3 랭그래프 에이전트 구현 예제 228
8.3.1 프로젝트 생성과 테스트 228
8.3.2 랭그래프 도구 추가 예제 분석 230
8.3.3 작동 모니터링 236

8.4 랭그래프 기능 확장 예제 238
8.4.1 사용자 입력과 일시 중지 기능 테스트 238
8.4.2 작동 모니터링 247

8.5 멀티 에이전트 예제 248
8.5.1 멀티 에이전트 예제 테스트 249
8.5.2 멀티 에이전트 예제 분석 253
8.5.3 작동 모니터링 258

09. MCP 활용법 261

9.1 MCP 소개 262

9.1.1 MCP란? 262

9.1.2 MCP의 작동 구조 263

9.1.3 MCP 저장소, Smithery.ai 265

9.2 클로드 데스크톱과 MCP 테스트 268

9.2.1 클로드와 클로드 데스크톱 268

9.2.2 클로드 데스크톱 설치 및 실행 270

9.2.3 클로드 데스크톱에 도구 연결하기 271

9.2.4 클로드 데스크톱에 연결된 도구 활용하기 275

9.3 MCP 에이전트 구현 예제 277

9.3.1 프로젝트 생성과 테스트 277

9.3.2 MCP 에이전트 예제의 파일 구조와 MCP 코드 281

9.3.3 MCP 에이전트 예제 메인 파일 286

9.3.4 MCP 에이전트 작동 모니터링 292

10. [예제 프로젝트] AI 뉴스 블로그 작성 자동화하기 297

10.1 노션 블로그 생성 및 노션 MCP 연결 298

10.1.1 노션 블로그 만들기 300

10.1.2 노션 MCP 연결하기 303

10.1.3 노션 MCP 테스트하기 307

10.2 긱뉴스 MCP 연결 및 AI 뉴스 블로그 자동화하기 311

10.2.1 긱뉴스 MCP 연결하기 312

11. [프로젝트] 멀티모달 AI로 구현하는 자동 회의록 애플리케이션 317

11.1 멀티모달 LLM과 음성인식 AI 모델 318

11.1.1 멀티모달 LLM 319

11.1.2 위스퍼 음성인식 모델 320

11.1.3 회의록 워크플로 설계 322

11.2 회의록 구현 예제 323

11.2.1 위스퍼와 LLM을 이용한 AI 회의록 예제 소개 323

11.2.2 메인 로직(main.py) 326

11.2.3 전체 파이프라인 구현(pipeline.py) 327

11.2.4 음성 파일 전사(transcriber.py) 331

11.2.5 로컬 LLM을 통한 요약(summarizer.py) 333

11.2.6 요약 파일 저장(file_handler.py) 335

CHAPTER

01

대규모 언어 모델과 AI 에이전트

다소 급작스럽게 다가오긴 했지만 AI 서비스가 더 이상 낯설지 않은 시대입니다. 우리는 이제 일상에서도 검색, 요약, 번역뿐만 아니라 창작, 코딩, 디자인 등 다양한 분야에서 AI를 사용하고 있습니다. 그리고 그 중심에는 대규모 언어 모델(Large Language Models; LLM), AI 에이전트(Agent)와 같은 기술들이 자리 잡고 있습니다.

따라서 새로운 AI 서비스를 만들고 싶거나 업무 또는 개인적인 관심으로 AI를 활용한 개발에 관심이 있다면 실질적인 개발을 시작하기 전에 LLM과 AI 에이전트의 작동 원리를 알아둘 필요가 있습니다. 그렇다고 이 책에서 AI 전공자 수준의 이론들을 다루는 것은 아닙니다. AI 개발을 하면서 마주치게 될 내용들을 이해하기 쉽도록 미리 알아뒀으면 하는 이론 정도를 다룰 예정입니다.

이 책의 1장에서는 가벼운 마음으로 읽을 수 있도록 앞서 말씀드린 내용을 풀어보겠습니다. 만약 이 같은 내용이 이미 익숙하다면 곧바로 2장부터 읽으셔도 좋습니다.

1.1 일상에 다가온 AI 에이전트

마이크로소프트 창업자 빌 게이츠는 AI 에이전트를 '사람의 작업을 대신해 주는 소프트웨어'라고 정의했고, 엔비디아 창업자 젠슨 황은 '디지털 노동력'으로 봤습니다. 이는 AI를 실무에 활용하려는 사람들의 주요 관점을 잘 보여줍니다. 즉, 사람처럼 생각하고 대답하는 일반 인공 지능(Artificial General Intelligence; AGI)보다는, 특정 목적을 달성하기 위해 스스로 계획하고 결과를 도출하는 '도구'로서의 AI의 가능성에 집중하고 있는 것입니다.

AI 기술이 발전하기 전에는 동적으로 변화하는 환경에 맞춰 사전에 입력된 프로그램(로직)에 의존해야 했고, 프로그램이 처리할 수 없는 영역은 사람의 판단과 개입이 필요했습니다. 그런데 AI 기술이 발전하고 그 가능성이 입증되기 시작하면서 사람의 판단과 개입이 필요한 부분들도 AI로 대체해서 자동화가 가능해졌습니다. 여기서 '사람의 판단과 개입'에 해당하는 부분을 대체하는 기술이 AI 에이전트라고 할 수 있습니다. 즉, AI 에이전트는 사람의 말과 의도를 이해하고 다양한 도구와 연동되어 자율적으로 작업을 수행하는 프로그램이라 할 수 있습니다.

이러한 AI 에이전트의 중심에는 대규모 언어 모델(LLM)이 있습니다. LLM은 실질적으로 데이터를 처리하는 AI의 '뇌'에 해당합니다. 이 '뇌'가 주변 환경(데이터)과 상호작용하고, 우리가 원하는 목적에 맞게 작동하도록 감싸는 것이 AI 에이전트입니다.

예를 들어, 사용자가 "오늘 대한민국의 지역별 날씨를 알려줘. 그리고 내 컴퓨터에서 날씨가 좋은 지역의 등산 루트를 사내 동호회 슬랙 채널에 공유해 줘."라고 요청하면 LLM은 날씨 API를 호출해 기상 정보를 가져오고, 내 컴퓨터 파일과 슬랙 서비스를 연동해 작동합니다. 이를 위해 LLM은 사용자의 요청을 세부적인 작업으로 나누고 실행 순서를 결정합니다. 그리고 이전 실행 결과를 참고하면서 작업을 순차적으로 실행해 나가고, 최종 결론을 도출합니다. AI 에이전트는 LLM이 사용할 수 있도록 도구들을 제공하고, 실제 도구를 실행하면서 LLM이 외부와 상호작용할 수 있도록 돕습니다.

이러한 LLM과 AI 에이전트를 범용적으로 사용하기 쉽게 제공하는 것이 바로 상용 LLM(AI) 서비스입니다. 현재 가장 유명한 LLM 서비스는 OpenAI의 챗GPT(ChatGPT), 구글의 제미나이(Gemini), 앤트로픽(Anthropic)의 클로드(Claude)이며, 이들은 LLM과 대화할 수 있는 웹사이트뿐 아니라 코딩, 검색 등 다양한 부가 기능도 함께 제공합니다. 이 외에도 다양한 분야에서 LLM이 결합된 서비스가 출시되고 있으며, 분야별로 특화된 새로운 LLM 서비스들도 계속해서 출시되고 있습니다.

이처럼 LLM과 AI 에이전트는 우리의 일상을 혁신하고 있습니다. 단순히 검색을 할 때도 LLM을 활용하고, 직장인들은 LLM을 이용해 보고서 초안을 만들고, 개발자들은 LLM이 결합된 개발 도구를 활용해 코드 작성에 도움을 받고 있습니다. 하지만 이것은 시작에 불과합니다. AI 기술을 적용할 분야는 무궁무진하며, 적용 과정에서 수많은 도전과 시행착오를 거쳐야 합니다. 이것이 바로 우리가 LLM과 AI 에이전트를 배우고 AI 프로그래밍을 시작해야 하는 이유입니다.

1.1.1 AI 에이전트를 시작하는 방법

AI 에이전트를 구성하는 핵심이 LLM이므로 AI 에이전트를 프로그래밍하기 위해서는 목적에 맞는 LLM을 선택하고 활용할 수 있어야 합니다. LLM을 사용하는 방법은 크게 두 가지로 나눌 수 있습니다. 상용 LLM을 이용하는 방법과 로컬 환경에서 LLM을 직접 구동하는 방법입니다.

상용 LLM은 비용을 지불하고 LLM 제공 서비스에 가입해 전용 API를 사용하는 방식입니다. 반면, 로컬 LLM은 라마(Llama), 딥시크(DeepSeek) 같은 오픈소스 LLM을 개인/사내 컴퓨터에 직접 설치해 사용하는 방식입니다. 두 방식의 장단점을 더 자세히 살펴보겠습니다.

상용 LLM

앞에서 소개한 챗GPT, 제미나이, 클로드는 가장 널리 알려진 상용 LLM으로서 클라우드 환경에서 실행됩니다. 즉, 각각의 서비스가 구축한 자체 서버군에서 LLM이 작동하고, 각 서비스의 웹사이트나 API를 통해 LLM을 사용할 수 있습니다. 이러한 상용 LLM은 대부분 고성능의 최신 GPU 인프라에서 운영되기 때문에 일반적으로 빠른 응답 속도와 높은 정확도, 그리고 대규모 연산 처리 능력을 안정적으로 제공합니다.

이런 서비스는 사용자들이 별도의 사전준비 작업 없이 LLM 기능을 활용할 수 있도록 해줍니다. 상용 LLM이 단순한 텍스트 생성 기능 외에도 이미지, 음성 등 멀티모달 입력이나 인터넷 검색, 파일 분석 등 부가 기능을 통합해서 제공하기 때문에 LLM에 대한 깊은 이해 없이도 비전문가가 AI 기능을 손쉽게 업무에 접목할 수 있는 환경을 마련해 줍니다.

다만 이러한 접근 방식에는 비용 문제가 뒤따릅니다. 상용 LLM 서비스들은 무료 요금제를 일시적으로 제공하기도 하지만 대부분 월 혹은 연 단위 구독 요금제를 기본으로 합니다. 하지만 그럼에도 사용량이나 성능의 제한이 있는 경우가 많습니다. 특히 개발자가 상용 LLM의 API를 연동해서 지속적으로 작동하는 서비스를 제공할 경우 사용량에 따라 요금도 기하급수적으로 증가하는 문제가 발생합니다. 만약 만들고자 하는 서비스가 챗봇, 문서 요약기, 코드 생성기처럼 한 번의 질의에서 수천 개의 토큰이 소비되는 경우, 그리고 이를 반복적으로 호출하는 경우에는 큰 비용 부담이 발생할 수 있습니다.

항상 인터넷 연결이 필요하다는 점도 또 하나의 주된 제약 요인입니다. 상용 LLM은 외부 네트워크를 통해 제공되기 때문에 금융, 헬스케어, 국방 등과 같이 보안이 중요한 산업이나 인터넷 연결이 차단된 내부망 환경에서는 사용할 수 없을 때가 많습니다. 또한 민감한 데이터나 개인 정보가 외부 서비스에 전송되는 과정에서 발생할 수 있는 데이터 프라이버시 문제는 상용 LLM 사용을 꺼리게 하는 주요 요인 중 하나입니다.

로컬 LLM

로컬 LLM(Local LLM) 방식은 내 컴퓨터에 오픈소스 LLM을 직접 설치해서 이용하는 방법으로, 최근 라마, 딥시크, 제마(Gemma) 같은 고성능 LLM을 쉽게 다운로드할 수 있게 되면서 점점 더 현실적인 대안이 되고 있습니다. 로컬 LLM의 최대 장점은 상용 LLM과 달리 사용량에 따라 증가하는 비용 부담이 없다는 점입니다. 물론 로컬 LLM 구동을 위한 하드웨어 초기 투자 비용이 발생하지만 이후로 발생하는 비용은 상용 LLM 방식에 비해 미미합니다. 또한 데이터가 외부로 유출되지 않으므로 보안성이 높다는 점도 장점입니다. 따라서 외부 네트워크를 사용하기 힘든 환경이나 외부 서버로의 정보 공유가 제한적인 서비스에 알맞습니다. 민감 데이터나 개인 정보가 유출되지 않아 프라이버시 이슈도 없습니다.

하지만 로컬 LLM을 사용하려면 상당한 배경 지식이 필요합니다. LLM 모델의 다운로드 및 설치, 실행 환경 설정, 유지보수 과정에 상당한 시간과 노력이 소요되기 때문입니다. 다행히도 최근에는 로컬 LLM을 쉽게 사용할 수 있는 방법들이 속속 나오고 있긴 하지만 개인용 컴퓨터 성능의 한계로 상용 LLM처럼 고성능의 LLM을 사용하기 어려울 수 있습니다. 이 또한 최근에는 좀 더 가볍고도 고성능의 LLM이 출시되면서 한계가 점차 해소되고 있습니다. 따라서 로컬 LLM 방식은 여러 가지 어려움이 있지만 점차 단점이 상쇄되고 있으며, 특유의 장점으로 인해 앞으로 더 많은 사람들이 사용하게 될 것으로 기대됩니다.

다소 길게 설명했지만 요약해서 상용 LLM과 로컬 LLM을 비교해 보면 다음과 같습니다.

표 1.1 상용 LLM과 로컬 LLM 비교

	상용 LLM	로컬 LLM
일반적인 사용	웹사이트, 모바일 앱, 데스크톱 앱 등 편리한 UI가 기본 제공	기본적으로는 단순한 UI만 제공하나 별도 UI 프로그램을 설치해 연동 가능
AI 에이전트 개발	▪ API 연동 시 사용량에 따른 과금 ▪ 보안이나 프라이버시 이슈 발생 가능	▪ 사용량에 따른 과금이 없음 ▪ 내부망에도 사용 가능 ▪ 보안정책에서 비교적 자유로움 ▪ 오픈소스 LLM을 이용

1.1.2 오픈소스로 일상에 더 다가온 LLM

이번 절에서는 LLM의 종류와 오픈소스 LLM에 대해 더 자세히 알아보고, 특히 AI 에이전트 개발을 위해서는 어떤 점을 고려해야 하는지 중점적으로 알아보겠습니다.

LLM의 종류와 선택

앞에서 설명했듯이 상용 LLM은 주로 API 형태로 제공되며, 사용자가 모델 내부 구조에 접근할 수 없습니다. 그러나 오픈소스 LLM은 자유롭게 수정하고 로컬에서 실행할 수 있으며, 모델의 구조나 학습 방식, 파라미터에 접근할 수 있는 투명성을 제공합니다. 이를 통해 사용자는 모델을 자신의 환경과 목적에 맞게 조정하거나, 특수한 기능을 추가할 수도 있습니다. 오픈소스 LLM은 주로 깃허브(GitHub) 같은 저장소를 통해 공개되며, 대표적으로 허깅페이스(Hugging Face) 플랫폼[1]에서 수많은 오픈소스 모델이 공유되고 있습니다. 허깅페이스는 오픈소스 모델의 허브 역할을 하며, 사용자가 손쉽게 모델을 검색하고 다운로드하거나, 파인튜닝(Fine-tuning) 및 실험을 할 수 있는 환경을 제공합니다.

허깅페이스에 수많은 오픈소스 LLM이 있다고 하더라도 내가 사용하는 언어에 맞는 LLM이 아니면 그림의 떡일 수 있습니다. 대부분의 LLM은 영어로 훈련됐기 때문에 한국어, 중국어, 아랍어 등 다양한 언어를 얼마나 자연스럽게 처리할 수 있느냐가 모델 선택에 큰 영향을 주기 때문입니다. 최근 다국어를 지원하는 LLM 개발이 하나의 주요 추세로 자리 잡고 있으며, 한국어 역시 이러한 다국어 지원 대상에 포함되는 경우도 늘고 있습니다. 예를 들어, 딥시크나 Qwen 같은 중국에서 개발된 LLM도 한국어 처리에서 우수한 성능을 보여주고 있습니다.

운영 환경과 모델 크기도 고려해야 할 중요 요소입니다. 모델의 파라미터 수가 많을수록 일반적으로 성능은 좋아지지만, 실행을 위해 요구되는 메모리와 연산 자원도 커집니다. 따라서 개인 사용자나 연구자는 상대적으로 경량화된 모델을 선택하는 것이 현실적일 수 있습니다. 특히 자체 개발 환경에서 모델을 직접 운영할 경우에는 시스템의 하드웨어 제약과

1 https://huggingface.co/

비용을 고려해 선택하지 않고 LLM 성능만 좇으면 아예 서비스가 불가능할 정도로 느려질 수 있습니다.

아울러 학습 목적도 중요한 기준입니다. 범용 LLM은 다양한 작업에 사용할 수 있도록 훈련되고 튜닝돼 있는 반면, 의료, 법률, 기술 등 특정 분야에 특화된 LLM 모델은 해당 영역에서 더 높은 정확도를 보입니다. 이러한 특화 모델은 보통 사전 훈련된 범용 모델을 기반으로, 해당 도메인의 전문 데이터를 추가로 학습시키는 방식으로 생성됩니다. 예를 들어, 의료 분야에서는 환자의 증상, 질병명, 진단 기록 등과 같은 의료 데이터를 사용해 모델을 추가 학습시켜 진단 보조나 상담 응답에서 훨씬 더 정확하고 맥락에 맞는 결과를 제공할 수 있습니다. 따라서 분명한 목표를 두고 전문화된 LLM이 필요한 경우 그에 맞는 LLM을 찾거나 훈련해 사용해야 합니다.

이처럼 다양한 요소들을 종합적으로 고려해 자신의 기술 환경, 데이터 보안, 비용 예산, 작업 목적에 맞는 최적의 LLM을 선택해야 합니다.

오픈소스 LLM의 중요성

많은 독자들이 '왜 상용 LLM 대신 오픈소스 LLM을 써야 할까?'라는 의문을 가질 수 있습니다. 목적에 따라 정답은 다르지만 오픈소스 모델에는 자율성과 유연성이라는 무시할 수 없는 강점이 있기 때문입니다.

오픈소스 LLM은 로컬에서 직접 실행할 수 있기 때문에 인터넷 연결이 없거나 민감한 데이터를 다뤄야 하는 환경에서 유리합니다. 특히 스마트폰, 태블릿, 노트북 같은 개인화 기기에서는 직접 장치에 모델을 탑재해 실행하는 방식을 사용하면 인터넷 연결 없이도 작동할 수 있고, 사용자 데이터를 외부로 전송하지 않기 때문에 개인 정보 보호 측면에서 매우 강력한 선택지가 됩니다.

또한 상용 API의 경우 사용량에 따라 요금이 빠르게 증가할 수 있지만 오픈소스 모델은 초기 다운로드 이후 사용료가 들지 않기 때문에 비용 측면에서도 매력적입니다. 반복적인 요청이 많거나, 모델을 다양한 방식으로 실험하고 싶은 경우 성능이나 정확도를 일부 희생하더라도 오픈소스 모델의 자유도와 경제성은 매우 큰 장점이 됩니다. 이런 이유로 스타트업, 학교 연구실, 소규모 프로젝트, 모바일 앱 개발 등의 환경에서 오픈소스 LLM의 활용도가 점점 높아지고 있습니다.

오픈소스 LLM은 대기업보다는 상대적으로 자원이 제한된 개인이나 중소기업, 스타트업에게 더욱 유용합니다. 상용 모델처럼 클라우드 기반의 고성능 연산 자원 없이도 로컬 환경에서 모델을 직접 운영할 수 있기 때문입니다. 이러한 상황에서 중요한 고려 요소는 바로 모델의 '파라미터 크기'입니다.

파라미터(parameter)란 LLM이 학습한 언어의 패턴과 구조를 저장하는 수치 값으로, 일종의 '기억' 기능을 담당하는 LLM의 구성 단위입니다. 따라서 파라미터는 인간의 뇌에서 기억과 사고를 담당하는 신경세포의 역할에 비유할 수 있습니다. 우리가 어떤 단어를 들었을 때 그 의미를 떠올리거나, 문장을 문맥에 맞게 이해하는 과정에서 수많은 뇌세포가 협력하듯, LLM 역시 수많은 파라미터들이 서로 연결되어 언어적 의미를 처리합니다. 모델이 크다는 것은 그만큼 많은 파라미터를 가지고 있다는 뜻이고, 이는 일반적으로 더 정교하고 정확한 언어 처리가 가능하다는 것을 의미합니다. 다시 말해, 신경세포가 많을수록 더 정밀한 사고가 가능하듯, 파라미터가 많을수록 LLM이 이해하고 생성할 수 있는 언어 표현의 폭도 넓어집니다.

하지만 모델의 파라미터 수가 증가함에 따라 실행에 필요한 메모리와 연산 자원도 기하급수적으로 늘어납니다. 개인 개발자나 소규모 기업이 보유한 컴퓨터 환경은 대체로 메모리나 GPU 성능에 제약이 있기 때문에 과거에는 파라미터 수가 많은 모델은 실행 자체가 어렵거나 매우 느렸습니다. 그러나 양자화(quantization) 및 MoE(Mixture of Experts) 같은 경량화 기술이 빠르게 발전하면서 LLM의 성능 저하 없이 빠르게 구동할 수 있게 됐습니다. 이러한 기술적 진보 덕분에 30B(300억 개 파라미터) 규모의 LLM도 로컬 환경에서 실행이 가능할 뿐 아니라 이전보다 진일보한 성능을 보여주고 있습니다.

마지막으로 오픈소스 모델은 커스터마이징의 자유도가 매우 높습니다. LLM 자체를 우리가 필요한 데이터로 모델을 파인튜닝할 수도 있고, 모델 구조를 수정하거나 토크나이저를 변경하고, LLM 활용 방식이나 특정 기능을 추가하는 것도 가능합니다. 특히 AI 에이전트를 구축하고자 하는 사람에게는 이러한 유연성이 새로운 아이디어를 구현하는 데 큰 장점이 됩니다.

1.2 내 컴퓨터에서 작동하는 AI 에이전트

오픈소스 LLM 덕분에 이제 LLM을 개인 컴퓨터에 설치하고 실행할 수 있는 시대가 왔습니다. 라마, 딥시크, 제마 같은 오픈소스 모델은 다양한 크기와 성능으로 제공될 뿐 아니라 심지어 GPU가 없는 컴퓨터에서도 실행이 가능합니다. 거기에 올라마(Ollama) 같은 도구를 사용하면 복잡한 설정 없이 명령어 몇 개로 바로 실행할 수 있습니다. 즉, 이제는 내 컴퓨터 환경에서도 충분히 AI 에이전트 또는 LLM 서비스라 불리는 애플리케이션을 만들고 실험해 볼 수 있는 길이 열렸습니다. 이번 절에서는 그 시작을 위해 필요한 내용을 다룰 예정입니다.

1.2.1 오픈소스 LLM의 장점

오픈소스 LLM의 가장 큰 장점은 반복적인 API 호출 비용이 발생하지 않는다는 점입니다. 물론 처음에는 적절한 GPU 사양을 갖춘 하드웨어를 준비해야 하므로 일정 수준의 초기 투자비가 발생할 수 있습니다. 하지만 일단 시스템을 갖추고 나면 사용량에 따른 과금 없이 모델을 자유롭게 실행할 수 있어 장기적으로 경제적인 선택이 될 수 있습니다.

또한 데이터 보안 측면에서도 강력한 이점이 있습니다. 외부 API를 이용하는 방식은 사용자의 입력이나 내부 문서 등을 외부 서버로 전송해야 하기 때문에 민감한 정보가 외부에 노출될 가능성을 완전히 배제하기 어렵습니다. 그러나 오픈소스 LLM은 모든 처리가 로컬 환경에서 이뤄지기 때문에 데이터가 외부로 유출될 가능성이 거의 없으며, 외부 네트워크 사용이 제한된 산업 환경에서도 활용할 수 있다는 큰 장점이 있습니다. 이 외에도 로컬 실행 환경에서는 LLM의 세부 작동 방식에 대해 완전한 제어권을 가질 수 있는데, 예를 들어 특정 도메인에 특화된 프롬프트 전략을 실험하거나, 모델 아키텍처나 작동 방식을 조정하고자 할 때 API 방식에서는 제약이 있지만 로컬 환경에서는 자유롭게 실험이 가능합니다.

하지만 이러한 자유와 유연성을 누리려면 동시에 운영의 복잡성과 기술적 부담이라는 대가를 치러야 합니다. 오픈소스 LLM을 실행하기 위해서는 먼저 모델 파일을 다운로드하고, 이를 실행할 수 있는 적절한 환경을 구성해야 합니다. 또한 GPU 메모리 요구사항을 충족하는 시스템도 마련해야 합니다. 일부 모델의 경우 수십 기가바이트에 달하는 크기이므로 고사양의 장비가 필요할 수 있으며, 이러한 대형 모델의 성능을 최적화하고 안정적으로 운영을 하기 위해서는 AI 시스템에 대한 이해와 경험이 필요합니다.

최근에는 오픈소스 모델들이 성능은 유지하면서 점점 더 경량화되고 있어서 GPU가 장착된 일반 데스크톱 PC 수준에서도 충분히 실행 가능한 모델들이 늘어나고 있으며, 로컬 LLM을 쉽게 사용할 수 있도록 돕는 프레임워크들도 늘어나고 있습니다. 이처럼 오픈소스 LLM은 점점 더 많은 사람들에게 열려 있는 기술이 되어가고 있으며, AI 활용의 새로운 패러다임을 제시하고 있습니다.

1.2.2 오픈소스 LLM 생태계: 라마와 올라마

오픈소스 LLM의 대표 주자를 꼽자면 메타(Meta)에서 만든 라마(LLaMA: Large Language Model Meta AI) 시리즈가 있습니다. 라마2는 공개 라이선스를 통해 상업적 사용을 허용하며 7B, 13B, 70B 등 다양한 크기로 제공되는데, 흥미로운 점은 라마가 다양한 최적화 기법과 실험 결과를 함께 공개했다는 것입니다. 라마를 계기로 이후 알파카(Alpaca) 같은 파생 모델들이 대거 개발되면서 오픈소스 LLM이 본격적으로 활성화되기 시작했습니다. 최신 LLM인 딥시크와 제마 등도 라마에 직간접적인 영향을 받았습니다.

하지만 라마와 같은 오픈소스 LLM이 공개됐다 하더라도 이 모델을 사용자가 손쉽게 사용할 수 있도록 해주는 도구가 없다면 LLM은 거대한 데이터 덩어리에 불과합니다. 오픈소스 LLM은 모델과 소스코드가 공개돼 있어 누구나 다운로드할 수 있지만 이를 실제로 작동시키기 위해 다양한 요소를 고려해 실행 환경을 구성하는 과정이 쉽지 않습니다.

LLM을 정말 바닥부터 구성한다면 사용자는 모델을 직접 다운로드해서 모델의 구성을 파악한 후 적절한 AI 프레임워크를 설치해 모델 실행 스크립트를 구성해야 합니다. 특히 프롬프트 포맷이나 토크나이저 설정과 같은 모델 입력 처리와 출력 파서나 API 서버 구성과 같은 모델 출력 처리도 직접 구성해야 합니다. 수십 기가바이트에 달하는 모델을 내 컴퓨터의 GPU에 맞게 적재하기 위한 환경 설정도 모두 직접 수행해야 하기 때문에 고급 개발자에게도 상당한 시간과 노력이 요구됩니다. 이렇게 말만 들어도 어지럽고 복잡한 과정을 단순화하지 않는다면 대부분의 사용자가 자신의 컴퓨터에서 LLM을 활용한다는 것 자체가 거의 불가능한 일이 될 수 있습니다.

바로 이 문제를 해결해 주기 위해 등장한 도구가 바로 올라마입니다. 올라마는 활발한 커뮤니티를 기반으로 최신 모델과 새로운 기능이 빠르게 추가되고 있어 로컬 LLM 도구 중 가장 인기 있는 도구 중 하나로 자리매김했습니다. 그렇다면 어떤 장점이 있기에 올라마가 이렇게 중요한 위치에 올랐을까요?

올라마의 가장 큰 특징은 설치와 사용의 단순함에 있습니다. 올라마는 공식 홈페이지에서 운영체제별로 사용할 수 있는 설치 파일을 제공하며, 간단한 설치 작업 후 바로 사용할 수 있습니다. 설치가 완료되면 운영체제에서 제공하는 커맨드 라인 또는 터미널 환경에서 `ollama`로 시작하는 명령어를 이용해 곧바로 기능들을 실행할 수 있으며, 이 과정에서 사용자는 LLM에 대한 특별한 지식이 필요하지 않습니다.

그리고 올라마에서 사용할 LLM을 탐색하고 설치하는 과정도 매우 간단합니다. 올라마에서 지원하는 LLM은 올라마 홈페이지에 목록으로 정리돼 있으며, 이 페이지에서 원하는 모델을 검색하면 해당 모델을 설치하기 위한 명령어를 확인할 수 있습니다. 여기서 얻은 설치 명령어를 커맨드 라인이나 터미널에서 실행하면 이후부터는 올라마가 설치된 모델을 실행하고 관리해 줍니다. 이 과정에서 사용자는 자신의 컴퓨터 하드웨어 사양에 맞추기 위해 별다른 작업을 할 필요가 없습니다. 올라마가 시스템의 하드웨어 사양을 자동으로 감지해 메모리 분할, GPU 오프로딩 등을 자동으로 사용자 컴퓨터에 맞게 최적화해 주기 때문입니다.

더 나아가 올라마는 단순한 LLM 실행기를 넘어서는 기능을 제공합니다. 올라마는 자체적으로 HTTP API 서버를 열 수 있기 때문에 동일한 컴퓨터에 설치된 앱은 물론 내부 또는 외부 네트워크에서도 호출할 수 있습니다. 따라서 올라마는 개인용 LLM 실행기일 뿐 아니라 소규모 AI 서버로도 활용할 수 있는 도구입니다. 즉, 올라마는 '오픈소스 모델을 누구나 쉽게 실행할 수 있게 만들어주는 실전형 도구'라고 할 수 있습니다. 실제로 이 책의 대부분의 실습 예제도 올라마를 통해 실행되며, 여러분이 사용 중인 컴퓨터에서도 동일한 예제를 손쉽게 따라할 수 있게 구성돼 있습니다.

1.2.3 한국어 LLM의 가능성과 Qwen 모델

LLM 자체가 학습을 통해 만들어진 언어 모델이기 때문에 당연히 학습 데이터의 언어에 영향을 받습니다. 그리고 아직은 영어권 국가를 중심으로 LLM이 개발됐기 때문에 비영어권 국가에서는 LLM의 다국어 성능도 고려하지 않을 수 없습니다.

한국에서도 자체적으로 개발한 토종 LLM 모델들이 점점 다양해지는 추세입니다. 대표적인 예로 네이버의 하이퍼클로버X(HyperClovaX)가 있습니다. 최근 공개된 최신 버전은 범용성과 정밀도 모두 안정적인 성능을 보이며, 가장 주목받는 토종 오픈소스 LLM 중 하나로 평가되고 있습니다. 반면 해외에서 개발된 LLM들은 영어 데이터를 기반으로 훈련되어 한국어에 대한 이해도가 떨어지는 경우가 많습니다. 하지만 한국어를 포함한 다국어를 지원하는 움직임이 활발해지면서 이러한 한계를 극복하려는 모델들이 속속 등장하고 있습니다.

그중 하나가 중국의 알리바바(Alibaba)에서 개발한 Qwen 시리즈입니다. Qwen은 다국어 처리를 주요 목표로 하고 있어 한국어 질문에도 자연스러운 응답을 제공합니다. 특히 한국어 문체나 질문 패턴을 학습해 문장을 단순 번역하는 것이 아닌 한국어 문맥에 맞는 답변을 할 수 있는 수준입니다. 2025년 4월에 공개된 최신 모델인 Qwen3 시리즈는 이전 버전 대비 성능 측면에서 큰 향상이 이뤄졌습니다. 대표적인 벤치마크에서 GPT-4에 견줄만한 성능을 보여주며, 다국어 이해력, 고차원 추론, 코드 작성 등 모든 항목에서 상위권에 올랐습니다. Qwen3는 모델 구조의 전반적인 개선을 통해 속도와 효율성을 동시에 확보했으며, 2단계 보상 학습도 개선되어 답변 품질이 대폭 향상됐습니다. Qwen3는 허깅페이스를 통해 공개돼 있으며, 명확한 라이선스하에 학술적 또는 상업적 활용이 가능한 점도 큰 장점입니다. 물론 올라마 홈페이지에도 등록돼 있으므로 올라마를 통해 다운로드한 후 사용할 수 있습니다.

이 책에서는 Qwen을 포함한 한국어 모델들도 함께 소개하고, 독자가 자신만의 맞춤형 LLM을 구현할 수 있도록 도울 예정입니다.

1.3 LLM과 AI 에이전트의 이해

AI 에이전트라는 단어가 더 이상 낯설지 않은 시대입니다. 우리는 챗봇, 자동 번역, 텍스트 요약, 코딩 보조 등 다양한 LLM 서비스를 일상 속에서 자연스럽게 접하면서 AI 관련 용어에 익숙해져 있고 AI 에이전트도 그중 하나입니다. 그럼 AI 에이전트란 정확히 무엇을 의미하는 것일까요?

결론부터 얘기하자면, AI 에이전트는 목표를 달성하기 위해 외부 환경과 상호작용하고 인간처럼 책, 검색, 계산기 같은 도구를 활용해 문제를 해결하는 애플리케이션입니다. AI 또는 LLM을 "확률적 앵무새"라는 표현으로 낮춰보는 시각이 있기도 하지만 AI 에이전트는 이와는 반대되는 관점을 표현하는 용어로 볼 수 있습니다. 왜냐하면 AI 에이전트는 자율적으로 작동하며, 세세한 지시 없이도 목표 달성을 위한 방법을 스스로 계획하는 추론이 가능하도록 설계한 장치이기 때문입니다.

AI 에이전트의 핵심 구성 요소는 다음과 같이 세 가지로 구성됩니다. 이 개념들은 한 번에 설명하고 구현할 수는 없기 때문에 책 전반에 걸쳐 점진적으로 AI 에이전트를 프로그래밍하는 방법을 소개할 것입니다. 따라서 아직은 AI 에이전트가 무엇인지에 대해 심각하게 고민하실 필요가 없습니다. 책의 내용이 심화되면서 예제의 복잡도와 난이도가 올라가면 자연스럽게 AI 에이전트의 구성 요소와 개념들을 배울 것입니다.

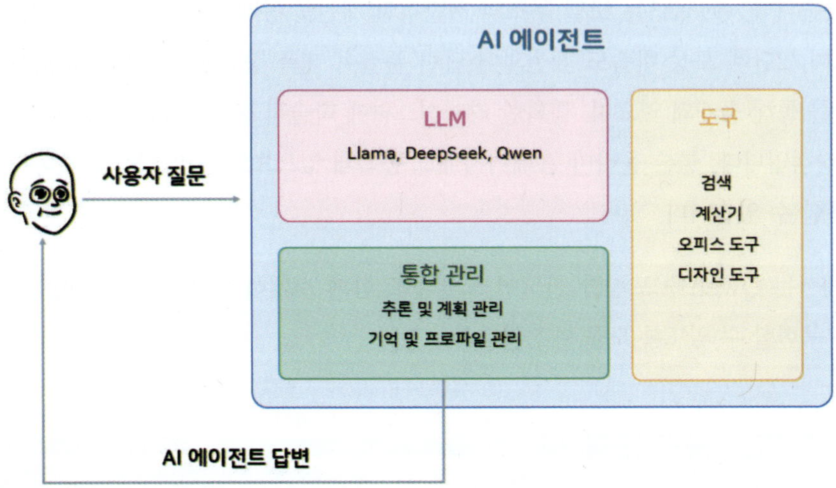

그림 1.1 AI 에이전트 구성

AI 에이전트도 그 핵심은 LLM에 기반하고 있습니다. 그럼 LLM에 관해 먼저 알아보겠습니다.

1.3.1 LLM이란?

LLM은 인간의 언어를 이해하고 생성할 수 있도록 훈련된 인공지능 모델로, 자연어 처리의 정점에 있는 기술입니다. 수십억에서 수천억 개에 이르는 파라미터를 보유하며, 인터넷에서 수집한 다양한 분야의 대규모 텍스트 데이터를 기반으로 학습한 결과입니다. 파라미터는 일종의 디지털 시냅스로서, 인간의 뇌가 뉴런 간 신호 전달을 통해 학습하고 추론하는 방식과 유사한 원리로 작동합니다. 우리 뇌가 수많은 시냅스를 통해 기억, 판단, 추론을 하는 것처럼, LLM도 파라미터를 통해 단어 간 의미 관계, 문맥, 문법적 패턴 등을 수치화해서 처리합니다. 실제로 뉴런-시냅스 구조를 모사한 인공신경망의 발전이 오늘날 LLM의 기반을 이루고 있으며, 이 유사성은 LLM이 인간처럼 언어를 다룰 수 있는 중요한 이유 중 하나입니다.

이처럼 인간의 인지 메커니즘을 닮은 신경망 아키텍처는 트랜스포머(Transformer) 구조와 어텐션(Attention) 메커니즘을 활용해 문장의 핵심 정보를 효율적으로 처리할 수 있게 됐습니다. LLM은 단순한 문장 완성은 물론, 문서 요약, 언어 번역, 창의적 글쓰기, 코드 생성, 복잡한 질의응답 등 폭넓은 작업을 수행할 수 있습니다. 문법뿐 아니라 문맥, 뉘앙스, 논리적 전개까지 이해하므로 사람처럼 자연스러운 텍스트 생성을 할 수 있습니다. 이러한 강점을 바탕으로 LLM은 AI 챗봇, 가상 비서, 창작 도구, 자동화 시스템 등 실생활 분야에서 핵심 기술로 자리 잡고 있습니다.

가장 단순하게 생각하면, LLM은 언어의 통계적 패턴을 학습한 거대한 확률 기반 시스템이라고 볼 수 있습니다. 예를 들어, "The cat sat on the"라는 문장을 입력받았을 때 가장 자연스럽게 이어질 단어 또는 토큰이 무엇인지 확률적으로 계산해 "mat" 또는 "sofa" 같은 단어를 생성하는 식입니다. 토큰은 단어와 비슷한 처리 단위로, LLM이 문장을 처리하기 쉽게 나눈 의미를 가진 최소 단위입니다. 즉, LLM은 이전 토큰들을 분석해 다음 토큰을 출력하는 방식으로 작동하는 것이 기본입니다.

이제 내용이 조금 어려울 수 있지만 LLM의 이론적 측면을 살펴보겠습니다. LLM을 더 깊이 이해하려면 먼저 모델의 발전 과정과 아키텍처를 살펴볼 필요가 있습니다.

1.3.2 LLM의 발전 과정

초기에는 단어의 출현 빈도나 고정된 규칙을 기반으로 문장을 생성하는 방식이 주로 사용됐습니다. 이때 특정 문법 규칙이나 키워드 매칭을 통해 텍스트를 처리했는데, 문맥이나 단어 간 관계를 이해하는 데는 한계가 있었습니다. 예를 들어, "He went to the bank"라는 문장에서 문맥을 파악하지 못하고 키워드 매칭만 한다면 'bank'가 금융기관인지 강가인지 구분하기 어려웠습니다.

이러한 한계를 극복하기 위해 도입된 것이 바로 RNN(Recurrent Neural Network, 순환 신경망)입니다. RNN은 시퀀스 데이터를 처리하기 위한 구조로, 입력 데이터를 시간 순서대로 처리하면서 이전 단계의 정보를 기억해 문맥을 파악할 수 있도록 설계됐습니다. 이 구조 덕분에 RNN은 문장 속 단어의 흐름과 의미를 더 잘 이해하면서 시간적인 정보가 중요한 자연어의 특성을 반영한 첫 번째 신경망으로 평가받습니다. 예를 들어, "나는 도서관에서 책을 읽고 있다"라는 문장에서 '읽고 있다'라는 말이 나오기 전에 '도서관'이라는 단어를 기억해서 문장의 의미를 좀 더 정확히 이해할 수 있는 것입니다. 이를 통해 단순 규칙 기반 방식으로는 포착할 수 없었던 문맥과 의미의 연속성을 다룰 수 있게 됐고, 장기 기억 의존성 문제를 보완한 LSTM, GRU와 같은 변형 모델이 개발되며 성능이 개선됐습니다. 하지만 RNN 기반 모델은 긴 문장에서 정보 손실이 심하고, 병렬 처리가 어렵다는 한계가 남아 있었습니다.

이러한 한계를 극복하기 위해 등장한 기술이 바로 **어텐션(Attention) 메커니즘**입니다. 2017년, 구글 브레인과 구글 리서치 연구진이 발표한 논문『Attention is All You Need』[2]에서 처음 제안된 이 메커니즘은 입력 시퀀스 전체를 동시에 분석해 문장 내 각 단어가 다른 모든 단어들과 얼마나 밀접하게 관련돼 있는지를 수치적으로 계산합니다. 예를 들어, "학생이 시험을 준비하고 있다"라는 문장에서 '준비하고'라는 단어를 예측할 때, 모델은 '시험'이라는 단어와의 관계가 매우 중요하다고 판단하고 그 단어에 더 큰 가중치를 부여합니다. 즉, 문장의 모든 단어가 다른 모든 단어와 어떤 연관성이 있는지를 고려해 그 중요도를 계산하고 반영함으로써, 모델은 전체 의미를 더욱 정확하게 이해하고 상황에 맞는 출력을 생성할 수 있습니다. 이 방식은 특히 문장이 길거나 복잡한 경우에 매우 효과적입니다. 어텐션은 각 단어의 관계를 병렬적으로 계산하기 때문에 순차적으로 정보를 전달하는 RNN보다 속도와 효율성에서도 뛰어나기 때문입니다.

결과적으로 어텐션은 자연어 처리에서 '어떤 단어가 문맥상 중요한가?'를 효과적으로 판단하는 핵심 도구로 자리 잡았으며, 이 메커니즘을 기반으로 한 트랜스포머 구조는 LLM의 등장과 발전을 이끄는 데 결정적인 역할을 했습니다. 어텐션은 기존 RNN처럼 단어를 순차적으로 처리하지 않고 병렬 연산이 가능하다는 점 때문에 문장이 길어져도 중요한 단어 간의 관계를 효율적으로 유지할 수 있습니다. 이 어텐션 메커니즘을 중심으로 설계된 트랜스포머는 앞에서 언급한 〈Attention is All You Need〉 논문에서 처음 소개됐으며, 기존의 인코더-디코더 구조를 기반으로 셀프 어텐션(Self-Attention)과 멀티 헤드 어텐션

2 https://arxiv.org/abs/1706.03762

(Multi-Head Attention), 포지션 인코딩(position encoding) 등을 도입해 시퀀스 데이터를 효과적으로 처리할 수 있게 설계됐습니다. 이 구조는 단어 간 관계를 다양한 관점에서 분석하고 그 중요도를 반영함으로써 더 정교한 언어 표현을 학습할 수 있게 합니다.

GPT(Generative Pre-trained Transformer)는 트랜스포머 아키텍처에서 디코더 부분만 가져온 방식으로, '오토리그레시브(Autoregressive)' 방식으로 작동합니다. 오토리그레시브 방식이란 이전의 값들을 바탕으로 다음 값을 예측하는 방식을 말하며, 여기서는 주어진 텍스트 앞부분을 바탕으로 다음 단어를 생성하는 데 최적화된 구조를 의미합니다. OpenAI의 GPT-3, GPT-4가 이 계열의 대표 주자이며 챗봇, 코드 생성, 글쓰기 도우미 등 광범위한 생성 작업에서 활용되고 있습니다. 이러한 모델들은 오늘날 상용 LLM의 기반을 이루고 있으며 OpenAI, 구글, 메타, 앤트로픽 등 주요 기업들이 이를 기반으로 각각의 응용 모델을 구축하고 있습니다.

1.3.3 LLM의 구조와 작동 원리

LLM에서 핵심 구조는 앞에서 설명한 대로 토큰 단위로 오토리그레시브(Autoregressive, 순차 예측) 방식으로 작동한다는 점입니다. 질문이 입력되면 첫 번째 토큰을 출력하고 이를 기존 질문에 출력 토큰을 덧붙여 다음 토큰을 예측합니다. 이 과정은 반복되어, 매번 새로운 토큰이 출력될 때마다 지금까지 생성된 모든 토큰이 입력으로 다시 활용됩니다.

이 원리는 올라마에서도 동일하게 적용됩니다. 고성능 PC에서는 답변이 매우 빠르게 생성되지만 답변이 토큰 단위로 하나씩 순차적으로 출력되는 것을 볼 수 있습니다. LLM은 질문과 그에 대한 답변을 포함한 전체 문맥을 바탕으로 다음 토큰을 예측하며, 추가 질문이 이어질 경우 기존 대화 내역 전체를 입력으로 활용해 새로운 답변을 생성합니다.

[올라마 실행 예시]

```
> ollama run qwen3:8b
>>> 안녕?
<think>
Okay, the user said "안녕?"...생략...
```

LLM의 세부 구조는 입력층(Input Layer), 은닉층(Hidden Layer), 출력층(Output Layer)의 세 가지로 구성됩니다. 이 구분은 정보가 처리되는 흐름에 따라 나뉘는데, 입력층은 외부의 텍스트 데이터를 수치로 변환해 모델 내부로 전달하고, 은닉층은 이 정보를 바탕으로 의미를 해석하고 연산을 수행하며, 마지막으로 출력층은 연산 결과를 사람이 이해할 수 있는 형태로 변환하는 역할을 합니다. 이러한 구조는 마치 공장에서 원재료를 가공해 완제품을 내보내는 과정처럼, LLM이 어떻게 작동하는지 단계별로 이해하는 데 도움이 됩니다.

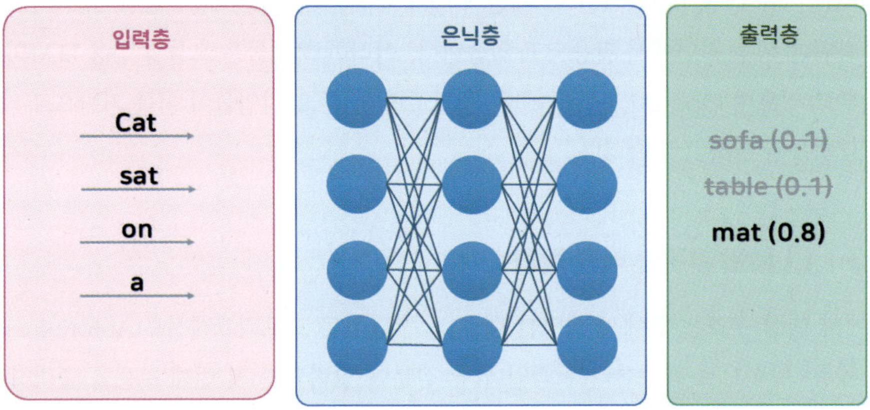

그림 1.2 LLM의 세부 구조의 예

특히 트랜스포머 구조에서는 은닉층 내부에 여러 단계의 셀프 어텐션(Self-Attention) 연산과 피드 포워드(Feed-Forward) 네트워크가 반복되며 언어적 의미가 정교하게 다듬어집니다. 이런 층 구조에 대한 이해는 LLM의 성능과 응답 품질이 어디서 결정되는지를 파악하는 데 필수적입니다.

입력층은 사용자가 입력한 문장을 토큰화(tokenization)하고, 이를 벡터 형태로 변환하는 역할을 합니다. 여기서 '토큰화'란 문장을 컴퓨터가 처리할 수 있도록 작은 단위(토큰)로 쪼개는 과정입니다. 예를 들어, "나는 학교에 간다"라는 문장은 단어 단위로 ['나는', '학교에', '간다'] 또는 글자 단위로 ['나', '는', '학', '교', '에', '간', '다']처럼 나눌 수 있습니다. 영어 문장 “Cat sat on a”은 [‘Cat’, ‘sat’, ‘on, ‘a’]로 나눌 수 있고, 경우에 따라서는 ‘Ca’, ‘##t’, ‘sat’, ‘on’, ‘a’처럼 더 세밀한 단위로 나뉠 수 있습니다. 이렇게 나눈 토큰은 각각 고유한 숫자의 집합으로 변환되는데 이 과정을 임베딩(embedding)이라고 합니다. 임베딩을 통해 변환된 숫자의 집합들은 상호 간 연산이 가능하므로, 이를 통해 인공지능 모델은 단어 간의 관계와 문맥을 파악할 수 있습니다.

은닉층에서는 디코더 블록이 작동하며, 핵심인 셀프 어텐션 메커니즘을 통해 문장 속 각 단어가 다른 단어들과 어떤 관계에 있는지를 수치화해 언어적 의미를 정밀하게 분석합니다. 여러 개의 어텐션 헤드가 동시에 다양한 시각으로 문장을 분석해 더 정교한 의미 처리가 가능해집니다.

출력층에서는 은닉층의 결과를 바탕으로 다음에 올 단어의 확률 분포를 계산하고, 가장 가능성이 높은 단어를 선택해 출력합니다. 이 확률 분포는 소프트맥스(Softmax) 함수라는 수학적 도구를 통해 계산되며, 각 단어가 출력될 가능성을 0과 1 사이의 값으로 표현합니다. 예를 들어, “The cat sat on the”라는 문장이 입력됐을 때, 출력층은 ‘mat’, ‘sofa’, ‘table’ 등의 후보 단어 각각에 대해 확률을 계산하고, 가장 높은 값을 가진 단어를 선택합니다.

출력층에서 우리가 유심히 살펴봐야 할 중요한 특징은 바로 이 ‘확률 분포’가 문맥에 얼마나 자연스럽게 맞는지를 결정한다는 점입니다. 부적절한 단어가 높은 확률로 선택되면 전체 응답의 품질이 저하됩니다. 따라서 출력층은 단순한 마지막 단계가 아니라 LLM 전체 성능을 좌우하는 핵심 요소 중 하나로 평가됩니다. 또, 생성된 단어가 이후 입력으로 다시 활용돼 다음 단어를 예측하는 데 사용되므로 한 번의 출력 결과가 이후 결과에 연쇄적으로 영향을 미친다는 점에서도 매우 중요합니다.

이러한 과정은 입력된 문장이 길어져도 반복적으로 적용되며, 모델은 문장의 전반적인 맥락을 고려해 응답을 생성합니다. 이때 학습된 수십억 개의 파라미터는 이 모든 계산 과정에서 단어 간의 의미, 위치, 문맥 등을 반영하는 데 사용됩니다.

1.3.4 최신 LLM 구조

최근 LLM은 트랜스포머 기반 위에 모델 용량과 맥락 처리 능력을 늘리기 위해 몇 가지 특수한 구조적 기법을 도입하고 있습니다.

전문가 혼합 구조(Mixture of Experts: MoE)

일부 최신 모델은 파라미터 수를 획기적으로 늘리면서도 계산 효율을 높이기 위해 MoE 구조를 사용합니다. 하나의 거대한 모델 안에 여러 개의 '전문가' 네트워크가 존재하고, 입력에 따라 그중 일부만 활성화되어 결과를 산출하는 방식입니다. 이렇게 하면 전체 파라미터 수는 매우 커져도 매 토큰마다 사용하는 파라미터는 제한되어 효율적입니다. 예를 들어, DeepSeek-R1은 총 6710억 개에 달하는 파라미터를 가지고 있지만 그중 약 370억 정도만 토큰 생성에 활용되도록 설계됐습니다. Qwen3 역시 MoE 버전을 포함하고 있는데, 대표 모델은 총 2350억 파라미터 중 220억 정도를 활성화하는 식으로 운용됩니다. MoE의 개념은 복잡한 문제를 여러 하위 문제로 쪼개어 각기 다른 전문 네트워크가 처리하도록 하는 것으로, 사람으로 치면 분야별 전문가에게 작업을 분담시키는 셈입니다.

희소 어텐션(Sparse Attention)

맥락 길이(컨텍스트 길이)를 크게 늘리기 위해 어텐션 연결을 부분적으로만 사용하는 기법입니다. 일반 트랜스포머는 입력 토큰들끼리 모두 서로를 참조하기 때문에 문맥이 길어지면 연산량이 기하급수적으로 늘어납니다. 이를 해결하기 위해 최근 모델들은 국소적 어텐션과 글로벌 어텐션을 조합한 하이브리드 방식을 활용합니다. 예를 들어, Gemma3 모델은 최대 128k 토큰 길이의 긴 문서를 처리할 수 있는데, 이를 위해 전체를 보는 어텐션 층 사이사이에 일부 토큰 범위(예: 1024 토큰)만 보는 지역 어텐션 층을 여러 개 삽입했습니다. 이렇게 하면 긴 입력에 대해서도 부분적인 맥락만 참고하는 층들이 대부분이어서 메모리 사용과 연산량을 줄일 수 있습니다. 결과적으로 모델은 긴 글에서도 앞뒤 문맥을 어느 정도 유지하면서 처리할 수 있습니다.

생각의 사슬(Chain-of-Thought: CoT) 메커니즘

말 그대로 '생각의 연쇄'를 보여주는 방식으로 모델이 문제를 단계적으로 해결하도록 유도하는 기법입니다. 쉽게 말해, 복잡한 문제를 한 번에 답하지 않고 중간 사고 과정을 글로 풀어내며 답을 구하는 것입니다. 예를 들어, 사람도 어려운 수학 문제를 풀 때 머릿속으로만 하지 않고 중간 계산 과정을 종이에 적어 나가듯, CoT를 활용하면 언어 모델도 답을 바로 내지 않고 중간 설명이나 계산 단계를 일련의 텍스트로 출력합니다. 이렇게 중간 추론 단계를 거침으로써 좀 더 정확하고 논리적인 답변을 얻을 수 있으며, 실제로 "한 단계씩 생각해 보자"와 같은 프롬프트를 사용하면 모델의 성능이 향상되는 결과를 관찰했습니다. CoT 방식은 대형 모델에서 나타나는 일종의 '발현 능력'으로, 충분히 큰 언어 모델은 이러한 단계적 추론 능력이 스스로 드러난다는 연구 결과도 있습니다.

그렇다면 모델 내부에서 CoT 추론이 가능해지는 이유는 무엇일까요? 구조적으로 볼 때, 트랜스포머 디코더 모델은 토큰을 하나 생성할 때마다 이전까지 자신이 생성한 모든 토큰을 다시 입력으로 참조합니다. 따라서 모델이 중간에 생각 과정을 문장으로 풀어내면, 그것이 다시 모델 자신의 입력 컨텍스트에 포함되어 다음 결과를 내는 데 영향을 줍니다. 이 메커니즘 덕분에 모델은 마치 자신의 메모를 보면서 다음 생각을 이어나가는 효과를 얻습니다. 한마디로 모델의 컨텍스트에 자신이 방금 한 생각을 기록하고 이를 토대로 또 다음 생각을 전개할 수 있는 것입니다. 이렇게 하면 복잡한 문제도 한 번에 끝까지 처리하는 대신 순차적으로 해결할 수 있게 되어 최종 답변의 정확도를 높일 수 있습니다.

앞의 예제를 복기해 보면 올라마를 사용하면서 이미 CoT의 작동 과정을 확인했음을 알 수 있습니다. Qwen3 LLM에게 "안녕"이라는 질문을 하면 다음과 같이 <think> 태그를 출력하면서 CoT를 먼저 수행하고, 그 후에 답변을 생성합니다. 더 복잡한 질문을 할수록 CoT 과정인 think가 길어지며 LLM이 다양한 요소를 고려하는 것을 확인할 수 있습니다.

[qwen3 모델 실행 예제]

```
E:\Workspace>ollama run qwen3:8b
>>> 안녕?
<think>
```

```
Okay, the user said "안녕?" which is Korean for "Hello?" or "Hi?" I should respond
in a friendly manner. Since they used a question mark, maybe they're just greeting
me. I'll say "안녕하세요!" which is the standard Korean greeting. Then I can ask how
I can assist them. Keep it simple and welcoming.
</think>

안녕하세요! 😊 어떤 도움이 필요하신가요?

>>> Send a message (/? for help)
```

1.3.5 LLM의 훈련과 활용

올라마를 통해 내려받아 사용하는 LLM은 거대한 파일과 비슷합니다. 모든 LLM은 값이 0으로 초기화된 파일에서 시작하며, 이를 의미 있는 모델로 만드는 과정이 바로 훈련(training)입니다. 이때 훈련 과정은 크게 두 단계로 나눌 수 있습니다.

먼저 사전 훈련(Pre-training) 단계에서는 인터넷 등에서 수집한 후 테라바이트 규모의 텍스트 데이터를 기반으로 모델이 언어의 일반적인 패턴과 구조를 학습합니다. 이 과정에는 수천, 수만 개의 GPU와 수 주에 걸친 막대한 계산이 필요합니다. 이 과정에서 모델은 언어의 기본을 익히게 됩니다.

사전 훈련은 말 그대로 언어의 일반적인 규칙과 표현을 익히는 '기초 학습'에 해당하며, 이후에는 실사용 목적에 맞는 추가 작업이 필요합니다. 대표적인 추가 작업은 미세 조정, RLHF(Reinforcement Learning from Human Feedback; 강화학습 기반 사용자 피드백 반영), 평가 및 테스트 등의 과정입니다. 예를 들어, 챗봇으로 활용될 모델이라면 실제 대화 데이터를 추가로 학습하고, 인간 피드백을 통해 응답의 품질을 개선하며, 각종 상황에 대한 테스트를 통해 신뢰성과 안전성을 확보해야 합니다. 따라서 사전 훈련은 LLM 개발의 출발점일 뿐이며, 실제로 우리에게 친숙한 챗GPT 같은 서비스가 되기 위해서는 그 이후의 정교한 후속 처리 단계가 반드시 필요합니다.

미세 조정은 사전 훈련된 모델을 특정 목적에 맞게 추가로 학습시키는 단계입니다. 사전 훈련만으로는 일반적인 언어 능력은 갖출 수 있지만 특정 상황이나 분야에서는 기대한 성능이 나오지 않을 수 있습니다. 이때 미세 조정이 필요합니다. 예를 들어, 의료, 법률, 고객 상담과 같은 특수한 분야에서는 일반 텍스트와는 다른 전문 용어, 문체, 질문 유형이 존재하기 때문에 해당 도메인의 데이터를 별도로 사용해 모델을 재학습시켜야 합니다. 미세 조정을 수행하는 순서는 다음과 같습니다.

1. **도메인 데이터 수집**: 실제 활용될 상황에 적합한 텍스트 데이터를 수집합니다.
2. **훈련 세트 구성**: 입력–출력 쌍 형태로 데이터를 구성합니다. 질문과 답변 또는 문장과 요약처럼 구성할 수 있습니다.
3. **파라미터 조정**: 기존 모델의 구조는 그대로 두되, 일부 또는 전체 파라미터를 다시 훈련해 특정한 언어 패턴을 반영합니다.
4. **과적합 방지**: 새로운 데이터에만 너무 특화되지 않도록 적절한 검증 데이터와 정규화 기법을 사용합니다.

미세 조정은 작은 데이터셋과 상대적으로 적은 연산 자원으로도 수행할 수 있기 때문에 기존 대형 모델을 그대로 사용하는 것보다 훨씬 경제적이고 효율적인 방법입니다. 최근에는 PEFT(Parameter–Efficient Fine–Tuning)나 LoRA(Low–Rank Adaptation) 같은 방법을 통해 일부 층만 조정하거나, 적은 수의 파라미터만 업데이트해도 뛰어난 성능을 내는 방식이 각광받고 있습니다.

여기에 더해 앞에서 소개한 RLHF라는 학습 방식도 중요하게 사용되고 있습니다. 이는 모델의 출력 결과에 대해 사람이 직접 피드백을 주고, 이 피드백을 통해 모델을 더욱 개선하는 방식입니다. 예를 들어, 사람이 판단했을 때 더 적절한 답변을 선택해 주면 모델은 그 선택을 기준으로 학습합니다. RLHF의 핵심은 보상 모델(reward model)입니다. 사람이 선택한 좋은 응답과 나쁜 응답의 차이를 학습한 보상 모델이 이후 생성된 응답의 품질을 평가하는 기준이 됩니다. 그다음에는 강화학습 알고리즘(PPO(Proximal Policy Optimization) 등)을 이용해 모델이 보상 점수를 최대화하도록 조정됩니다.

이 과정을 거치면 모델은 단순히 문법적으로 옳은 답뿐 아니라 사람의 기대에 부합하는 더 친절하고 유용한 답변을 생성할 수 있습니다. 챗GPT를 비롯한 최신 상용 LLM들은 모두 RLHF 과정을 통해 응답 품질과 사용자 만족도를 획기적으로 높인 사례입니다. 결론적으로, 미세 조정은 사전 훈련된 범용 모델을 실제 응용에서 더 정밀하게 쓸 수 있도록 최적화하는 핵심 기술이라 할 수 있습니다.

지금까지 다소 어려운 LLM 관련 내용을 읽느라 고생하셨습니다. 한 번에 모든 세부 내용을 이해하기는 힘듭니다. 대신 LLM에 대해 전반적으로 개념적인 이해만 하더라도 이후 이어질 내용을 이해하는 데 많은 도움이 될 것입니다. 지금은 가볍게 넘어가더라도, 이어지는 내용들을 학습하고 돌아와서 다시 한번 읽어보면 '아, 이게 그런 의미였구나'라는 깨달음을 얻을 수 있을 것입니다.

CHAPTER

02

LLM과 올라마

이번 장에서는 앞으로 다룰 AI 프로그래밍 예제의 개발 환경을 설정합니다. 이 책에서 다루는 많은 예제는 상용 LLM 서비스를 사용하지 않아도 작동할 수 있도록 올라마를 적극적으로 활용합니다. 따라서 이후 장에서 예제를 실습할 때 어려움이 없도록 올라마를 활용하는 기본적인 방법들을 소개합니다.

3장부터 제공되는 예제들은 파이썬으로 작성돼 있습니다. 파이썬을 사용할 때 가장 귀찮고 어려운 부분 중 하나는 프로그램을 실행하는 데 필요한 라이브러리들을 확인하고 설치하는 과정입니다. 단순히 `pip`를 이용해 라이브러리를 설치하기만 해도 실행된다면 어려울 게 없지만 많은 경우 PC의 실행 환경, 파이썬 버전, 특정 라이브러리의 버전에 종속성이 있어 제대로 실행이 안 되곤 합니다. 그래서 이 책의 예제들은 `uv`를 이용해 필요로 하는 파이썬 버전과 라이브러리들이 종속성 문제를 겪지 않고도 설치되고 실행될 수 있도록 지원합니다.

3장 이후부터 이 책이 끝날 때까지 반드시 알아야 할 내용들이지만 어렵지 않으니 빠르게 훑어보기 바랍니다.

2.1 올라마 시작하기

이번 절에서는 올라마를 설치하고 실행하는 기본 과정을 시작으로, 다양한 모델을 다운로드 및 관리하는 방법, 파라미터 크기 선택, 양자화 모델 활용까지 단계별로 살펴봅니다. 이를 통해 여러분은 자신의 개발 환경에 알맞은 LLM을 선택하고 효율적으로 실험할 수 있는 기반을 마련할 수 있을 것입니다.

2.1.1 올라마 설치

올라마는 오픈소스 LLM을 로컬 환경에서 빠르게 실행할 수 있는 강력한 도구입니다. 명령어 한 줄로 원하는 LLM을 내려받고 실행할 수 있어 초보자부터 전문가까지 폭넓게 활용할 수 있습니다. 설치 방법도 매우 간단합니다.

올라마의 최소 사양은 다음과 같습니다. 대부분의 컴퓨터에서 실습을 진행할 수 있을 것입니다.

윈도우 컴퓨터 실습 기준 권장 사양

- 운영체제: 윈도우 10 이상
- CPU: Intel i5 / Ryzen 5 이상의 쿼드코어
- RAM: 최소 8GB 이상, 16GB 이상 권장
- 스토리지: SSD(여유 공간 100GB 이상)

Mac 컴퓨터 실습 기준 권장 사양

- 운영체제: macOS 13 이상
- RAM: 최소 8GB 이상, 16GB 이상 권장
- 스토리지: SSD(여유 공간 100GB 이상)

올라마의 공식 홈페이지인 https://ollama.com/에서 **다운로드** 버튼을 클릭하면 올라마 설치 파일을 내려받을 수 있습니다.

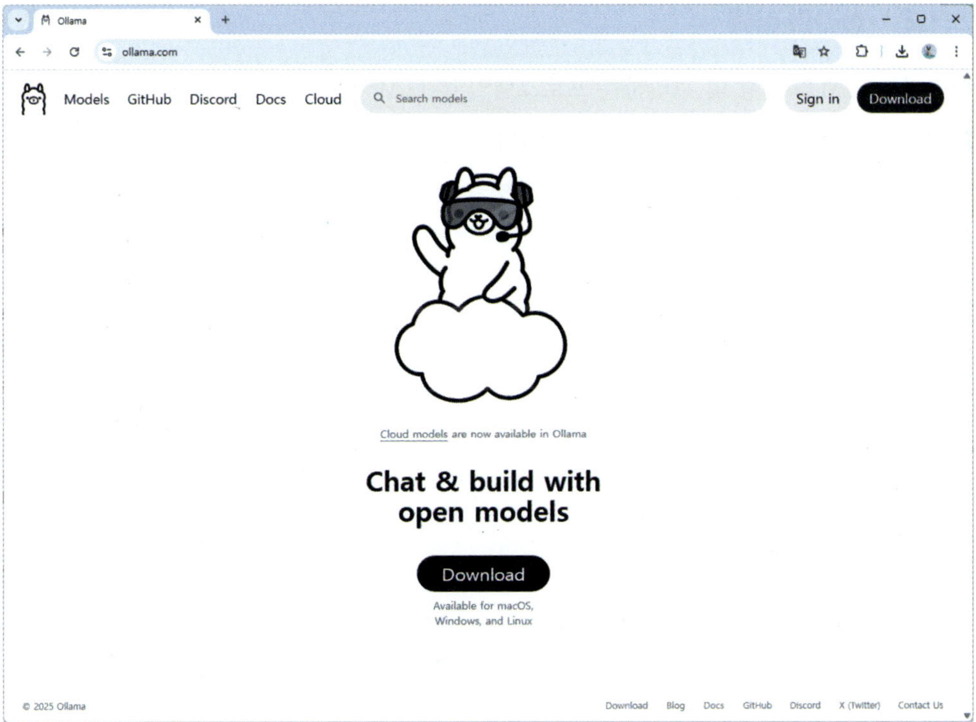

그림 2.1 올라마 공식 홈페이지

윈도우 또는 macOS 등 운영체제 종류에 맞는 설치 파일을 다운로드한 후 설치 마법사를 따라 진행하면 올라마 설치가 완료됩니다. 아래 설치 순서에 따라 올라마 작동까지 확인해 보세요.

1. 홈페이지에 접속해 자신의 운영체제에 맞는 설치 파일을 다운로드합니다.
2. 설치 파일을 실행한 후 안내에 따라 올라마를 설치합니다.
3. 설치가 완료되면 윈도우에서는 명령 프롬프트를, macOS에서는 터미널 프로그램을 실행합니다.
4. 다음과 같이 버전 확인 명령어를 입력해 설치가 정상적으로 완료됐는지 확인합니다.

```
> ollama --version
ollama version is 0.7.0
```

2.1.2 올라마 실행

올라마는 LLM을 실행 및 관리하는 프로그램일 뿐 LLM 자체를 포함하고 있지는 않으므로 LLM 모델 파일은 별도로 내려받아야 합니다. 뒤에서 다룰 `ollama pull` 명령을 사용해 모델을 다운로드해도 되지만 `ollama run` 명령을 이용해 LLM 모델을 다운로드하고 실행하는 과정을 한 번에 수행할 수도 있습니다.

예를 들어, 다음 명령을 입력하면 qwen3 80억 파라미터 모델이 자동으로 다운로드되어 대화형 환경에서 사용할 수 있게 준비됩니다.

[LLM 모델 다운로드 후 실행]

```
ollama run qwen3:8b
```

사용자의 입력을 기다리는 ">>>" 프롬프트가 표시되면 LLM에게 말을 걸어보세요. 올라마가 LLM을 실행해서 입력한 질문에 대한 답을 반환하는 것을 볼 수 있습니다. 클로드 데스크톱에서 했던 질문들을 입력해서 대답을 한번 비교해 보는 것도 재미있을 것입니다. 단, 내 컴퓨터의 성능을 감안해서 비교해야겠지만요.

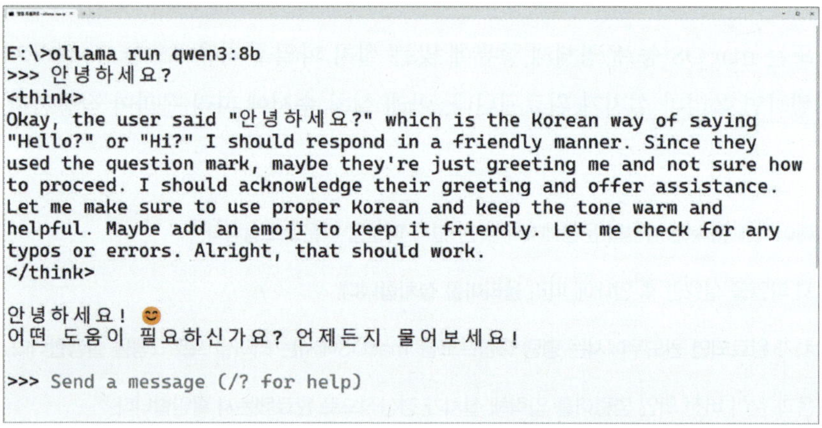

그림 2.2 올라마를 실행한 모습

2.1.3 모델 관리

이번에는 올라마에서 모델을 관리하는 방법을 알아보겠습니다.

ollama pull 명령어로 원하는 LLM 모델 파일을 다운로드할 수 있습니다. 예를 들어, 라마 3.2 모델을 다운로드하려면 다음과 같이 명령어 뒤에 모델명을 붙여 실행합니다.

```
> ollama pull llama3.2
pulling dde5aa3fc5ff:  36% ███              | 735 MB/2.0 GB   12 MB/s   1m41s
```

이처럼 모델 이름만 지정하는 경우 해당 모델의 여러 가지 버전 중 기본 파라미터 구성(보통 가장 가벼운 모델, 또는 사용 빈도가 높은 구성)을 가진 모델을 다운로드합니다. 특정 버전(파라미터 크기)을 다운로드하고 싶은 경우에는 ollama run llama3.2:3b와 같이 세부 버전명을 포함해서 명령을 실행합니다.

설치된 LLM 모델 목록을 확인하고 싶을 때는 ollama list 명령어를 사용합니다.

```
> ollama list

NAME                              ID              SIZE      MODIFIED
llama3.2:latest                   a80c4f17acd5    2.0 GB    38 seconds ago
qwen3:8b                          500a1f067a9f    5.2 GB    3 weeks ago
qwen3:14b                         7d7da67570e2    9.3 GB    11 days ago
gemma3:12b                        f4031aab637d    8.1 GB    4 weeks ago
deepseek-r1-tool-calling:14b      cc00307e31da    9.0 GB    5 weeks ago
paraphrase-multilingual           ba13c2e06707    562 MB    5 months ago
nomic-embed-text:latest           0a109f422b47    274 MB    9 months ago
```

그럼 현재 컴퓨터에 설치된 모든 LLM 모델의 이름과 용량, 마지막 사용 시각 등의 정보가 표시됩니다.

모델을 삭제하려면 ollama rm 명령어를 사용합니다. 예를 들어, llama3 모델을 삭제하려면 다음과 같이 입력하면 됩니다.

```
> ollama rm llama3.2:latest
deleted 'llama3.2:latest'
```

이렇게 하면 해당 모델이 로컬 디스크에서 제거되며, 저장 공간을 확보할 수 있습니다.

2.1.4 올라마로 다양한 오픈소스 LLM 사용해 보기

올라마는 공식 웹사이트를 통해 지원하는 모든 모델과 그 특성을 문서화해 제공합니다.

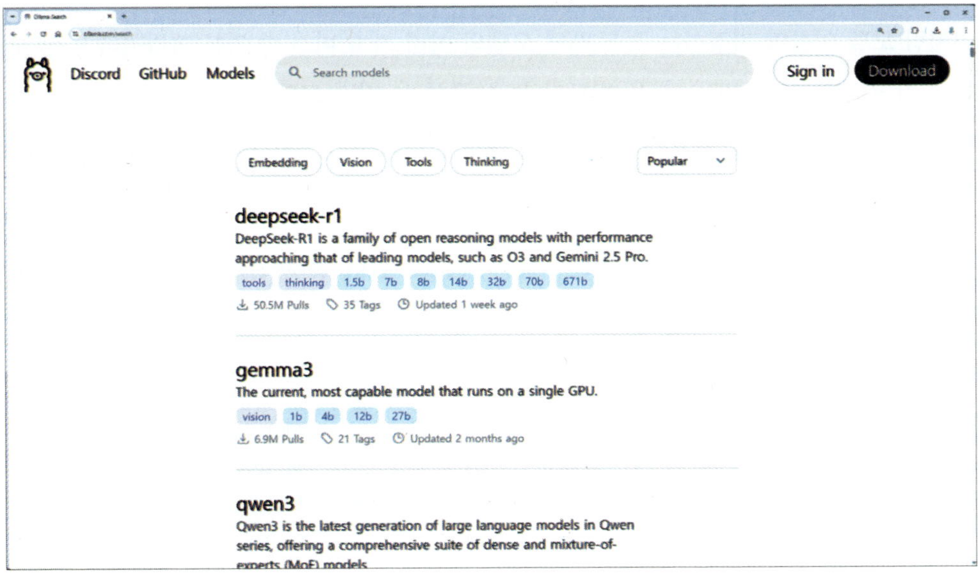

그림 2.3 올라마의 모델 검색 페이지

올라마 검색 페이지[3]에 접속해 원하는 모델을 검색하면 다음 정보를 확인할 수 있습니다.

- 모델 이름 및 버전
- 모델 크기 및 양자화 형식
- 다운로드 용량

3 https://ollama.com/search

- 라이선스
- 특화된 목적(예: 일반 대화, 코드 작성, 문서 요약 등)
- 성능 지표 등에 대한 설명

올라마는 허깅페이스 및 메타 AI의 모델뿐 아니라 다양한 공개 LLM를 지원합니다. 특히 다음과 같은 모델들이 올라마에서 사용하기 좋습니다.

라마3/라마4(메타): 메타(구 페이스북)의 AI 연구팀에서 개발한 라마 시리즈는 고성능, 고정밀의 범용 LLM으로 평가받습니다. 특히 라마 3는 2024년 발표 이후 빠르게 상용 LLM과의 격차를 줄이며 커뮤니티와 연구 기관에서 높은 채택률을 보였습니다. 우리나라에서도 자연어 처리 연구자들 사이에서 활발히 사용되며, 성능 대비 개방성이 뛰어난 모델로 주목받고 있습니다. 참고: https://www.llama.com/models/llama-3/

Gemma(구글): 구글 딥마인드(DeepMind)에서 개발한 Gemma는 BERT와 PaLM 계열의 설계를 계승하면서도 경량화와 범용성을 동시에 달성했습니다. 다국어 처리에서 우수한 성능을 보이며, 한국어 대응력도 괜찮은 편으로 알려져 있습니다. 현재 다양한 구글 생태계와의 통합 실험이 진행 중입니다. 참고: https://deepmind.google/models/gemma/

Qwen(알리바바): 알리바바가 공개한 Qwen 시리즈는 코드와 일반 자연어 처리 모두에서 강력한 성능을 보이며, 특히 중국어 기반의 LLM 중 가장 우수한 모델으로 꼽힙니다. 그러나 최근 영어와 다국어 성능도 개선되어 다국어 기반 서비스를 제작할 때도 유용합니다. 참고: https://qwenlm.github.io/

DeepSeek: 딥시크는 두 가지 모델 계열로 나뉘는데, 하나는 코드 전용인 DeepSeek-Coder이고, 다른 하나는 일반 대화형 DeepSeek-VL입니다. DeepSeek-Coder는 StarCoder나 Code LLaMA보다도 더 높은 평가를 받으며, 특히 한국의 AI 해커톤이나 교육 프로그램에서 실습용으로 각광받고 있습니다. 참고: https://www.deepseek.com/

gpt-oss(OpenAI): 챗GPT로 대중에게 가장 익숙한 OpenAI이지만 LLM을 공개하지는 않았습니다. 하지만 OpenAI에서도 AI 개발의 대중화를 기치로 내걸며 두 개의 LLM 모델인 gpt-oss-120b와 gpt-oss-20b를 Apache 2.0 라이선스로 공개했습니다. 참고: https://openai.com/ko-KR/index/introducing-gpt-oss/

Code LLMs(Code LLaMA, StarCoder): 코드 생성에 특화된 모델들로, StarCoder는 허깅페이스와 ServiceNow가 공동으로 개발했으며, 깃허브 코드에 대한 학습으로 높은 정확도를 보입니다. Code LLaMA는 메타의 라마 기반으로, 파인튜닝을 통해 다양한 프로그래밍 언어를 다룰 수 있게 돼 있습니다. 참고: https://huggingface.co/blog/starcoder

Mistral/Mixtral(Mistral AI): 프랑스 기반의 Mistral AI가 개발한 이 모델은 상대적으로 적은 파라미터 수로도 매우 효율적인 성능을 발휘합니다. 특히 Mixtral은 전문가 혼합 구조를 적용해 연산 효율성과 정확도를 동시에 잡았다는 평가를 받습니다. 경량 모델로서 여러 프로젝트에서 실험적으로 많이 활용되고 있습니다. 참고: https://mistral.ai/

Phi-4: 마이크로소프트에서 공개한 Phi-4는 작은 모델 크기와 빠른 응답 속도를 강점으로 내세우며, 교육용이나 프롬프트 엔지니어링 테스트 용도로 이상적입니다. 한국 내 개발자 커뮤니티에서도 라즈베리 파이 같은 저사양 장비에서 실행 가능하다는 점에서 화제를 모았습니다. 참고: https://huggingface.co/microsoft/phi-4

2.1.5 올라마로 다양한 크기의 LLM 사용해 보기

일반적으로 동일한 LLM 모델이라고 하더라도 파라미터 크기에 따라 다양한 용량의 모델이 제공됩니다. 그중에서 사용 목적이나 내 컴퓨터에 맞는 적절한 파라미터 크기의 모델을 선택해야 합니다.

각 모델별 페이지에서는 파라미터 크기를 선택할 수 있는 드롭다운 메뉴를 제공합니다. 예를 들어, qwen3 페이지[4]의 드롭다운 메뉴에서 8b 모델을 선택하면 이 모델을 다운로드해 실행해 주는 명령어를 자동으로 구성해서 알려줍니다.

qwen3:8b LLM은 다음과 같은 구성을 가집니다. `quantization`에 관해서는 나중에 설명하기로 하고 `arch`와 `parameter`부터 살펴봅시다.

- arch: qwen3
- parameter: 8.19B
- quantization: Q4_K_M

LLM은 본질적으로 많은 연산을 필요로 하기 때문에 고성능의 LLM을 내 컴퓨터에서 실행하려면 상당한 하드웨어 자원이 필요합니다. 이러한 제약 사항 때문에 앞에서 올라마로 실행한 LLM처럼 LLM을 작게 만들려는 시도들이 이뤄지고 있고, 최근에는 구형 컴퓨터나 심지어 스마트폰에서 작동하는 LLM도 개발되고 있습니다. 이 책의 실습에서는 범용성을 위해 비교적 가벼운 작은 LLM을 사용해 실습을 진행합니다. 하지만 일반적으로는 LLM 모델이 크면 클수록 더 강력한 능력을 보여주기 때문에 자신의 개발 환경에 맞는 LLM을 선택하는 것도 중요합니다.

먼저 내 컴퓨터의 메모리 크기를 고려해야 합니다. 흔히 그래픽 카드라 부르는 GPU(Graphics Processing Unit)나 NPU(Neural Processing Unit)의 연산 능력뿐 아니라 사용 가능한 전체 메모리 용량이 LLM 실행에 직접적인 영향을 미칩니다. 메모리 크기가 충분하지 않으면 대용량 모델 실행 시 병목 현상이 발생할 수 있으며, 모델 로딩 자체가 실패할 수도 있습니다. 이상적으로는 그래픽 카드가 가진 메모리(VRAM) 용량에 LLM이 탑재 가능한 상태에서 RAM 용량도 VRAM 용량보다 크고 운영체제 및 애플리케이션을 작동시키기에 충분한 상태가 좋습니다. Mac의 경우에는 M 시리즈부터 애플 실리콘 기반의 NPU 및 GPU가 통합돼 있으며, 이들은 시스템 메모리(RAM)를 공유하는 구조입니다. 따라서 Mac은 RAM의 크기만 가지고 판단하면 됩니다.

4 https://ollama.com/library/qwen3:8b

GPU의 제조사는 선택 사항이지만, NVIDIA GPU가 있을 경우 LLM을 직접적으로 다루는 파이토치와 CUDA를 활용한 모델의 실행 속도가 훨씬 빨라집니다. 또한 NVIDIA GPU를 사용하는 경우 GPU의 이름이나 성능보다도 VRAM(그래픽 메모리)의 용량이 모델 실행 가능 여부를 좌우하는 핵심 요소입니다. LLM은 실행 시 수십 GB에 이르는 모델 파라미터를 GPU 메모리에 직접 로딩해야 하므로 VRAM이 부족하면 CPU에서 실행하는 것처럼 속도가 여전히 느리게 작동합니다. 예를 들어, 양자화(경량화)된 qwen3 14B 모델은 9.3GB의 VRAM이 필요하며, 30B 안팎의 모델은 최소 20GB 이상이 요구됩니다. 양자화된 모델을 기준으로 이 정도의 VRAM이 필요하므로 실습 전 사용 가능한 GPU의 VRAM 용량을 확인해야 합니다.

현재 사용 중인 개발 환경의 리소스가 충분하다 하더라도 사용 가능한 최고 성능의 LLM만 사용할 필요는 없습니다. 소형 LLM은 파라미터 수가 적어 가벼운 하드웨어에서도 빠르게 실행할 수 있으며, 간단한 텍스트 완성이나 기본적인 챗봇 작업에 적합합니다. 중형 LLM은 성능과 자원 요구 사항 간의 균형을 이루며, 문서 요약, 언어 번역, 창의적 글쓰기 등 중급 수준의 작업에 유용합니다. 대형 LLM은 수억 개의 파라미터를 갖추고 있으며, 복잡한 텍스트 분석, 코드 생성 등 고급 작업을 수행할 수 있는 뛰어난 언어 이해 능력을 제공합니다. 따라서 하드웨어와 LLM의 특성을 기반으로 원하는 목표에 가장 적합한 LLM을 선택하는 것이 좋습니다.

2.1.6 올라마로 양자화 LLM 사용해 보기

LLM을 내 컴퓨터에서 실행하려면 모델의 성능 뿐만 아니라 실행 효율성도 매우 중요합니다. 특히 GPU 메모리가 제한적이거나 CPU에서 실행해야 하는 경우 고정밀 모델을 그대로 사용하기는 매우 힘듭니다. 고정밀 모델은 연산이 어려운 실수(float) 기반으로 파라미터가 구성돼 있고, 실수 기반의 복잡한 연산을 대규모로 실행해야 하기 때문입니다. 이는 고도의 컴퓨팅 파워(GPU)와 리소스(메모리)를 필요로 합니다. 이때 중요한 기술이 바로 양자화(Quantization)입니다.

양자화를 설명하기 전에 먼저 LLM에서 '파라미터'가 무엇인지 이해할 필요가 있습니다. 대규모 언어 모델을 인간의 두뇌에 비유하자면 각 파라미터는 뉴런과 뉴런을 연결하는 시냅스와 같은 역할을 합니다. 시냅스는 정보가 흐를 때 그 연결 강도를 조절하며 학습과 기억에 기여하듯, LLM의 파라미터도 입력된 언어 정보를 어떻게 해석하고 어떤 출력을 생성할지를 결정합니다. 수백억 개에 달하는 이 파라미터들의 집합이 곧 LLM 그 자체라고 할 수 있습니다.

이러한 파라미터는 모델이 훈련되는 과정에서 조정되며, 문장의 구조나 의미, 언어적 패턴 등을 학습하게 만듭니다. 대규모 언어 모델은 일반적으로 수십억 개의 파라미터를 포함하고 있으며, 이들은 대부분 32비트 부동소수점(float32) 형식으로 저장됩니다. 이는 고정밀 데이터를 의미하며, 덕분에 모델은 정교한 언어 추론이 가능하지만, 동시에 방대한 메모리와 고성능 GPU 자원을 요구합니다.

하지만 현실적으로 대부분의 개인 사용자나 소규모 개발 팀은 이러한 고사양 환경을 지속적으로 유지하기 어렵습니다. 특히 CPU 중심의 환경이나 메모리 용량이 제한된 시스템에서는 이러한 고정밀 모델을 실행하는 데 큰 제약이 따릅니다. 따라서 약간의 성능 손실을 감수하더라도 파라미터의 정밀도를 낮춰 모델을 더 가볍게 만들려는 시도가 필요해졌습니다. 이러한 목적으로 사용되는 대표적인 기법이 바로 **양자화(quantization)**입니다.

양자화는 LLM의 파라미터, 즉 가중치 값을 더 낮은 정밀도로 변환함으로써 메모리 사용량을 줄이고 연산 속도를 높이는 기법입니다. 예를 들어, 대부분의 딥러닝 모델은 훈련 시 float32 형식을 사용하지만 양자화를 적용하면 float16(16비트 실수), int8(8비트 정수), 심지어 int4(4비트 정수)와 같은 좀 더 간결한 형식으로 변환할 수 있습니다. 이처럼 정밀도를 낮추면 각 파라미터가 차지하는 비트 수가 줄어들기 때문에 전체 모델 크기도 줄고, 연산 속도 또한 빨라집니다.

예를 들어, LLaMA3-8B 모델은 약 80억 개의 파라미터를 가지고 있으며, 이를 모두 32비트(float32) 형식으로 저장할 경우 이론적으로 약 30GB의 메모리를 필요로 합니다. 그러나 실제 배포 시에는 대부분 FP16(16비트 부동소수점) 형식으로 저장되어 약 13GB 수준으로 줄어듭니다. 여기에 4비트 양자화(Q4_0)를 적용하면 모델 크기는 약 4~5GB로 더욱 작아집니다. 이처럼 일부 또는 전체 연산이 정수 기반으로 전환되면서 연산 복잡도도 크게 줄어들어 고성능 GPU 없이도 CPU 환경에서 실행이 가능해집니다.

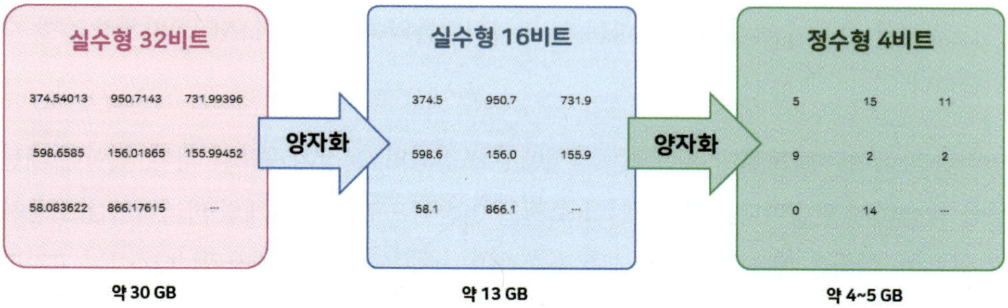

그림 2.4 LLaMA3-8B 모델 양자화[5]

이처럼 양자화를 적용하면 GPU 및 CPU의 메모리 사용량을 줄이고, 모델 로딩 속도를 향상시킬 수 있으며, 낮은 사양의 장치에서도 LLM을 실행할 수 있습니다. 즉, 양자화 수준을 적절히 조절하면 데스크톱 PC와 같은 제한된 컴퓨팅 자원 환경에서도 대규모 언어 모델을 효율적으로 활용할 수 있습니다.

하지만 양자화는 일반적으로 정확도 손실이라는 대가를 치러야 합니다. 특히 코드 생성이나 고차원적인 추론 기반 질의응답(QA) 같은 복잡한 작업에서는 성능 저하가 체감될 수 있으며, 이는 양자화 수준이 높을수록 더 두드러질 수 있습니다. 따라서 양자화의 정도와 LLM의 성능, 사용하는 하드웨어 사양 사이의 균형을 고려해 양자화 수준을 선택해야 합니다.

최근에는 이러한 문제를 완화하기 위한 기법들도 등장하고 있습니다. 예를 들어, 딥시크 같은 일부 고도화된 모델은 정밀도 손실을 최소화하면서도 효율적인 양자화를 가능하게 하는 구조적 최적화 기법으로 동적 양자화(Dynamic Quantization)를 사용합니다. 동적 양자화는 모델의 특정 부분(레이어)에 양자화 수준을 다르게 적용해 성능 손실을 최소화하

5 그림의 숫잣값은 이해를 돕기 위한 예시입니다.

면서도 양자화의 이점을 최대한 누릴 수 있도록 도와줍니다. 이러한 최신 기법들은 LLM의 경량화와 실용화에 있어 중요한 역할을 하고 있습니다.

올라마에서 제공하는 qwen3 모델의 상세 페이지를 보면서 LLM 모델의 양자화 정보 및 기타 정보를 보는 방법을 설명해 보겠습니다.

- **올라마 qwen3 상세 페이지:** https://ollama.com/library/qwen3/tags

상세 페이지를 살펴보면 올라마에서 제공하는 qwen3 모델은 이미 다양한 양자화 버전으로 준비돼 있습니다. 목록에는 양자화 버전뿐 아니라 다양한 부가정보가 암호처럼 기재돼 있어서 처음 접한다면 그 의미를 알기가 어렵습니다. 그래서 페이지에 포함된 모델들의 부가 정보를 보고 모델의 특징을 해석하는 방법을 알려드리겠습니다. `qwen3:8b`(80억 파라미터) 모델도 여러 가지 변형된 모델들이 존재합니다.

표 2.1 qwen3:8b 모델의 다양한 버전

이름	크기	컨텍스트	입력
`qwen3:8b`	5.2GB	40K	Text
`qwen3:8b-q4_K_M`	5.2GB	40K	Text
`qwen3:8b-q8_0`	8.9GB	40K	Text
`qwen3:8b-fp16`	16GB	40K	Text

여기서 `fp16`은 파라미터 각각을 실수로 표현하는 방법은 그대로 유지하되 크기를 16비트로 줄인 것이고, `q8_0`은 8비트 정수 양자화를 의미합니다. 그리고 `q4_K_M`이 뒤에 붙은 경우 'q4'는 4비트 정수 양자화를 의미하며, 이는 각 파라미터 값을 4비트 정수로 표현해 모델의 메모리 사용량을 대폭 줄이는 방식입니다. 이어지는 'K'는 GPTQ 기반의 그룹 단위 양자화(group-wise quantization) 방식을 나타냅니다. 이 방식은 전체 파라미터를 일정한 그룹으로 나누고 각 그룹마다 최적의 스케일링을 적용해 양자화 과정에서 발생할 수 있는 정밀도 손실을 최소화합니다. 마지막으로 'M'은 이러한 방식에 메모리 접근 효율과 실행 속도를 고려한 최적화된 레이아웃을 적용한 확장 버전을 나타냅니다.

요약하자면, qwen3는 동일한 모델 아키텍처를 기반으로 정밀도(precision) 및 양자화(quantization) 방식에 따라 변형된 모델들을 제공합니다. 그중 `q4_K_M`은 제한된 리소스 환경에서도 높은 성능과 실행 효율을 확보할 수 있도록 설계된 고급 양자화 포맷입니다.

LLM이 동일한 크기일지라도 양자화를 적용하지 않고 파라미터 수가 적은 것보다 양자화를 적용하되 파라미터 수가 많은 경우가 일반적으로 성능이 더 좋습니다. 따라서 양자화는 `q4_K_M`을 선택하되 점점 더 큰 LLM을 테스트해 보며 내 컴퓨터에 맞는 LLM을 찾아보는 것이 좋은 방법입니다.

2.2 AI 에이전트 개발환경 설정

AI 에이전트 개발을 시작할 때 가장 먼저 해야 할 일은 개발 환경을 제대로 갖추는 것입니다. 아무리 훌륭한 모델과 알고리즘이 있어도 이를 실험하고 응용해 볼 수 있는 환경이 준비되지 않으면 아무 소용이 없습니다. 이번 절에서는 AI 개발에 가장 널리 쓰이는 언어인 파이썬을 중심으로, 필요한 하드웨어 조건과 운영체제별 환경 설정 방법까지 차근차근 안내하겠습니다.

2.2.1 AI 프로그래밍에 적합한 언어, 파이썬

오늘날 인공지능 개발에서 파이썬이 사실상의 표준 언어로 자리 잡은 데는 그만한 이유가 있습니다. 먼저 파이썬은 문법이 간단하고 직관적이어서 초보자도 빠르게 배울 수 있습니다. AI 모델은 그 자체로도 복잡한데, 언어까지 복잡하다면 진입장벽은 더 높아질 수밖에 없습니다. 파이썬은 이 문제를 해결해 줍니다.

예를 들어, 파이토치, 텐서플로(TensorFlow), 허깅페이스 트랜스포머, 랭체인(LangChain) 등 AI 개발에 필수적인 대부분의 라이브러리는 모두 파이썬에서 가장 우선적으로 혹은 유일하게 제공됩니다. 특히 랭체인, 랭그래프(LangGraph), 랭스미스

(LangSmith) 같은 최신 LLM 기반 프로그래밍 프레임워크는 파이썬을 1순위로 지원하고 있기 때문에 이 책에서도 파이썬을 선택했습니다.

그리고 파이썬은 강력한 커뮤니티 생태계를 가지고 있습니다. 구글 검색만으로도 거의 모든 문제의 해결책을 찾을 수 있으며, 오픈소스 생태계가 활발하게 유지되고 있어 최신 기술을 빠르게 접할 수 있습니다. 사실상 이 부분이 파이썬을 현재의 위치로 올려놓은 가장 큰 장점입니다. 부가적으로 강력한 커뮤니티 생태계를 가지고 있다는 것은 프로그래밍을 할 때 AI의 도움을 받기 쉽다는 것을 의미하기도 합니다.

이 책에서 제공하는 예제들은 대부분 파이썬 언어로 구현돼 있습니다. 따라서 독자가 예제 코드를 직접 실행하고 실험을 따라 하기 위해서는 파이썬 개발 환경을 먼저 준비해야 합니다. 앞으로의 실습을 준비하는 차원에서 이번 절에서는 운영체제별 파이썬 설치 방법을 상세히 안내하고, 설치 후 간단히 테스트하는 방법까지 함께 설명하겠습니다.

윈도우 환경에서의 파이썬 설치

파이썬 다운로드 페이지에 접속해 최신 버전의 설치 파일을 다운로드합니다.

- **파이썬 다운로드 페이지:** https://www.python.org/downloads/windows/

설치 파일을 실행한 후, 명령 프롬프트에서 사용 가능하도록 **Add Python to PATH** 옵션을 꼭 체크한 다음 **Install Now**를 클릭합니다.

설치가 완료되면 명령 프롬프트(`cmd`) 또는 파워셸(PowerShell)을 열어 다음과 같이 입력합니다. 아래 명령어를 입력했을 때 'Python 3.x.x'처럼 버전 정보가 출력되면 설치가 정상적으로 완료된 것입니다.

[파이썬 버전 확인]

```
> python -version
Python 3.12.10
```

macOS 환경에서의 파이썬 설치

macOS에는 파이썬이 기본적으로 설치돼 있습니다. 따라서 별도로 파이썬을 설치할 필요가 없습니다. 만약 최신 버전의 파이썬을 사용하고 싶다면 홈브루(Homebrew)라는 패키지 관리자를 사용하는 것이 일반적입니다. 다음 명령으로 홈브루를 먼저 설치합니다.

[홈브루 설치]

```
/bin/bash -c "$(curl -fsSL https://raw.githubusercontent.com/Homebrew/install/HEAD/install.sh)"
```

그러고 나서 홈브루로 파이썬을 설치할 수 있습니다.

[파이썬 설치]

```
brew install python
```

설치 후, 터미널에 다음 명령을 입력해 정상 설치 여부를 확인합니다. macOS에서는 `python` 대신 `python3` 명령어를 주로 사용하므로 주의합니다.

[파이썬 버전 확인]

```
python3 --version
```

이제 환경 구성이 끝났다면 본격적으로 LLM을 이용한 AI 프로그래밍을 시작할 준비가 된 것입니다. 다음 절에서는 방금 구축한 개발 환경 위에서 우리가 사용할 파이썬 패키지 관리 도구인 uv에 대해 자세히 살펴보겠습니다. uv는 책의 예제 코드를 여러분의 PC에서 실행할 때 겪는 라이브러리 미설치나 버전 문제와 같은 시행착오를 줄여줄 것입니다.

2.2.2 uv 패키지 관리자 설치와 사용법

AI 프로그래밍을 시작하려는 분들이 가장 먼저 부딪히는 문제는 "패키지 설치가 너무 느리다", "개발 환경이 꼬였다", 또는 "내 개발 환경에서는 잘 작동하는데 다른 곳에서는 안

돼요" 같은 문제일 것입니다. 파이썬 생태계는 오랜 시간 성장해 왔지만 패키지 관리의 복잡성은 여전히 개발자들에게 부담이 됩니다.

pip, venv, virtualenv, Poetry, pip-tools 등등 이미 도구는 넘쳐나지만, 각각의 도구를 조합해서 써야 하고, 속도도 느리며, 설치 실패도 빈번합니다. 이 모든 불편함을 해결하고자 최근에 등장한 패키지 관리자가 바로 uv입니다.

uv는 러스트(Rust) 언어로 만들어진 초고속 파이썬 패키지 관리자입니다. uv는 기존 pip 생태계를 그대로 유지하면서도 몇 가지 핵심 기능을 혁신적으로 개선했습니다. 예를 들어, 수백 개의 패키지를 설치할 때 pip는 몇 분씩 걸리던 작업을 uv는 단 몇 초 만에 처리할 수 있습니다. 이 속도 차이는 단순한 쾌적함의 문제가 아니라 실제로 수십 번씩 환경을 초기화하며 실험해야 하는 AI 개발자에게는 생산성의 차이로 직결됩니다.

또한 uv는 Poetry처럼 의존성 잠금(locking) 기능도 제공합니다. 예를 들어, 다른 사람과 실습 예제를 공유할 때 개발 환경이 동일하게 재현되지 않으면 "제 컴퓨터에서는 잘 되는데요?" 같은 문제가 생깁니다. uv는 이 같은 문제를 방지하기 위해 `uv pip freeze` 등의 명령을 통해 현재와 동일한, 그리고 정확히 재현 가능한 환경을 만들어줍니다.

마지막으로, uv는 기존 파이썬 프로젝트와 완벽하게 호환됩니다. `requirements.txt` 파일을 이용한 설치도 지원하고, 기존 `venv` 가상환경도 그대로 사용할 수 있습니다. 다시 말해, 기존 생태계를 유지하면서도 속도와 안정성, 재현성을 모두 갖춘 도구인 셈입니다.

이 책에서 제공하는 예제들도 uv를 이용해 필요한 파이썬 버전, 라이브러리 등을 맞추고 실행까지 가능하도록 작성돼 있습니다. 특히 최신 파이썬 프로젝트에서는 `requirements.txt`보다 `pyproject.toml`과 `uv.lock` 파일을 사용하는 것이 표준에 가까워지고 있기 때문에 예제도 이러한 트렌드를 따르도록 했습니다. 다음은 uv 기반 프로젝트에서 일반적으로 볼 수 있는 파일 및 디렉터리 구조의 예입니다.

```
my-project/
├── .venv/              # uv로 생성된 가상환경 디렉터리
```

```
├── pyproject.toml    # 프로젝트 설정과 의존성을 명시한 파일
├── uv.lock           # 의존성 버전을 정확하게 고정하는 잠금(lock) 파일
├── main.py           # 예제 코드가 작성될 기본 파이썬 파일
├── setup.py          # 패키지 배포나 설치용 설정 파일(선택 사항)
```

venv/ 폴더는 해당 프로젝트만의 독립된 파이썬 실행 환경을 제공합니다. 시스템 전체에 영향을 주지 않기 때문에 실험이나 라이브러리 버전 충돌 걱정 없이 개발할 수 있습니다. 프로젝트 폴더에서 uv를 실행하면 자동으로 생성됩니다.

pyproject.toml은 프로젝트의 이름, 버전, 설명과 함께 어떤 라이브러리를 사용할 것인지 선언하는 파일입니다. Poetry나 uv 같은 패키지 관리 도구가 이 파일을 읽고 필요한 환경을 구성합니다.

uv.lock은 uv pip install 명령을 실행하면 자동으로 생성되며, 모든 의존성의 정확한 버전을 고정합니다. 프로젝트를 다른 시스템에서 재현할 때 이 파일이 있으면 동일한 환경을 보장할 수 있습니다.

main.py는 예제 코드를 실행할 때 시작점이 되는 파일입니다. 따라서 예제 코드를 실행할 때는 보통 main.py를 실행합니다.

setup.py는 해당 프로젝트를 파이썬 패키지로 배포할 경우 사용하는 설정 파일입니다. 필수는 아니지만 패키징이나 배포, CLI 도구 제작 등에 필요할 수 있습니다.

이 책에서 제공하는 예제는 대부분 파이썬 언어로 작성돼 있으며, uv는 필요한 라이브러리 설치와 환경 재현을 위한 핵심 도구로 활용됩니다. uv를 설치하는 방법은 운영체제에 따라 조금씩 다르며, 이어지는 절에서 윈도우와 macOS 환경에 설치하는 방법을 자세히 설명합니다.

윈도우 환경에서 uv 설치

윈도우 사용자는 명령 프롬프트(또는 터미널 프로그램)를 관리자 권한으로 실행한 뒤, 다음 명령어를 입력해 uv를 설치할 수 있습니다. 설치 후 uv를 사용하기 위해서는 터미널을 종료 후 다시 실행해야 합니다.

```
powershell -ExecutionPolicy ByPass -c "irm https://astral.sh/uv/install.ps1 | iex"
```

설치가 완료되면 다음 명령어로 정상 설치 여부를 확인합니다.

```
uv --version
```

uv 버전 정보가 출력되면 설치가 완료된 것입니다. 만약 uv 명령어를 인식하지 못한다면 시스템의 PATH 환경변수에 설치 경로가 제대로 등록돼 있는지 확인합니다.

macOS 환경에서 uv 설치

macOS 사용자라면 터미널을 열고 다음 명령어를 입력해 설치할 수 있습니다.

```
curl -Ls https://astral.sh/uv/install.sh | sh
```

설치가 완료되면 다음 명령으로 설치가 제대로 됐는지 확인합니다.

```
uv --version
```

출력되는 버전 정보를 통해 설치 여부를 확인할 수 있으며, uv 명령이 인식되지 않는 경우 ~/.cargo/bin 또는 /usr/local/bin 등 설치 경로가 PATH에 포함돼 있는지 점검해야 합니다.

uv로 개발 환경 구성하기

uv 설치가 완료되면 이제 빠르게 파이썬 환경을 설정하고 패키지를 설치할 수 있습니다. 이번 절에서는 uv를 활용한 프로젝트 생성 및 관리 방법을 구체적으로 살펴보겠습니다.

먼저 uv를 사용하는 세 가지 이유를 꼽는다면 패키지 설치 속도, 환경 재현 능력, 간결한 명령어를 들 수 있습니다. uv는 AI 개발에서 가장 큰 걸림돌인 환경 문제를 단순하고 빠르게 해결해 줍니다. 예를 들어, 이 책의 예제 코드를 깃허브 등에서 다운로드한 후 uv를 사용하면 몇 초 만에 실행 환경을 완벽히 재현할 수 있습니다. 다운로드한 폴더에서 가상환경을 생성하지 않아도 되며, 다음 명령만으로 필요한 패키지를 모두 설치합니다.

[프로젝트 폴더에서 uv 명령어를 이용한 환경 구성]

```
uv sync
```

이 명령어는 프로젝트 내 `pyproject.toml`과 `uv.lock` 파일을 참조해 모든 의존성을 설치하고, `.venv` 환경까지 자동 구성합니다. 예제 코드가 담긴 `main.py` 파일을 실행하려면 다음 명령을 사용합니다.

```
uv run main.py
```

`uv run`은 `.venv` 가상환경을 자동으로 활성화한 뒤 명령을 실행하기 때문에 별도의 환경 설정 없이 실행이 가능합니다. 만약 예제 코드를 수정하거나 새로운 패키지를 추가한 후 재배포하고자 한다면 다음 절차를 따르면 됩니다.

```
uv add [패키지명]
```

[변경된 의존성을 반영해 uv.lock 파일을 갱신]

```
uv pip freeze > pyproject.toml
uv sync
```

이 과정을 통해 변경 사항을 의존성 파일에 반영하고, 다른 사용자도 `uv sync` 한 줄로 동일한 환경을 재현할 수 있습니다.

만약 uv를 이용해 새로운 프로젝트를 만들고 싶다면 폴더를 새로 생성한 뒤 다음 명령을 실행합니다.

[새 프로젝트에서 uv를 이용한 환경 구성]

```
uv init
```

위 명령어는 새로 만든 폴더에 `main.py`, `pyproject.toml` 같은 기본적인 파일들을 생성합니다.

당분간은 예제 코드의 실행 환경을 설정하고 실행하는 데 uv를 주로 사용하겠지만 익숙해지면 직접 작성한 코드를 배포하는 데도 uv가 매우 유용하다는 사실을 알게 될 것입니다. 이미 파이썬을 사용해 본 경험이 있다면 앞으로 나오는 예제들을 실행해 보면서 이 차이점을 더 크게 느낄 수 있을 것입니다.

2.3 올라마 API와 SDK 연동

실습을 위한 환경 준비가 막바지에 이르렀습니다. 마지막으로 LLM을 실행하는 데 사용할 올라마에 대해서도 좀 더 알아보겠습니다. 올라마는 다양한 방식으로 활용할 수 있도록 설계돼 있어 사용자의 기술 수준과 목적에 따라 적합한 방식을 선택할 수 있습니다.

명령줄 기반 인터페이스(Command Line Interface, CLI): CLI에서 `ollama run` 명령어 하나로 즉시 AI와 대화를 시작할 수 있는 가장 기본적인 방법입니다. 복잡한 설치 과정이나 별도의 설정 없이 바로 사용할 수 있어 보편적으로 선호하는 방식입니다. 1장에서 이러한 방식을 간단하게 실습했습니다.

RESTful API: 올라마를 실행하면 웹 주소 `http://localhost:11434`로 접근할 수 있는 웹 API가 자동으로 제공됩니다. 웹사이트나 앱에서 HTTP 요청을 보내면 AI가 JSON 형태로 답변을 돌려주는 방식입니다. 마치 메시지를 보내고 받는 것처럼 다른 프로그램에서 AI와 소통할 때 사용할 수 있어 웹 개발이나 앱 개발 시 널리 사용되는 방법입니다.

언어별 SDK: 올라마는 파이썬이나 자바스크립트와 같은 다양한 프로그래밍 언어별 라이브러리를 제공합니다. 각 프로그래밍 언어의 문법에 맞게 자연스럽게 올라마 기능을 코드에 포함시킬 수 있어서 개발이 편리합니다.

GUI 프로그램 연동: Open WebUI 같은 도구를 설치하면 챗GPT와 유사한 채팅 환경에서 올라마를 사용할 수 있습니다. 직관적인 대화형 인터페이스에서 대화 기록 저장, 파일 업로드, 이미지 처리 등의 고급 기능을 활용할 수 있습니다. 즉, 앞에서 제시한 방법을 이용해 다른 도구들이 올라마를 사용할 수 있도록 LLM 서비스를 제공하는 형태가 되는 것입니다.

LLM 프레임워크 연동: 랭체인이나 라마인덱스(LlamaIndex) 등의 LLM 프레임워크를 통해 올라마를 사용할 수도 있습니다. 이를 활용하면 상용 LLM 서비스와 올라마의 로컬 LLM을 결합해 비용을 절감하면서도 강력한 솔루션을 만들 수 있습니다.

자체 GUI 인터페이스: 가장 늦게 올라마에 추가된 기능입니다. OpenAI의 gpt-oss 모델이 공개됨과 동시에 올라마에도 `gpt-oss` 모델이 등록됐고, 이때 올라마의 자체 GUI 인터페이스 프로그램도 공개됐습니다.

지금 당장 이 모든 기능을 설명할 수는 없습니다. 우선 올라마의 기본적인 활용법을 실습하면서 올라마가 어떻게 작동하고 어떤 역할을 할 수 있는지 확인하겠습니다.

2.3.1 상용 LLM API와 같은 REST API 방식

올라마는 HTTP 기반 API도 함께 제공합니다. 올라마는 `localhost:11434` 포트를 통해 호출할 수 있으며, 이를 통해 다른 애플리케이션과 연동하거나 자동화된 시스템의 일부로 활용할 수 있습니다. 올라마의 API는 상용 LLM API(예: OpenAI, 클로드 등)와 유사한 구조로 설계돼 있어 기존 LLM API 사용 경험이 있는 개발자라면 별도의 학습 없이 쉽게 사용할 수 있습니다. RESTful 방식으로 설계돼 있으며, 입력 프롬프트를 JSON 형식으로 POST 요청에 담아 보내면 모델의 응답을 JSON 형태로 받을 수 있습니다. 이러한 방식을 REST API 방식이라고 부릅니다.

올라마와 LLM 모델이 하나 이상 PC에 설치돼 있다면 다음과 명령어를 사용해 올라마 API를 테스트할 수 있습니다. 명령의 내용 중 `model` 값은 `qwen3:8b` 대신 다른 모델을 사용해도 됩니다. 이 명령에서는 HTTP 방식의 REST API를 사용하기 위해 `curl` 도구를 사용했습니다. `curl`은 HTTP 요청과 응답을 손쉽게 제어할 수 있는 커맨드 라인 도구로 윈도우와 macOS에 기본적으로 설치돼 있어 별도로 설치할 필요가 없습니다.

[올라마 API 테스트 - 윈도우]

```
curl http://localhost:11434/api/generate -d "{ \"model\": \"qwen3:8b\", \"prompt\":
\"Explain quantum computing in simple terms.\", \"stream\": false }"
```

[올라마 API 테스트 - macOS]

```
curl http://localhost:11434/api/generate -d '{ "model": "qwen3:8b", "prompt":
"Explain quantum computing in simple terms." , \"stream\": false }'
```

위 명령어에서 `stream` 값에 `false`를 설정했기 때문에 응답은 하나의 JSON 형식으로 출력됩니다. 즉, 다음과 같이 꽤 긴 시간이 지난 후 한 번에 결과를 출력합니다.

[올라마 API 테스트 결과 - stream: false]

```
{"model":"qwen3:8b","created_at":"2025-06-22T04:56:02.6157874Z","response":"\
u003cthink\u003e\nOkay, the user wants me to explain quantum computing in simple
terms. Let me start by recalling what I know. Quantum computing uses qubits instead
of classical bits.
... 생략 ...
It's like having a team of workers who can explore all possible solutions at once,
making it super fast for certain problems—but not for everything. "
```

stream 값을 true로 설정해서 요청할 경우에는 response 값에 몇 개의 단어만 포함한 JSON 응답이 연속적으로 출력됩니다.

[올라마 API 테스트 결과 - stream: true]


```
{"model":"qwen3:8b","created_at":"2025-06-22T04:58:49.537231Z","response":"\
u003cthink\u003e","done":false}
{"model":"qwen3:8b","created_at":"2025-06-22T04:58:49.5675194Z","response":"\
n","done":false}
{"model":"qwen3:8b","created_at":"2025-06-22T04:58:49.5941337Z","response":"Okay","
done":false}
{"model":"qwen3:8b","created_at":"2025-06-22T04:58:49.6187763Z","response":",","don
e":false}
{"model":"qwen3:8b","created_at":"2025-06-22T04:58:49.6417468Z","response":"
the","done":false}
{"model":"qwen3:8b","created_at":"2025-06-22T04:58:49.6639384Z","response":"
user","done":false}
{"model":"qwen3:8b","created_at":"2025-06-22T04:58:49.6854955Z","response":"
wants","done":false}
{"model":"qwen3:8b","created_at":"2025-06-22T04:58:49.7072994Z","response":"
me","done":false}
{"model":"qwen3:8b","created_at":"2025-06-22T04:58:49.7288017Z","response":"
to","done":false}
{"model":"qwen3:8b","created_at":"2025-06-22T04:58:49.7504767Z","response":"
explain","done":false}
{"model":"qwen3:8b","created_at":"2025-06-22T04:58:49.771191Z","response":"
quantum","done":false}
... 생략 ...
```


테스트에서 알 수 있듯이 올라마는 기본적으로 localhost:11434 포트를 통해 API를 제공하고 이를 통해 외부 애플리케이션이 올라마에 요청을 보내고 응답을 받을 수 있습니다. 하지만 curl과 같은 커맨드 라인 명령어를 사용하는 방법은 단순하고 쉽게 실행해 볼 수 있긴 하지만 실제 활용도는 다소 떨어집니다. 이보다는 파이썬과 같은 프로그래밍 언어로 애플리케이션을 작성해서 올라마를 호출하면 훨씬 다양한 시나리오에서 올라마를 활용할 수 있습니다. 다음은 파이썬을 이용해 올라마의 API를 호출하는 예입니다.

```
import requests

response = requests.post(
    "http://localhost:11434/api/generate",
    json={
        "model": "qwen3:8b",
        "prompt": "Explain the theory of relativity.",
        "stream": False
    }
)

print(response.json())
```

위 코드에서 `model` 항목은 실제 사용자의 컴퓨터에 설치된 LLM 모델명으로 바꿔야 합니다. 코드를 실행하면 다음과 같은 응답이 출력됩니다.

[파이썬 예제의 실행 결과]

```
{'model': 'qwen3:8b', 'created_at': '2025-06-22T05:06:52.3810913Z', 'response':
'<think>\nOkay, the user wants me to explain the theory of relativity. Let me start
by recalling what I know. There are two main parts: special relativity and general
relativity.
... 생략 ...
\n\nBoth theories have been tested extensively and remain cornerstones of modern
physics, bridging the gap between quantum mechanics and cosmology.'
```

추가로 올라마는 기본적으로 내 컴퓨터, 즉 `localhost`에서만 요청을 받도록 설계돼 있습니다. 이는 개발 초기 단계에서 매우 편리하지만 협업이나 서비스 배포 목적상 다른 컴퓨터나 원격 서버에서 올라마에 접근해야 할 경우 문제가 됩니다. 예를 들어, 동일 네트워크 내 다른 개발자가 올라마 서버에 접근하려 하거나 사내 서버에 배포된 올라마를 여러 사용자가 공유하려는 경우가 여기에 해당합니다.

이러한 상황에서 일부 사용자는 단순히 포트를 개방해서 외부 IP로 접속이 가능하도록 설정하기도 합니다. 그러나 이는 매우 위험한 접근 방식입니다. 올라마는 현재 사용자 인증이나 암호화 통신(HTTPS) 기능을 자체적으로 제공하지 않기 때문에 포트만 열려 있다면 누구든지 API에 접근할 수 있으며, 이는 악의적인 요청으로부터 완전히 무방비 상태가 된다는 것을 의미합니다. 따라서 올라마를 외부에서 안전하게 사용하려면 다음과 같은 방법을 고려하는 것이 좋습니다.

먼저, 올라마가 외부 요청을 받도록 구성하되, 반드시 인증 기능이 포함된 프록시 서버를 중간에 두는 방식으로 구성해야 합니다. 이를테면 FastAPI나 Nginx 같은 프레임워크를 이용해 올라마에 대한 요청을 중계하면서 사용자 인증(토큰, API 키 등)을 체크하도록 설정하는 것입니다. 이렇게 하면 인증된 사용자만이 FastAPI 또는 Nginx로 구현된 서버를 통해 올라마 API에 접근할 수 있으며, 동시에 요청 로그 기록이나 접근 제어도 가능해집니다.

또한 터미널 명령어를 통해 `OLLAMA_AUTH_TOKEN`이라는 환경변수를 설정함으로써 올라마 자체에 인증 기능을 간접적으로 부여할 수도 있습니다. 이 방법을 사용하면 설정한 토큰이 없는 요청은 자동으로 거부되며, 클라이언트는 `Authorization` 헤더를 통해 토큰을 함께 전달해야 합니다. 이 방식은 매우 간단하긴 하지만 높은 수준의 보안 효과를 제공하기는 어려운 방법입니다.

물론 여기서 소개한 방법들은 이 책을 집필할 때 사용 가능한 방법입니다. 빠르게 변화하는 AI 업계의 특성상 올라마가 직접 인증 기능이 탑재된 서버를 구현할 수도 있으며, 또는 올라마와 연동할 수 있는 서버 애플리케이션이 만들어질 수도 있습니다.

2.3.2 올라마 파이썬 SDK 사용

올라마를 설치하면 간단한 코드만으로 LLM을 실행하고 응답을 받을 수 있는 다양한 프로그래밍 언어의 SDK를 사용할 수 있습니다. 그중 올라마 파이썬 라이브러리는 올라마를 파이썬에서 쉽게 활용하도록 돕는 라이브러리입니다. 이를 활용해 파이썬 코드 몇 줄만으로 올라마에 요청을 보내 응답을 받고 모델을 제어할 수 있습니다. 명령줄에서 올라마를 이용해 실행하던 기능 대부분을 파이썬에서 사용할 수 있습니다. 간단한 파이썬 프로그램을 작성해 테스트해 봅시다.

올라마 파이썬 라이브러리 사용해 보기

올라마 파이썬 라이브러리는 PyPI에 `ollama`라는 이름으로 등록돼 있습니다. 설치 방법은 간단합니다. 다음 명령을 실행하면 올라마 파이썬 라이브러리가 설치됩니다.

[ollama 라이브러리 설치]

```
> pip install ollama
```

하지만 uv를 이용해 프로젝트를 만드는 경우에는 위의 설치 명령어 대신 `uv add` 명령어로 대신할 수 있습니다. 먼저 테스트를 위해 `ollama-test`라는 폴더를 만들고 명령 프롬프트 또는 터미널 프로그램을 이용해 해당 폴더로 이동합니다. 그러고 나서 uv를 이용해 프로젝트를 초기화합니다.

[uv를 이용한 프로젝트 만들기]

```
> uv init
Initialized project `ollama-test`
```

초기화 명령어를 실행하고 폴더를 확인하면 기본적인 `uv` 설정 파일과 `main.py` 파일이 생성됐음을 알 수 있습니다. 여기서 `main.py` 파일에 올라마 파이썬 SDK를 이용해 간단한 질문을 LLM에게 전달하고 응답을 출력하도록 코드를 작성해 보겠습니다.

[올라마 파이썬 SDK를 호출하는 파이썬 예제]

```
import ollama

# generate 함수는 결과를 딕셔너리 형태로 반환
result = ollama.generate(model='qwen3:8b', prompt='왜 하늘은 파랗죠?')

print(result['response'])  # 모델의 답변 텍스트 출력
```

예제 코드는 매우 간단합니다. 첫 줄에서 `import`를 이용해 올라마 파이썬 라이브러리를 가져오고, `ollama.generate()`를 이용해서 질문(prompt)을 올라마에 던집니다. 그리고

그 결과를 result에 저장합니다. 결과는 딕셔너리(dictionary) 형태로 반환되기 때문에 response에 해당하는 값을 가져와 출력했습니다.

따라서 main.py를 실행하면 prompt에 넣어준 질문의 답을 구할 수 있을 것입니다. 다음과 같이 uv를 이용해 main.py를 실행하면 현재 프로젝트의 고유한 설정으로 파일을 실행할 수 있습니다.

```
> uv run main.py
Traceback (most recent call last):
  File "C:\Workspace\test\ollama-test\main.py", line 1, in <module>
    import ollama
ModuleNotFoundError: No module named 'ollama'
```

하지만 실제로 실행해 보면 위와 같이 ollama 모듈을 찾을 수 없다는 에러가 발생합니다. 사실 이것은 당연한 결과인데, 왜냐하면 uv init을 이용해 프로젝트를 초기화했을 때 우리는 아무런 라이브러리도 설치하지 않은 상태로 초기화했기 때문입니다.

따라서 프로젝트에서 ollama 모듈을 사용할 수 있도록 라이브러리를 설치해야 합니다. 다음과 같이 uv add로 ollama 라이브러리를 추가할 수 있습니다.

```
> uv add ollama
Resolved 14 packages in 276ms
Prepared 1 package in 109ms
Installed 13 packages in 91ms
 + annotated-types==0.7.0
 + anyio==4.9.0
 + certifi==2025.4.26
 + h11==0.16.0
 + httpcore==1.0.9
 + httpx==0.28.1
 + idna==3.10
 + ollama==0.5.1
 + pydantic==2.11.7
```

```
+ pydantic-core==2.33.2
+ sniffio==1.3.1
+ typing-extensions==4.14.0
+ typing-inspection==0.4.1
```

이제 main.py를 다시 실행해 보면 에러 없이 실행되면서 prompt에 설정된 질문의 답을 얻을 수 있습니다.

```
> uv run main.py
<think>
...생략...
</think>
...생략...

### 요약
- **짧은 파장의 파란 빛**이 대기 중에서 **더 많이 산란**되며, 이 빛이 하늘 전체를
채우므로 하늘이 파랗게 보입니다.
- 인간의 눈의 민감도와 태양빛의 성분, 대기의 물리적 구조가 이 현상에 기여합니다.

이 설명은 **물리학과 광학**의 기본 원리로, 자연 현상의 아름다움을 과학적으로
이해하는 데 도움이 됩니다! 🌈
```

이렇게 올라마 파이썬 라이브러리를 사용하면 몇 줄의 코드만으로 내 컴퓨터에 설치된 LLM을 호출해 답변을 얻는 프로그램을 작성할 수 있습니다. 처음 실행할 경우 모델을 메모리에 로드하느라 시간이 조금 걸리긴 하지만 LLM에 대한 전문적인 지식이 없음에도 AI 프로그래밍을 하는 데 어려움이 없음을 확인할 수 있습니다.

Chat API로 대화 주고받기

올라마 파이썬 라이브러리는 대화형 채팅도 쉽게 구현할 수 있게 도와줍니다. 여러 턴의 메시지를 주고받는 채팅 서비스의 경우 ollama.chat() 함수를 사용해 구현할 수 있습니다. 다음은 사용자 질문 하나를 보내는 간단한 예시입니다.

[올라마 파이썬 SDK의 chat 함수를 호출하는 파이썬 예제]

```
from ollama import chat

# 대화 이력을 리스트로 구성(role과 content 키 사용)
conversation = [
    {"role": "user", "content": "안녕, 오늘 기분 어때?"}
]

reply = chat(model='qwen3', messages=conversation)
print(reply.message.content)  # 모델(assistant)의 응답 출력
```

위 코드에서 conversation은 메시지 목록으로, 첫 요소로 사용자의 인사말을 담았습니다. ollama.chat()에 모델명과 이 메시지 리스트를 전달하면 대화형 모델이 다음에 올 답변을 생성합니다. 반환값인 reply는 응답 객체이며, reply.message.content 속성에 모델의 답변 텍스트가 들어 있습니다. 예를 들어, 모델이 "안녕하세요! 저는 잘 지내고 있어요. 오늘 어떻게 도와드릴까요?" 같은 답변을 생성해 출력할 수 있습니다.

chat 함수를 통해 role이 "assistant"인 답변을 얻었으니, 여기에 사용자가 다시 질문을 추가해 messages 리스트를 연장하고 chat을 또 호출하면 연속 대화가 가능합니다. 이처럼 올라마의 chat API를 활용하면 다중 턴 대화나 챗봇을 손쉽게 구현할 수 있습니다.

올라마 SDK의 chat과 generate 함수는 기본적으로 한 번에 모든 답을 생성 완료한 뒤 반환합니다. 스트리밍 응답을 원할 경우 stream=True 옵션을 주면 부분 결과를 반복자 형태로 받을 수 있습니다. 또한 ollama.ChatResponse 객체를 통해 응답의 세부 필드를 다룰 수도 있습니다.

- ollama.generate(): 콘솔에 모델이 답변한 문단이 출력됩니다.
- ollama.chat(): 첫 사용자 메시지에 대한 모델의 대답이 출력됩니다. 이어서 같은 conversation 리스트에 사용자의 후속 질문을 append하고 chat을 다시 호출하면 맥락을 이어가는 답변을 얻을 수 있습니다.

SDK를 이용하지 않고 랭체인과 같은 기능이 좀 더 풍부한 LLM 프레임워크 코드 안에서 올라마를 연결하는 기능도 있습니다. 이러한 방법은 3장부터 살펴보겠습니다.

2.4 올라마 GUI와 웹 UI

내 컴퓨터에서 LLM을 실행하는 데 성공했다면 다음 단계로 올라마를 지원하는 GUI 프로그램이나 외부 프레임워크를 활용하는 것을 시도해 볼 수 있습니다.

2.4.1 올라마에 연결할 수 있는 GUI 도구

경우에 따라서는 챗GPT처럼 우리에게 익숙하고 직관적인 형태의 GUI 프로그램을 사용하는 것이 명령줄이나 코드 기반의 방식보다 훨씬 더 효율적일 수 있습니다. 특히 초보 사용자나 비개발자, 또는 빠르게 프롬프트를 테스트하고 대화 로그를 관리하려는 전문가에게는 이러한 시각적 인터페이스가 유용합니다. 실제로 올라마와 연동 가능한 다양한 GUI 도구들이 쏟아지고 있으며, 이들은 각기 다른 특징과 장점을 내세우며 사용자에게 어필하고 있습니다.

예를 들어, Open WebUI[6]는 웹 브라우저를 통해 접근할 수 있는 대화형 인터페이스를 제공하며, 다중 모델 전환, 대화 기록 저장, 사용자 인터페이스 커스터마이징 등의 기능을 지원합니다. 내 컴퓨터 환경에서 올라마를 구동하면서 동시에 웹 기반 인터페이스를 통해 LLM과 상호작용할 수 있어 마치 챗GPT 같은 상용 채팅 서비스를 사용하는 듯한 경험을 선사합니다.

6 https://openwebui.com/

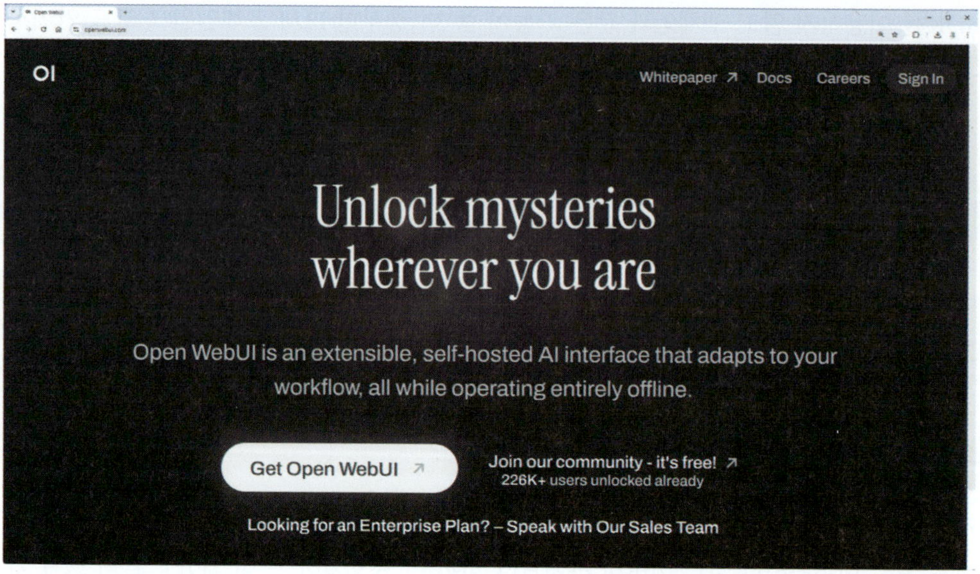

그림 2.5 Open WebUI

LM Studio[7]는 macOS와 윈도우 환경에서 사용할 수 있는 독립 실행형 애플리케이션으로, 사용자가 복잡한 설치 과정을 거치지 않고도 GUI상에서 올라마의 API를 연동할 수 있도록 설계됐습니다. 채팅 UI는 깔끔하며, 프롬프트 히스토리, 테마 설정, 응답 속도 측정 등 실용적인 기능을 포함하고 있어 개발자와 일반 사용자 모두에게 적합한 환경을 제공합니다. 익숙한 챗GPT의 GUI보다는 VS Code 같은 GUI를 갖추고 있습니다.

7 https://lmstudio.ai/

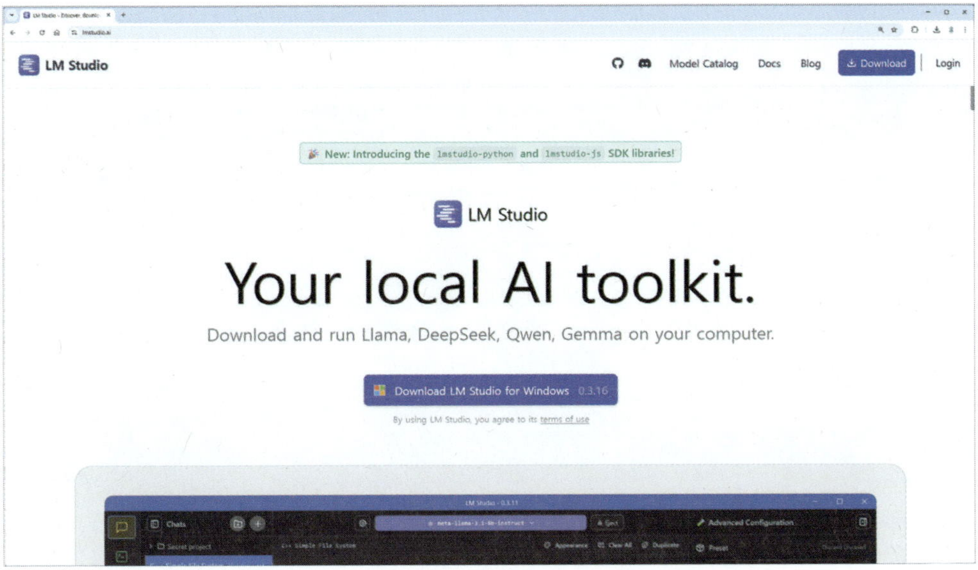

그림 2.6 LM Studio

Chatbot 올라마[8]는 타입스크립트(TypeScript)와 Next.js 기반으로 개발된 오픈소스 프로젝트로, 올라마의 로컬 API를 활용해 대화형 인터페이스를 구현한 간결하고 직관적인 웹 애플리케이션입니다. 이 도구는 특별한 서버 설정 없이 내 컴퓨터에서 바로 실행할 수 있으며, 사용자는 원하는 모델을 선택하고 대화 프롬프트를 입력해 결과를 실시간으로 확인할 수 있습니다. 깔끔한 UI 덕분에 기술적인 배경이 없는 사용자도 쉽게 사용할 수 있으며, 다크 모드/라이트 모드 전환, 사용자 입력 기록 저장, 그리고 모델 변경 기능 등을 제공함으로써 실험과 데모에 최적화된 환경을 구성할 수 있습니다. 또한 프로젝트는 깃허브에 공개돼 있어 커스터마이징이나 기능 확장이 필요한 사용자에게도 매우 유용합니다.

8 https://github.com/ivanfioravanti/chatbot-ollama

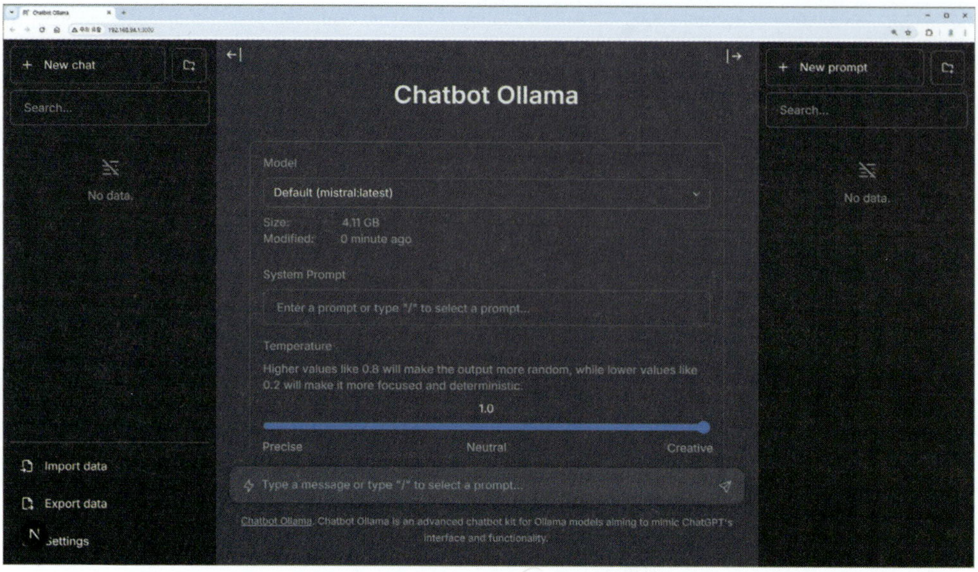

그림 2.7 Chatbot 올라마

이 외에도 올라마와 연동 가능한 다양한 오픈소스 및 상업용 GUI 프로젝트들이 있습니다. 예를 들어, 텍스트 편집 인터페이스에 LLM을 삽입하거나, 음성 인식과 연동해 대화를 처리하는 도구 등도 활발하게 개발되고 있습니다. 게다가 오픈소스로 제공되는 경우도 많으므로 검색을 통해 본인의 입맛에 맞는 프로젝트를 찾아 마음껏 활용해 보시기 바랍니다.

이 책에서는 독자가 파이썬 기반으로 자신만의 GUI 애플리케이션을 개발하고자 할 경우에 대비해 올라마를 백엔드로 사용하는 챗봇 GUI 예제 코드를 함께 제공합니다. 해당 예제는 PySide6[9]를 활용해 구성되며, GUI 창에서 텍스트를 입력하고 올라마를 통해 응답을 받아 출력하는 구조에 MCP(Model Context Protocol) 및 실행 환경 설정 기능을 넣었습니다. GUI 구조는 Chatbot 올라마와 비슷한 형태로 제공될 것입니다.

9 https://pypi.org/project/PySide6/

2.4.2 Open WebUI 설치 및 사용법

이번에는 앞에서 소개한 GUI 기반의 챗봇 인터페이스 프로그램 중 하나인 Open WebUI를 설치해 보겠습니다. Open WebUI는 올라마를 이용해 다양한 테스트를 해보거나 구현하고자 하는 기능의 사전 검증 등의 작업에 유용합니다.

Open WebUI는 다양한 설치 방법을 제공합니다. 도커(Docker), 파이썬 중 하나를 선택할 수 있고, 파이썬을 선택한 경우 uv, conda, venv 방식 중 하나를 선택할 수 있습니다. 앞에서 파이썬과 uv 개발 환경을 구성했으므로 여기서는 uv 방식으로 설치해보겠습니다.

[uv를 이용한 Open WebUI 설치 - 윈도우]

```
env:DATA_DIR="C:\open-webui\data"; uvx --python 3.11 open-webui@latest serve
```

[uv를 이용한 Open WebUI 설치 - macOS]

```
DATA_DIR=~/.open-webui uvx --python 3.11 open-webui@latest serve
```

위 명령어를 실행하면 자동으로 `open-webui` 디렉터리가 생성됩니다(참고로 설치에는 상당한 시간이 소요될 수 있습니다). 설치가 완료되면 자동으로 Open WebUI가 실행되므로 브라우저를 통해 접속해서 사용할 수 있습니다.

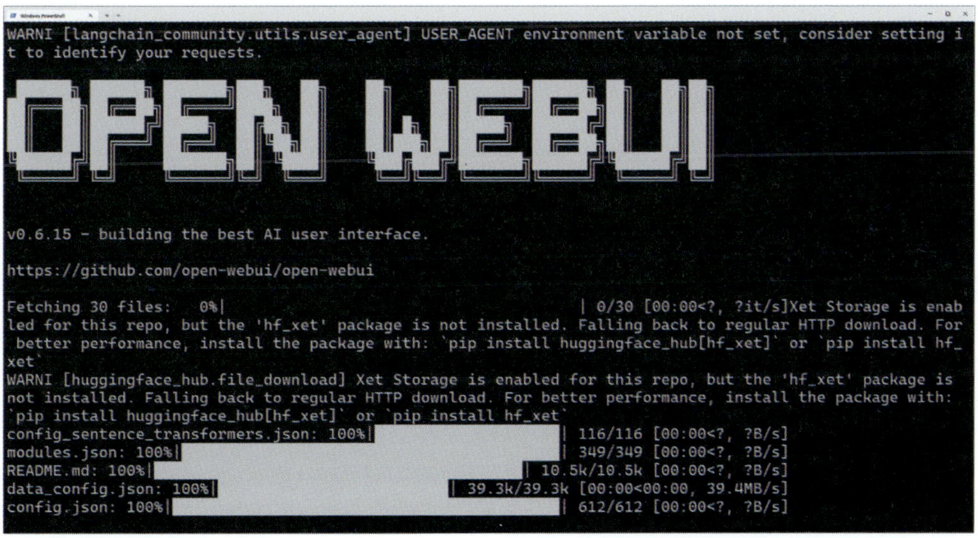

그림 2.8 Open WebUI 설치

브라우저를 실행하고 다음 주소로 접속해 보면 웅장한 시작 화면이 출력될 것입니다.

- **Open WebUI 실행 URL**: http://localhost:8080/

이후에 관리자 계정을 설정하면 Open WebUI를 사용할 수 있습니다. 챗GPT 같은 상용 AI 챗 서비스와 상당히 유사한 GUI를 제공하므로 어렵지 않게 사용할 수 있습니다.

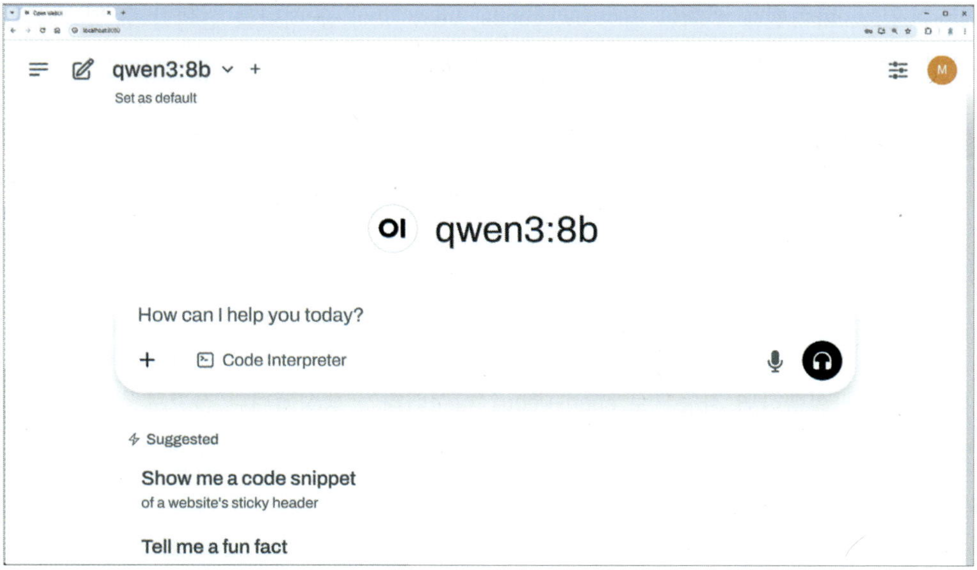

그림 2.9 Open WebUI 실행 화면

2.4.3 올라마 GUI

상당히 긴 시간 동안 올라마는 자체 GUI 인터페이스를 제공하지 않았습니다. 그래서 앞에서 소개한 Open WebUI 같은 챗봇형 GUI 프로그램에 올라마를 연동하는 형태로 사용해야 했습니다. 하지만 2025년 08월에 OpenAI의 `gpt-oss` 모델이 올라마에 공개됐고, 이때 올라마의 챗봇형 GUI 인터페이스(이하 올라마 GUI)와 터보 모드가 함께 공개됐습니다.

그림 2.10 올라마 챗봇형 GUI 인터페이스

올라마 챗봇은 그림 2.10과 같이 전형적인 챗봇형 GUI 인터페이스를 가지고 있습니다. 그리고 다른 상용 서비스 또는 오픈소스 챗봇에 비해 기능과 디자인이 매우 단순합니다. 만약 올라마 사용자가 터미널 프로그램에서 명령어를 이용해 LLM을 이미 다운로드했다면 내려받은 모델을 사용해 챗봇을 바로 사용할 수 있습니다. 입력창의 우측 하단의 모델 선택 콤보박스에서 다운로드한 모델을 선택하기만 하면 됩니다.

그런데 올라마 GUI에는 재밌는 기능이 하나 있습니다. 앞서 `gpt-oss` 모델이 발표되면서 올라마에도 모델이 등록됐다고 했는데, 올라마 GUI에도 `gpt-oss` 모델을 사용할 수 있기 때문에 해당 모델을 선택해 보면 **Turbo** 토글 버튼이 생기는 것을 볼 수 있습니다. 이 버튼이 바로 터보 모드를 활성화/비활성화하는 버튼입니다.

터보 모드가 비활성화된 경우에는 올라마 GUI가 모델이 다운로드됐는지 검사하고, 모델이 다운로드되지 않았다면 다운로드를 시도합니다. 그리고 다운로드됐다면 다운로드한 모델을 이용해 챗봇을 작동시킵니다. 하지만 `gpt-oss` 모델의 경우 120b, 20b 버전의 다운로드 크기가 각각 65GB, 14GB에 달하는 고용량입니다. 이 정도 크기라면 사용자의 PC

가 감당하기 힘든 경우도 많을 것입니다. 그래서 만들어진 것이 터보 모드라 볼 수 있습니다.

터보 모드는 챗GPT, 클로드 같은 상용 LLM 서비스처럼 구독형으로 결제하고 고성능의 LLM을 사용할 수 있게 해주는 서비스입니다. 올라마 터보 모드가 출시되는 시점에서는 OpenAI의 `gpt-oss-120b`와 `gpt-oss-20b`로 두 개의 모델만 지원하는데 이는 점차 확대될 것으로 보입니다.

올라마 GUI는 사용 중인 운영체제에 등록된 올라마 프로그램 아이콘을 클릭하고, **Open Ollama** 메뉴를 선택해서 실행할 수 있습니다.

CHAPTER

03

랭체인: AI 프로그래밍의 시작

단순하게 생각해서 LLM이란 거대한 디지털 데이터 덩어리지만 여기에 다양한 도구를 결합함으로써 사람들이 편리하게 사용할 수 있게 됩니다. AI 프로그래밍도 마찬가지입니다. LLM이라는 데이터 뭉치를 내가 원하는 프로그램에 붙여서 원하는 대로 작동하게 하려면 LLM을 다룰 수 있는 프로그래밍 도구가 필요합니다. 이러한 도구들은 단순한 라이브러리를 넘어 다양한 기능을 포괄하는 프레임워크의 형태로 제공됩니다. 그중 가장 유명하고 유용한 것이 바로 랭체인(LangChain)입니다.

AI 프로그래밍을 시작하고자 한다면 프로그래밍 언어 다음으로 가장 먼저 배워야 할 것이 바로 랭체인입니다. 이번 장에서 랭체인의 기초를 배우기 시작해서 책이 끝날 때까지 랭체인을 계속 응용할 것입니다.

3.1 랭체인의 개념과 특징

이번 절에서는 AI 애플리케이션 개발에 최적화된 프레임워크인 랭체인의 개념과 특징을 소개합니다. 랭체인 API를 통해 LLM을 호출하는 방법부터, 프롬프트 템플릿, 도구 정의,

메모리 구성, 출력 파싱, 체인과 에이전트 설계까지 랭체인이 제공하는 주요 기능들을 하나씩 짚어봅니다. 이를 통해 복잡한 AI 기능을 효율적으로 구성할 수 있는 프로그래밍 방식의 큰 그림을 이해하게 될 것입니다.

3.1.1 랭체인이란?

랭체인은 LLM을 이용해 AI 애플리케이션을 쉽고 효율적으로 만들 수 있도록 고안된 프레임워크입니다. LLM에 관해 이미 알고 있더라도 막상 LLM을 이용해 프로그래밍하려면 막막할 것입니다. AI 프로그래밍이 단순히 LLM을 호출하는 것이 전부가 아니기 때문입니다. AI 프로그래밍을 위해 필요한 요소들을 생각해 보겠습니다.

AI 프로그래밍을 위해서는 다양한 LLM을 일관된 방식으로 호출하고, 사용자의 입력과 출력을 관리하는 프로그래밍 도구가 필요합니다. 올라마 같은 로컬 실행 환경부터 OpenAI나 앤트로픽 같은 상용 LLM 서비스까지, 서로 다른 LLM 모델 간의 사용법 차이를 추상화해 코드의 재사용성과 유지보수성을 높여야 합니다.

또한 모델이 올바르게 응답하게 하려면 LLM에 입력되는 텍스트, 즉 프롬프트를 정교하게 관리하고 제어하는 체계가 필요합니다. 단순한 문자열이 아니라 변수를 사용해 재사용성을 높인 프롬프트 템플릿이 대표적인 예입니다. 또한 시스템 프롬프트와 사용자 프롬프트처럼 구성요소를 세분화해 정의할 수 있어야 합니다.

방대한 외부 데이터를 검색해 LLM 답변의 품질을 올리는 검색 증강 생성(Retrieval-Augmented Generation; RAG) 기능도 필요합니다. 이를 구현하는 프로세스는 단순하지 않으므로 각 단계를 세분화해 표준화할 수 있는 체계 또한 필요합니다.

간단한 AI 애플리케이션은 사용자의 질문을 받고 LLM의 응답을 출력하는 것을 반복하지만 더 복잡한 목표를 달성하려면 LLM 자체의 능력 외에도 계산, 검색, API 호출과 같은 다양한 도구와의 연동이 필요합니다. 따라서 도구들을 정의하고 LLM과 연동할 수 있는 프로토콜을 만들어 LLM이 스스로 판단하고 필요한 기능이나 데이터를 외부로부터 가져와 사용할 수 있도록 해야 합니다.

이렇게 복잡한 시나리오를 위해서는 LLM이 사용자가 요구한 일련의 작업을 스스로 판단해 수행할 수 있게 해주는 고차원적인 제어 체계, 즉 에이전트(Agent) 구조가 요구됩니다. AI 프로그래밍의 규모가 더 커진다면 에이전트들의 연결로 이뤄지는 더 큰 작업 처리 구조를 설계할 수도 있을 것입니다.

이렇게 AI 애플리케이션을 위해 필요한 주요 요소들을 직접 구현하려면 배보다 배꼽이 커지는 상황이 발생합니다. 정작 만들고자 하는 목표 대신 각종 도구를 만드는 데 더 많은 시간을 써야 할 수 있습니다. 그래서 새로운 프로그래밍의 패러다임이 제시되거나 새로운 언어, 새로운 개발 환경이 나오면 거기에 맞는 프레임워크나 라이브러리 또는 도구들이 나오기 마련입니다.

랭체인이 바로 이러한 역할을 하는 대표적인 프레임워크입니다. 앞에서 언급한 기능들 외에도 다양한 컴포넌트가 정의되어 상당한 수준의 AI 애플리케이션을 작성하는 데 부족함이 없습니다. 랭체인은 파이썬과 자바스크립트 언어를 지원하므로 특별히 프로그래밍 언어나 실행 환경의 제약이 있지 않다면 랭체인을 첫 번째 선택지로 고려해도 좋습니다.

급격하게 성장하는 AI 분야의 특성상 랭체인도 버전 변경, 업데이트가 무척 빠릅니다. 때로는 업데이트가 이뤄질 때 이전 코드와의 호환성에 문제가 발생하는 경우가 발생하기도 합니다. 하지만 바꿔서 생각해 보면 랭체인이 그만큼 주목받는 프레임워크이므로 개발자의 참여도 활발하고 개정도 빠른 것이라 할 수 있습니다. 그리고 안정된 버전을 향해 빠르게 개발되는 만큼, 아직 AI 프로그래밍 시장에 열려 있는 가능성도 크다고 하겠습니다.

3.1.2 랭체인의 구성 요소

랭체인은 LLM 사용에 필요한 기능들을 세분화해서 독립적인 구성 요소(component)로 정의하고, 구성 요소들을 LLM과 결합해 애플리케이션을 만들 수 있도록 지원합니다. 즉, 레고처럼 구성 요소들을 연결해서 원하는 애플리케이션을 만들 수 있습니다. 레고 블록의 형태와 색깔이 다양하듯 랭체인도 구성 요소별로 다양한 선택지를 제공합니다.

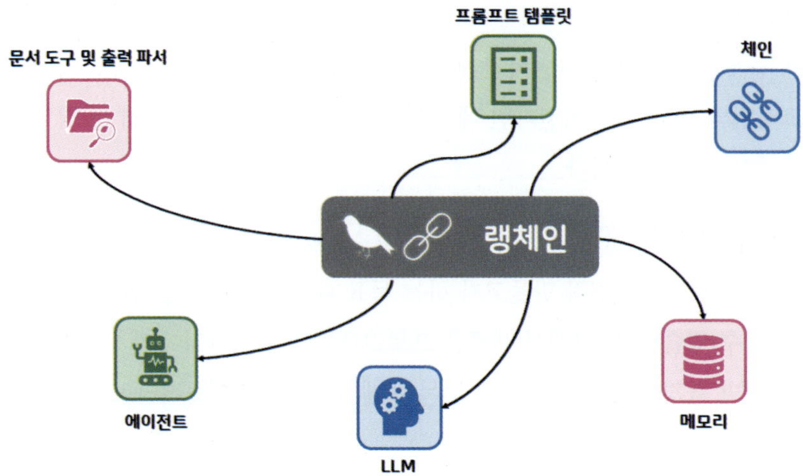

그림 3.1 랭체인의 구성 요소

랭체인이 제공하는 구성 요소를 역할별로 나눠보면 다음과 같습니다.

언어모델(LLM) 서비스: OpenAI, 앤트로픽, 허깅 페이스, 올라마 등 다양한 LLM API를 호출하기 위한 구성요소입니다. LLM 구성 요소는 앞서 얘기한 LLM을 공통된 방식으로 사용할 수 있도록 래퍼(wrapper) 클래스를 제공하기 때문에 LLM 서비스를 변경할 때 코드의 수정을 최소화할 수 있습니다. 그리고 여러 가지 LLM 서비스를 혼용해서 사용하기도 쉽습니다.

프롬프트 템플릿(PromptTemplate): 프롬프트는 사용자의 입력뿐 아니라 LLM이 해야 할 역할, 답변을 생성하는 데 참고해야 할 자료, 질문 시점에 생성된 데이터 그리고 이전 대화 기록과 같이 다양한 데이터를 조합해서 구성해야 합니다. 프롬프트 템플릿은 이처럼 다양한 프롬프트 구성 요소를 아우르는 컴포넌트이며, 랭체인은 컴포넌트에 필요한 요소들을 정의할 수 있는 클래스들을 제공합니다.

도구(Tool): 웹 검색, 문서 처리, 데이터베이스 조회 도구 등 LLM이 사용할 수 있도록 외부 도구를 정의합니다. 도구 사용을 지원하는 LLM은 외부에서 제공되는 도구 리스트가 있는 경우 문제 해결 과정에서 도구를 선택적으로 사용할 수 있습니다. 여기서 말하는 도구는 랭체인이 자체적으로 정의해서 제공하는 도구 사용을 위한 인터페이스로서 근래에 주목받는 MCP와는 다릅니다. 이 차이점은 뒤에서 상세히 다룰 것입니다.

메모리(Memory): LLM이 대화를 기억할 수 있도록 해주는 대화 기록 구성 요소입니다. 물론 매번 LLM을 호출할 때마다 질문과 응답을 모아서 프롬프트에 넣어주면 유사한 기능을 만들 수 있지만 랭체인은 이를 더욱 쉽게 구현하고 관리할 수 있도록 컴포넌트를 제공합니다.

출력 파서(OutputParser): LLM이 생성한 텍스트 응답을 JSON, 리스트, 숫자 등 특정 형식으로 바꾸거나 사용자가 원하는 처리를 할 수 있도록 해주는 구성 요소입니다. LLM이 생성한 답변을 필터링하거나 다른 모듈에 전달 또는 화면에 표시하는 경우에 유용하게 사용될 수 있습니다.

체인(Chain): 앞에서 언급한 여러 구성 요소를 연결해서 실행할 수 있도록 실행 흐름(stream)을 만드는 방법을 말합니다. 예를 들어, '프롬프트 생성 → 도구 설정 → 모델 호출 → 응답 출력'이라는 과정을 하나의 체인으로 정의할 수 있습니다. 이렇게 체인을 구성하면 우리가 구현하고 하는 목표가 무엇인지 코드상에서 직관적으로 보여줄 수 있습니다.

에이전트(Agent): 여러 도구과 체인을 결합해 복잡한 문제 또는 문제의 일부를 자율적으로 해결할 수 있게 하는 구조입니다. 에이전트를 사용함으로써 사용자의 질문을 이해한 뒤 상황에 따라 적절한 도구를 선택하고, 필요한 체인을 반복 실행하면서 최종 응답을 생성할 수 있습니다. LLM 자체도 어느 정도 질문에 대한 답변 능력을 가지지만 에이전트를 사용함으로써 좀 더 고차원적인 추론 기능을 사용할 수 있습니다.

이 구성 요소들은 개별적으로 사용할 수도 있지만 함께 조합해서 손쉽게 애플리케이션을 만들기도 하고, 경우에 따라서는 복잡한 애플리케이션을 설계할 수도 있습니다. 랭체인이 제공하는 컴포넌트의 미덕은 AI 애플리케이션을 만들 때 반드시 고려해야 하는 재사용성, 구조화 등에 대한 고민을 접고 구현하고자 하는 기능이나 로직에만 집중할 수 있도록 도와주는 데 있습니다.

앞으로 이어질 다양한 예제에서는 위 구성 요소 각각을 살펴볼 뿐 아니라 LCEL(LangChain Expression Language)이라는 표현법으로 연결해서 사용하는 방법도 살펴볼 것입니다.

3.2 올라마를 이용한 채팅 예제

이번 절부터는 랭체인을 활용한 실습 예제를 통해 핵심 개념들을 직접 확인해 보겠습니다. LLM이 사용자 입력에 대답하는 단순한 채팅 프로그램을 작성해 보면서 랭체인의 기본 작동 방식을 체험하는 것이 이번 실습의 목표입니다.

올라마 채팅 예제 소개

프로그래밍의 "Hello world!" 예제처럼 랭체인도 가장 간단한 예제부터 실습해 보겠습니다. 단순히 "Hello world!"를 화면에 출력하는 대신, LLM이 작동하는 것을 확인할 수 있는 예제가 필요합니다.

이미 앞 장에서 올라마를 설치하고 테스트해 봤다면 올라마를 실행했을 때 출력되는 커맨드 라인 기반의 간단한 채팅 UI를 보셨을 겁니다. 이 정도 채팅 예제를 랭체인을 이용해서 작동하도록 만드는 것은 코드도 길지 않고, 랭체인의 기본적인 요소들을 담고 있으므로 첫 번째 예제로 적당할 것 같습니다. 이미 설치돼 있는 올라마를 사용하므로 올라마를 실행한 결과와 비교해 가면서 코드와 실행 결과를 확인할 수 있습니다.

예제 코드는 다음 순서로 실행됩니다.

1. 올라마와 LLM 모델을 사용할 수 있도록 준비
2. 반복문을 통해 아래 작업을 반복 수행
3. 사용자로부터 대화 내용을 입력받음
4. 사용자 입력을 프롬프트로 사용해 올라마에 설치된 LLM을 실행
5. 실행 결과를 화면에 출력

예제 코드 다운로드 및 환경 구성

예제 코드는 이 책의 깃허브 저장소에 있습니다. 이미 깃허브 저장소를 다운로드한 상태라면 해당 폴더로 이동해서 uv sync 단계부터 실행하면 됩니다. 만약 이미 다른 예제들을 실행하고 이 예제를 사용한다면 기존 가상 환경이 작동 중일 수 있으므로 사전에 deactivate 명령어를 실행하는 것이 좋습니다.

[예제 코드 다운로드 및 패키지 설치]

```
git clone https://github.com/godstale/ollama-mcp-tutorials.git
cd ollama-mcp-tutorials/ch03/01_simple_ollama_chat
deactivate
uv sync
```

git clone 명령어를 이용해 Git 저장소를 복제하면 책에서 사용하는 예제 코드 전체를 가져옵니다. 따라서 이후 예제부터는 다시 clone을 실행할 필요 없이 각 예제 폴더를 찾아 들어가서 사용하면 됩니다. 하지만 uv sync 명령어는 항상 먼저 실행해서 예제 코드가 실행할 환경을 만들어줘야 합니다.

올라마는 이미 앞 장에서 설치했고 모델도 이미 다운로드돼 있을 것입니다. 다음 명령어로 설치된 모델을 확인합니다.

[올라마에 설치된 LLM 모델 확인]

```
> ollama list

NAME        ID              SIZE      MODIFIED
qwen3:8b    500a1f067a9f    5.2 GB    13 days ago
```

책에서 제공하는 예제가 올라마를 사용하는 경우 LLM 모델은 대부분 qwen3:8b를 기본으로 사용합니다. 현재 예제도 qwen3:8b를 사용하도록 설정돼 있습니다. 하지만 올라마에 설치된 다른 모델이 있다면 모델을 변경해서 실행할 수 있습니다. 하지만 이 경우에는 소스코드를 수정해야 하므로 이어질 예제 코드 분석 파트에서 방법을 확인하세요.

실행 및 결과 확인

아래 명령어를 사용해 예제 코드를 실행합니다.

[예제 코드 실행]

```
> uv run main.py
질문을 입력하세요 (종료: exit): 서울에 대해서 알려줘
답변: <think>
Okay, the user asked about Seoul. I need to provide a comprehensive overview. Let me
start with the basics: location, population, and significance. Seoul is the capital
of South Korea, located in the Seoul Special Self-Governing Province. It's the
largest city and the economic, cultural, and political hub.
...생략...
</think>

서울은 대한민국의 수도이자 가장 큰 도시로, 경기도와 강원도에 걸쳐 위치해 있습니다.
아래는 서울에 대한 주요 정보입니다:
...생략...
서울은 역사와 현대의 조화, 전통과 혁신의 중심지로, 세계적인 도시로 자리 잡고
있습니다. 도시의 발전과 함께 다양한 측면에서 주목받고 있는 중심도시입니다.
질문을 입력하세요 (종료: exit)::
```

마치 `ollama run` 명령어를 실행한 것 같은 메시지를 출력할 것입니다. 여기에 원하는 질문을 입력하면 LLM이 대답을 해줄 것입니다. 모델의 응답 속도, 응답의 정확도 등 기본적인 작동 방식을 점검해 보기 바랍니다.

이어서 이 예제의 소소스코드를 살펴보면서 랭체인의 기본 사용법을 알아보겠습니다.

3.2.1 올라마 채팅 예제 분석

이 예제는 하나의 파이썬 스크립트 파일인 `main.py`로 구성돼 있습니다. 주요 내용을 살펴보면 다음과 같습니다.

올라마 채팅 예제(ch03/01_simple_ollama_chat/main.py)

```
from langchain_ollama import ChatOllama
from langchain_core.messages import HumanMessage

# 1. LLM 모델 객체 생성
llm = ChatOllama(model="qwen3:8b")

# 2. 사용자 입력을 받아 모델에 직접 전달
while True:
    user_input = input("질문을 입력하세요 (종료: exit): ")
    if user_input.lower() == "exit":
        break

    # 3. 사용자 입력을 메시지로 포장
    messages = [HumanMessage(content=user_input)]

    # 4. LLM 응답 받기
    response = llm.invoke(messages)

    # 5. 응답 출력
    print("답변:", response.content)
```

사실 채팅 프로그램의 핵심적인 처리는 LLM 모델이 해줍니다. 그러니 우리는 LLM 모델을 사용할 수 있도록 올라마에게 요청만 하면 됩니다. 여기서 '올라마에게 요청'할 수 있는 방법을 제공하는 것이 바로 랭체인의 `ChatOllama` 클래스입니다. `ChatOllama` 클래스는 다음과 같이 초기화해서 사용했습니다.

```
llm = ChatOllama(model="qwen3:8b")
```

앞에서 자신의 컴퓨터에 설치된 LLM 모델로 바꿔서 실행하고 싶다면 코드를 수정해야 한다고 언급했습니다. 모델을 수정하고 싶다면 `ChatOllama`를 생성할 때 `model` 파라미터에 사용할 LLM 모델명을 지정하면 됩니다. 만약 모델명이 잘못됐다면 질문을 입력했을 때 응답 대신 에러 메시지가 출력됩니다. 모델명 변경 방법은 다음 절에서 코드와 함께 자세히 설명하겠습니다.

ChatOllama를 이용할 준비가 됐으니 이제 사용자에게 질문을 입력받아 올라마를 통해 LLM을 호출하고, 응답을 화면에 출력하는 루틴을 반복해야 합니다.

```
while True:
    user_input = input("질문을 입력하세요 (종료: exit): ")
    if user_input.lower() == "exit":
        break
```

사용자에게 질문을 입력받아 답변을 출력하는 과정을 계속 반복할 예정이기 때문에 while 루프를 사용했습니다. 이 루프는 사용자가 exit를 입력하거나 **Ctrl + C**를 눌러야 끝납니다. 전체적으로 올라마를 실행했을 때와 유사하게 작동합니다.

사용자가 입력한 질문은 보통 문자열 형태입니다. 하지만 랭체인에서는 이 문자열을 바로 모델에 전달하지 않고, 먼저 이 질문을 '메시지'라는 형식으로 바꿉니다. 이렇게 하는 이유는 '이 메시지는 사용자가 입력한 질문이다'라는 의미를 분명히 하기 위해서입니다.

이때 사용하는 것이 HumanMessage 클래스입니다. 다음 코드처럼 사용자의 입력을 이 객체로 감싸면 모델이 이 내용을 사용자로부터 온 메시지로 이해합니다. 이 메시지는 하나만 쓸 수도 있고, 이전 대화 내용을 함께 전달하고 싶다면 여러 개를 리스트로 묶어 보낼 수도 있습니다.

```
    messages = [HumanMessage(content=user_input)]
```

이처럼 랭체인에서는 단순한 텍스트가 아닌 구조화된 메시지를 사용함으로써 나중에 시스템 메시지와 같은 특별한 텍스트들을 사용할 수 있는 기반을 제공합니다.

준비된 메시지는 llm.invoke(messages)라는 함수를 사용해 모델에 전달합니다. 그러면 모델은 메시지 내용을 분석해서 그에 맞는 답변을 생성합니다.

```
response = llm.invoke(messages)
```

여기서 llm은 ChatOllama를 이용해 생성한 객체입니다. 따라서 위 코드는 올라마를 이용해 사용자의 입력을 처리합니다. 이 코드가 사실상 LLM을 호출해서 처리하는 핵심 코드이며, 다른 코드는 이 코드를 위한 사전, 사후 처리 코드라 할 수 있습니다.

llm.invoke() 함수를 호출하면 LLM 처리 결과인 response를 반환합니다. 그리고 이 결과를 출력하면 한 번의 채팅 프로세스가 완료됩니다.

```
print("답변:", response.content)
```

3.2.2 LLM 모델 변경 방법

LLM의 성능은 모델 자체의 능력에 달려 있습니다. 어떤 모델을 사용하느냐에 따라 AI의 응답 속도, 답변의 정확도, 다국어 처리 능력 등이 크게 달라질 수 있습니다. 랭체인은 이러한 모델 교체를 매우 간단하게 할 수 있도록 설계됐습니다. 앞에서 실습한 예제에서도 단 한 줄만 수정하면 모델을 교체할 수 있습니다.

이전 예제에서 사용된 qwen3:8b 모델을 다른 모델로 바꾸려면 랭체인의 ChatOllama 객체를 생성하는 코드의 model 파라미터만 바꾸면 됩니다. 예를 들어, 구글에 제공하는 gemma3:4b 모델을 사용하고 싶다면 다음과 같이 코드를 수정합니다.

```
llm = ChatOllama(model="gemma3:4b")
```

단, 모델을 변경하기 전에 해당 모델이 로컬 올라마 환경에 설치돼 있어야 합니다. 설치 여부는 ollama list 명령어를 통해 확인할 수 있으며, 만약 설치되지 않은 모델을 지정하면 올라마는 원하는 응답 대신 오류를 출력할 것입니다. 따라서 모델을 변경하기 전에 반드시 모델 설치 여부를 확인하고, 설치되지 않았다면 ollama run gemma3:4b를 실행해 모델을 설치해야 합니다.

모델 교체는 단순한 코드 수정 이상의 의미를 가집니다. 각 모델은 훈련에 사용된 데이터의 성격, 파라미터 수, 최적화 방식이 다르기 때문에 생성하는 텍스트의 문체, 내용의 정확도, 요약 능력, 다국어 능력 등이 달라집니다. 예를 들어, Mistral 모델은 비교적 빠른 응답 속도와 간결한 응답을 특징으로 하며, Qwen 시리즈는 비교적 장문의 응답과 다국어 능력에 강점을 보입니다.

그러니 다양한 모델을 실험해 보면서 어떤 모델이 자신의 목적에 가장 적합한지를 직접 비교해 보는 과정이 중요합니다. 단순히 내가 사용 가능한 최대치의 LLM을 고집할 것이 아니라 자동화하고자 하는 작업에 가장 효율적인 LLM을 선택하는 것이 합리적입니다.

3.3 상용 LLM을 사용하는 방법

이번 절에서는 OpenAI API 같은 상용 서비스가 제공하는 모델을 랭체인을 이용해 호출해 보겠습니다. 그리고 앞에서 실습했던 올라마 예제와 비교해서 어떤 점이 바뀌었는지를 확인하고, 랭체인이 다양한 서비스의 LLM을 호출할 때 얼마나 유용한지 배워보겠습니다.

3.3.1 상용 LLM 채팅 예제 소개

이번 예제의 구조와 흐름은 이전의 올라마 예제와 거의 동일하며, 올라마 대신 OpenAI API를 사용한다는 점만 다릅니다. 여기서 잠시 OpenAI API와 챗GPT의 관계에 대해 짚고 넘어가면 이해하기가 더 쉬울 것입니다.

많은 사람들이 사용하는 챗GPT는 OpenAI에서 제공하는 채팅 서비스 중 하나입니다. 챗GPT는 GPT-4 같은 모델을 기반으로 작동하며, 웹 브라우저를 통해 대화하듯 사용할 수 있도록 사용자 친화적인 GUI를 제공합니다. 반면, OpenAI API는 챗GPT에 사용된 모델들을 API 형태로 제공하는 서비스입니다. API 형태로 제공한다는 말은 GPT 모델의 응답을 얻을 수 있도록 외부에서 요청할 수 있는 서버를 제공한다는 뜻입니다. 따라서 우리가 직접 코드를 작성해서 GPT 모델을 활용하고자 할 때는 챗GPT 서비스 자체를 이용하는 것이 아니라 OpenAI에서 제공하는 GPT API에 HTTP 요청을 보내는 형태로 사용합니다.

OpenAI API는 우리가 만든 프로그램이 GPT 모델과 통신할 수 있게 해주는 창구 역할을 하며, 이를 통해 챗GPT와 동일한 모델을 코드로 제어할 수 있습니다. 즉, 챗GPT는 GPT 모델을 '서비스' 형태로 제공한 것이고, OpenAI API는 같은 모델을 '개발용 도구'로 제공한 것이라 할 수 있습니다.

이번 예제를 사용하기 위해서는 OpenAI API 사용을 위한 사전 준비가 필요하므로 이 작업부터 시작해 보겠습니다.

OpenAI 사용 준비

OpenAI API는 OpenAI Platform이라는 서비스를 통해 제공됩니다. 따라서 OpenAI Platform 홈페이지에 접속해서 회원으로 가입합니다.

- OpenAI Platform: https://platform.openai.com

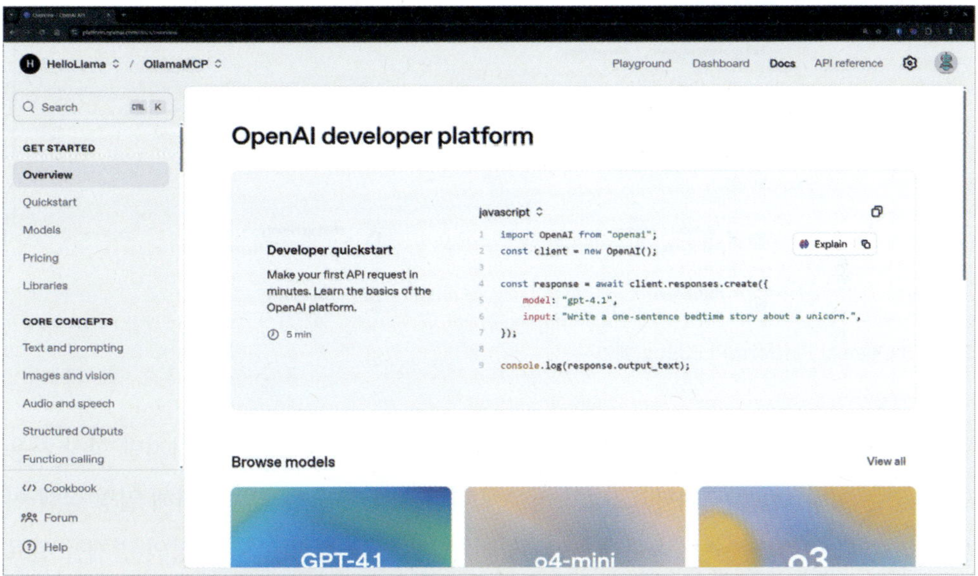

그림 3.2 OpenAI Platform 홈페이지

OpenAI뿐 아니라 많은 상용 API 서비스들이 사용량에 따라 과금할 수 있도록 API 키 방식을 사용합니다. API 키는 API 서버로 HTTP 요청을 할 때 내가 누구인지, 내 계정에 사용 한도(credit balance)가 얼마나 남았는지 확인할 수 있는 고유 키입니다. 따라서 이 키를 발급받기 위한 과정을 거쳐야 하며, 그 과정에서 결제도 필요합니다.

OpenAI Platform 홈페이지에 회원가입 및 로그인 과정을 거친 후 상단 메뉴바 영역에서 톱니바퀴 모양의 **Settings** 버튼을 클릭합니다. 그리고 좌측 메뉴 중 **Billing**을 클릭하면 사용 한도를 확보하기 위해 신용카드 등록, 사용 한도 추가 등의 절차를 진행할 수 있습니다.

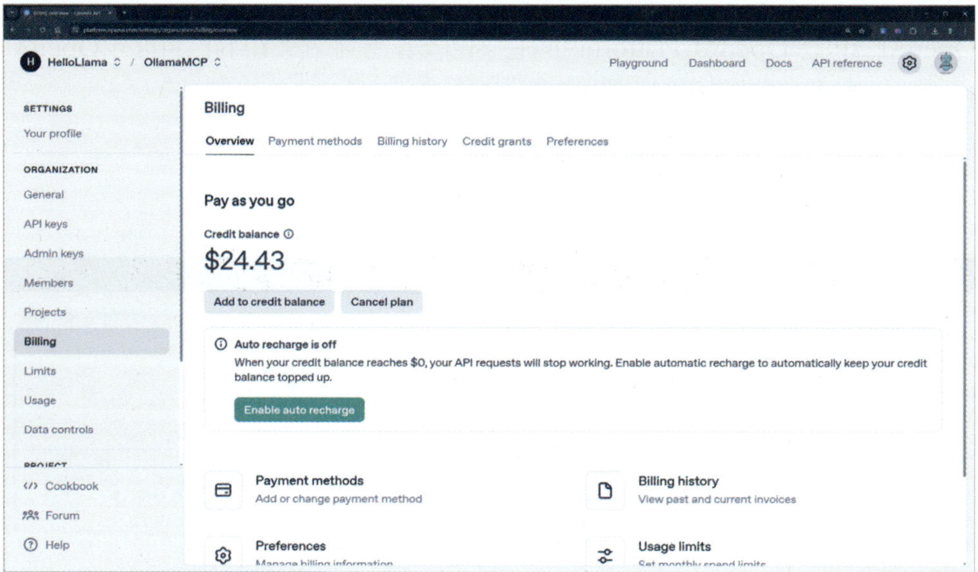

그림 3.3 OpenAI Platform의 Billing 페이지

일부 서비스들은 한시적으로 API를 무료로 사용할 수 있게 공개하기도 하지만 항상 사용할 수 있는 이벤트는 아닙니다. 그리고 경우에 따라 API 키를 발급받기 위해 일정 금액 이상의 선결제가 필요할 수 있습니다. 예를 들어, 일부 신규 계정은 $5 이상의 결제를 완료해야만 API 키를 생성할 수 있는 경우가 있습니다. 이러한 요건은 OpenAI의 정책에 따라 변경될 수 있으니 주의해야 합니다.

결제를 통해 사용 한도가 확보됐으면 좌측의 **API keys** 메뉴를 통해 API 키를 발급받을 수 있습니다.

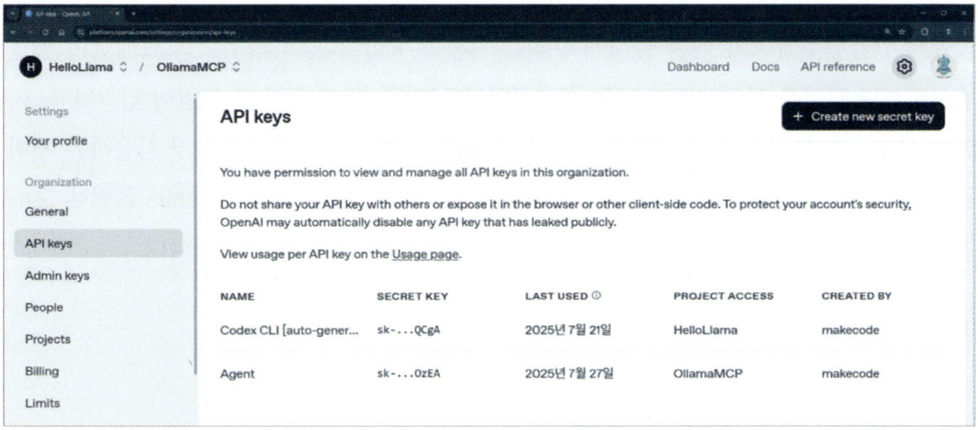

그림 3.4 OpenAI API 키 발급

간단히 몇 가지 정보를 입력하면 발급받을 수 있으며, 발급된 API 키를 이용해 서비스가 제공하는 다양한 LLM 모델을 사용할 수 있습니다. 이때 발급된 키는 화면에 단 한 번만 표시되기 때문에 외부에 노출되지 않도록 잘 보관하는 것이 중요합니다. 만약 깃허브나 다른 경로로 소스코드를 공개할 때 실수로 API 키가 노출되면 문제가 생길 수 있습니다. 제3자가 해당 키를 무단으로 사용할 수 있고, 그로 인해 내 사용량 한도가 순식간에 소모될 수 있습니다. 이럴 때는 해당 키를 바로 삭제하고 새로 발급받는 것이 가장 안전한 방법입니다.

API 키를 발급받았다면 이제 예제를 실행해 볼 수 있습니다.

예제 코드 다운로드 및 환경 구성

예제 코드는 깃허브 저장소에 있습니다. 이미 Git 저장소를 다운로드한 상태라면 예제 폴더로 이동해 `uv sync` 단계부터 실행하면 됩니다.

[실습 환경 구성]

```
cd ollama-mcp-tutorials/ch03/02_openai_chat
uv sync
```

앞에서 언급했듯이 API 키는 관리에 주의를 기울여야 합니다. 따라서 소스코드에 API 키를 넣어버리면 당장은 편하겠지만 코드를 공유하는 작업을 할 때 노출될 위험이 있습니다. 이러한 보안 문제를 감안해서 API 키 같은 민감 정보는 환경변수로 추가해서 사용하는 것이 좋습니다. 환경변수를 사용하기 위해서는 예제 코드가 있는 `02_openai_chat` 폴더에 `.env` 파일을 만들고, 다음과 같이 `OPENAI_API_KEY` 항목을 만들어 추가하면 됩니다.

[환경변수 파일에 API 키 추가]

```
OPENAI_API_KEY=...본인의 API 키...
```

이렇게 설정하면 랭체인은 OpenAI API를 호출할 때 `OPENAI_API_KEY` 환경변수가 있는지 확인하고, 만약 있다면 해당 키를 가져와서 사용합니다. `.env` 환경변수 파일에 기록하면 소스코드에서 `OPENAI_API_KEY` 이름으로 참조해서 사용할 수 있기 때문에 민감한 정보가 코드에 노출되지 않도록 해줍니다.

실행 및 결과 확인

이상의 준비 과정이 완료되면 다음과 같이 예제를 실행합니다.

[예제 코드 실행]

```
> uv run main.py
질문을 입력하세요 (종료: exit): 서울에 관해 알려줘
답변: 물론입니다! 서울에 대해 기본적인 정보를 알려드릴게요.

**서울**은 대한민국의 수도이자 가장 큰 도시로, 정치, 경제, 문화, 교육의
중심지입니다. 한강을 중심으로 도시가 발달해 있으며, 약 천만 명 이상의 인구가
거주하고 있습니다.
```

```
### 주요 특징
- **역사**: 서울은 조선 시대부터 수도였으며, 긴 역사와 문화 유산을 가지고 있습니다.
경복궁, 창덕궁, 덕수궁 등 전통적인 궁궐들이 도시 곳곳에 위치해 있습니다.
... 생략 ...

필요하신 부분이나 더 구체적인 정보가 있으시면 말씀해 주세요!
질문을 입력하세요 (종료: exit):
```

예제를 실행한 후 이전의 올라마 예제에서 입력했던 질문을 똑같이 입력해 보세요. 그러면 동일한 질문에 대해 서로 다른 LLM이 어떻게 반응하는지 비교할 수 있습니다.

만약 입력한 질문이 복잡하지 않고, 인터넷 연결 상태에 문제가 없다면 1초 미만, 길어도 1~2초 이내로 결과가 반환되기 때문에 무척 빠르게 느껴질 것입니다. 상용 서비스들도 트래픽이 몰리는 시간대에는 느려질 수도 있긴 하지만 속도와 성능에 관해서는 올라마보다 나은 성능을 체감할 수 있을 것입니다. 그리고 현재 사용 중인 컴퓨터의 성능에 영향을 받지도 않습니다.

하지만 API 사용량에 따라 과금되므로 반복적으로 테스트하거나 대량 요청을 보낼 경우 예상보다 빠르게 비용이 발생할 수 있다는 점도 고려해야 합니다. 특히 모델에 따라서 과금되는 체계가 다르기 때문에 고성능의 모델을 별 생각없이 사용했다가는 빠르게 사용 한도가 줄어드는 것을 뒤늦게 알아차리게 될 수도 있습니다.

만약 위 예제를 실행하는데 원하는 결과가 나오지 않고 오류가 발생한다는 메시지가 표시된다면 다음과 같은 몇 가지 가능한 원인을 점검해 보는 것이 좋습니다. 가장 흔한 문제는 `.env` 파일에 API 키가 제대로 설정되지 않았거나 API 키가 잘못됐을 때 발생합니다. 이 경우에는 OpenAI 서버에 요청이 정상적으로 전달되지 않아 인증 오류가 발생합니다.

또한 OpenAI의 무료 사용 한도를 초과했거나 요금제에 따른 제한(예: 요청 횟수, 속도 제한 등)에 도달한 경우에도 오류가 발생할 수 있습니다. 이 경우에는 API에서 `RateLimitError`, `QuotaExceeded` 같은 메시지로 응답합니다.

마지막으로, 네트워크 연결이 불안정한 상태이거나 OpenAI 서버가 일시적으로 응답하지 않는 경우도 있습니다. 이처럼 에러가 발생하는 상황은 다양할 수 있으니 출력되는 에러 메시지를 확인하고 관련된 내용을 확인해야 합니다.

그럼 이렇게 LLM 서비스 자체를 로컬 LLM에서 상용 API 방식의 LLM으로 변경했을 때 소스코드는 얼마나 바뀌었는지 살펴보겠습니다.

3.3.2 OpenAI 채팅 예제 분석

예제는 하나의 `main.py` 파일로 구성돼 있으며, 앞에서 살펴본 올라마 예제와 매우 유사합니다.

OpenAI 채팅 예제(ch03/02_openai_chat/main.py)

```
from langchain_core.messages import HumanMessage
from langchain_openai import ChatOpenAI
from dotenv import load_dotenv

# 1. .env 파일 로드 (API 키)
load_dotenv()

# 2. LLM 모델 객체 생성
llm = ChatOpenAI(model_name="gpt-4.1-mini")

... 생략 ...
```

예제 코드에서 변경된 부분은 세 라인뿐입니다.

먼저 OpenAI를 사용하는 데 필요한 API 키를 설정하는 코드가 등장합니다. API 키는 `.env` 환경변수 파일에 적어뒀으므로 이 파일을 로드해서 환경변수로 적용하는 `dotenv` 라이브러리를 사용했습니다.

```
from dotenv import load_dotenv

load_dotenv()
```

올라마에서 OpenAI API로 바뀌었으니 이전 예제에서 사용했던 ChatOllama도 바꿔야 합니다.

```
llm = ChatOpenAI(model_name="gpt-4.1-mini")
```

model_name에 "gpt-4.1-mini"를 적용했습니다. 앞에서 언급했듯이 상용 LLM API는 모델에 따라 다르게 과금됩니다. 그러니 복잡하거나 추론이 필요한 작업이 아니라면 (OpenAI의 경우) 뒤에 mini가 붙은 저렴한 모델을 사용하는 편이 좋습니다.

ChatOpenAI를 사용하면 이후 코드에서 llm.invoke()를 호출했을 때 자동으로 OpenAI 서버로 요청을 보내 처리해 줍니다. 그리고 이 과정에서 앞서 설정한 환경변수를 인식해서 API 키를 사용합니다.

ChatOpenAI 객체를 생성한 이후의 코드는 이전 예제와 동일합니다. 사용하고자 하는 LLM 서비스가 있다면 해당 서비스 객체만 바꿔주면 되므로 랭체인이 모듈화 및 구조화가 잘 돼 있음을 알 수 있습니다.

3.3.3 상용 모델의 장단점과 주의사항

OpenAI 외에도 앤트로픽, 구글, 마이크로소프트와 회사에서 제공하는 다양한 상용 LLM 서비스가 있으며, 랭체인은 이들 대부분을 지원합니다. 각 플랫폼은 API 키 발급 방식, 모델명, 과금 체계가 다르고 제공되는 라이브러리도 다르기 때문에 만약 랭체인이 없다면 해당 서비스의 공식 문서를 참조해서 구현해야 할 것입니다. 하지만 랭체인을 사용하면 동일한 방식으로 LLM 서비스들을 사용할 수 있고, LLM 서비스를 교체할 때도 매우 손쉽게 처리할 수 있습니다.

다음은 랭체인에서 주요 상용 LLM 서비스를 사용하는 데 필요한 정보를 제공하는 랭체인 온라인 문서입니다. 이 문서에는 다양한 상용 LLM 서비스를 사용하는 데 필요한 langchain-x 패키지 리스트와 사용법을 다루고 있으니 OpenAI 외에 다른 서비스로 사용하고 싶다면 참고하세요.

- API Reference: https://python.langchain.com/api_reference/reference.html

3.4 스트리밍 출력 예제

앞서 3.2절에서는 랭체인과 올라마를 이용한 기본 채팅 예제를 구현했습니다. 올라마 예제는 사용자의 질문을 LLM에 전달하고, 응답이 전부 완성된 이후에 한 번에 출력하는 구조였습니다. 이러한 방식은 응답이 짧거나 처리 속도가 빠른 경우에는 별문제가 되지 않지만 긴 응답을 기다리는 동안 사용자에게 아무런 피드백이 없다는 점에서 불편할 수 있습니다. 특히 긴 텍스트를 입력하고 생성하는 작업에서는 출력이 끝날 때까지 상당한 시간을 기다려야 하므로 사용자는 제대로 처리되고 있는지 불안할 수도 있습니다.

그래서 챗GPT 같은 서비스에서는 이미 우리에게 익숙한 스트리밍 형식의 GUI를 제공합니다. 여기서 말하는 스트리밍 형식이란 응답이 완료될 때까지 기다리지 않고 짧은 시간 단위로 응답의 일부를 계속 전송해서 화면에 표시하는 기능을 말합니다.

이번 절에서는 3.2절의 예제를 개선해서 LLM의 응답이 생성되는 순간부터 실시간으로 단어 단위 출력이 가능하도록 스트리밍 출력 기능을 적용한 예제를 실습하겠습니다.

3.4.1 스트리밍 출력 예제 소개

예제의 전체적인 구조는 기존과 거의 동일하며 응답을 받아서 출력하는 방식만 다릅니다. 그 외 메시지를 포장하는 방식이나 반복 구조 등은 3.2절과 완전히 동일하므로 어렵지 않게 코드를 이해할 수 있을 것입니다.

예제 코드 다운로드 및 환경 구성

다음 명령을 실행해 예제 폴더로 이동한 후 uv sync 단계부터 실행하면 됩니다.

[실습 환경 구성]

```
cd ollama-mcp-tutorials/ch03/03_stream_chat
uv sync
```

3.3절에서는 OpenAI를 사용하기 위해 `.env` 파일과 API 키가 필요했지만 이번 스트리밍 예제는 다시 올라마를 사용하기 때문에 이런 설정은 필요하지 않습니다.

실행 및 결과 확인

예제를 실행하려면 터미널에서 다음 명령어를 입력합니다.

[예제 코드 실행]

```
> uv run main.py
질문을 입력하세요 (종료: exit): 서울에 대해서 알려줘
답변:<think>
Okay, the user asked about Seoul. I need to provide a comprehensive overview. Let
me start with the basics: location, population, and administrative status. Seoul is
the capital of South Korea, located in the northwest part of the country. It's the
largest city and a major economic hub.
...생략...
</think>

서울은 대한민국의 수도이자 가장 큰 도시입니다. 이 도시는 역사, 문화, 경제 측면에서
중요한 역할을 하고 있으며, 현대적인 도시와 전통적인 문화가 조화를 이룬 매력적인
도시입니다. 아래에 서울에 대한 주요 정보를 정리해 드리겠습니다:
...생략...
서울은 옛 역사와 현대 문명이 어우러진 도시로, 방문객에게 다양한 경험을 제공합니다.
궁금한 점이 있으시면 언제든지 물어보세요! 🌟
질문을 입력하세요 (종료: exit):
```

명령어를 실행하면 사용자의 입력을 기다리는 커서가 표시됩니다. 질문을 입력하면 모델이 응답을 생성하며, 이번 예제에서는 응답이 한꺼번에 출력되지 않고 단어 단위로 생성되는 대로 화면에 출력됩니다. 챗GPT 서비스를 사용할 때처럼 응답이 완료될 때까지 출력이 실시간으로 진행되어 사용자가 모델의 진행 상태를 직관적으로 파악할 수 있습니다.

출력 속도는 시스템 성능과 관련이 있지만 이 예제를 사용하는 독자라면 대부분 AI 전용 하드웨어가 아닌 로컬 컴퓨터를 사용할 것이므로 응답이 완전히 출력되기까지 꽤 시간이

걸립니다. 특히 모델을 처음 실행하거나 LLM 모델이 메모리에 탑재되지 않은 경우 초기 응답이 지연될 수 있으나, 이후에는 빠르게 반응합니다. 테스트할 때는 간단한 질문부터 점점 긴 문장과 질문, 요약, 설명 요청 등을 입력해 보며 응답이 실시간으로 출력되는 모습을 확인해 보세요.

3.4.2 스트리밍 출력 예제 분석

이 프로젝트는 하나의 main.py 파일로 구성돼 있습니다.

스트리밍 출력 예제(ch03/03_stream_chat/main.py)

```
from langchain_ollama import ChatOllama
from langchain_core.messages import HumanMessage

# 1. LLM 모델 객체 생성
llm = ChatOllama(model="qwen3:8b")

... 생략 ...

    # 4. 스트리밍 응답 받기
    print("답변:", end="", flush=True)
    for chunk in llm.stream(messages):
        print(chunk.content, end="", flush=True)

    print()
```

앞의 예제들과 소스코드의 구성이 거의 같습니다. 마지막 부분에 LLM을 호출하면서 받는 chunk들을 반복해서 출력하는 코드 부분만 주의해서 보면 됩니다.

```
    for chunk in llm.stream(messages):
        print(chunk.content, end="", flush=True)

    print()  # 줄바꿈
```

언뜻 봐서는 잘 안 보일 수 있지만 이전의 올라마 예제와의 가장 큰 차이점은 llm.invoke() 대신 llm.stream()을 호출했다는 점입니다. 예제 코드를 실행해 봤다면 이 함수의 차이가 결과를 출력하는 방식에 어떤 차이를 가져왔는지 알 수 있을 것입니다.

invoke()는 전체 응답이 생성된 이후에 한 번에 결과를 반환하는 방식이지만 stream()은 모델이 텍스트를 생성하는 과정에서 생성된 청크(chunk)를 실시간으로 전달합니다. 스트리밍 방식은 사람이 말을 하듯 한 문장씩 차례대로 생성해서 대화하는 느낌을 구현하는 데 적합합니다.

코드를 보면 llm.stream(messages)를 통해 메시지를 모델에 전달하고, 그 결과로 생성되는 각 chunk를 반복문으로 받아 print() 함수를 통해 곧바로 출력합니다. 여기서 flush=True는 버퍼에 남아 있는 출력을 즉시 콘솔에 반영하는 역할을 하며, 출력이 멈추지 않고 이어지도록 도와줍니다. 이 chunk 반복 출력이 끝나야 LLM 응답이 종료된 것입니다.

3.4.3 출력 방식과 출력 형식

이번 절에서 실습한 예제는 랭체인의 '출력 방식'을 실시간으로 바꾸는 실습이었습니다. 기존 예제에서는 사용자의 질문에 대해 모델이 응답 전체를 완성한 후 한 번에 출력하는 구조였지만 이번 스트리밍 예제에서는 stream() 함수를 통해 모델이 응답을 생성하는 순간부터 단어 단위로 콘솔에 출력되도록 개선했습니다.

stream()은 출력 구조가 invoke() 함수를 호출하는 방식에 비해 약간 복잡해질 수 있지만 실시간 피드백이 가능하다는 장점이 있습니다. 하지만 항상 stream 출력 방식이 좋은 것은 아닙니다. 예를 들어, LLM을 이용해 얻은 대답을 화면에 출력하는 대신 다른 작업을 위한 입력값으로 사용하는 경우 스트리밍 방식은 비효율성만 증가할 수도 있습니다. 랭체인은 두 가지 출력 옵션을 모두 지원하기 때문에 제작하는 프로그램의 성격에 맞게 선택해서 사용할 수 있습니다.

또 하나 중요한 개념인 '출력 형식'도 랭체인을 이용해 제어할 수 있습니다. 여기서 말하는 출력 형식이란 단순히 자연어 문자열로 응답을 출력하는 것이 아니라 응답을 JSON,

XML, 리스트, 표 형태 등 구조화된 데이터 형식으로 변환해서 출력하는 것을 의미합니다. 이처럼 특정한 형식으로 변환된 출력은 LLM의 결과를 다른 시스템에 연동하거나 후속 처리에 활용할 때 유용합니다.

랭체인은 출력 형식을 처리하기 위한 도구로 `OutputParser`라는 컴포넌트를 제공합니다. `OutputParser`는 모델이 반환한 응답을 원하는 포맷이나 특정 구조로 변환하는 역할을 합니다. 예를 들어, `JsonOutputParser`는 사전에 LLM의 응답을 받을 구조를 만들어두고 이 구조에 맞춰서 LLM이 JSON 문자열을 만들어 출력하도록 강제할 수 있습니다.

이어지는 예제에서는 출력 형식을 바꾸는 방법을 실습하겠습니다.

3.5 출력 형식 변경 예제

이번 절에서는 LLM의 출력 결과를 단순 문자열이 아닌 JSON 형식으로 받아보는 방법을 살펴보겠습니다. 이를 통해 다른 시스템과 연동할 때 필요한 구조화된 데이터를 처리할 수 있는 방법으로 구현해 보겠습니다.

3.5.1 JSON 출력으로 바꾸는 예제

이제까지 LLM이 던져주는 응답은 모두 문자열 형태였기 때문에 단순히 `print()` 함수를 이용해 화면에 출력하는 형태로 구현했습니다. 단순히 채팅을 구현하는 형태라면 이 방식으로 구현해도 어느 수준까지는 문제가 없을 것입니다.

하지만 AI 프로그래밍의 목표는 다양하기 때문에 LLM의 응답도 다양한 형태로 변경할 필요가 있습니다. 이번 예제는 이제까지의 출력 형식을 단순 문자열(string)에서 JSON 문자열 형태로 변경하고, 이를 구현하는 데 필요한 코드를 알아보겠습니다. 출력 형식을 JSON 형태로 변경한다는 의미는 데이터를 그대로 화면에 출력하는 대신 다른 애플리케이션 또는 서버와 연동하는 데 사용하기 좋은 형태로 출력을 받는다는 의미입니다.

랭체인에서는 이러한 작업을 손쉽게 수행하기 위해 `JsonOutputParser`라는 컴포넌트를 제공합니다. 하지만 `JsonOutputParser`만으로 출력 형식을 JSON으로 바꿀 수는 없기 때문에 이와 관련된 필수 코드도 함께 알아보겠습니다.

출력 형식을 JSON으로 바꾸려면 우리가 원하는 데이터 형식인 JSON을 사전에 정의해야 합니다. JSON을 사전에 정의해야 한다는 말은 곧, 우리가 LLM에 아무 질문이나 던지는 것이 아니라 예상되는 답변을 유도하는 질문을 해야 한다는 의미이기도 합니다.

예제를 위해 다음과 같이 JSON을 정의하겠습니다.

```
{
  "name": "LLM 모델 이름",
  "date": "LLM 모델 생성일"
}
```

그리고 LLM에 질문을 던질 때 LLM 모델이 생성된 날짜에 대한 질문을 던지도록 하겠습니다. 그러면 LLM이 위에 정의된 JSON 형식에 맞춰 답변을 주고, 그 답변을 그대로 화면에 출력하겠습니다.

예제 코드 다운로드 및 환경 구성

예제 코드를 내려받고 준비하는 과정은 앞 예제에서 했던 과정과 동일합니다.

[실습 환경 구성]

```
cd ollama-mcp-tutorials/ch03/04_output_parser
uv sync
```

실행 및 결과 확인

이번에는 질문을 할 때 출력하는 JSON 형식에 맞춰 LLM이 대답할 수 있도록 질문해야 합니다. 다음과 같이 질문해 보세요.

[예제 코드 실행]

```
> uv run main.py
질문을 입력하세요 (종료: exit): llama3가 발표된 시기는?
{
  "name": "llama3",
  "date": "2024-07-18"
}
질문을 입력하세요 (종료: exit):
```

이번에는 출력 결과가 JSON 문자열로 나오는 것을 확인할 수 있습니다.

3.5.2 소스코드 분석

이번 예제는 올라마를 이용한 간단한 채팅 예제를 수정한 것이므로 JSON 출력 형식으로 바꾸기 위해 변경된 코드 위주로 살펴보겠습니다.

JSON 출력으로 바꾸는 예제(ch03/04_output_parser/main.py)

```python
from pydantic import BaseModel, Field
from langchain_ollama import ChatOllama
from langchain_core.messages import HumanMessage
from langchain_core.output_parsers import JsonOutputParser
import re

... 생략 ...

# 2. 모델의 출력 형식 지정
class JsonResponse(BaseModel):
    name: str = Field(description="name of thing")
    date: str = Field(description="date of thing's creation")

# 3. JsonOutputParser 생성
parser = JsonOutputParser(pydantic_object=JsonResponse)

# 4. 사용자 입력을 받아 모델에 직접 전달
```

```
while True:
    user_input = input("질문을 입력하세요 (종료: exit): ")
    if user_input.lower() == "exit":
        break

    # 5. 프롬프트 생성
    formatted_prompt = "아래 질문에 대해 name(모델 이름)과 date(만들어진 시기)를
반드시 JSON 형식으로 답변하세요."
    formatted_prompt += f" 질문: {user_input} \n "
    formatted_prompt += f"{parser.get_format_instructions()}"
    messages = [HumanMessage(content=formatted_prompt)]

    # 6. LLM 응답 받기
    response = llm.invoke(messages)

    # 7. JSON 부분만 추출해서 화면에 출력
    json_match = re.search(r'\{[\s\S]*?\}', response.content)
    if json_match:
        json_str = json_match.group(0)
        print(json_str)
    else:
        print("JSON 형식의 답변을 찾지 못했습니다.")
        print("원본 답변:", response.content)
```

이번 예제는 ChatOllama 객체를 생성한 이후에 JSON 응답을 받기 위해 JSON 형식을 지정하는 작업을 합니다.

```
class JsonResponse(BaseModel):
    name: str = Field(description="name of thing")
    date: str = Field(description="date of thing's creation")

parser = JsonOutputParser(pydantic_object=JsonResponse)
```

보다시피 JsonResponse라는 클래스를 지정하는데, 이 클래스가 우리가 받을 JSON 형식을 정의하는 클래스입니다. 그리고 JsonResponse 클래스를 이용해 JsonOutputParser를

생성합니다. 여기서 생성된 파서는 사용자 입력을 받아 LLM을 호출하는 과정에서 사용됩니다.

LLM이 우리가 지정한 JSON 형식으로 응답하도록 유도하려면 LLM에 넣어주는 입력 문자열, 프롬프트를 수정해야 합니다. `while` 루프 안에서 사용자의 입력을 받은 후 프롬프트를 생성하는 코드는 다음과 같습니다.

```
    formatted_prompt = "아래 질문에 대해 name(모델 이름)과 date(만들어진 시기)를
반드시 JSON 형식으로 답변하세요."
    formatted_prompt += f" 질문: {user_input} \n "
    formatted_prompt += f"{parser.get_format_instructions()}"
    messages = [HumanMessage(content=formatted_prompt)]
```

먼저 LLM이 해야 할 작업을 설명한 다음, 사용자의 입력 문자열을 덧붙였습니다. 그리고 LLM에게 우리가 원하는 JSON 형식이 무엇인지 알려주기 위해 앞에서 생성한 파서로 형식 안내문을 생성했습니다.

`JsonOutputParser`는 우리가 정의했던 `JsonResponse` 데이터 클래스를 참고해서 자동으로 데이터 구조에 대한 설명을 생성합니다. 이렇게 생성된 데이터 구조에 대한 설명이 형식 안내문이고 프롬프트에 포함됩니다.

생성된 프롬프트를 LLM에게 전달하면 LLM은 우리가 원하는 JSON을 문자열을 반환합니다. 하지만 실제로 LLM이 출력하는 메시지는 다음과 같이 JSON 외의 메시지도 포함돼 있습니다.

```
Okay, the user is asking about when the Llama3 model was released. First, I need to
confirm the correct name of the model.
......
Putting it all together, the correct JSON response should be {"name": "Llama 3",
"date": "2024-08-13"}.

{
```

```
    "name": "Llama 3",
    "date": "2024-08-13"
}
```

따라서 출력 메시지에서 JSON에 해당하는 부분만 뽑아내서 사용해야 합니다. 정규표현식을 이용하면 이 작업을 손쉽게 처리할 수 있습니다.

```
json_match = re.search(r'\{[\s\S]*?\}', response.content)
if json_match:
    json_str = json_match.group(0)
    print(json_str)
```

여기까지 처리하면 LLM의 불필요한 메시지는 제거하고 JSON 문자열만 `json_str`에 담을 수 있습니다. 예제에서는 `json_str`을 화면에 출력했지만 다른 애플리케이션과의 연동 등 다양한 방법으로 활용할 수 있습니다.

3.5.3 다양한 출력 형식

랭체인은 단순히 문자열을 주고받는 수준을 넘어서 다양한 출력 형식(output format)을 쉽게 다룰 수 있는 기능을 제공합니다. 이를 통해 LLM의 출력을 구조화된 데이터로 변환하거나, 원하는 형식에 맞게 파싱할 수 있습니다. 랭체인의 `OutputParser` 모듈은 이러한 다양한 출력 형식에 대한 파서 클래스를 미리 정의해 제공함으로써 사용자 편의성과 일관된 데이터 처리 흐름을 지원합니다. 다음은 랭체인에서 자주 사용되는 주요 `OutputParser` 클래스와 그 기능입니다.

표 3.1 OutputParser의 주요 클래스

클래스	설명
JSONOutputParser	LLM 출력을 JSON 객체로 파싱합니다.
ListOutputParser	LLM 출력을 리스트로 파싱합니다.
CommaSeparatedListOutputParser	LLM 출력을 콤마로 구분된 리스트로 파싱합니다.

클래스	설명
MarkdownListOutputParser	마크다운 리스트 형식의 출력을 파싱합니다.
NumberedListOutputParser	번호가 매겨진 리스트를 파싱합니다.
PydanticOutputParser	Pydantic 모델을 사용해 출력을 파싱합니다.
XMLOutputParser	XML 형식의 출력을 파싱합니다.
OneOfOutputParser	미리 정의된 값들 중 하나로 출력을 파싱합니다.

또한 랭체인의 `OutputParser` 모듈에는 출력 파싱과 관련해 자주 쓰이는 유틸리티 함수도 포함돼 있습니다. 그중 일부를 표 3.2에 정리했습니다.

표 3.2 OutputParser의 주요 함수

함수	설명
`drop_last(iter, n)`	이터레이터에서 마지막 n개 요소를 제거합니다.
`parse_tool_call(...)`	단일 도구 호출(tool call)을 파싱합니다.
`get_from_path(path, elem)`	경로(path)를 따라 중첩된 요소를 추출합니다.

더 자세한 출력 파서 옵션과 사용법 예시는 다음 공식 문서를 참고하세요.

- 랭체인 OutputParser: https://python.langchain.com/api_reference/core/output_parsers.html

3.6 LCEL을 이용한 기본 예제

이번 절에서는 랭체인의 새로운 체인 구성 방식인 LCEL(LangChain Expression Language)에 대해 알아보고 LCEL의 작동 방식을 이해하기 위한 기본적인 예제 코드를 작성하겠습니다. 기존 방식과 비교해 LCEL이 어떻게 더 간결하고 직관적으로 체인을 구성할 수 있는지를 예제를 통해 살펴봅니다.

3.6.1 LCEL 예제 소개

LCEL은 랭체인이 2024년 중반 이후 도입한 새로운 체인 구성 방식으로, 기존 코드 방식과 달리 선언형(declarative) 스타일로 체인을 구성할 수 있게 해줍니다.

아마도 이 같은 사전적인 설명으로는 LCEL이 무엇인지 감을 잡기 어려울 것입니다. 그래서 앞서 실습한 예제를 LCEL 체인 방식으로 수정해서 이전 예제와 비교할 수 있도록 준비했습니다.

이전에 실습한 올라마 예제는 다음과 같은 순서로 데이터를 처리했습니다.

- 사용자 입력 프롬프트 → LLM 객체 → 출력값 처리

즉, 사용자에게 질문을 입력받아 LLM 객체에 전달하고, 전달한 질문은 LLM 객체가 처리하고 응답을 생성했으며, 응답을 원하는 형태로 수정해서 화면에 출력했습니다. 그리고 각 단계별로 처리하는 코드를 만들어서 실행했습니다.

하지만 LCEL은 데이터를 처리하는 각 단계별로 컴포넌트를 만들고, 이들 컴포넌트를 결합해서 데이터를 처리하는 체인을 만드는 방식으로 작동합니다. 그리고 이 체인에 데이터를 넣으면 미리 구성해 둔 데이터 처리 루틴이 차례대로 실행됩니다. 이를 코드를 보는 사람이 직관적으로 이해할 수 있도록 랭체인에서 제공하는 LCEL 문법으로 표현하면 다음과 같습니다.

[LCEL 문법으로 표현한 채팅 처리 프로세스]

```
chain = prompt | llm | output_parser
```

랭체인은 LCEL을 구성할 수 있도록 AI 프로그래밍에 필요한 요소들을 컴포넌트화했고, 이를 컴포넌트로 만든 것이 `prompt`, `llm`, `output_parser`입니다. 그리고 컴포넌트가 LCEL 문법으로 연결되면 하나의 체인이 완성되는 것입니다. 이렇게 완성된 체인은 `invoke()`, `stream()` 호출을 이용해 필요한 데이터를 입력하고 출력을 받을 수 있습니다. 즉, LCEL은 앞에서 도식화했던 데이터 처리 순서를 직관적으로 이해할 수 있는 코드로 표현하는 방법이라 볼 수 있습니다.

이번 예제는 prompt, llm, output_parser 구조로 LCEL 체인을 만드는 가장 간단한 코드로 구성돼 있습니다. 예제 코드를 실행해 보면 앞에서 테스트한 예제와 다를 바 없이 사용자의 입력을 받아 LLM이 출력합니다. 다만 이 과정을 LCEL 체인을 사용해서 구현했기 때문에 코드의 변경점을 위주로 살펴보면 됩니다. (이어지는 내용에서 'LCEL 체인'은 줄여서 '체인'으로 표현하겠습니다.)

예제 코드 다운로드 및 환경 구성

예제 코드를 내려받고 준비하는 과정은 이전 예제에서 했던 과정과 동일합니다.

[실습 환경 구성]

```
cd ollama-mcp-tutorials/ch03/05_lcel_chain
uv sync
```

실행 및 결과 확인

예제를 실행하려면 터미널에서 다음 명령어를 입력합니다.

[예제 코드 실행]

```
> uv run main.py
질문을 입력하세요 (종료: exit): 서울에 대해서 알려줘
<think>
Okay, the user asked for information about Seoul. Let me start by outlining the main
aspects. First, I should mention the location in South Korea, its status as the
capital.
...생략...
</think>

서울은 대한민국의 수도이자 가장 큰 도시로, 경기도와 강원도, 충청도의 경계에 위치해
있습니다. 아래에 서울에 대한 주요 정보를 정리해 드릴게요:
...생략...
서울은 역사와 현대, 자연과 도시의 조화가 있는 매력적인 도시입니다. 다양한 문화와
경제적 기회를 경험할 수 있는 '아시아의 중심 도시'로 알려져 있습니다! 😊
질문을 입력하세요 (종료: exit):
```

3.6.2 LCEL 예제 분석

지금까지 실습한 예제는 공통적으로 사용자로부터 입력을 받아 프롬프트를 구성하고, 이를 LLM에 전달한 뒤, 생성된 응답을 출력하는 구조였습니다. 그리고 이 과정은 `whie` 루프 안에서 반복적으로 이뤄지던 작업입니다. `while` 루프가 실행되기 이전에는 `ChatOllama`와 같은 LLM 모델 객체만 생성했습니다.

하지만 체인을 사용하게 되면 먼저 `prompt`, `llm`, `output_parser`와 같이 체인을 구성하는 컴포넌트부터 만들어야 합니다. 그리고 이러한 컴포넌트로 체인을 구성하고 `while` 루프 안에서는 체인을 이용해 LLM을 호출합니다.

LCEL 활용 예제(ch03/05_lcel_chain/main.py)

```
from langchain_ollama import ChatOllama
from langchain_core.output_parsers import StrOutputParser
from langchain_core.prompts import ChatPromptTemplate

# 1. 프롬프트 템플릿 생성
prompt = ChatPromptTemplate.from_messages([
    ("human", "{question}")
])

# 2. LLM 모델 객체 생성
llm = ChatOllama(model="qwen3:8b")

# 3. 모델 출력 형식 지정
output_parser = StrOutputParser()

# 4. LCEL 체인 구성
chain = prompt | llm | output_parser

# 5. 사용자 입력을 받아 체인 실행
while True:
    user_input = input("질문을 입력하세요 (종료: exit): ")
    if user_input.lower() == "exit":
```

```
        break

    # 6. 체인 실행 및 결과 처리
    response = chain.invoke(user_input)

    # 7. JSON 부분만 추출해서 화면에 출력
    print(response)
```

가장 먼저 #1에서 프롬프트 컴포넌트를 생성합니다. ChatPromptTemplate은 사용자 입력을 그대로 프롬프트로 만들어주는 컴포넌트입니다. 생성된 프롬프트 객체는 Runnable을 상속받았기 때문에 체인을 구성하는 컴포넌트로 사용될 수 있습니다.

다음으로 #2에서 LLM 컴포넌트인 ChatOllama를 초기화합니다. 또한 LLM 컴포넌트를 LCEL 체인에 여러 번 사용하거나, 여러 개의 LCEL 체인에 사용할 수도 있습니다.

#3에서 LLM 모델의 응답은 StrOutputParser를 이용해 처리하도록 작성했습니다. 지금까지의 예제에서 LLM이 출력하는 응답을 마치 문자열인 것처럼 사용했지만 일반적으로 LLM의 응답은 AIMessage, ChatMessage 같은 객체 형태로 반환합니다. 그래서 이번에는 LLM의 응답을 다른 형태로 받아보기 위해 StrOutputParser를 사용해 문자열로 받았습니다. 따라서 화면에 print()만 하는 경우 더 편리하게 사용할 수 있습니다.

#1, #2, #3에서 작성한 컴포넌트를 이용해 LCEL 체인을 만들어주는 코드가 #4입니다. 참고로 LCEL 체인은 컴포넌트의 나열 순서가 중요합니다. 왜냐하면 먼저 등장하는 컴포넌트의 출력이 다음 컴포넌트의 입력으로 사용되기 때문입니다.

```
chain = prompt | llm | output_parser
```

체인을 구성할 컴포넌트들이 '|'로 연결돼 있습니다. 이렇게 컴포넌트 간의 연결을 단순한 코드로 표현함으로써 데이터가 어떻게 처리되는지 직관적으로 이해할 수 있습니다.

하지만 체인을 구성하는 것은 데이터가 흐를 통로를 사전에 구성하는 것일 뿐, 실제 사용자의 입력을 받아서 체인을 통해 처리하는 과정은 while 루프에서 이뤄집니다(#6).

```
response = chain.invoke(user_input)
```

이전 예제에서는 `llm.invoke()` 형태로 LLM을 호출했었는데, 이번 예제에서는 체인을 이용해 호출했습니다. 그리고 데이터가 체인을 통해 처리될 수 있도록 입력 데이터로 `user_input`을 사용했고, 출력 데이터를 `response`에 저장했습니다.

여기서 `response`는 `StrOutputParser` 컴포넌트로 처리된 결과이기 때문에 문자열을 저장합니다. 따라서 `response`를 `print()`로 출력하기만 하면 됩니다.

3.6.3 LCEL의 장점

아직 예제가 복잡하지도 않고 선형적으로 처리되기 때문에 LCEL 체인이 어떤 장점이 있는지 체감하기 어려울 수 있습니다. 하지만 애플리케이션이 점점 복잡해지면 그에 비례해서 유지보수도 어려워지기 마련입니다. 비록 코드가 작동하더라도 이해하기 어렵다면 작성한 사람이 아니고서는 감히 손대기도 어려운 상황이 발생할 수도 있습니다. 이런 관점에서 LCEL을 바라보면 왜 랭체인이 이런 장치를 만들었는지 이해할 수 있습니다.

그리고 체인을 구성하는 작업 자체가 체인에 사용될 각 컴포넌트들을 사전에 정의하고 어떻게 컴포넌트를 배열해서 데이터를 처리할지 계획하는 것과 유사합니다. 따라서 체인을 구성하는 작업은 코드를 좀 더 구조적이고 직관적이며 재사용하기 쉬운 형태로 만드는 작업이기도 합니다.

뒤에서 배울 랭그래프(LangGraph)나 랭스미스(LangSmith)와 통합해서 사용할 경우에도 LCEL 기반 체인은 가독성과 유지보수 측면에서 큰 장점을 제공합니다. 그리고 깃허브나 인터넷을 통해 접할 수 있는 여러 오픈소스 프로젝트에서도 자주 사용되기 때문에 LCEL의 개념과 사용법은 알아두는 것이 좋습니다.

랭체인 공식 문서에서도 LCEL을 핵심 구성 방식으로 권장하고 있으며, 최신 기능은 다음 문서에서 확인할 수 있습니다.

- **LCEL 가이드**: https://python.langchain.com/docs/expression_language/

CHAPTER

04

프롬프트 엔지니어링

LLM과 AI 서비스의 작동 원리는 매우 복잡하지만 그 사용법은 단순합니다. 궁금한 것을 질문하면 LLM 서비스가 응답을 제공합니다. 따라서 LLM을 제어하는 가장 큰 요소인 'LLM에 전달할 텍스트', 즉 프롬프트의 중요성은 절대적입니다.

그래서 4장에서는 랭체인에서 프롬프트를 다루는 법을 준비했습니다. 어려운 내용은 아니지만 매우 중요성하므로 이번 장의 내용을 꼼꼼하게 읽어보시길 바랍니다.

4.1 프롬프트 엔지니어링이란?

이번 장에서는 본격적으로 랭체인의 핵심 요소 중 하나인 프롬프트(prompt)의 활용법을 배워보겠습니다. 특히 프롬프트는 LLM의 출력을 결정짓는 요소이기 때문에 어떻게 설계하느냐에 따라 응답의 품질과 일관성이 크게 달라집니다. 그렇다면 왜 이렇게 프롬프트 설계가 중요한 걸까요? 먼저 프롬프트 엔지니어링의 개념과 그것이 필요한 이유부터 짚어보겠습니다.

4.1.1 프롬프트와 프롬프트 엔지니어링

3장에서 실습한 다양한 기본 예제들을 가만히 떠올려 보면 LLM을 실행하는 기본적인 흐름이 있다는 것을 알 수 있습니다. 특히 LCEL 체인을 구성하면 이러한 흐름을 더욱 쉽게 파악할 수 있습니다.

3.6절에서 테스트했던 LCEL 체인은 프롬프트, LLM, 출력 파서의 3가지 컴포넌트로 구성돼 있었습니다.

```
chain = prompt | llm | output_parser
```

즉, LLM은 놀라운 능력과는 다르게 실행하는 데 필요한 입력이 사용자가 입력한 텍스트, 그리고 여기에 LLM에게 알려줄 여러 가지 부가 정보를 덧붙인 문자열뿐입니다. 이를 프롬프트라는 컴포넌트 형태로 변경해서 LLM에 입력하면 LLM은 출력을 우리에게 돌려줬습니다. 이처럼 LLM의 출력이 프롬프트에 상당 부분 의지하고 있는 상황에서 프롬프트가 단순하다는 것이 장점만은 아닙니다.

만약 우리가 "뉴스 기사를 요약해 줘"라고 LLM에게 입력한다면 당연히 LLM은 이 요청을 이해하고, 해당 뉴스 기사들을 요약하는 방식으로 응답하려고 시도합니다. 하지만 뉴스 기사의 내용을 단순히 압축하는 작업이 아니라 뉴스 기사를 경제학자, 행정가 또는 정치 비평가의 관점에서 바라보고 분석하고 싶다면 어떻게 해야 할까요?

당연히 우리는 기사를 바라보는 관점, LLM이 맡아야 할 역할에 대해 더 자세하게 담은 프롬프트를 만들어야 할 것입니다. 즉, 프롬프트가 구체적이고 명확할수록 모델은 더욱더 일관성 있고 정확한 출력을 생성할 가능성이 높아집니다. 또한 프롬프트는 정보를 요청하는 도구일뿐만 아니라 LLM의 응답 방식이나 말투, 출력할 포맷, 내용의 범위 등을 조절할 수 있는 도구이기도 합니다.

따라서 우리는 원하는 결과를 얻기 위해 프롬프트를 더 세심하고 기술적으로 다뤄야 합니다. 이런 작업이 바로 프롬프트 엔지니어링입니다.

4.1.2 프롬프트 엔지니어링이 필요한 이유

LLM을 사용하다 보면 가끔 입력한 문장이 살짝 바뀌었는데 AI가 이전과는 상당히 다른 답변을 내놓는 경우를 발견하곤 합니다. 어떤 경우에는 질문에 상당히 자세하게 부가적인 설명을 덧붙여야 원하는 답을 내놓기도 합니다. 이 같은 문제는 LLM 모델 자체의 문제일 수도 있지만 많은 경우 프롬프트가 불명확하거나 컨텍스트가 부족하기 때문입니다.

이 문제를 해결하기 위해서는 프롬프트를 다루는 방법, 즉 프롬프트 엔지니어링에 대해 알아둘 필요가 있습니다. 그중에서도 AI 프로그래밍을 할 때 유용한 팁들을 소개하겠습니다.

대부분의 LLM은 단어들을 하나씩 읽으면서 그다음에 올 단어를 예측하는 구조로 작동합니다. 예를 들어, 사용자가 "오늘 날씨는"이라고 입력하면 LLM은 그 뒤에 올 가능성이 가장 높은 단어를 확률적으로 판단해서 "맑습니다" 또는 "흐립니다" 같은 문장을 생성합니다.

하지만 이 방식은 단어 하나하나가 중요한 역할을 하므로 프롬프트에 있는 단어의 순서나 표현 방식이 달라지면 LLM의 예측 결과도 달라질 수 있습니다. 예를 들어, "간단히 요약해 줘"와 "내용을 압축해 줘"는 사람에게는 비슷한 의미지만 AI에게는 완전히 다르게 해석될 수 있습니다. 그래서 프롬프트를 만들 때는 사소한 표현 차이도 신중하게 고려해야 하며, 문장의 흐름이 자연스럽고 명확해야 더 좋은 결과를 얻을 수 있습니다.

우리가 일상적으로 하는 대화는 화자의 말투와 분위기, 단어들에 담긴 뉘앙스가 함께 포함되어 상대방에게 전달됩니다. 그리고 상대방도 이러한 문장 외의 요소들을 함께 고려해서 의미를 파악하고 반응합니다. LLM에게는 이 같은 차이점을 전달하기도 어렵고, LLM이 이런 차이를 알기도 힘듭니다. 따라서 LLM의 대답도 우리의 기대와는 다를 수 있습니다.

이 때문에 우리가 원하는 대답을 얻기 위해서는 우리가 사용하는 자연어의 모호함을 줄이고, AI가 이해할 수 있도록 명확하고 구체적인 프롬프트를 작성해야 합니다. 원하는 대답이나 형식이 있다면 그에 맞게 구체적인 요청을 프롬프트에 넣어야 합니다. 그리고 필요하다면 예시를 프롬프트에 포함시키는 것도 도움이 됩니다. 하지만 예시가 길고 많은 것이 좋은 것은 아닙니다. 간결하고 핵심적인 예시만 포함해야 합니다.

LLM은 구축 과정에서 학습한 데이터는 기억하지만 사람처럼 이전에 했던 대화나 정보들을 계속 기억하지는 못합니다. 우리가 LLM과 하는 대화는 항상 한시적이고, 그마저도 대화가 너무 길어지면 LLM의 '단기 기억능력'에 한계가 있기 때문에 대화를 리셋해야 합니다. 특히 내 PC에서 올라마를 직접 실행해서 테스트해 보면 바로 앞서 한 질문도 기억하지 못한다는 것을 알 수 있습니다.

따라서 LLM과 자연스러운 대화를 이어가고 싶다면 매번 질문할 때마다 이전 대화와 관련 정보를 모두 다시 제공해야 합니다. 그렇다고 사용자의 질문과 답변을 한없이 덧붙일 수만은 없습니다. LLM이 받아들일 수 있는 프롬프트의 길이에도 한계가 있기 때문에 이전 대화와 참고할 자료의 문맥을 파악할 수 있을 정도로 압축하면 좋습니다.

그리고 LLM은 제작될 당시에 학습된 정보 외에 실시간으로 변화하는 정보나 주변 환경을 인식하지 못합니다. 외부의 정보에 접근할 수 없는 LLM에 "오늘 서울의 날씨"를 물어봤는데 답을 한다면 이 답은 신뢰할 수가 없습니다. 이 경우 프롬프트 자체보다는 외부의 정보에 접근할 수 있는 도구를 사용할 수 있게 해줘야 합니다.

지금까지 언급한 프롬프트 작성 요령들은 프롬프트를 만들 때 사용자가 직접 구현해야 하는 것들도 있지만 랭체인에서 제공하는 기능들을 이용해 손쉽게 구현할 수 있는 것들도 있습니다. 랭체인에서도 프롬프트는 주요 컴포넌트 중 하나이기 때문에 구조화해서 사용할 수 있도록 설계돼 있습니다. 이번 장에서는 랭체인에서 프롬프트를 활용할 수 있는 다양한 방법을 알아보겠습니다.

4.2 랭체인에서 프롬프트를 제어하는 방법

이번 절에서는 랭체인이 제공하는 프롬프트 템플릿(`PromptTemplate`) 기능을 활용해 좀 더 구조화된 방식으로 프롬프트를 구성하는 방법을 배우겠습니다. 단순한 문자열 입력을 넘어서 변수 기반의 템플릿을 사용함으로써 프롬프트의 재사용성과 유지 보수성을 높이는 것이 이번 실습 예제의 핵심입니다.

4.2.1 프롬프트 템플릿 예제 소개

3장까지는 랭체인에서 LLM을 실행하는 기본 구조를 알아봤으며, 여기에는 프롬프트가 포함돼 있었습니다. 하지만 3장에서 사용했던 프롬프트는 사용자가 입력한 문자열을 처리하기 위한 단순한 형태의 프롬프트였습니다.

이번 절에서는 프롬프트를 구조화해서 사용함으로써 LLM이 명확한 응답을 돌려주는 데 도움이 되게 할 것입니다. 특히 프롬프트 구조화를 위해 랭체인이 제공하는 프롬프트 템플릿(`PromptTemplate`)을 활용해 보겠습니다.

프롬프트 템플릿은 LLM에 전달할 프롬프트내에 변수를 미리 넣어 두고, 나중에 변수에 값을 채워 프롬프트를 완성할 수 있는 기능입니다. 이 템플릿은 코드 내에서 문자열을 반복적으로 직접 작성하는 수고를 줄이고, 코드를 작성하는 시점에는 정의할 수 없는 값을 나중에 채울 수 있도록 도와줍니다.

예를 들어, "{year}년 NBA 결승은 어느 팀들이 맞붙었지?"라는 템플릿을 만들어 두면 실제 실행 시점에 연도 값만 채워 넣어서 프롬프트를 완성할 수 있습니다.

또는 다음과 같이 프롬프트를 작성한다면 대화 내역을 기억하는 효과를 만들 수 있습니다.

```
이전에 너가 했던 대답은 다음과 같다.
{prev_answers}
이전 대답을 참고해서 내 질문에 답변해 줘.
{question}
```

아직은 크고 복잡한 데이터를 사용하지 않아서 이 같은 장점이 크게 와 닿지 않을 수 있지만 점차 프로그램에 살을 붙이고 기능을 더할수록 프롬프트는 복잡해지고 관리하기 어려워집니다. 이런 경우 프롬프트를 템플릿화해서 저장해 두면 변하지 않는 템플릿의 문장들보다는 코드로 처리해야 하는 핵심 데이터에 집중할 수 있습니다. 아마도 이런 장점이 랭체인이 프롬프트 템플릿을 제공하는 이유일 것입니다.

이번 예제에서는 랭체인이 제공하는 프롬프트 템플릿을 이용해 LLM이 기상학자의 입장에서 사용자의 질문에 답하도록 구성했습니다. 프롬프트에 LLM의 역할을 미리 정해뒀기 때문에 날씨에 대한 질문을 하고 답을 구해보세요. 이번 예제는 LLM이 질문에 대한 대답을 얼마나 잘하느냐가 중요하지 않습니다. 대신 프롬프트 템플릿을 활용하는 방법을 유심히 보시면 됩니다.

예제 코드 다운로드 및 환경 구성

예제 코드를 내려받고 준비하는 과정은 앞 예제에서 했던 과정과 동일합니다.

[실습 환경 구성]

```
cd ollama-mcp-tutorials/ch04/01_prompt_template
uv sync
```

실행 및 결과 확인

다음과 같이 예제를 실행하고 프롬프트를 입력해 보세요.

[예제 코드 실행]

```
> uv run main.py
질문을 입력하세요 (종료: exit): 10월 서울의 날씨는?
<think>
Okay, the user is asking about the weather in Seoul in October. Let me think.
October is autumn in Seoul, so the weather should be mild but maybe a bit cool. I
remember that Seoul has four distinct seasons.
...생략...
</think>

10월 서울의 날씨는 **가을의 시작**을 알리는 시기로, 기온이 점차 낮아지며 날씨가
**변동성이 커지기** 시작합니다. 일반적으로 평균 기온은 **12°C ~ 25°C** 사이이며,
**낮에는 따뜻하고 밤에는 서늘**할 수 있습니다.
...생략...
```

```
10월은 **청정 기후**가 유지되며, **도심 속 자연 경관**을 즐기기에 좋은 시기입니다.
실시간 날씨 확인을 통해 계획을 세우는 것이 좋습니다. 🌦

질문을 입력하세요 (종료: exit):
```

4.2.2 프롬프트 템플릿 예제 분석

이 예제는 하나의 파이썬 스크립트 파일인 main.py로 구성돼 있습니다. main.py의 주요 내용을 살펴보면 다음과 같습니다.

프롬프트 템플릿 예제(ch04/01_prompt_template/main.py)

```
from langchain.prompts import ChatPromptTemplate
from langchain_core.output_parsers import StrOutputParser
from langchain_ollama import ChatOllama

# 1. 프롬프트 템플릿 정의
prompt = ChatPromptTemplate.from_template(
    "당신은 유능한 기상학자입니다. 다음 질문에 답해주세요. <질문>: {question}"
)

# 2. LLM 모델 설정
llm = ChatOllama(model="qwen3:8b")

# 3. 출력 파서 설정
output_parser = StrOutputParser()

# 4. 프롬프트 → 모델 → 출력 파서 체인 구성
chain = prompt | llm | output_parser

# 5. 사용자 입력을 받아 체인 실행
while True:
    user_input = input("질문을 입력하세요 (종료: exit): ")
    if user_input.lower() == "exit":
        break
```

```
    for chunk in chain.stream({"question": user_input}):
        print(chunk, end="", flush=True)
```

이 예제는 랭체인의 기본적인 프롬프트 – LLM – 응답 구성의 LCEL 체인 구조를 따르고 있습니다.

먼저 ChatPromptTemplate을 이용해 질문에 사용할 프롬프트의 형식을 정의합니다. 이 프롬프트에는 {question}이라는 특이한 형식이 포함돼 있는데, 이것이 바로 앞에서 설명한 변수입니다. LLM을 실행할 때 question 변수에 들어갈 문자열이 무엇인지 알려주면 랭체인은 이 변수를 문자열로 대체해서 완성해 줍니다.

```
prompt = ChatPromptTemplate.from_template(
    "당신은 유능한 기상학자입니다. 다음 질문에 답해주세요. <질문>: {question}"
)
```

이어서 올라마를 통해 LLM을 불러오고, StrOutputParser를 이용해 모델의 응답을 문자열 형태로 파싱합니다. 그리고 준비된 3개 컴포넌트를 체인으로 묶습니다.

```
chain = prompt | llm | output_parser
```

이제 while 루프 안에서 사용자 입력을 받아 완성된 체인을 실행하면 응답이 출력됩니다. 이때 사용자의 입력(user_input)을 프롬프트를 정의할 때 만들어 둔 {question} 변수 자리에 넣어야 합니다. 코드는 다음과 같습니다.

```
for chunk in chain.stream({"question": user_input}):
    print(chunk, end="", flush=True)
```

코드를 실행하면 다음과 같이 의도한 답변이 출력될 것입니다. LLM 모델이나 기타 설정에 따라 응답 내용은 다를 수 있지만 예제에서 의도했던 프롬프트 템플릿 기능은 정확히 작동한 것을 알 수 있습니다.

```
질문을 입력하세요 (종료: exit): 10월 서울의 날씨는?
... 생략 ...

10월은 **청정 기후**가 유지되며, **도심 속 자연 경관**을 즐기기에 좋은 시기입니다.
실시간 날씨 확인을 통해 계획을 세우는 것이 좋습니다. 🌧.
```

4.2.3 프롬프트와 변수

랭체인에서 프롬프트 템플릿을 정의할 때 변수는 중괄호 {} 안에 지정합니다. 위 예제의 {question}처럼 이 변수들은 나중에 chain.invoke() 또는 chain.stream()에 전달하는 딕셔너리 형태의 입력값으로 채워집니다. 따라서 우리는 프롬프트에 원하는 만큼 변수를 지정할 수 있으며, 체인을 호출할 때 지정한 만큼 입력값을 넣어주면 됩니다.

프롬프트 템플릿을 사용하면 사용자의 입력뿐 아니라 코드를 실행하면서 생성되는 다양한 데이터를 하나의 프롬프트 체계로 통합할 수 있습니다. 예를 들어, 다음과 같이 세 개의 변수 role, month, topic을 사용하는 템플릿을 구성할 수도 있습니다.

```
prompt = ChatPromptTemplate.from_template(
    "당신은 유능한 {role}입니다. {month}월 서울의 {topic}에 대해 설명해 주세요."
)
```

이렇게 구성된 프롬프트는 코드를 진행하면서 수집한 데이터를 이용해 다음과 같이 호출할 수 있습니다.

```
chain.invoke({"role": "기상학자", "month": "5", "topic": "날씨"})
```

그러면 LLM 모델은 다음과 같은 프롬프트를 받습니다.

```
"당신은 유능한 기상학자입니다. 5월 서울의 날씨에 대해 설명해 주세요."
```

이러한 방식을 사용하면 아무리 복잡한 프롬프트라 하더라도 코드에서 자르고 붙이는 지저분한 작업을 할 필요가 없습니다. 프롬프트를 작성해서 별도의 파일이나 데이터베이스에 저장해 두고 필요할 때 불러와서 변수에 값만 지정해서 사용할 수 있습니다.

특히 문자열 내에 변수를 지정하는 방법을 정의해 둠으로써 프롬프트를 외부에서 가져와 사용할 수도 있고 다른 사람과 공유할 수도 있습니다. 실제로 우리가 예제 코드를 내려받는 깃허브처럼 프롬프트를 공유하는 서비스도 있습니다. 이러한 서비스를 가능케 하는 것이 랭체인의 프롬프트 템플릿입니다.

이번 예제를 통해 랭체인에서 프롬프트를 템플릿화는 가장 기본적인 방법을 살펴봤습니다. 다음 절에서는 프롬프트 템플릿의 기능을 더 확장해서 대화 내용을 기억하는 채팅을 구현해 보겠습니다.

4.3 대화 내용을 기억하는 연속 채팅

이번 절에서는 LLM이 사용자와의 이전 대화를 기억하고 문맥을 이어갈 수 있도록 프롬프트를 구성하는 방법을 실습해 보겠습니다. 특히 랭체인의 `MessagesPlaceholder`를 활용해 대화 기록을 동적으로 관리하는 기법을 배워보겠습니다.

4.3.1 연속 채팅 예제 소개

이미 많은 분들이 챗GPT 같은 서비스의 챗 인터페이스에 익숙해져 있기 때문에 LLM에 질문을 던질 때 당연히 이전 대화를 LLM이 알고 있을 거라 가정합니다. 하지만 실제로는 특별한 장치를 마련하지 않는 한 LLM은 이전의 대화를 기억하면서 사용자의 질문을 처리하지는 않습니다. 이번 절에서는 바로 이 특별한 장치, 사용자와의 대화 내역을 기억하고 문맥을 이어가는 챗을 만들어 보겠습니다.

대화 내용을 기억하게 하는 방법은 간단합니다. 이미 짐작하겠지만 프롬프트에 이전 대화 기록을 적절한 부가 정보와 함께 적어두면 됩니다. 그리고 대화 기록처럼 코드가 실행되면서 생성되는 동적 데이터를 프롬프트에 넣는 방법도 앞에서 실습했습니다. 그러니 어렵지 않게 이 기능을 구현할 수 있습니다.

하지만 주의할 점이 있습니다. 대화가 길어질수록 프롬프트에 포함되는 내용이 많아지고, 그로 인해 LLM 모델에 입력되는 데이터의 길이가 증가합니다. 대부분의 LLM은 입력 데이터에 제한이 있기 때문에 대화가 일정 길이를 넘기면 이전 대화 내용 중 일부가 잘려 나가거나 오류가 발생할 수 있습니다. 따라서 실제 애플리케이션에서는 대화 히스토리를 일정 시점에서 요약하거나, 오래된 대화를 제거하거나, 별도 저장소에 기록하는 등의 관리 전략이 필요합니다. 이러한 관리 전략 없이 대화를 무한정 이어가면 결국 AI가 최근 맥락을 제대로 반영하지 못하게 되어 응답 품질이 저하될 수 있습니다.

하지만 이번 예제에서 이 기능들을 다 구현해서 설명하기는 힘들기 때문에 단순히 대화 기록을 계속 쌓아가는 형태로만 구현하겠습니다. 대신 프롬프트를 다채롭게 활용하기 위해 랭체인이 제공하는 프롬프트 템플릿의 세부적인 기능들을 활용해 보겠습니다. 그리고 프롬프트의 변수를 사용하는 방법 대신 랭체인에서 제공하는 `MessagesPlaceholder`를 사용해 보겠습니다.

예제 코드 다운로드 및 환경 구성

예제 코드를 내려받고 준비하는 과정은 앞 예제에서 했던 과정과 동일합니다.

[실습 환경 구성]

```
cd ollama-mcp-tutorials/ch04/02_chat_history
uv sync
```

실행 및 결과 확인

아래 명령으로 예제를 실행합니다.

[예제 코드 실행]

```
> uv run main.py
질문을 입력하세요 (종료: exit):
```

4.2절의 예제처럼 LLM이 기상학자로서 입력한 질문에 대답하도록 설정돼 있습니다. 그러니 먼저 특정 도시의 5월 날씨에 대한 질문을 해보세요. 그럼 해당 도시의 5월 날씨에 대해 설명해 줄 것입니다. 그리고 "앞선 질문에서 도시만 런던으로 바꿔줘"라는 질문을 연이어 던지면 LLM이 이전 질문을 참고하고 있는지를 알 수 있을 것입니다. 대화 기록을 모르는 상태라면 런던의 '5월' 기후에 대한 질문이라는 점을 모르겠지요.

[대화 기록 테스트]

```
질문을 입력하세요 (종료: exit): 서울의 5월 날씨는?
<think>
Okay, the user is asking about Seoul's weather in May. Let me recall the typical
climate for Seoul in May. May is part of spring in South Korea, so the weather is
generally mild.
...생략...
</think>

서울 5월 날씨는 평균 기온 12~21°C, 낮엔 따뜻하지만 아침저녁은 쌀쌀합니다. 비가 오는
경우┌多, 가벼 운 옷과 우산 준비를 추천합니다.

질문을 입력하세요 (종료: exit): 앞선 질문에서 도시만 런던으로 바꿔줘.
<think>
Okay, the user wants me to change the previous question about Seoul to London. Let
me check the original response first. The original answer was about Seoul's May
weather, mentioning temperature range, possible rain, and clothing advice.
...생략...
</think>

런던 5월 날씨는 평균 13~18°C, 낮엔 따뜻하지만 아침저녁 쌀쌀합니다. 비가 오는
경우┌多, 가벼운 옷과 우산 준비를 추천합니다. 기상 변화가 빈번해 주의하세요.

질문을 입력하세요 (종료: exit):
```

4.3.2 연속 채팅 예제 분석

이 예제는 하나의 파이썬 스크립트 파일인 main.py로 구성돼 있습니다. main.py의 주요 내용을 살펴보면 다음과 같습니다.

연속 채팅 예제(ch04/02_chat_history/main.py)

```
from langchain.prompts import ChatPromptTemplate, MessagesPlaceholder

... 생략 ...

# 1. 프롬프트 템플릿 정의
prompt = ChatPromptTemplate.from_messages(
    [
        ("system", "당신은 유능한 기상학자입니다. 답변은 200자 이내로 해주세요."),
        MessagesPlaceholder("chat_history"),
        ("human", "{question}"),
    ]
)

... 생략 ...

# 5. 채팅 기록 저장용 배열
chat_history = []

# 6. 사용자 입력을 받아 체인 실행
while True:
... 생략 ...

    for chunk in chain.stream({"question": user_input, "chat_history":
chat_history}):
        print(chunk, end="", flush=True)
        result += chunk
    chat_history.append(("human", user_input))
    chat_history.append(("ai", result))
    print("\n")
```

이번 예제에서는 프롬프트 컴포넌트를 만드는 방법에 많은 변화가 생겼습니다. 가장 큰 변화는 프롬프트를 여러 개의 프롬프트 메시지(Message)를 이용해 생성한다는 점입니다. 프롬프트 메시지는 다음 코드처럼 프롬프트로 전달되는, 메시지 역할(role)과 메시지 내용(content)의 쌍으로 구성된 데이터 구조를 말합니다.

```
prompt = ChatPromptTemplate.from_messages(
    [
        ("system", "당신은 유능한 기상학자입니다. 답변은 200자 이내로 해주세요."),
        MessagesPlaceholder("chat_history"),
        ("human", "{question}"),
    ]
)
```

코드에는 3개의 메시지가 사용됐습니다. "system" 메시지는 LLM이 맡아야 할 역할이나 참조해야 할 정보를 전달하는 메시지입니다. "human" 메시지는 사용자의 입력을 담을 메시지입니다. 코드가 더 진행되어야 사용자로부터 입력을 받기 때문에 human 메시지는 내부에 question 변수를 포함하고 있습니다.

그리고 가장 중요한 MessagePlaceholder가 나옵니다. MessagePlaceholder는 메시지들을 모아서 특정 위치에 넣는 역할을 하는 도구입니다. MessagePlaceholder는 현재의 위치만 표시해 두고 chat_history라는 변수를 지정할 뿐, 당장에 메시지들을 담지는 않습니다. 나중에 LLM을 통한 사용자의 질의-응답이 끝나면 그 기록을 여기에 담을 것입니다.

프롬프트를 만든 이후에는 4.2절에서 실습했던 코드와 유사하게 진행됩니다. 중간에 대화 기록을 저장해 둘 chat_history 배열을 하나 생성했을 뿐입니다.

우리가 유심히 봐야 할 부분은 while 루프에 있는 사용자의 질의응답 과정입니다.

```
for chunk in chain.stream({"question": user_input, "chat_history": chat_history}):
    print(chunk, end="", flush=True)
    result += chunk
    chat_history.append(("human", user_input))
    chat_history.append(("ai", result))
```

먼저 프롬프트와 함께 LLM에 요청을 보내는 부분을 봅시다. LLM 호출을 위해 chain.stream()을 호출할 때 앞서 프롬프트 템플릿을 생성하면서 설정했던 변수에 해당하는 값을 넣어줘야 합니다. 그래서 "question"과 "chat_history"에 들어갈 데이터를 설정해 둔 것입니다. 여기서 user_input은 사용자가 입력한 질문이고, chat_history는 앞서 생성해 둔 대화 기록 저장용 배열입니다. 첫 대화라면 chat_history는 빈 배열이 될 것입니다.

그리고 LLM 응답이 종료되면 그 결과를 모아서 chat_history 배열에 넣습니다. 이때 프롬프트 메시지 형태로 데이터를 넣었습니다. "human" 메시지는 사용자의 질문을 의미하는 메시지이고, "ai"는 AI의 응답을 나타내는 메시지입니다. 이제 chat_history 배열이 업데이트됐으니 다음 질문을 위한 프롬프트에는 chat_history가 MessagePlaceholder로 설정해 둔 자리에 들어갈 것입니다.

이 과정을 반복하면 AI는 이전 대화들을 참고해서 답변합니다. 직접 실습하면서 AI의 단기 기억력(?)을 테스트해 보시기 바랍니다.

4.3.3 대화 기록 기능의 활용

앞에서 대화 기록을 활용하기 위해 랭체인이 제공하는 도구들을 몇 가지 사용했습니다.

먼저 프롬프트 템플릿을 프롬프트 메시지를 이용해서 생성했고, 특정 위치에 메시지를 배치하기 위해 MessagePlaceholder를 사용했습니다. 그리고 각각의 메시지에서 동적으로 바뀌어야 할 부분들은 변수를 이용해서 처리했습니다.

프롬프트를 처리하는 이 같은 코드는 랭체인을 사용해 프로그래밍할 때 자주 사용되므로 눈여겨봐 두는 것이 좋습니다. 특히 "system", "human", "ai"를 사용해 메시지를 역할로 구분하면 LLM에게 좀 더 명확하게 정의된 프롬프트를 전달할 수 있습니다. (프롬프트에 따라서 human을 user로, ai를 assistant로 표현하기도 합니다.)

대화 기록 기능을 안정적으로 구현하기 위해 참고해야 할 정보가 있습니다. 앞서 언급한 대로 LLM은 받아들일 수 있는 데이터 양의 제한이 있다는 점입니다. 따라서 현재의 구현 상태로 계속 사용하기보다는 아래 팁을 참고해서 본인만의 코드로 수정할 필요가 있습니다.

먼저 대화 내용을 모두 저장하기보다는 핵심적인 정보만 요약하거나 압축해서 기록하는 방식이 필요합니다. 예제를 실행해 보면 우리가 원하는 대답만이 출력되는 것이 아니라 AI가 답변을 만들기 위해 거쳤던 과정에 대한 내용이 포함되기도 하고, 불필요한 대화나 데이터가 포함되기도 합니다. 따라서 LLM의 응답을 적절한 형태로 처리해서 사용하기를 권장합니다.

이를 위해 LLM에게 전달할 프롬프트에 답변의 길이를 짧게 그리고 답변을 명료하게 해달라고 요청할 수 있습니다. 그리고 사용자에게 전달할 답변을 <answer> 같은 특정 태그에 포함시키도록 요청해서 답변을 처리하기 좋도록 만드는 것도 도움이 될 것입니다.

그리고 대화의 목적에 따라 최근 몇 번의 질의–응답만 기억하는 제한적 기억 전략도 실용적인 대안이 될 수 있습니다. 그리고 중복되는 질문이나 답변을 제거할 수 있는 로직도 있으면 도움이 되겠지요.

마지막으로 사용자 질문과 AI 응답을 명확히 구분해서 저장하고 대화 기록에는 필요한 역할의 내용만 기록하는 것도 LLM의 응답 품질을 올리는 방법이 될 수 있습니다.

물론 프롬프트에 대화 기록을 계속 누적하는 기본적인 방법 외에도 더 고차원적인 보완책도 있습니다. 이러한 방법들은 내용을 진행해 나가면서 등장할 테니 일단은 기본적인 내용을 잘 숙지하고 직접 실습해 보세요.

4.4 프롬프트 클래스와 출력 스트림 처리

이번 절에서는 앞에서 작성한 챗 예제를 개선해 프롬프트 구성과 출력 처리 방식에 좀 더 효율적인 기법들을 적용해 보겠습니다. 특히 메시지 클래스를 활용한 프롬프트 구성과 LLM 출력에 필터를 미리 설정하는 방법을 통해 코드의 구조화와 응답 제어를 동시에 다뤄 볼 것입니다.

4.4.1 프롬프트 클래스와 출력 스트림 처리 예제 소개

이번 예제에서는 앞 절의 예제 코드를 더 효율적으로 사용할 수 있도록 몇 가지를 수정하겠습니다. 먼저 수정할 부분은 프롬프트입니다. 앞 절에서 사용한 프롬프트는 다음과 같습니다.

```
prompt = ChatPromptTemplate.from_messages(
    [
        ("system", "당신은 유능한 기상학자입니다. 답변은 200자 이내로 해주세요."),
        MessagesPlaceholder("chat_history"),
        ("human", "{question}"),
    ]
)
```

이 코드에서는 system 메시지와 human 메시지를 만들기 위해 역할 이름을 문자열로 직접 지정했습니다. 하지만 프롬프트에 사용되는 역할은 몇 가지로 정해져 있을 때가 많기 때문에 랭체인에서는 해당 메시지 클래스를 제공합니다. SystemMessage, HumanMessage, AIMessage 같은 클래스가 여기에 해당하며, 이러한 메시지 클래스를 사용하면 더 직관적이고 관리하기 좋다는 장점이 있습니다. 하지만 메시지 클래스에도 단점이 있는데, 메시지 내용에 {question} 같은 변수를 넣을 수는 없습니다. 다른 방법으로 보완할 수는 있지만 조금 아쉽기는 합니다.

그리고 이번 예제는 한 가지 더 유용한 기능도 포함하고 있습니다. 만약 LLM의 출력을 스트림 형식으로 사용하는 도중, LLM의 출력을 사용자에게 전달되기 전에 필터링하고 싶다고 가정해 봅시다. 그럼 가장 먼저 떠오르는 생각은 llm.stream()을 호출하고 전달받는 청크들을 받아서 처리하는 방법일 것입니다.

이 방법은 작성한 애플리케이션을 실행하고 사용자로부터 질문을 입력받아 LLM을 실행한 이후에 실행되는 코드를 작성하는 방식입니다. 그런데 랭체인에서는 LLM의 출력 스트림을 어떻게 처리할지를 체인을 구성하기 전 단계에서 지정하는 방법을 제공합니다. 이 방식을 사용하면 LLM의 출력을 처리할 기본 필터를 설정할 수 있습니다.

이번 예제 코드는 이 필터링 기능도 함께 테스트하기 위해 '태풍'이라는 단어를 이모지(🌪️)로 바꿔주는 필터를 LLM의 출력 파서에 넣었습니다.

예제 코드 다운로드 및 환경 구성

예제 코드를 내려받고 준비하는 과정은 앞 예제에서 했던 과정과 동일합니다.

[실습 환경 구성]

```
cd ollama-mcp-tutorials/ch04/03_prompt_class
uv sync
```

실행 및 결과 확인

예제 코드는 다음 명령으로 실행하면 됩니다. 그리고 답변에 태풍이라는 단어가 등장할 수 있도록 질문해 보세요.

[예제 코드 실행]

```
> uv run main.py
질문을 입력하세요 (종료: exit): 한국 여름철 날씨는?
<think>
Okay, the user asked about Korea's summer weather again. Let me check the previous
response. Last time, I mentioned high temperatures, humidity, and typhoons. Now they
want to know about summer weather in Korea.
...생략...
</think>

한국 여름철은 무더운 날씨로, 평균 기온 25~32°C, 습도 70% 이상. 7~9월 태평양
고기압과 몬순 영향으로 🌪️, 집중호우, 번개 발생. 체감 온도는 더 높아 휴가철 관광객
유입.

질문을 입력하세요 (종료: exit):
```

이번 예제의 두 가지 주요 수정사항 중 프롬프트 수정사항은 UI상으로는 확인할 수 없습니다. 프롬프트 생성 코드가 동일한 기능을 하는 다른 코드로 대체됐을 뿐이기 때문입니다. 하지만 필터링 기능은 테스트로 확인할 수 있습니다.

질문을 할 때 '태풍'이라는 단어가 등장할 수 있도록 질문을 유도해 보세요. 태풍이라는 단어가 이모지 🌪로 바뀌어 출력될 것입니다. 예를 들어, "한국의 초여름 날씨는?"이라고 질문해 보세요.

4.4.2 프롬프트 클래스와 출력 스트림 처리 예제 분석

이 예제는 하나의 파이썬 스크립트 파일인 main.py로 구성돼 있습니다. main.py의 주요 내용을 살펴보면 다음과 같습니다.

프롬프트 클래스와 출력 스트림 처리 예제(ch04/03_prompt_class/main.py)

```
from langchain_core.prompts import ChatPromptTemplate, MessagesPlaceholder
from langchain_core.messages import SystemMessage, HumanMessage, AIMessage,
AIMessageChunk
from typing import Iterable
from langchain_core.runnables import RunnableGenerator
... 생략 ...

# 1. 메시지 객체 기반 프롬프트 템플릿 구성
prompt = ChatPromptTemplate.from_messages(
    [
        SystemMessage(content="당신은 유능한 기상학자입니다. 답변은 200자 이내로
해주세요."),
        MessagesPlaceholder(variable_name="chat_history")
    ]
)

... 생략 ...

# 3. 출력 파서 설정
def replace_word_with_emoji(text: str) -> str:
```

```
    return text.replace("태풍", "🌪 ")

def streaming_parse(chunks: Iterable[AIMessageChunk]) -> Iterable[str]:
    buffer = ""
    for text_chunk in chunks:
        buffer += text_chunk.content
        while " " in buffer:
            word, buffer = buffer.split(" ", 1)
            yield replace_word_with_emoji(word) + " "
    if buffer:
        yield replace_word_with_emoji(buffer)

streaming_parser = RunnableGenerator(streaming_parse)

# 4. 체인 구성
chain = prompt | llm | streaming_parser

... 생략 ...

# 6. 사용자 입력을 받아 체인 실행
while True:
... 생략
    chat_history.append(HumanMessage(content=user_input))
    for chunk in chain.stream({"chat_history": chat_history}):
        print(chunk, end="", flush=True)
        result += chunk
    chat_history.append(AIMessage(content=result))
    print("\n")
```

프롬프트 컴포넌트를 생성하는 코드가 메시지 클래스를 사용하는 방식으로 바뀌었습니다.

```
# 1. 메시지 객체 기반 프롬프트 템플릿 구성
prompt = ChatPromptTemplate.from_messages(
    [
        SystemMessage(content="당신은 유능한 기상학자입니다. 답변은 200자 이내로
해주세요."),
```

```
        MessagesPlaceholder(variable_name="chat_history")
    ]
)
```

SystemMessage가 4.3절에서 사용했던 다음 코드를 대체하고 있습니다.

```
("system", "당신은 유능한 기상학자입니다. 답변은 200자 이내로 해주세요.")
```

다만 이 방식은 변수를 사용할 수 없으므로 만약 변수를 사용하고 싶다면 기존 방식을 사용하는 것이 좋습니다.

그리고 MessagePlaceholder는 그대로 사용됐지만 사용자의 입력을 처리하던 human 메시지는 보이지 않습니다. 이것은 사용자의 입력을 받았을 때 MessagePlaceholder에 추가해서 처리하는 방법을 사용하기 때문입니다. 이후에 나오는 while 루프에서 다시 확인해 보겠습니다.

이번 예제의 체인 구성을 살펴보면 LLM의 출력을 streaming_parser로 받아서 처리한다는 사실을 알 수 있습니다. 이때 streaming_parser 출력 파서의 설정이 이모지 처리를 위해 다소 복잡해졌습니다.

```
def replace_word_with_emoji(text: str) -> str:
    return text.replace("태풍", "🌪️ ")

def streaming_parse(chunks: Iterable[AIMessageChunk]) -> Iterable[str]:
    buffer = ""
    for text_chunk in chunks:             # LLM으로부터 받은 각 청크를 처리
        buffer += text_chunk.content      # 현재 버퍼에 새로운 청크의 내용을 추가
        while " " in buffer:              # 버퍼에 공백이 발견되면
            word, buffer = buffer.split(" ", 1)   # 공백 기준 첫 단어와 나머지를 분리
            yield replace_word_with_emoji(word) + " "  # 첫 단어를 처리하고 리턴
    if buffer:
        yield replace_word_with_emoji(buffer)

streaming_parser = RunnableGenerator(streaming_parse)
```

가장 먼저 등장하는 `replace_word_with_emoji()` 함수는 단순하게 문자열에 있는 '태풍' 문자를 이모지로 바꾸는 역할만 합니다. 우리가 원했던 LLM의 출력을 필터링하는 역할은 `streaming_parse()` 함수가 담당합니다.

`streaming_parse()` 함수는 LLM의 출력 조각인 `chunk`들을 받아서 처리하도록 만들어져 있습니다. 먼저 `chunk`를 하나씩 이어 붙여서 버퍼에 저장하다가 버퍼에 공백이 보이면 공백 앞까지의 문자열을 추출합니다. 그리고 이 문자열에 `replace_word_with_emoji()` 함수를 적용해 이모지로 바꾸는 작업을 합니다.

이 과정을 반복하는 `streaming_parse()` 함수는 `RunnableGenerator`에 의해 출력 파서 컴포넌트로 변환됩니다. 랭체인 문서의 사전적 정의에 따르면 `RunnableGenerator`는 함수(특히 제너레이터 함수)를 감싸서(wrapping) 체인 내에서 스트리밍 방식으로 데이터를 처리할 수 있게 해주는 클래스입니다. 여기서 제너레이터 함수란 값을 하나씩 순차적으로 생성(yield)하는 함수입니다.

`streaming_parse()` 함수 내부의 작업이 어렵게 느껴진다면 코드의 각 라인과 아래 설명을 하나씩 확인하면서 이해해보세요.

예를 들어, LLM이 출력하는 `chunk`가 "태풍", "이 발", "생했습니다" 순으로 3개가 들어온다면

1. 첫 번째 청크 "태풍" → 버퍼에 추가
2. 공백이 없으므로 다음 청크로
3. "이 발" 추가 → "태풍이 발"
4. 공백 발견 → "태풍이"와 "발"로 분리
5. "태풍이"에서 "태풍"을 이모지로 변환해서 반환
6. "발"은 버퍼에 남김

1~6의 과정을 반복하면서 모든 chunk를 처리하면 마지막에 처리되지 않은 문자열이 buffer에 남습니다. 이 버퍼마저 replace_word_with_emoji() 함수로 처리하면 필터링 작업이 완료됩니다.

이제 while 루프 안에서 사용자 입력과 체인을 실행하는 코드를 보겠습니다. 다음과 같이 몇 가지 바뀐 점이 눈에 띕니다.

```
result = ""
    chat_history.append(HumanMessage(content=user_input))
    for chunk in chain.stream({"chat_history": chat_history}):
        print(chunk, end="", flush=True)
        result += chunk
    chat_history.append(AIMessage(content=result))
    print("\n")
```

먼저 chain.stream()을 실행하기 전에 사용자의 질문을 담은 HumanMessage를 생성해서 chat_history에 덧붙였습니다. chat_history의 마지막에 사용자의 질문이 추가됐기 때문에 LLM은 이 질문에 대한 답을 생성할 것입니다.

그리고 LLM의 답변이 모두 생성되면 생성된 result 답변으로 AIMessage를 생성하고, 이를 다시 chat_history에 붙입니다. 즉, 사용자의 질문과 답변이 생성되는 시점에 계속 chat_history에 덧붙여 나가는 방식으로 바뀌었습니다.

4.4.3 프롬프트와 출력 스트림의 활용

4장에서는 랭체인으로 프롬프트를 구성하고 제어하는 다양한 방법들을 알아봤습니다. 그 중 가장 중요한 개념은 랭체인이 제공하는 프롬프트 메시지 클래스일 것입니다. 프롬프트가 LLM의 작동을 제어하는 절대적인 수단임을 감안하면, 랭체인의 프롬프트 메시지 클래스는 어떤 것들이 있고 어떻게 사용하는지를 파악하는 것은 랭체인 프로그래밍의 가장 중요한 기본기 중 하나입니다.

주요 메시지 클래스와 설명은 다음과 같습니다.

표 4.1 랭체인의 주요 메시지 클래스

클래스	설명
`HumanMessage`	사용자(Human)가 보낸 메시지를 나타냅니다. 일반적인 입력 메시지에 사용됩니다.
`AIMessage`	AI가 응답한 메시지를 나타냅니다. LLM 응답을 표현할 때 사용됩니다.
`SystemMessage`	시스템 프롬프트나 지시 메시지를 나타냅니다. 대화 초기 설정 등에 사용됩니다.
`ToolMessage`	툴(예: 함수 호출, API 응답 등)이 반환한 메시지를 나타냅니다.
`FunctionMessage`	함수 호출(Function Calling) 결과를 나타내며, `ToolMessage`와 유사합니다.
`ChatMessage`	역할(role)과 콘텐츠를 직접 지정할 수 있는 범용 메시지 클래스입니다.
`BaseMessage`	모든 메시지의 추상 기반 클래스입니다. 직접 사용보다는 확장용으로 사용됩니다.
`MessagesPlaceholder`	프롬프트 템플릿에서 메시지 목록을 삽입하기 위해 사용되는 플레이스홀더 객체입니다.

따라서 랭체인을 사용해 프로그래밍하고자 하는 독자는 다음에 나오는 랭체인 메시지 클래스들을 꼭 참고하기 바랍니다.

- **랭체인 메시지 클래스**: https://python.langchain.com/api_reference/core/messages.html

여기에는 4장에서 사용했던 `PromptTemplate`, `MessagesPlaceholder`, `SystemMessage`, `HumanMessage`, `AIMessage` 외에도 몇 가지 새로운 메시지 클래스들이 등장합니다.

`ChatMessage`는 메시지에 사용자가 임의의 역할(role)을 부여할 수 있는 클래스입니다. 사실상 사용자 정의 메시지 클래스라고 할 수 있습니다. 그리고 `ToolCall`과 `ToolMessage`라는 독특한 클래스가 있습니다. 이 클래스들은 앞으로 배울 에이전트(agent)와 관련된 중요한 역할을 담당합니다.

`ToolCall`을 사용하는 이유는 바로 LLM이 외부에서 제공되는 도구를 사용하고 싶다는 의도를 명시적으로 표현하기 위해서입니다. 예를 들어, "오늘 서울의 날씨를 날씨 사이트에서 검색해서 알려줘"라는 질문의 답을 구한다면 LLM으로 하여금 날씨 사이트 중 하나를 고르도록 하는 것이 먼저일 것입니다. 그러면 LLM은 날씨 사이트를 골라서 "검색" 도구를 사용해 달라고 응답할 것입니다. 이 정보를 담는 그릇이 바로 `ToolCall`입니다.

이후 우리가 작성한 프로그램(agent)은 도구를 호출하고, 그 결과를 LLM에게 다시 알려줘서 다음 작업으로 진행할 수 있을 겁니다. 여기서 도구를 호출한 결과를 담는 그릇은 `ToolMessage`입니다.

이런 과정을 반복적으로 수행하다 보면 복잡한 요구사항이 있더라도 에이전트가 추론을 하는 것처럼 문제를 하나씩 해결해갈 수 있습니다. 이 내용에 대해서는 이후에 다시 살펴볼 것이므로 당장은 랭체인이 고차원적인 처리 방법까지 고려해서 메시지 클래스를 정의했다는 점만 기억하기 바랍니다.

이제껏 예제에서 사용한 프롬프트는 많은 제약을 가지고 있습니다. 앞에서 언급한 바 있듯이 프롬프트에 담을 수 있는 메시지의 크기에 제한이 있다는 점도 가장 큰 제약 중 하나입니다.

특히 PDF, 마이크로소프트 워드 문서 또는 데이터베이스에 담긴 많은 양의 데이터를 다루는 경우 이 모든 데이터를 모두 프롬프트에 담아 질문할 때마다 넘겨줄 수는 없습니다. 이 문제를 처리하는 좀 더 효율적인 장치가 필요합니다. 다음 장에서는 이 방법에 대해 자세히 살펴보겠습니다.

CHAPTER

05

검색 증강 생성 (RAG)

4장에서 프롬프트를 다루는 방법을 익혔습니다. 프롬프트는 작업 수행에 필요한 데이터를 LLM에 전달하는 유일한 수단이므로 복잡한 작업일수록 전달해야 할 프롬프트도 커지기 마련입니다. 하지만 모든 LLM은 프롬프트로 전달할 수 있는 입력 토큰(token)의 제한이 있어서 그 길이를 무한히 늘릴 수는 없습니다. 이 단점을 극복할 수 있는 수단 중 하나가 바로 검색 증강 생성(Retrieval-Augmented Generation, RAG)입니다.

이번 장에서는 RAG의 개념과 필요성을 이해하고, 실제로 이를 어떻게 구성하고 활용할 수 있는지 살펴보겠습니다. 특히 RAG를 구성하는 핵심 요소들을 소개하고 랭체인을 활용해 문서 검색과 답변 생성을 자동화하는 실습도 함께 진행할 예정입니다. 이를 통해 LLM의 정확도와 신뢰도를 높이는 RAG의 구조와 적용 방식을 체계적으로 익힐 것입니다.

5.1 RAG의 개념과 특징

검색 증강 생성은 전문적인 정보를 벡터로 만들어 저장하고 이를 필요할 때마다 검색해 LLM에 제공하는 기술입니다. 비교적 단순한 RAG 개념과는 달리, 실제 랭체인을 이용해 RAG 과정을 구현하기 위해서는 RAG의 개념과 작동 원리를 좀 더 세부적으로 알아야 합니다. 이번 절에서는 RAG를 다루기 전 알아야 할 RAG 기초적인 내용들을 알아보겠습니다.

5.1.1 RAG란?

프롬프트는 LLM의 작동을 제어하는 가장 중요한 수단이므로 프롬프트에 문맥(context)을 어떻게 포함하느냐에 따라 LLM의 활용법과 결과가 다양해집니다. 이전 장에서 사용했던 예제를 살펴보면 LLM과 대화를 주고받는 연속 채팅을 위해 사용자와의 이전 대화 내용(대화 문맥)을 프롬프트에 포함했습니다. 또한 "당신은 유능한 기상학자입니다"와 같은 역할 문맥을 프롬프트에 담아 원하는 대답을 얻었습니다.

하지만 이것만으로는 충분하지 않습니다. LLM은 과거의 기상 데이터를 정확히 기억하는 것이 아니기 때문에 답변의 정확도를 위해 최근 몇 년간의 기상 정보를 프롬프트에 함께 담아 LLM에 제공할 수 있습니다. 그러나 장기간의 날씨 데이터를 포함한 문서는 매우 큰 데이터를 포함하고 있을 것이므로 프롬프트에 모두 담을 수는 없습니다. 그리고 프롬프트에 억지로 담는다 하더라도 프롬프트가 너무 길어질 경우 프롬프트 내 일부 정보를 LLM이 놓치는 경우도 생깁니다.

이를 해결하기 위해 사용하는 기법이 RAG입니다. RAG는 LLM이 답변을 생성하기 전에 신뢰할 수 있는 문서에서 관련 정보를 검색해서 가져온 후, 이 정보를 기반으로 답변을 생성하게 하는 기법입니다. 즉, RAG는 프롬프트에 필요한 정보만을 포함시킴으로써 불필요한 문맥을 제거하고 프롬프트를 체계적이고 효율적으로 구성하는 방법론입니다. 예를 들어, 날씨 PDF 문서 전체를 프롬프트에 넣는 대신 해당 문서를 데이터베이스(벡터 데이터베이스 등)로 구성한 뒤, 질문과 관련된 핵심 정보만 추출해 프롬프트에 포함합니다.

그림 5.1은 이러한 RAG의 작동 흐름을 시각적으로 보여줍니다. 사용자의 질문에 따라 관련 정보를 검색하고 이를 프롬프트에 삽입함으로써 더욱 정확하고 신뢰도 높은 답변을 생성하는 과정을 요약하고 있습니다. 이러한 RAG의 구조는 마치 사람이 질문을 받았을 때 관련 서적이나 인터넷을 검색해 얻은 자료를 참고해 답변을 작성하는 것과 유사하다고 볼 수 있습니다.

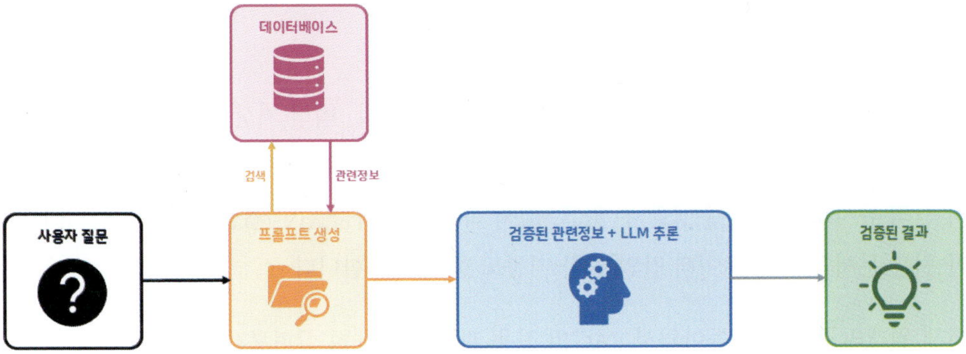

그림 5.1 RAG를 통한 정확한 LLM 추론

5.1.2 RAG의 구성 요소

이제까지는 RAG를 쉽게 이해할 수 있도록 개념적으로만 설명했습니다. 하지만 RAG를 다루기 위해서는 RAG의 작동 과정을 더 세부적으로 들여다보고 이해할 필요가 있습니다. RAG의 작동 과정을 단계별로 나눠보면 크게 '벡터 저장소 구축 과정', '벡터 저장소를 활용한 검색', '답변 생성' 과정으로 나뉩니다.

여기서 벡터와 벡터 저장소(vector store)라는 개념을 이해할 필요가 있습니다. 벡터는 간단히 말해 컴퓨터가 처리하기 좋게 우리가 사용하는 단어나 문장을 숫자들의 배열로 표현한 것입니다. 예를 들어 '강아지', '반려견'이라는 단어가 있다면 이 두 단어를 아래 예시와 같이 여러 개의 숫자로 표현할 수 있습니다. (아래 예시는 이해를 돕기 위해 임의로 설정한 값입니다.)

```
"강아지" → [0.2, -0.1, 0.8, 0.3, -0.5, ...]
"반려견" → [0.3, -0.2, 0.7, 0.4, -0.4, ...]
```

여기서 중요한 것은 의미가 비슷한 단어들은 비슷한 숫자 패턴을 가진다는 점입니다. 위 예시에서 '강아지'와 '반려견'의 벡터가 유사한 패턴을 보이는 것을 확인할 수 있습니다. 이러한 특성 덕분에 벡터의 유사도를 수학적으로 계산하면 단어나 문장을 단순한 키워드 매칭이 아닌 의미의 유사성을 기준으로 검색할 수 있습니다. 이처럼 단어나 문장을 벡터로 변환하는 과정을 임베딩(embedding)이라고 합니다.

그럼 벡터 저장소가 무엇인지도 쉽게 감이 잡히실 겁니다. 벡터 저장소는 임베딩된 벡터들을 저장하는 데이터베이스로 단순히 벡터 데이터를 저장하는 역할만 하는 것이 아니라 벡터 간의 유사도 검색을 수행할 수 있고, 검색 속도 최적화를 위한 기술들을 제공합니다. 또한 원본 문서와 벡터 데이터 간의 변환 기능도 함께 제공합니다.

이제 원래의 논의로 되돌아와서 RAG의 작동 과정을 자세히 살펴보겠습니다.

벡터 저장소 구축 과정

RAG를 구축하기 위해 벡터 저장소를 만드는 과정은 다음과 같습니다.

1. **문서 수집 및 정리**

   먼저 LLM이 참고할 수 있는 다양한 문서들을 모으고 정리하는 작업이 필요합니다. 이 과정에서는 웹페이지, PDF 파일, 텍스트 문서 등 여러 형태의 자료를 수집하고, 불필요한 내용을 제거하며, 중복된 내용을 정리합니다. 이 단계는 마치 도서관에서 책을 정리하고 분류하는 것과 비슷하며, 좋은 품질의 자료만 선별해서 보관하는 과정입니다.

2. **문서를 작은 조각으로 나누기**

   수집한 문서들은 대부분 너무 길기 때문에 LLM이 효율적으로 처리할 수 있도록 작은 조각으로 나눠야 합니다. 이를 청킹(chunking)이라고 하는데, 단순히 글자 수로 나누는 방법도 있지만 문장이나 단락의 의미가 끊어지지 않도록 자연스럽게 나누는 것이 좋습니다. 예를 들어, 하나의 주제에 대한 설명이 여러 조각으로 나뉘지 않도록 주의해야 합니다. 보통 한 조각의 크기는 100~500단어 정도로 만들며, 조각들 사이에 약간의 내용이 겹치게 해서 문맥이 끊어지지 않게 합니다. 이는 마치 책을 장이나 절 단위로 나누어 정리하는 것과 비슷합니다.

3. **문서 조각을 임베딩하기**

나눠진 각 문서 조각을 컴퓨터가 이해할 수 있는 숫자 형태로 변환하는 과정입니다. 앞에서 설명했듯이 이를 임베딩이라고 하며, 텍스트의 의미를 수백 개의 숫자로 표현합니다. 비슷한 의미의 문장들은 비슷한 숫자 패턴을 갖게 되어 나중에 관련 내용을 쉽게 찾을 수 있습니다. 예를 들어, "개는 반려동물이다"와 "강아지는 애완동물이다"는 다른 단어를 사용했지만 비슷한 의미이므로 비슷한 숫자 패턴을 가집니다. 이 과정에서는 대량의 텍스트를 빠르게 처리하기 위해 여러 문서를 동시에 변환하며, 모든 숫자 패턴의 크기를 일정하게 맞추는 정규화 과정도 수행됩니다.

4. **벡터 저장소에 저장 및 검색 시스템 만들기**

변환된 벡터 데이터를 효율적으로 저장하고 빠르게 검색할 수 있는 시스템을 구축해야 합니다. 수백만 개의 숫자 패턴 중에서 원하는 것을 빠르게 찾기 위해서는 특별한 저장 방식이 필요합니다. 이는 마치 거대한 도서관에서 원하는 책을 빠르게 찾기 위해 분류 체계와 색인을 만드는 것과 비슷합니다. 저장할 때는 숫자 패턴뿐만 아니라 원본 텍스트와 문서 정보도 함께 보관함으로써 나중에 검색 결과를 확인할 수 있도록 합니다. 데이터가 너무 많을 경우 여러 서버에 나눠서 저장하고, 메모리 사용량을 줄이기 위해 데이터 압축 기법도 사용할 수 있습니다.

벡터 저장소를 활용한 검색 과정

구축된 벡터 저장소를 활용해 검색을 수행하고 답변을 생성하는 과정은 다음과 같습니다.

1. **질문 임베딩**

사용자가 질문을 입력하면 그 질문도 앞서 문서들을 변환할 때 사용한 것과 같은 방식으로 벡터 패턴으로 변환합니다. 이때 중요한 것은 질문과 문서를 같은 방식으로 변환해야 서로 비교가 가능하다는 점입니다. 여러 언어로 된 질문의 경우 언어를 구분해서 적절한 변환 모델을 사용하며, 전문 분야의 질문인 경우 해당 분야에 특화된 변환 방식을 사용하기도 합니다.

2. **유사한 문서 찾기**

질문에 대해 벡터 저장소에 있는 모든 문서와 비교해 가장 유사한 항목을 찾습니다. 보통 코사인 유사도라는 수학적 방법을 사용해 얼마나 비슷한지 점수를 계산함으로써 유사한 내용의 문서를 찾습니다. 수백만 개의 문서를 모두 비교하는 데는 시간이 오래 걸리므로 특별한 알고리즘을 사용해 빠르게 가장 유사한 몇 개만 찾아냅니다. 일반적으로 3~10개 정도의 가장 관련성이 높은 문서 조각(chunk)들을 선택합니다.

3. **프롬프트로 구성해 LLM 활용하기**

선별된 문서 조각들을 LLM이 답변을 만들 때 참고할 수 있도록 프롬프트로 정리해서 제공해야 합니다. 이때 LLM에게 "이 자료들을 참고해서 질문에 답해주세요"라고 명확히 지시하는 내용도 템플릿으로 만들어 함께 작성합니다. LLM은 제공받은 참고 자료와 원래 질문을 바탕으로 답변을 생성하므로 좀 더 완전하고 정확한 답변을 만들 수 있습니다.

전문가 LLM을 만드는 또 다른 방법, PEFT

지금까지 진행한 실습에서는 전적으로 LLM의 능력에 의존해 답변을 얻었습니다. 하지만 LLM과 대화하다 보면 특정 주제나 질문의 답이 부정확한 경우가 있습니다. LLM이 인터넷 문서들을 바탕으로 학습돼 있다는 사실은 잘 알려져 있습니다. 그러므로 인터넷에 공개되지 않은 기업 내부 문서나 법률과 같은 전문적인 지식들은 LLM에 반영되지 않아 정확한 답변을 얻기 힘듭니다. 기업 내부 정보를 잘 아는 LLM이나 법률 정보를 잘 아는 LLM은 매우 유용하기 때문에 이러한 전문가 LLM을 만들기 위한 방법이 연구됐고, 그러한 방법으로 앞에서 설명한 RAG와 함께 PEFT라는 방법이 있습니다.

PEFT(Parameter-Efficient Fine-Tuning)

PEFT는 범용적으로 사용할 수 있도록 학습된 LLM을 전문적인 지식으로 추가 학습시키는 방법입니다. 특히 LLM의 일부 파라미터만 미세 조정해서 특정 지식에 맞게 모델을 적응시킵니다. 전통적인 파인 튜닝은 모델의 모든 파라미터를 업데이트해야 하므로 막대한 계산 자원과 메모리가 필요하지만 PEFT는 소수의 파라미터만을 추가하거나 업데이트합니다. 그래도 LLM의 파라미터를 수정해야 하므로 학습을 위한 컴퓨팅 리소스와 시간이 일정 부분 필요합니다. PEFT는 모델 자체를 전문적인 지식을 잘 알도록 개선시키므로 학습이 완료된 후에는 특별한 작업 없이 활용이 가능합니다. 즉, 준비 과정은 복잡하지만 활용할 때는 편하고 효율적이라는 장점이 있습니다.

RAG와의 관계

PEFT로 만든 전문가 LLM에도 RAG를 적용할 수 있고, 범용 LLM에 RAG를 적용하면 모델 학습 없이 전문가 LLM을 흉내 낼 수도 있습니다. 두 접근법은 배타적인 것이 아니라 상호 보완적으로 활용할 수 있는 기술입니다. 예를 들어, 특정 도메인에 특화된 PEFT 모델을 만든 뒤, 최신 정보나 외부 문서를 RAG로 결합하면 더 정교하고 최신성이 반영된 결과를 얻을 수 있습니다.

5.2 올라마를 이용한 임베딩

이번 절에서는 임베딩에 대해 개념적으로 살펴본 후 실제로 임베딩을 어떻게 생성하고 활용하는지 실습해보겠습니다. 이를 위해 올라마를 사용해 여러 임베딩 전용 모델을 적용해 보고, 문장을 벡터로 변환하는 전 과정을 직접 수행해 보겠습니다. 생성된 임베딩 벡터

(embedding vector)를 기반으로 문장 간의 유사도를 비교하고, 각 모델의 특징과 성능 차이를 분석함으로써 임베딩의 실제 활용 방식을 체험해 보겠습니다.

5.2.1 임베딩이란?

RAG에서는 검색을 위해 단어를 임베딩해서 벡터 데이터로 변환해야 합니다. 임베딩이란 사람이 이해할 수 있는 단어를 기계가 처리할 수 있는 형태인 벡터로 변환하는 과정을 의미합니다. 이러한 변환을 통해 텍스트를 벡터로 만드는 이유는 컴퓨터가 단어 간의 관계를 쉽게 파악하기 위해서입니다.

예를 들어, 개, 강아지, 고양이, 집이라는 네 단어가 있다고 가정해 보겠습니다. 이들 단어 간의 관련성을 개를 기준으로 살펴보면, 일반적으로 사람은 다음과 같은 연관성을 추론합니다.

- **개-강아지** : 강한 관련성
- **개-고양이** : 중간 관련성
- **개-집** : 약한 관련성

이런 관련성이 인식된다면 강아지-고양이의 관련성이나 강아지-집, 고양이-집의 관련성도 유추할 수 있습니다. 사람은 이 단어를 보면 단어 간의 유사성이나 관련성을 쉽게 파악하지만 컴퓨터는 단어로 이러한 유사도를 바로 계산하기 어렵습니다. 이러한 문제를 해결하고 컴퓨터가 유사도를 계산할 수 있도록 하는 방법이 임베딩입니다. 임베딩은 단어를 문자 그대로 사용하는 대신 일련의 숫자들, 즉 벡터로 변환하는 방법입니다.

다음 예시에서 각 단어는 7개의 숫자로 바뀌었습니다. 각 단어나 문장이나 문단에서 다양한 의미와 역할을 할 수 있기 때문에 한두 개가 아니라 여러 개의 숫자로 표현합니다. 이를 다차원 벡터라고 합니다. 비슷한 단어끼리 더 비슷한 벡터를 가지고 서로 다른 의미를 가진 단어들은 서로 다른 벡터를 가집니다. 이러한 관계를 보기 좋게 표현하기 위해 다차원 벡터를 2차원 공간에 그려보면 서로 간의 거리를 통해 연관성을 유추할 수 있습니다. 그리고 벡터 간의 거리가 단어 간의 관련성이라고 한다면 거리 계산을 통해 관련성을 알 수 있습니다. 이렇게 텍스트를 벡터로 바꿈으로써 사람이 알아보긴 힘들지만 컴퓨터는 단어 간 연관성을 계산하기가 훨씬 쉬워졌습니다.

단어	d1	d2	d2	d3	d4	d5	d6
개	0.6	0.9	0.1	0.4	-0.7	-0.3	-0.2
강아지	0.5	0.8	-0.1	0.2	-0.6	-0.5	-0.1
고양이	0.7	-0.1	0.4	0.3	-0.4	-0.1	-0.3
집	-0.8	-0.4	-0.5	0.1	-0.9	0.3	0.8

단어 / 단어 임베딩 → 차원 축소 →

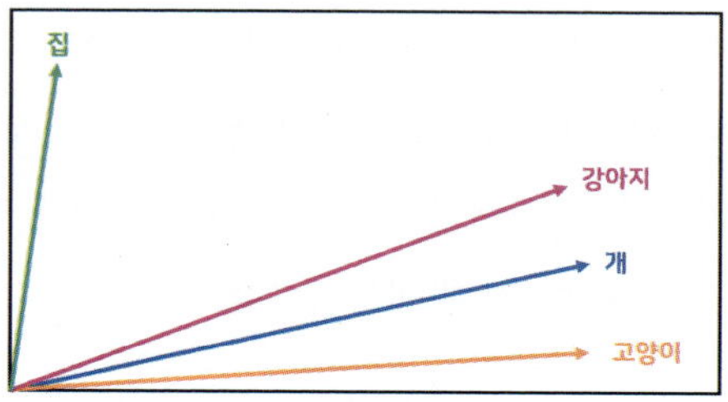

단어 임베딩 시각화 그래프

그림 5.2 임베딩을 활용한 단어 간 의미 관계 시각화

다른 예를 하나 더 살펴보겠습니다. 이번에는 (남자, 여자)와 (왕, 여왕) 단어들을 임베딩하는 예시입니다. 2차원 평면에서 (남자, 여자)는 가깝게 표시되고, (왕, 여왕) 역시 가깝게 표시됩니다. 그리고 남자와 여자 벡터 간 거리가 왕과 여왕의 거리와 유사합니다. 이런 식으로 임베딩은 문장에서 각 단어들이 다른 단어들과 어떠한 연관성을 가지는지 판단할 수 있는 수학적, 기술적 방법을 제공합니다. 지금은 단어를 예로 들었지만 문장이나 문단, 문서 자체도 유사한 방법으로 벡터화할 수 있습니다.

단어	d1	d2	d2	d3	d4	d5	d6
남자	0.6	-0.2	0.8	0.9	-0.1	-0.9	-0.7
여자	0.7	0.3	0.9	-0.7	0.1	-0.5	-0.4
왕	0.5	-0.4	0.7	0.8	0.9	-0.7	-0.6
여왕	0.8	-0.1	0.8	-0.9	0.8	-0.5	-0.9

단어 / 단어 임베딩 → 차원 축소 →

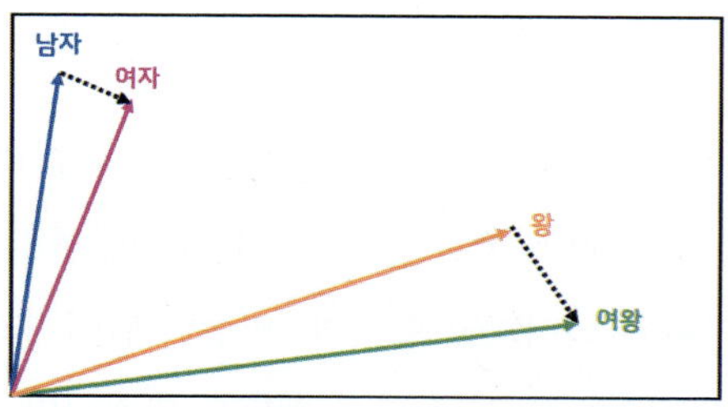

단어 임베딩 시각화 그래프

그림 5.3 유사 단어 관계를 표현한 임베딩 벡터 시각화

그럼 실제 임베딩은 어떻게 수행해야 할까요? 임베딩에는 LLM이 아닌 임베딩 작업에 특화된 모델이 필요합니다. 그리고 한국어 문장을 임베딩하기 위해서는 다국어로 학습된 임베딩 모델을 선택해야 합니다. 이런 조건을 감안해서 고려할 수 있는 대표적인 임베딩 모델을 표 5.1에 정리했습니다. 이 중 BGE-M3는 대표적인 다국어 임베딩 모델입니다.

표 5.1 대표적인 다국어 임베딩 모델

모델	파라미터 수	컨텍스트 윈도	주요 특징
BGE-M3	567M	8192	XLM-RoBERTa 기반, 100개 이상 다국어 지원
MXBAI-Embed-Large	335M	512	Bert-large 크기의 임베딩
Nomic-Embed-Text	274 MB	2K	짧고 긴 문맥 모두에서 우수한 성능

이제 지금까지 설명한 내용들을 구현한 실습 예제를 이용해 임베딩 과정을 테스트해 보겠습니다.

5.2.2 올라마 임베딩 예제

이번 절에서는 랭체인과 올라마를 활용해서 임베딩 개념을 직접 실습하겠습니다. 임베딩 모델을 통해 여러 개의 문장에 대한 임베딩 벡터를 생성하고, 생성된 임베딩 벡터 간 유사도를 비교하는 것이 이번 실습의 목표입니다. 그리고 앞서 소개한 임베딩 모델들을 비교 테스트하는 내용도 실습 예제에 포함돼 있습니다.

실습은 기존에 설치한 올라마와 랭체인을 사용합니다. 먼저, 올라마에서 제공하는 여러 임베딩 모델들을 사용할 수 있도록 환경을 준비합니다. 그런 다음, 사용자로부터 임의의 문장 3개를 입력받고 임베딩 모델을 활용해 문장별 임베딩 벡터를 추출합니다. 이렇게 생성된 벡터들을 바탕으로 문장 간의 코사인 유사도를 계산하고, 마지막으로 유사도 결과를 임베딩 모델별로 비교해 화면에 출력합니다.

예제 코드 다운로드 및 환경 구성

예제 코드를 내려받고 준비하는 과정은 앞 예제에서 했던 과정과 동일합니다.

[실습 환경 구성]

```
cd ollama-mcp-tutorials/ch05/01_embedding
uv sync
```

이번 예제에서 사용할 임베딩 모델인 `bge-m3`와 `nomic-embed-text`를 설치합니다. `qwen3:8b`는 이미 다운로드했다고 가정합니다.

[올라마에 필요한 모델 설치]

```
ollama pull bge-m3
ollama pull nomic-embed-text
```

[올라마에 설치된 LLM 모델 리스트 확인]

```
> ollama list
NAME                       ID              SIZE      MODIFIED
nomic-embed-text:latest    0a109f422b47    274 MB    About a minute ago
bge-m3:latest              790764642607    1.2 GB    2 minutes ago
qwen3:8b                   500a1f067a9f    5.2 GB    2 months ago
```

이번 실습을 위해서는 사이킷런(scikit-learn) 라이브러리가 필요한데, 앞서 `uv sync`를 실행할 때 설치됐으므로 다음 명령은 생략할 수 있습니다.

[유사도 비교를 위한 라이브러리 설치]

```
uv add scikit-learn
```

실행 및 결과 확인

예제 코드는 다음 명령으로 실행하면 됩니다. 명령어를 입력한 후에는 유사도를 비교할 문장 세 개를 순차적으로 입력합니다. 아래 예제에서 문장 1과 문장 2는 기계 학습에 대한 내용으로 입력했습니다. 그리고 마지막 문장은 앞 두 문장과 전혀 다른 문맥을 담고 있는 문장을 입력했습니다.

[예제 코드 실행]

```
> uv run main.py

문장 1을 입력하세요: 기계 학습은 데이터를 기반으로 패턴을 학습하는 인공지능의 한 분야이다.
문장 2을 입력하세요: 기계 학습은 데이터에서 규칙을 찾아내는 인공지능 기술이다.
문장 3을 입력하세요: 요가는 신체와 정신의 균형을 맞추기 위한 운동이다.

- 문장 1과 문장 2의 유사도 -
BGE-M3: 0.87
Nomic-embed-text: 0.92
QWEN3: 0.99

- 문장 1과 문장 3의 유사도 -
BGE-M3: 0.37
Nomic-embed-text: 0.84
QWEN3: 0.90

- 문장 2과 문장 3의 유사도 -
BGE-M3: 0.41
Nomic-embed-text: 0.90
QWEN3: 0.91
```

실행 결과로 임베딩 모델별 유사도 비교 결과를 출력합니다. 문장 1과 문장 2의 유사도가 가장 높은 값을 출력하는 것이 기대하는 결과입니다. 앞에서 설명했듯이 다국어 임베딩에 특화된 BGE-M3 모델만이 기대한 유사도를 잘 출력한 것을 알 수 있습니다. 따라서 이후의 실습 예제에서도 임베딩 모델로 BGE-M3를 활용하겠습니다.

5.2.3 올라마 임베딩 예제 분석

이 예제 또한 하나의 파이썬 스크립트 파일인 main.py로 구성돼 있습니다. main.py의 주요 내용을 살펴보면 다음과 같습니다.

올라마 임베딩 예제(ch05/01_embedding/main.py)

```
from langchain_ollama import OllamaEmbeddings
from sklearn.metrics.pairwise import cosine_similarity

# 1. 올라마 임베딩 모델들을 사용할 수 있도록 준비
bge_embed = OllamaEmbeddings(model="bge-m3")
nomic_embed = OllamaEmbeddings(model="nomic-embed-text")
llm_embed = OllamaEmbeddings(model="qwen3:8b")

# 2. 사용자로부터 문장 3개를 입력받음
sentences = [input(f"문장 {i + 1}을 입력하세요: ") for i in range(3)]

# 3. 임베딩 모델별로 문장 3개에 대한 임베딩 벡터 추출
bge_vectors = [bge_embed.embed_query(sentence) for sentence in sentences]
nomic_vectors = [nomic_embed.embed_query(sentence) for sentence in sentences]
llm_vectors = [llm_embed.embed_query(sentence) for sentence in sentences]

# 4. 문장 벡터 간 코사인 유사도 계산
bge_similarities = cosine_similarity(bge_vectors)
nomic_similarities = cosine_similarity(nomic_vectors)
llm_similarities = cosine_similarity(llm_vectors)

# 5. 문장 간 유사도를 임베딩 모델별로 화면에 출력
for i in range(len(sentences)):
    for j in range(i + 1, len(sentences)):
        print(f"\n- 문장 {i + 1}과 문장 {j + 1}의 유사도 -")
        print(f"BGE-M3: {bge_similarities[i][j]:.2f}")
        print(f"Nomic-embed-text: {nomic_similarities[i][j]:.2f}")
        print(f"QWEN3: {llm_similarities[i][j]:.2f}")
```

보다시피 랭체인과 올라마를 함께 활용하면 임베딩도 매우 간편하게 사용할 수 있습니다. 임베딩을 생성하는 데 필요한 기능은 OllamaEmbeddings 클래스를 통해 제공되며, 이는 LLM 응답 생성을 위해 ChatOllama를 사용했던 방식과 유사합니다. OllamaEmbeddings 클래스는 사용자가 원하는 임베딩 모델을 지정해서 초기화할 수 있으며, 보통 한 가지 모델로도 충분합니다. 하지만 이번 실습에서는 다양한 임베딩 결과를 비교하기 위해 세 가지 모델을 동시에 사용했습니다.

```
bge_embed = OllamaEmbeddings(model="bge-m3")
nomic_embed = OllamaEmbeddings(model="nomic-embed-text")
llm_embed = OllamaEmbeddings(model="qwen3:8b")
```

OllamaEmbeddings를 이용할 준비가 됐으니 이제 사용자에게 문장 3개를 입력받아 올라마를 통해 임베딩 벡터를 생성하겠습니다. 입력받은 문장을 embed_query() 함수를 통해 임베딩 벡터로 변환할 수 있습니다. 임베딩 모델별로 문장들을 임베딩 벡터를 변환해 리스트로 저장합니다.

```
sentences = [input(f"문장 {i + 1}을 입력하세요: ") for i in range(3)]

bge_vectors = [bge_embed.embed_query(sentence) for sentence in sentences]
nomic_vectors = [nomic_embed.embed_query(sentence) for sentence in sentences]
llm_vectors = [llm_embed.embed_query(sentence) for sentence in sentences]
```

문장 간 유사도는 cosine_similarity() 함수로 구할 수 있습니다. cosine_similarity() 함수는 변환한 임베딩 벡터 리스트를 입력으로 넣으면 유사도 비교 결과를 순차적으로 담은 리스트를 반환합니다.

```
bge_similarities = cosine_similarity(bge_vectors)
nomic_similarities = cosine_similarity(nomic_vectors)
llm_similarities = cosine_similarity(llm_vectors)
```

이렇게 구한 임베딩 모델별 유사도 리스트는 다음과 같이 문장 쌍을 같이 표시해 출력할 수 있습니다.

```
for i in range(len(sentences)):
    for j in range(i + 1, len(sentences)):
        print(f"\n- 문장 {i + 1}과 문장 {j + 1}의 유사도 -")
        print(f"BGE-M3: {bge_similarities[i][j]:.2f}")
        print(f"Nomic-embed-text: {nomic_similarities[i][j]:.2f}")
        print(f"QWEN3: {llm_similarities[i][j]:.2f}")
```

이번 예제에서는 RAG에서 중요한 역할을 하는 임베딩에 대해 살펴봤습니다. 그리고 임베딩의 특성을 자세히 살펴보기 위해 유사도를 직접 계산했습니다. 하지만 랭체인을 이용하면 유사도를 직접 계산하고 비교하지 않아도 몇 개의 API로 손쉽게 벡터 저장소를 구축하고 이용할 수 있습니다. 다음 예제에서는 벡터 저장소를 구축하고 활용하는 실습을 진행해 보겠습니다.

5.3 벡터 저장소와 검색

벡터 저장소는 앞에서 설명한 임베딩 벡터를 저장하고 검색하는 일종의 데이터베이스 도구입니다. 대규모 데이터에 대해 의미적으로 유사한 정보를 벡터 기반으로 빠르고 효율적으로 검색할 수 있도록 특화된 데이터베이스입니다. 전통적인 데이터베이스가 고정된 스키마와 키-값 매칭 위주로 작동하는 것과 달리, 벡터 저장소는 텍스트, 이미지, 오디오 등 다양한 유형의 데이터를 먼저 임베딩 벡터로 변환한 뒤 이러한 벡터를 좌표 공간상에 저장하고 관리합니다. 벡터 공간에서 두 벡터 간 거리가 가까울수록 의미적으로 유사하기 때문에 사용자 질의가 주어지면 해당 질의를 벡터로 변환한 뒤 저장된 벡터들과의 유사도를 계산해 가장 관련성 높은 항목을 찾아내는 방식으로 검색이 이뤄집니다. 이러한 벡터 저장소는 복잡한 자연어 처리 응용과 같이 문맥과 의미를 고려한 검색이 필요할 때 강력한 성능을 발휘합니다.

벡터 저장소는 벡터를 저장하는 기능과 저장된 벡터를 검색하는 기능을 제공합니다. 벡터 검색 과정은 먼저 사용자의 질의를 사전 학습된 임베딩 모델로 변환해 벡터를 생성하는 단계로 시작합니다. 이어서 문서에 부여된 메타데이터, 예컨대 생성 날짜나 카테고리 정보를 기준으로 검색 대상 벡터의 범위를 좁혀 전체 연산량을 줄입니다. 그런 다음, 인덱싱 구조를 바탕으로 근접 탐색 알고리즘이 빠르게 후보 벡터를 추출하며, 마지막으로 이 후보들에 대해 전역 거리 계산과 재정렬 과정을 거쳐 최종 순위를 결정합니다. 이 네 단계가 결합되어 의미적 유사도에 기반한 정교한 검색 결과가 제공됩니다.

벡터 저장소의 핵심 역할은 벡터 공간을 체계적으로 구성해 근접한 이웃 검색을 빠르게 수행하는 인덱싱 구조를 제공하는 것입니다. 여기서 인덱싱은 마치 책의 목차와 같은데, 컴퓨터에서도 뭔가를 찾고 싶을 때 처음부터 끝까지 다 찾으면 너무 오래 걸리기 때문에 미리 인덱스라는 목차를 만들어 놓은 것입니다.

임베딩 벡터는 원본 데이터의 의미와 속성을 압축해 수치화한 좌표이므로 대규모 벡터를 효율적으로 저장하고 빠르게 검색하기 위해서는 단순히 원시 벡터를 디스크에 나열해 두는 것만으로는 부족합니다. 벡터 저장소에서는 벡터 양자화나 벡터 차원 축소와 같은 최적화 기법을 활용해 메모리 사용량을 줄이고 검색 속도를 높입니다. 벡터를 양자화하는 방법은 실수 벡터를 양자 벡터로 변환해 저장 공간을 줄이는 동시에 빠른 유사도 계산을 가능하게 합니다. 오토 인코더와 같은 차원 축소 기법은 원본 벡터 간의 유사도 정보는 최대한 유지하면서 벡터 차원은 더 줄이므로 처리 비용을 낮출 수 있습니다. 이러한 최적화를 통해 수십억 개의 벡터를 다루는 환경에서도 실시간으로 벡터 검색이 가능해집니다.

랭체인의 벡터 저장소는 임베딩된 벡터를 효율적으로 저장 · 검색하기 위한 추상화된 인터페이스로, FAISS, Chroma, Pinecone 등 다양한 백엔드를 손쉽게 교체해 사용할 수 있습니다. 각 벡터 저장소는 유사도 검색, 메타데이터 필터링, 영구 저장소 지원 여부, 분산 · 확장성 등의 특징이 달라 로컬 프로토타이핑용 FAISS, 간편한 컬렉션 기반 필터링과 디스크 백엔드가 장점인 Chroma, 완전 관리형 클라우드 인프라를 제공하는 Pinecone 등을 상황에 맞춰 선택할 수 있습니다. 이번 장에서는 간편한 사용이 특징인 FAISS를 이용해 실습을 진행하겠습니다.

표 5.2 벡터 저장소의 종류와 특징

벡터 저장소	배포	메타데이터 필터링	주요 사용 사례	비용 모델
FAISS	로컬	커스텀 구현 지원	빠른 프로토타입	오픈소스
Chroma	로컬	컬렉션 단위 기본 지원	빠른 프로토타이핑, 교육용 · 경량 애플리케이션	오픈소스
Pinecone	클라우드	벡터 + 속성 하이브리드 쿼리 지원	대규모 실시간 추천 · 검색	사용량 기반 과금

5.3.1 랭체인 벡터 저장소 예제

이번 예제는 벡터 저장소에 정보를 미리 저장해 두고, 사용자의 질문이 들어왔을 때 유사한 정보를 검색하고 출력하는 것이 목표입니다. 소개할 예제 코드는 다음 순서대로 실행됩니다.

1. 올라마 임베딩 모델을 사용할 수 있도록 준비
2. 벡터 저장소 구축
3. 사용자로부터 질문 입력받음
4. 사용자 질문과 유사한 벡터 검색 및 출력

예제 코드 다운로드 및 환경 구성

예제 코드를 내려받고 준비하는 과정은 앞 예제에서 했던 과정과 동일합니다.

[실습 환경 구성]

```
cd ollama-mcp-tutorials/ch05/02_vector_store
uv sync
```

벡터 저장소를 사용하려면 `langchain_community` 패키지가 필요합니다. 앞서 `uv sync`를 실행했을 경우에는 아래 설치 명령을 생략할 수 있습니다.

[벡터 저장소를 위한 라이브러리 설치]

```
uv add langchain_community
```

실행 및 결과 확인

예제 코드는 아래 명령으로 실행하면 됩니다. 명령어를 입력한 후에는 벡터 저장소에 저장된 가계부 정보가 출력되는데, 질문을 입력하면 LLM은 벡터 저장소에 검색해서 나온 결과를 바탕으로 답변합니다. 또한 가계부 정보와 동일한 단어가 아니더라도 문맥에 따른 검색이 가능합니다. 예를 들어, 교육비에 대해 질문할 경우 이와 관련된 학원비와 학교 급식비가 함께 검색됩니다.

[예제 코드 실행]

```
> uv run main.py
이번달 가계부 ['부모님 용돈 : 50만 원', '학원비 : 40만 원', '마트 장보기 : 30만
원', '학교 급식비 : 20만 원']
질문을 입력하세요: 이번달 교육비 얼마야?

retrieved size: 2
학원비 : 40만 원
학교 급식비 : 20만 원
```

5.3.2 올라마 임베딩 예제 분석

이 예제 또한 하나의 파이썬 스크립트 파일인 `main.py`로 구성돼 있습니다. `main.py`의 주요 내용을 살펴보면 다음과 같습니다.

올라마 임베딩 예제(ch05/02_vector_store/main.py)

```
... 생략 ...
from langchain_community.vectorstores import FAISS

# 1. 올라마 임베딩 모델을 사용할 수 있도록 준비
bge_embed = OllamaEmbeddings(model="bge-m3")
```

```
# 2. 벡터 저장소 구축
knowledge = [
    "부모님 용돈 : 50만 원",
    "학원비 : 40만 원",
    "마트 장보기 : 30만 원",
    "학교 급식비 : 20만 원",
]
print("이번달 가계부", knowledge)

vector_store = FAISS.from_texts(knowledge, embedding=bge_embed)
retriever = vector_store.as_retriever(search_kwargs={"k": 2})

# 3. 사용자로부터 질문을 입력받음
question = input(f"질문을 입력하세요: ")

# 4. 사용자 질문과 유사한 벡터를 검색
contexts = retriever.invoke(question)
results = "\n".join(context.page_content for context in contexts)
print(f"\nretrieved size: {len(contexts)}")
print(results)
```

랭체인과 올라마를 활용하면 벡터 저장소를 쉽게 구축할 수 있습니다. 예제에서는 벡터 저장소 중 FAISS를 이용하기로 했으며, 랭체인에서는 `FAISS.from_texts` 함수로 벡터 저장소를 구축할 수 있습니다. 우선 `bge-m3` 임베딩 모델을 준비하고 내 가계부 정보를 문자열 리스트로 저장합니다. 이를 `FAISS.from_texts` 함수의 인자로 넘겨주면 내 가계부 정보가 `bge-m3` 모델을 이용한 벡터 저장소로 구축됩니다. 그리고 `as_retriever` 함수를 통해 구축한 벡터 저장소를 검색기로 활용할 수 있도록 준비합니다. `search_kwargs` 인자를 통해 최대 몇 개의 유사한 결과를 검색해 출력할지를 조절할 수 있습니다. 이제 `retriever` 변수를 이용해 구축한 벡터 저장소를 검색기로 활용할 수 있습니다.

```
bge_embed = OllamaEmbeddings(model="bge-m3")

knowledge = [...생략...]
...생략...

vector_store = FAISS.from_texts(knowledge, embedding=bge_embed)
retriever = vector_store.as_retriever(search_kwargs={'k': 2})
```

구축한 벡터 저장소를 `retriever`로 활용해 보겠습니다. 사용자의 질문을 입력받아 `invoke` 함수로 검색을 수행할 수 있습니다. 검색의 결과는 객체 리스트의 `page_content` 문자열 멤버에 담겨 반환됩니다. 이를 모아 `results`에 저장하고 출력합니다.

```
question = input(f"질문을 입력하세요: ")

contexts = retriever.invoke(question)
results = "\n".join(context.page_content for context in contexts)
... 생략 ...
```

이번 예제에서는 RAG에서 가장 중요한 역할을 하는 벡터를 구축하고 활용했습니다. 다음 예제에서는 RAG의 전체 과정을 실습하겠습니다.

5.4 랭체인을 이용한 RAG 구현

이번 절에서는 지금까지 단계별로 학습한 RAG 구현 과정을 하나로 통합한 예제를 다룹니다. 랭체인을 활용해 문서 로딩, 벡터 저장소 구축, 검색, 최종 응답 생성까지 RAG 전체 흐름을 실습합니다. 이를 통해 이론으로 배운 RAG 프로세스를 직접 실행하고 그 작동 원리를 체험할 수 있습니다.

5.4.1 랭체인 RAG 예제

이번 실습에서는 뉴스 원문 URL에서 텍스트를 추출하고, RAG 프로세스에 따라 벡터 저장소를 구축합니다. 이후 미리 설정된 뉴스 관련된 질문을 하면 적절한 답변을 생성하게 만들 것입니다. 이 과정은 다음 순서로 진행됩니다.

1. **문서 로딩(Document Loading)**: 다양한 형식의 문서에서 텍스트 추출합니다.
2. **문서 분할 (Splitting)**: 긴 문서를 더 작은 조각, 즉 청크로 분할합니다.
3. **벡터 저장소(Vector Database) 구축**: 청크를 벡터로 변환하고 벡터 저장소에 저장합니다.
4. **LLM 준비**: LLM을 설정하고 준비합니다.
5. **벡터 검색**: 질문과 관련된 정보를 벡터 저장소에서 검색합니다.
6. **검색 결과와 프롬프트 구성**: 검색 결과를 활용해 LLM에 질문합니다.

예제 코드 다운로드 및 환경 구성

예제 코드를 내려받고 준비하는 과정은 앞 예제에서 했던 과정과 동일합니다.

[실습 환경 구성]

```
cd ollama-mcp-tutorials/ch05/03_rag_news
uv sync
```

이번 실습에는 `bs4`와 `langchain_text_splitters` 라이브러리를 추가로 사용합니다. `bs4`는 URL에 접속해 데이터를 가져오고, `langchain_text_splitters`는 문서를 청크로 분할하는 데 사용됩니다. `uv sync`를 실행하면 설치가 완료되므로 다음 명령은 실행하지 않아도 됩니다.

[RAG를 위한 라이브러리 추가 설치]

```
uv add bs4 langchain_text_splitters
```

실행 및 결과 확인

코드를 실행하면 다음과 비슷한 결과가 나올 것입니다. 보다시피 웹사이트의 내용을 참고해 제법 쓸만한 답변이 생성됩니다.

[예제 코드 실행]

```
$ uv run main.py
문서의 수: 1
split size: 9
retrieved size: 4
<think>
Okay, let's tackle this question about the causes of extreme rain. The user is
asking why extreme rain occurs, and I need to use the provided context to answer.
...생략...
</think>

극한 호우의 원인은 현재까지 완전히 명확히 밝혀지지 않았지만, 다음과 같은 요인들이
관련되고 있습니다.

1. **저기압 시스템의 강화**
...생략...
2. **기후 변화의 영향**
...생략...
3. **관측 기준의 한계**
...생략...

학계는 이러한 현상이 기후 변화와 관련되어 있거나, 기존 예측과 다른 새로운 요인이
작용하고 있음을 의심하고 있으며, 아직 정확한 원인을 규명하지 못하고 있습니다.
```

5.4.2 랭체인 RAG 예제 분석

예제는 하나의 예제 파일인 `main.py`로 구성돼 있으며, 앞서 살펴본 RAG 예제와 매우 유사합니다.

랭체인 RAG 예제(ch05/03_rag_news_query/main.py)

```
import bs4
from langchain_text_splitters import RecursiveCharacterTextSplitter
from langchain_community.document_loaders import WebBaseLoader

from langchain_ollama import OllamaEmbeddings
from langchain_community.vectorstores import FAISS

from langchain_ollama import ChatOllama
from langchain_core.output_parsers import StrOutputParser
from langchain_core.prompts import PromptTemplate

# 1. 문서 로딩(Document Loading)
loader = WebBaseLoader(
web_paths=("https://www.bbc.com/korean/articles/cl4yml4l6j1o",),
    bs_kwargs=dict(
        parse_only=bs4.SoupStrainer(
        "div",
        attrs={"class": ["bbc-1cvxiy9"]})
    ),
)
docs = loader.load()
print(f"문서의 수: {len(docs)}")

# 2. 문서 분할(Splitting)
text_splitter = RecursiveCharacterTextSplitter(chunk_size=500, chunk_overlap=50)
splits = text_splitter.split_documents(docs)
print(f"split size: {len(splits)}")

# 3. 벡터 저장소 구축(Vector Database)
embeddings = OllamaEmbeddings(model="bge-m3")
vector_store = FAISS.from_documents(documents=splits, embedding=embeddings)
retriever = vector_store.as_retriever()

# 4. LLM 준비
prompt = PromptTemplate.from_template(
```

```
...생략...
)

llm = ChatOllama(
model="qwen3:8b",
temperature=0
)

chain = prompt | llm | StrOutputParser()

question = "극한 호우의 원인은 무엇인가?"

# 5. 벡터 저장소 검색
retrieved_docs = retriever.invoke(question)
print(f"retrieved size: {len(retrieved_docs)}")
combined_docs = "\n\n".join(doc.page_content for doc in retrieved_docs)

# 6. 검색 결과와 프롬프트를 구성해 LLM에 질문
formatted_prompt = {"context": combined_docs, "question": question}
for chunk in chain.stream(formatted_prompt):
    print(chunk, end="", flush=True)
```

코드가 다소 길지만 RAG 프로세스를 기억하며 보면 이해하는 데 도움이 될 것입니다.

먼저 문서 로딩 과정에서는 웹 페이지에 게시된 기사의 URL을 입력하고 기사 내용을 긁어옵니다. 이때 랭체인에서 제공하는 WebBaseLoader와 외부 beautifulsoup 라이브러리를 사용합니다. beautifulsoup 라이브러리를 이용하면 웹페이지에서 특정 태그에 포함된 텍스트만 추려서 가져올 수 있습니다. 예를 들어, BBC 뉴스 웹사이트에서 본문 영역은 "bbc-1cvxiy9" 클래스로 정의된 div 태그입니다.

```
loader = WebBaseLoader(
    web_paths=("https://www.bbc.com/korean/articles/cl4yml4l6j1o",),
        bs_kwargs=dict(
            parse_only=bs4.SoupStrainer(
```

```
                "div",
                attrs={"class": ["bbc-1cvxiy9"]})
        ),
)
docs = loader.load()
print(f"문서의 수: {len(docs)}")
```

문서 분할 과정에서는 가져온 문서(텍스트)를 청크 크기(chunk_size)로 나눕니다. 이때 문단이 중간에 잘릴 수 있으므로 chunk_overlap만큼 앞뒤로 여유를 줘서 자릅니다. 문서를 자르면 몇 개로 분할됐는지 출력합니다.

```
text_splitter = RecursiveCharacterTextSplitter(chunk_size=500, chunk_overlap=50)
splits = text_splitter.split_documents(docs)
print(f"split size: {len(splits)}")
```

벡터 저장소 구축 과정에서는 청크들을 임베딩합니다. 이전 예제와 같이 임베딩을 위해 올라마와 bge-m3 모델을 사용했고 FAISS 벡터 저장소를 사용합니다. 추후 사용자의 질문을 가지고 데이터베이스를 검색해야 하므로 이 역할을 수행하는 retriever를 생성합니다.

```
embeddings = OllamaEmbeddings(model="bge-m3")
vector_store = FAISS.from_documents(documents=splits, embedding=embeddings)
retriever = vector_store.as_retriever()
```

LLM 준비 과정에서는 프롬프트 템플릿 생성, 올라마 초기화, 체인 생성의 단계를 진행합니다. 이 부분은 앞의 예제들과 동일한 프로세스이므로 상세 설명은 생략합니다.

```
prompt = PromptTemplate.from_template(
...생략...
)

llm = ChatOllama(
model="qwen3:8b",
temperature=0
```

```
)

chain = prompt | llm | StrOutputParser()

question = "극한 호우의 원인은 무엇인가?"
```

벡터 저장소를 검색하는 과정은 이전 예제와 동일합니다. 질문을 받아 구축한 벡터 저장소에서 관련된 내용을 검색해 combined_docs에 저장해 둡니다.

```
retrieved_docs = retriever.invoke(question)
print(f"retrieved size: {len(retrieved_docs)}")
combined_docs = "\n\n".join(doc.page_content for doc in retrieved_docs)
```

마지막으로 검색된 결과와 함께 프롬프트를 구성합니다. 즉, 검색된 문서를 합쳐서 컨텍스트(context) 문자열을 만들고 사용자 질문(question)을 준비합니다. 이것들을 첨부해서 LLM에 넘길 프롬프트를 생성합니다. context, question 파라미터를 LLM에 전달할 때 앞에서 설정한 프롬프트 템플릿에 내용이 들어갑니다. 이제 LLM은 검색 결과를 참조해 답변을 생성합니다.

```
formatted_prompt = {"context": combined_docs, "question": question}
for chunk in chain.stream(formatted_prompt):
    print(chunk, end="", flush=True)
```

이번 예제에서는 웹사이트 내용을 활용한 RAG를 실습했습니다. 다음 예제에서는 PDF 파일을 활용한 RAG 예제를 실습하겠습니다. 따라서 다음 예제에서도 RAG의 전반적인 흐름은 동일하지만 좀 더 실용적인 작동 시나리오라 할 수 있습니다.

5.5 PDF를 활용한 RAG

이번 절에서는 PDF 문서 파일을 활용해 RAG를 구현하는 방법을 실습합니다. PDF에서 텍스트를 추출하고, 추출된 내용을 벡터화해서 벡터 DB에 저장한 뒤, 이후 질의응답에 활용하는 과정을 살펴보겠습니다. 이를 통해 문서 기반의 RAG 시스템을 더욱 효율적이고 지속적으로 활용하는 방법을 익힐 수 있습니다.

5.5.1 랭체인 PDF RAG 예제

비록 이해를 돕기 위해 간략히 만든 예제이긴 하지만 이전 RAG 예제를 실행해 보면 불편한 점들이 있습니다.

- 매번 URL에서 데이터 가져오는 대신 파일에서 가져올 수 없을까?
- 문서 임베딩에 시간이 오래 걸리는데, 데이터베이스에 저장된 내용을 다시 불러올 순 없을까?
- 데이터베이스에 저장된 내용을 바탕으로 질의 응답을 계속할 수 없을까?

이번 예제에서는 바로 위와 같은 문제를 해결해 보겠습니다.

첫 번째 문제는 PDF 파일을 `langchain_community.document_loaders`에서 제공하는 `PyPDFLoader`를 이용해서 불러오면 해결할 수 있습니다. 그리고 두 번째 문제는 데이터베이스에 저장된 내용을 파일로 백업해 두고 다시 실행할 때 파일을 불러와 데이터베이스를 복구하는 방식으로 해결할 수 있습니다. 마지막 문제는 `while` 문으로 반복되는 코드의 내용을 바꿔서 해결하겠습니다.

예제 코드 다운로드 및 환경 구성

예제 코드를 내려받고 준비하는 과정은 앞 예제에서 했던 과정과 동일합니다.

[실습 환경 구성]

```
cd ollama-mcp-tutorials/ch05/04_rag_pdf
uv sync
```

이번 실습에서는 PDF 파일에서 데이터를 가져오기 위해 pypdf 라이브러리가 필요합니다. uv sync를 실행하면 설치가 완료되므로 아래 설치 명령은 생략해도 무방합니다.

[PDF RAG를 위한 라이브러리 추가 설치]

```
uv add pypdf
```

실행 및 결과 확인

먼저 코드를 실행해 보면 결과가 다음과 같이 나올 것입니다.

[예제 코드 실행]

```
$ uv run main.py
새로운 벡터 DB를 생성합니다.
문서의 수: 3
split size: 8
당신: 극한 호우의 원인은 무엇인가?
retrieved size: 4
<think>
Okay, let's tackle this question about the causes of extreme rainfall. The user is
asking why extreme rain has become more frequent. The context provided gives several
points.
... (생략) ...
</think>

극한 호우의 원인은 현재까지 명확히 규명되지는 않았지만, 주요한 요인으로는 다음과
같은 것이 제시된다:

1. **해수면 온도 상승**:
...생략...
2. **대기 순환 변화**:
```

```
... (생략) ...
이러한 요인들이 복합적으로 작용하여 극한 호우가 빈번해지고 있는 것으로 보인다.
다만, 정확한 원인은 아직 학계에서 계속 연구 중이며, 모든 변수를 종합적으로 분석하는
것
이 중요하다.

당신: exit

$ uv run main.py
기존 벡터 DB를 로드합니다.
당신: 극한 호우의 원인은 무엇인가?
retrieved size: 4
...생략...
```

보다시피 먼저 "새로운 벡터 DB를 생성합니다."라는 메시지가 출력되면서 질문 입력을 받기까지 시간이 꽤 걸립니다. 이 대기시간은 임베딩 과정에 소요되는 시간 때문에 발생합니다. 이 시간을 줄이기 위해 임베딩된 결과를 저장해서 다음에 임베딩을 다시 하지 않도록 구현하는 것입니다.

임베딩 과정이 끝나면 질문을 입력한 뒤, 질문에 대한 응답을 확인하고 `exit`를 입력하면 실행이 종료됩니다. 다시 파이썬 파일을 실행하면 저장된 벡터 데이터베이스를 로드하기 때문에 기다림 없이 바로 질문을 할 수 있습니다.

실행 결과 확인이 끝나면 `faiss_index` 폴더에서 벡터 데이터베이스가 저장돼 있는지 확인하세요. 이 폴더를 삭제하면 다음 번에 실행했을 때 임베딩 후 벡터 데이터베이스 파일을 다시 생성합니다.

5.5.2 PDF RAG 예제 분석

이 프로젝트는 하나의 `main.py` 파일로 구성돼 있습니다.

PDF RAG 예제(ch05/04_rag_pdf/main.py)

```
...생략...
# 벡터 데이터베이스 파일 경로
VECTOR_DB_PATH = "faiss_index"

# 1. 벡터 데이터베이스 파일이 없으면 생성 후 vector_store를 리턴
def create_vector_db():
    # 1-1. 문서 로딩(Document Loading)
    loader = PyPDFLoader("news_weather.pdf")
    docs = loader.load()
    print(f"문서의 수: {len(docs)}")

    # 1-2. 문서 분할(Splitting)
    text_splitter = RecursiveCharacterTextSplitter(chunk_size=700, chunk_overlap=70)
    splits = text_splitter.split_documents(docs)
    print(f"split size: {len(splits)}")

    # 1-3. 임베딩 생성(Embedding)
    embeddings = OllamaEmbeddings(model="bge-m3")

    # 1-4. 벡터 저장소 구축(Vector Database)
    vector_store = FAISS.from_documents(
        documents=splits,
        embedding=embeddings,
    )

    # 1-5. 벡터 데이터베이스를 로컬에 저장
    vector_store.save_local(VECTOR_DB_PATH)

    return vector_store

# 2. 메인 로직
if os.path.exists(VECTOR_DB_PATH):
    print("기존 벡터 DB를 로드합니다.")
    embeddings = OllamaEmbeddings(model="bge-m3")
    vector_store = FAISS.load_local(
```

```
        VECTOR_DB_PATH,
        embeddings,
        allow_dangerous_deserialization=True
    )
else:
    print("새로운 벡터 DB를 생성합니다.")
    vector_store = create_vector_db()

# 3. 쿼리 저장소 검색을 위한 retriever 생성
retriever = vector_store.as_retriever()

# 4. 프롬프트 템플릿 생성
prompt = PromptTemplate.from_template(
...생략...
)

# 5. 올라마 초기화
llm = ChatOllama(
    model="qwen3:8b",
    temperature=0
)

# 6. 체인 생성
chain = prompt | llm | StrOutputParser()

# 7. 체인 실행 및 결과 출력을 반복
while True:
    ...생략...
```

코드 최상단에서 VECTOR_DB_PATH 변수로 FAISS 데이터베이스를 faiss_index 폴더에 저장하도록 지정했습니다. 코드 실행 후 이 폴더에 index.faiss, index.pkl 파일이 생성돼 있다면 생성된 FAISS 데이터베이스를 파일로도 저장했다는 의미입니다.

```
VECTOR_DB_PATH = "faiss_index"
```

이어서 create_vector_db() 함수가 등장하는데, 이 함수가 이번 예제에서 중요한 역할을 합니다.

```
def create_vector_db():
    loader = PyPDFLoader("news_weather.pdf")
    docs = loader.load()
    print(f"문서의 수: {len(docs)}")

    text_splitter = RecursiveCharacterTextSplitter(chunk_size=700, chunk_overlap=70)
    splits = text_splitter.split_documents(docs)
    print(f"split size: {len(splits)}")

    embeddings = OllamaEmbeddings(model="llama3.1")

    vector_store = FAISS.from_documents(
        documents=splits,
        embedding=embeddings,
    )

    vector_store.save_local(VECTOR_DB_PATH)

    return vector_store
```

create_vector_db() 함수는 faiss_index 폴더에서 기존에 생성한 데이터베이스 파일이 없는 경우 실행되는 함수입니다. 이 함수는 PDF 문서 파일을 불러와 벡터 저장소 구축 작업을 수행하고, 벡터 저장소가 만들어지면 save_local() 함수를 사용해 faiss_index 폴더에 파일로 저장합니다.

이어지는 "# 2. 메인 로직" 주석 이후부터 본격적인 애플리케이션 코드가 시작됩니다.

```
if os.path.exists(VECTOR_DB_PATH):
    print("기존 벡터 DB를 로드합니다.")
    embeddings = OllamaEmbeddings(model="bge-m3")
    vector_store = FAISS.load_local(
```

```
        VECTOR_DB_PATH,
        embeddings,
        allow_dangerous_deserialization=True  # 믿을 수 있는 소스임을 확인
    )
else:
    print("새로운 벡터 DB를 생성합니다.")
    vector_store = create_vector_db()
```

애플리케이션이 작동을 시작하면 당연히 이전에 사용했던 벡터 저장소 파일을 불러오는 작업부터 수행해야 합니다. 먼저 VECTOR_DB_PATH에 파일이 존재하는지 체크하고, 파일이 있다면 FAISS.load_local() 함수를 이용해 데이터베이스를 이전 상태로 복구합니다. 파일이 없다면 create_vector_db() 함수를 호출해 앞에서 설명했던 데이터베이스 구축 작업을 수행합니다.

이후 벡터 저장소 검색을 위한 retriever 생성과 LLM을 준비하는 과정은 이전 예제와 동일합니다.

```
retriever = vector_store.as_retriever()

prompt = PromptTemplate.from_template(
...생략...
)

llm = ChatOllama(
    model="qwen3:8b",
    temperature=0
)

chain = prompt | llm | StrOutputParser()
```

5.5.3 RAG 예제의 활용

LLM과 다양한 대화를 나누다 보면 특정 주제나 질문에 대한 대답이 부정확한 경우가 있습니다. 이런 상황에서 LLM의 대답을 살펴보면 어떻게든 대답을 하기 위해 부정확한 정보를 진실인 양 이야기하는 느낌을 받게 됩니다. 이러한 현상을 할루시네이션(hallucination)이라고 합니다.

초기 LLM은 실제로는 존재하지 않는 정보를 마치 사실인 것처럼 그럴듯하게 생성하는 할루시네이션 현상을 종종 보였습니다. 예를 들어, 존재하지 않는 논문을 인용하거나, 일어나지 않은 역사적 사건을 서술하거나, 가짜 통계를 제시하는 것처럼 거짓 내용을 만들어 냅니다. 이는 LLM이 언어 패턴을 학습해 통계적으로 그럴듯한 문장을 생성하는 방식으로 작동하기 때문에 발생합니다. 할루시네이션은 구체적인 사실에 대한 질문에서 자주 나타나므로 사용자 입장에서는 질문의 내용에 따라 LLM의 답변을 신중히 검토해야 하는 불편함이 있습니다. 물론 AI 서비스 업체들은 이러한 현상을 해결하기 위해 다양한 보완 방법을 연구 중이지만 이번 장에서 배운 RAG도 할루시네이션 현상을 해결해 주는 보완 기술로 사용할 수 있습니다. 기존 LLM은 학습된 지식에만 의존해서 답변을 생성하기 때문에 최신 정보나 특정 도메인 지식과 같이 사전에 학습하지 못한 내용에는 부정확한 답변을 생성하는 약점을 RAG로 보완할 수 있기 때문입니다.

하지만 꼭 할루시네이션 현상이 아니더라도 LLM이 다양한 외부 자료를 참고해서 답변할 수 있도록 해준다는 점에서 RAG의 중요성은 결코 작지 않습니다. 그래서 랭체인의 학습 과정에서 RAG는 빠질 수 없는 단계입니다. 비록 RAG 구현 예제는 이전까지의 랭체인 기초 예제들에 비해 선행 학습해야 할 이론들도 있고, 코드도 다소 길어져 처음에는 난이도가 쉽지 않게 느껴졌을 것입니다. 하지만 RAG의 과정을 이해하고 예제 코드를 눈에 익히면 이전까지 간단한 챗봇만 구현하던 단계에서 벗어나 본격적으로 AI 서비스가 요구하는 기능들을 탑재한 애플리케이션을 작성할 수 있습니다. 그러니 RAG의 마지막 예제를 한 번 실습하는 것으로 그치지 말고, 다양한 형태로 응용해서 연습해 보기 바랍니다.

CHAPTER

06

랭스미스: AI 애플리케이션 모니터링

이번 장에서는 LLM 기반 애플리케이션의 실행 흐름을 효과적으로 추적하고 평가할 수 있는 도구인 랭스미스(LangSmith)를 소개합니다. 랭스미스는 랭체인과의 통합을 통해 코드 변경 없이도 프롬프트, 도구 사용, LLM 응답 과정을 자동으로 기록하고 시각화할 수 있는 강력한 기능을 제공합니다. 이를 통해 RAG나 에이전트 기반 시스템과 같은 복잡한 LLM 워크플로의 작동을 쉽게 분석하고 개선할 수 있습니다.

6.1 랭스미스: LLM 테스트, 평가 및 모니터링 도구

지금까지 살펴본 예제는 대부분 단순한 구조를 띠고 있었습니다. 예제가 실행되는 과정도 프롬프트, LLM, 응답 파서 컴포넌트를 순차적으로 실행하는 형태였습니다. 그리고 예제가 실행될 때 대부분의 실행 시간은 LLM이 작동하는 데 소요됩니다.

이런 상황에서 프로그램이 제대로 실행되는지 알고 싶을 때는 프롬프트를 구성하는 과정, LLM의 출력을 처리하는 과정에 print() 함수를 이용해 변수를 출력해 보면 됩니다. LLM

의 내부를 들여다볼 수 없을 뿐, 코드의 실행 순서가 명확하고, 출력 결과도 직접 눈으로 확인할 수 있습니다. 만약 실행 결과가 예상과 다르거나 문제가 있다면 `print()` 함수를 이용해 코드들을 순차적으로 검토하면서 쉽게 원인을 찾을 수 있습니다.

하지만 RAG 과정을 코드로 처리하거나 다음 장에서 배울 에이전트를 이용해 추론하는 로직이 포함돼 있다면 애플리케이션의 작동을 모니터링하기가 쉽지 않습니다. 가령 다양한 도구를 사용해 특정 목적을 달성하는 에이전트를 구현한다고 생각해 봅시다. 에이전트는 사용자의 요구사항을 처리하기 위해서 다음과 같은 과정을 수차례 반복합니다.

1. 주어진 작업을 어떻게 수행할지, 어떤 도구를 사용할지 결정
2. 필요한 도구를 선택하고 사용
3. 도구를 사용한 결과를 받아 분석해서 중간 결과를 생성

최종 결과를 생성하기 위해 위 과정을 반복하면서 에이전트는 수차례 LLM을 호출하고, 호출 전후로 필요한 프롬프트와 중간 결과 데이터가 계속 변화합니다. 그런데 최종 결과로 나온 답변이나 데이터가 우리가 원하는 결과가 아니라면 어디서부터 어떻게 문제를 추적해 나가야 할까요? 코드 중간중간 데이터들이 출력되도록 일일이 `print()` 함수를 넣어야 할까요?

이러한 문제를 해결하기 위해서는 LLM이 실행되는 데 필요한 프롬프트 및 기타 실행 파라미터들, 그리고 LLM이 출력하는 데이터를 모아서 기록하고 추적할 수 있는 서비스가 필요합니다. 이 역할을 수행하는 도구가 바로 랭스미스입니다.

랭스미스는 랭체인이 공식적으로 제공하는 모니터링 플랫폼으로, 랭체인의 핵심 컴포넌트들과 긴밀하게 통합돼 있습니다. 이는 랭체인으로 작성한 코드에 랭스미스를 이용하는 코드를 추가로 작성해서 연결하는 귀찮은 작업을 할 필요가 없다는 뜻입니다. 랭체인은 이미 내부적으로 랭스미스와 연동돼 있기 때문에 간단한 설정만으로 랭체인의 체인, 에이전트, 툴 사용 과정까지 모두 기록하고 시각화하는 기능을 활성화할 수 있습니다.

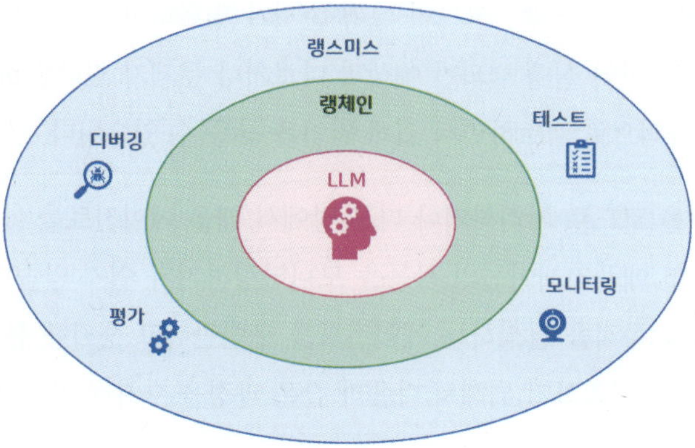

그림 6.1 랭스미스를 구성하는 핵심 기능과 계층 구조

랭스미스는 다양한 입력을 기반으로 테스트 세트를 구성해 LLM 출력의 품질을 평가할 수 있는 기능을 제공합니다. 사용자는 이를 바탕으로 모델 업데이트와 함께 테스트 세트 및 자동화된 모니터링 체크를 설정할 수 있습니다. 이렇게 구성된 테스트는 LLM 출력의 정확도와 품질 점검에 활용되며, 프롬프트나 모델 개선에 필요한 실질적인 데이터를 제공합니다.

랭스미스의 구조는 중앙의 LLM을 중심으로 랭체인이 배치돼 있으며, 그 바깥에는 디버깅, 평가, 모니터링, 테스트 기능이 통합돼 있습니다. 이러한 통합적 구조를 통해 개발자는 LLM 기반 애플리케이션의 전체 생명주기를 효율적으로 관리할 수 있습니다.

'백문이 불여일견'이란 말은 랭스미스에 가장 잘 어울립니다. 이제까지 해오던 예제에서는 랭스미스와 관련된 코드나 로그가 보이지 않기 때문에 랭스미스의 유용성을 말로 설명해도 잘 와 닿지 않기 때문입니다. 그래서 6장에서는 랭스미스의 작동 방식과 유용함을 체험할 수 있는 기본 예제들을 준비했습니다.

이어지는 절에서 랭스미스 서비스 홈페이지에서 계정을 생성하는 과정부터 랭체인 코드와 연동해서 어떻게 실행 흐름을 시각화하고 평가할 수 있는지 단계별로 실습해 보겠습니다.

6.2 랭스미스 작동 모니터링

우리가 디버깅을 위해 `print()`를 코드 곳곳에 추가하듯이 랭스미스를 사용하기 위해 추가 작업을 고민할 필요는 없습니다. 왜냐하면 이미 랭체인이 랭스미스를 사용할 수 있도록 연동돼 있기 때문입니다.

단, 랭스미스가 작동하기 위해서는 랭스미스 서비스 홈페이지에서 발급받을 수 있는 API 키가 필요합니다. 이 API 키를 몇 가지 설정값과 함께 환경설정 파일(`.env`)에 기록해 두면 랭체인이 자동으로 인식합니다.

이 과정을 하나씩 따라하면서 랭스미스 활용의 가장 기본이 되는 작동 모니터링(tracing) 기능을 사용해 보겠습니다.

6.2.1 프로젝트 생성과 API 키 발급

랭스미스를 사용하려면 API 키를 발급하고, 환경 설정 파일에 몇 가지 값을 넣어야 합니다. 먼저 랭스미스 공식 홈페이지에 접속해 API 키를 발급받는 방법을 알아보겠습니다.

- **랭스미스**: https://www.langchain.com/langsmith

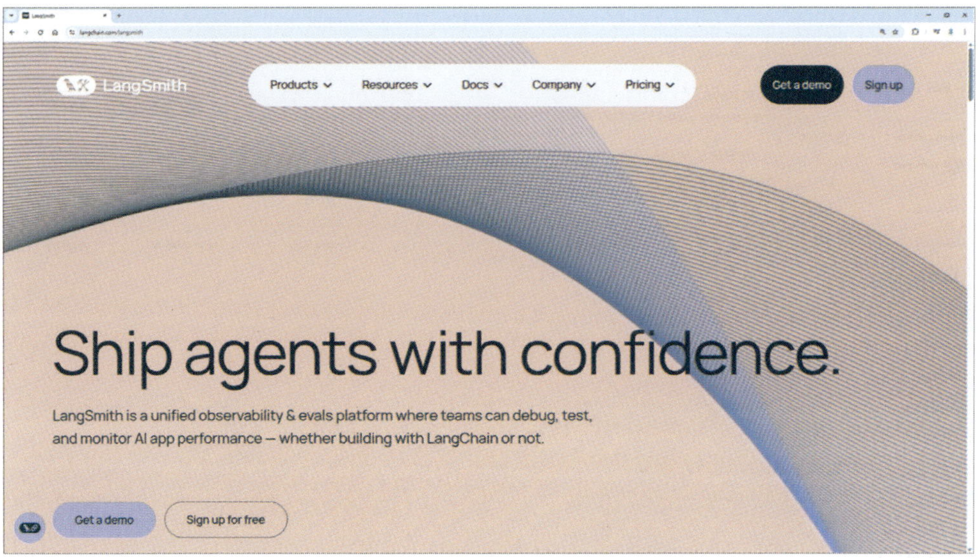

그림 6.2 랭스미스 홈페이지

랭스미스 홈페이지에서 회원 가입을 하고 나면 자동으로 개발자 페이지로 이동합니다.

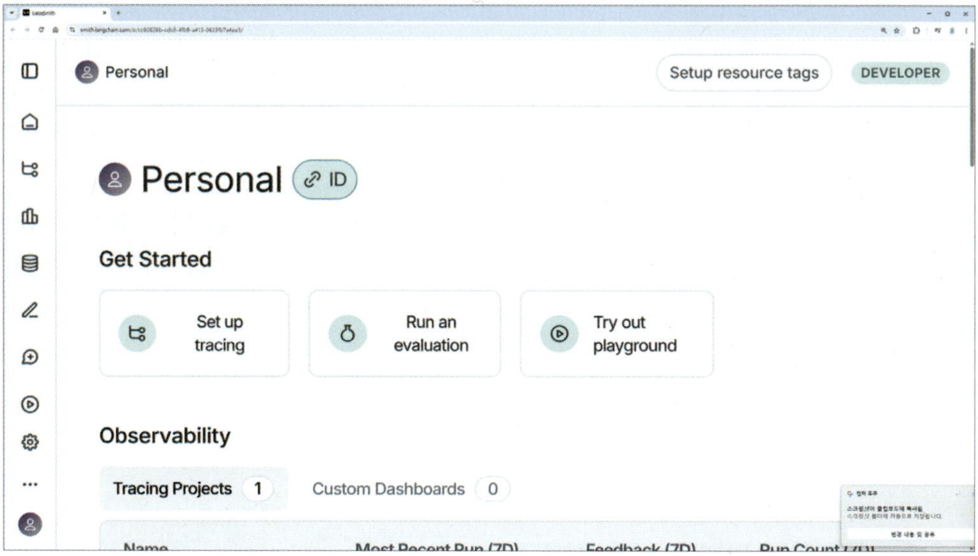

그림 6.3 랭스미스 홈 화면

위 개발자 페이지 화면은 아직 이렇다 할 내용이 없는 상태이며, 왼쪽에는 사용 가능한 메뉴들이 나열돼 있습니다. 여기서 가장 먼저 해야 할 작업은 API 키를 생성하는 것이므로 왼쪽에서 **Settings** 메뉴를 선택합니다.

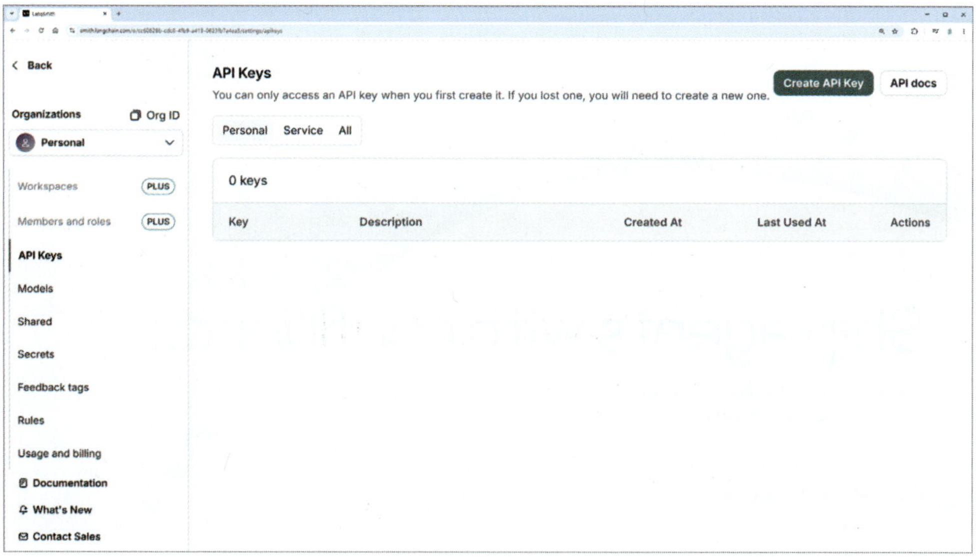

그림 6.4 랭스미스 API Keys 페이지

그리고 **Settings** 화면에서 우측 상단의 **Create API Key** 버튼을 선택하면 API 키를 생성할 수 있는 팝업이 표시됩니다. 팝업에서 적당한 API 키 설명을 입력하고, **Personal Access Token** 타입으로 키를 생성하면 됩니다.

키는 곧바로 생성되어 팝업으로 표시됩니다. 여기에 표시된 키는 다시 확인할 수 없으니 복사해서 외부에 노출되지 않도록 관리해야 합니다. 생성된 키 목록은 **API Keys** 페이지에서 확인할 수 있습니다.

이제 프로젝트 생성을 위한 준비를 할 차례입니다. 다시 개발자 페이지 화면으로 돌아가서 왼쪽 메뉴 중 **Tracing Projects**를 선택합니다.

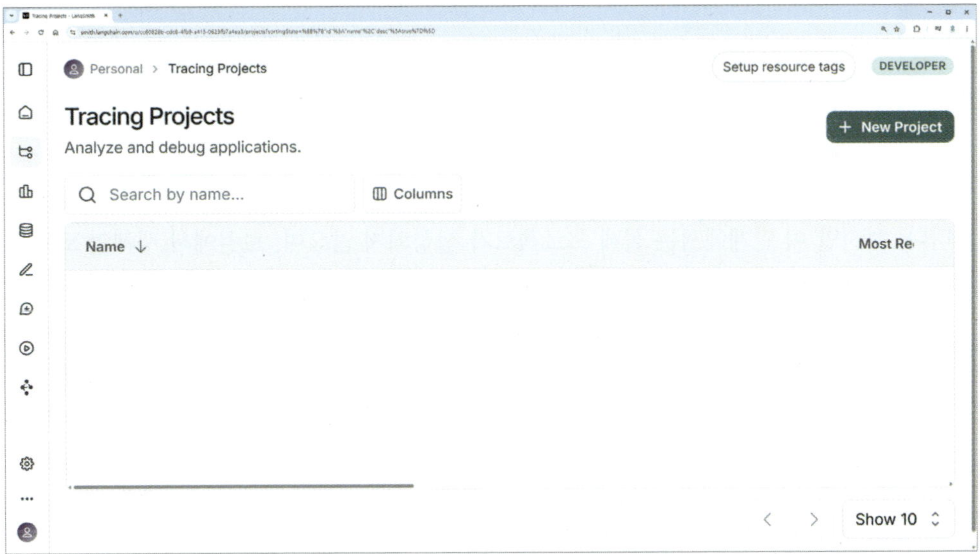

그림 6.5 랭스미스의 Tracing Projects 페이지

이 페이지에서 프로젝트를 생성할 수 있도록 설정해 두면 우리가 작성한 랭체인 애플리케이션의 작동을 모니터링할 수 있습니다. 우측 상단의 **+ New Project** 버튼을 누르면 슬라이드 화면이 나오면서 새로운 프로젝트 생성을 위해 설정해야 할 항목들을 보여줍니다.

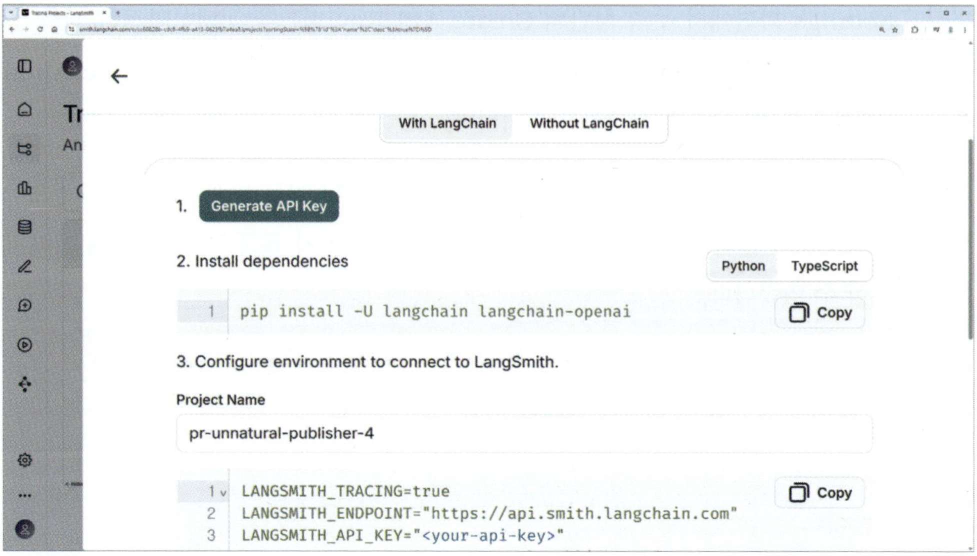

그림 6.6 랭스미스 프로젝트 생성

랭스미스에서는 프로젝트 이름만 입력해 랭체인 코드에서 필요한 설정값을 확인할 수 있습니다. 하지만 이 단계에서는 실제 프로젝트가 생성되지 않으며, 로컬에서 랭체인 코드를 실행해야 프로젝트가 본격적으로 등록되어 생성됩니다.

uv를 사용해 필요한 패키지를 자동으로 설치하는 경우에는 별도의 설치 명령이 필요하지 않습니다. 하지만 pip를 사용한다면 다음 명령어를 통해 직접 패키지를 설치해야 합니다.

```
pip install -U langchain langchain-openai
```

그리고 환경변수 설정값을 보여줍니다. 이 값은 환경설정 파일(.env)에 기록될 내용입니다.

```
LANGSMITH_TRACING=true
LANGSMITH_ENDPOINT="https://api.smith.langchain.com"
LANGSMITH_API_KEY="<your-api-key>"
LANGSMITH_PROJECT="my-langsmith-test"
OPENAI_API_KEY="<your-openai-api-key>"  # 사용하지 않음
```

설정값 중 <your-api-key>는 앞에서 발급받은 API 키로 바꿔야 합니다. 그리고 OPENAI_API_KEY 값은 우리가 사용할 예제에서는 필요하지 않으므로 지우고, 남은 4줄의 설정 값을 .env 파일을 만든 뒤 넣어줍니다. .env 파일은 곧이어 테스트할 예제 폴더에 넣어서 환경변수 파일로 사용할 예정입니다.

.env 파일을 예제 코드에서 불러오면 환경변수를 랭체인이 자동으로 인식하면서 랭스미스가 활성화됩니다. 그리고 랭체인은 주요 함수가 호출될 때 랭스미스 서버로 관련 로그를 전송합니다. 이때 LANGSMITH_PROJECT에 기재된 프로젝트가 없으면 프로젝트를 Tracing Project 페이지에서 새로 생성합니다.

이렇게 해서 랭스미스 사용할 준비를 마쳤으므로 이제 예제 코드를 불러와서 테스트해 보겠습니다.

예제 코드 다운로드 및 환경 구성

예제 코드를 내려받고 준비하는 과정은 앞 예제에서 했던 과정과 동일합니다.

[실습 환경 구성]

```
cd ollama-mcp-tutorials/ch06/01_tracing_project
uv sync
```

이번 예제는 랭스미스로 랭체인의 작동을 모니터링하는 것이 목표이므로 굳이 새로운 소스코드를 소개하는 대신, 앞서 5장에서 사용했던 RAG 예제를 재사용했습니다.

실행 및 결과 확인

다음 명령을 실행해 코드를 실행합니다.

[예제 코드 실행]

```
> uv run main.py
새로운 벡터 DB를 생성합니다.
문서의 수: 3
```

```
split size: 6


당신: 극한 호우의 원인은 무엇인가?
retrieved size: 4
<think>
Okay, I need to answer the question "극한 호우의 원인은 무엇인가?" using the
provided context. Let me read through the context carefully.
...생략...
</think>

극한 호우의 원인은 학계에서 아직 명확히 규명되지 않았으나, 다음과 같은 요인들이
관련되어 있다고 제시되고 있습니다.

1. **해수면 온도 상승**: 서해의 표층 수온은 전 지구 평균보다 두 배 이상 급격히
상승했으며, 이는 대기 중 수증기량 증가와 강수 패턴 변화에 영향을 줄 수 있다는
관측이 있습니다.
2. **저기압 시스템의 영향**: 극한 호우는 서해에서 유입된 저기압이 장마전선과 만나
많은 비를 내리는 현상으로, 특히 작고 강한 저기압이 집중호우에 큰 역할을 한다고
분석되고 있습니다.
3. **기후 변화에 따른 대기 순환 변화**: 온난화가 대기 순환 패턴을 변화시키고, 짧은
시간에 많은 비를 내리는 강우 형태가 증가하고 있다고 추측되고 있습니다.

하지만, 문맥에 따르면 이 원인들은 "아직 모른다"는 학계의 공통된 의견과 함께, 일부
가능성을 제시한 수준에 머무르고 있습니다.

당신:
```

6.2.2 테스트용 예제 코드 소개

5장에서 이미 소개한 예제이므로 여기서는 예제 코드의 주요 부분만 보겠습니다.

[RAG 구현 예제]

```
... 생략 ...
```

```python
load_dotenv()
......
# 5. 올라마 초기화
llm = ChatOllama(model="qwen3:8b")

# 6. 체인 생성
chain = prompt | llm | StrOutputParser()

# 7. 체인 실행 및 결과 출력을 반복
while True:
    # 7-1. 사용자 입력 대기
    question = input("\n\n당신: ")
    if question == "끝" or question == "exit":
        break

    # 7-2. 쿼리 처리(Query-Retriever): 벡터 데이터베이스에서 참고할 문서를 검색
    retrieved_docs = retriever.invoke(question)
    print(f"retrieved size: {len(retrieved_docs)}")
    combined_docs = "\n\n".join(doc.page_content for doc in retrieved_docs)

    # 7-3. 검색된 문서를 첨부해서 프롬프트를 생성
    formatted_prompt = {"context": combined_docs, "question": question}

    # 7-4. 체인을 실행하고 결과를 스트림 형태로 출력
    result = ""
    for chunk in chain.stream(formatted_prompt):
        print(chunk, end="", flush=True)
        result += chunk
```

코드의 시작 부분에서 load_dotenv() 함수를 이용해 환경변수를 불러옵니다. 여기서 랭스미스 관련된 환경변수가 로드되고 랭체인이 이를 인식합니다. 따라서 이후의 코드가 실행되면서 생성되는 로그는 랭스미스 서버로 전달됩니다.

```python
load_dotenv()  # .env 파일 로드
```

랭체인이 데이터를 처리하는 로직은 체인으로 표현돼 있습니다.

```
chain = prompt | llm | StrOutputParser()
```

체인을 구성하는 세 가지 컴포넌트인 `ChatPromptTemplate`, `ChatOllama`, `StrOutputParser`는 실은 `Runnable` 인터페이스를 상속받아 구현하고 있기 때문에 체인을 구성하는 요소로 사용할 수 있습니다. 랭스미스는 체인을 구성하는 이 요소들을 모니터링하도록 설계돼 있습니다.

그리고 실제로 채팅 인터페이스를 구현하는 과정은 `while` 루프에 정의돼 있습니다. 이 로직을 간단히 정리하면 다음과 같습니다.

1. 사용자의 입력을 받음
2. 벡터 데이터베이스에서 참고할 내용을 검색
3. 검색된 내용을 첨부해서 프롬프트를 생성
4. LLM 실행
5. 응답을 출력

이 중에서 사용자의 입력을 받는 코드는 단순한 `input()` 함수의 호출이므로 제외하고, 체인에 사용된 컴포넌트도 제외하면 '벡터 데이터베이스에서 참고할 내용을 검색' 과정이 남습니다. 랭스미스는 이 과정도 자동으로 모니터링합니다.

```
......
retriever = vector_store.as_retriever()
... 생략 ...

while True:
    ... 생략 ...
    retrieved_docs = retriever.invoke(question)
```

다시 말해, 사용자의 입력을 받는 코드를 제외한 나머지 주요 과정들이 어떻게 실행됐는지 랭스미스에서 확인할 수 있습니다. 예제 코드를 실행해서 질문을 입력하고 답변을 확인하세요.

6.2.3 작동 모니터링

랭스미스 홈페이지에 접속해서 결과를 확인해 보겠습니다.

- **랭스미스** URL: https://smith.langchain.com/

좌측 메뉴에서 **Tracing Projects**를 선택하면 방금 실행했던 예제가 **project name**으로 등록돼 있을 것입니다. 해당 프로젝트를 선택하면 그림 6.7과 같이 상세 화면을 볼 수 있습니다.

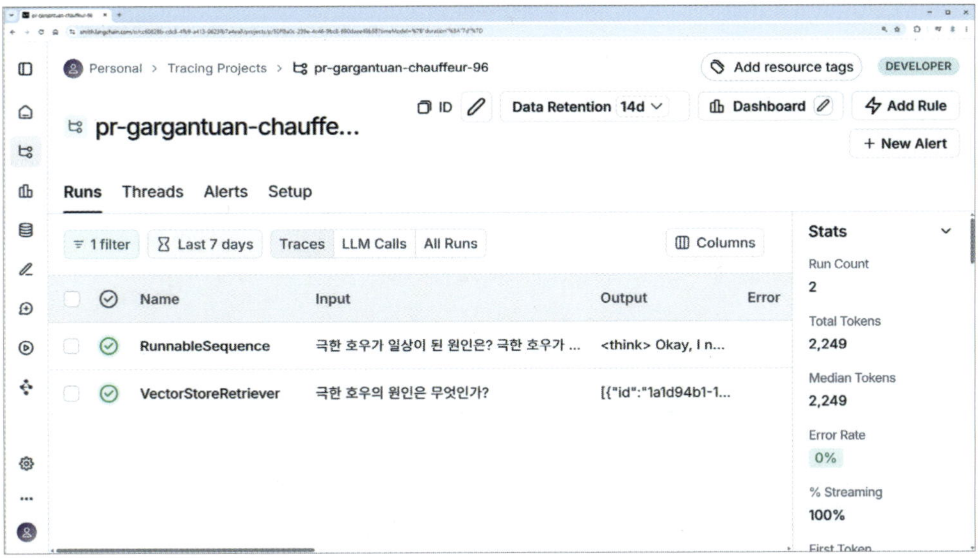

그림 6.7 랭스미스 프로젝트의 상세 화면

프로젝트 상세 화면에서는 기본으로 **Runs** 탭이 선택돼 있으며, **VectorStoreRetriever**와 **RunnableSequence**가 등록돼 있습니다. **VectorStoreRetriever**는 사용자가 입력

했던 질문을 이용해 벡터 데이터베이스에서 관련 자료를 검색하는 과정에 대한 로그이고, **RunnableSequence**는 체인을 구성하는 각 컴포넌트 로그를 담고 있습니다. 이것을 보면 랭체인이 컴포넌트의 베이스 클래스 이름을 기준으로 구분했음을 알 수 있습니다.

실행 순서대로 모니터링 결과를 확인해 보겠습니다. 먼저 **VectorStoreRetriever**를 선택하면 그림 6.8과 같이 사용자의 질문을 이용해 벡터 데이터베이스를 검색한 결과가 어땠는지 확인할 수 있습니다. 이 화면을 통해 벡터 DB의 성능과 정확도 등을 판단할 수 있는 데이터를 얻어서 RAG 성능을 튜닝하는 데 사용할 수 있습니다.

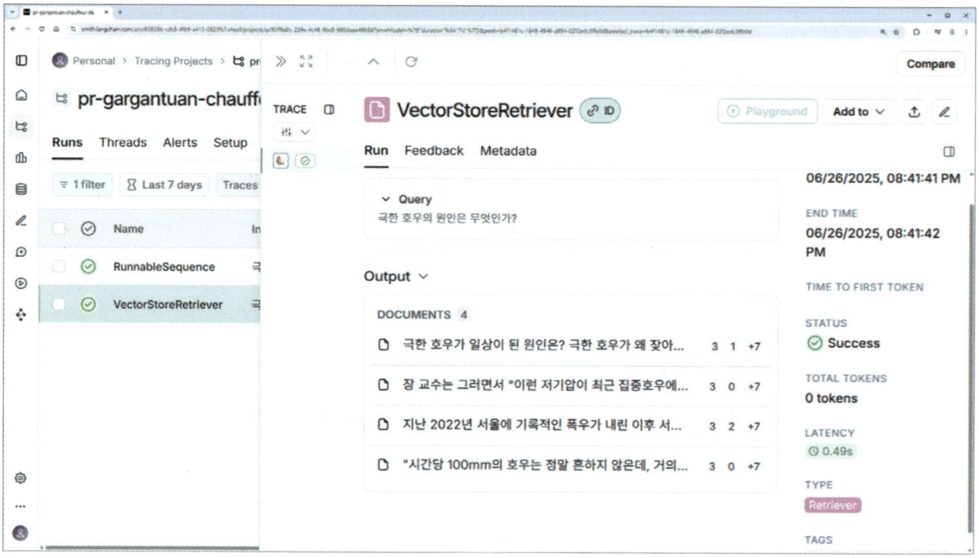

그림 6.8 VectorStoreRetriever 상세 화면

다시 이전 화면으로 돌아가서 **RunnableSequence** 항목을 선택해 보겠습니다. 그러면 **RunnableSequence** 아래로 체인의 구성 요소였던 항목들이 보일 것입니다. (사용 환경에 따라 구성 요소 전체가 표시되지 않을 수 있습니다. 이 경우는 '전체 보기'에 해당하는 링크를 누르면 구성 요소를 모두 보실 수 있습니다.)

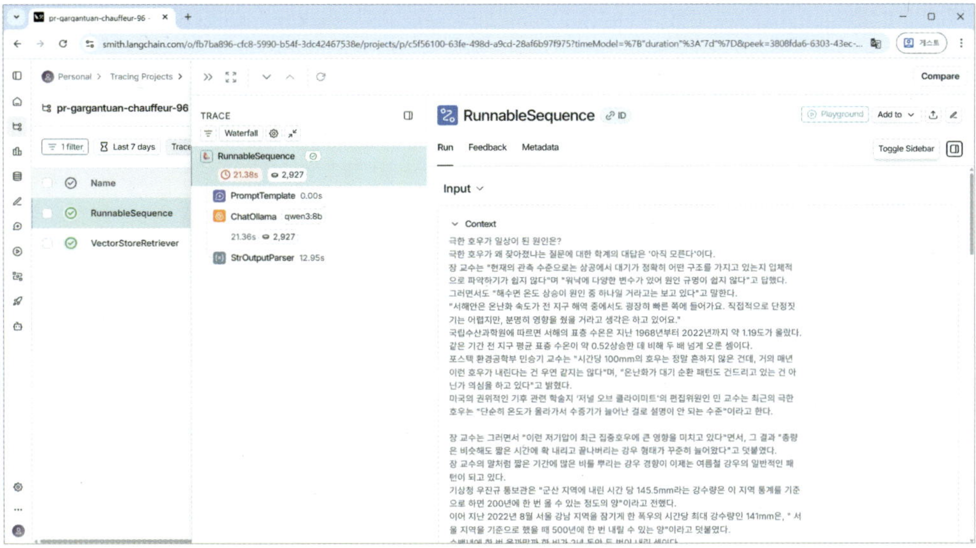

그림 6.9 RunnableSequence의 상세 화면

PromptTemplate, ChatOllama, StrOutputParser가 하위 항목으로 등록돼 있습니다. PromptTemplate에서는 변수와 실제 변수에 대입된 값, 총 소요시간 및 프롬프트로 합쳐진 결과가 표시됩니다. ChatOllama는 LLM 실행에 사용된 입력값과 출력값, 소요된 시간, 사용된 모델 및 파라미터 등 다양한 정보가 표시됩니다. StrOutputParser도 상대적으로 간단하지만 출력된 내용과 소요 시간 등 관련 정보들을 보여주고 있습니다.

Tracing Projects 메뉴에서는 우리가 실행한 코드의 세부적인 작동들에 대한 로그를 제공합니다. 하지만 여러 번 실행된 애플리케이션의 로그들을 모두 모아서 성능에 대한 통계적인 수치들도 필요할 때가 있습니다. 이러한 요구사항도 랭스미스에 이미 구현돼 있습니다.

왼쪽 메뉴 중 **Monitoring**을 선택하면 이 기능을 사용할 수 있습니다. **Monitoring**을 선택한 후에 나오는 대시보드 화면에서 프로젝트를 선택해 보세요.

그림 6.10 랭스미스의 Monitoring 페이지

Monitoring 화면에서는 Traces, LLM Calls, Cost & Tokens 등 다양한 통계를 그래프로 제공합니다. 여기서는 단순히 한 번 실행한 결과만 가지고 통계를 보기 때문에 당장은 유의미한 정보를 얻을 수 없지만 실행 결과가 누적되면 애플리케이션의 성능뿐 아니라 미처 발견하지 못했던 오류 상황에 대한 정보도 얻을 수 있습니다.

이처럼 랭스미스는 우리가 번거롭게 코드를 하나하나 수정해서 로그를 출력하도록 설정하지 않아도 자동으로 랭체인의 주요 작동들을 모니터링해 줍니다. 랭스미스의 모니터링 기능을 하나하나 살펴보면 랭스미스가 코드 작성자의 시간을 얼마나 아껴주는지 실감할 수 있을 것입니다.

6.3 랭체인 허브 시작하기

랭스미스에는 많은 분들에게 추천할 만한 편리한 기능이 하나 더 있습니다. 바로 랭체인 허브(LangChain Hub)입니다. 랭체인을 활용한 코드 작성에서 가장 성능에 큰 영향을 주는 요소 중 하나가 프롬프트인데, 이를 매번 직접 작성하고 튜닝하는 작업은 상당히 번거롭고 어렵습니다. 이때 이러한 문제를 해결해 주는 것이 바로 랭체인 허브입니다.

랭체인 허브는 이름처럼 프롬프트계의 깃허브와 같은 역할을 합니다. 다양한 개발자와 사용자들이 상황과 목적에 맞게 최적화한 프롬프트들을 등록해 뒀고, 사용자는 이 중에서 원하는 프롬프트를 검색해 그대로 복사하거나, 필요에 맞게 수정해서 손쉽게 활용할 수 있습니다.

이 서비스를 활용하면 검증된 고품질 프롬프트를 빠르게 도입할 수 있어 개발 초기부터 LLM 성능을 높이는 데 큰 도움이 됩니다. 프롬프트는 키워드 기반으로 쉽게 검색할 수 있으며, 각 페이지에는 입력 변수와 사용 예시, 코드로 불러오는 방법까지 안내돼 있어 실제 개발에 간편하게 적용할 수 있습니다.

- **랭체인 허브**: `https://smith.langchain.com/hub`

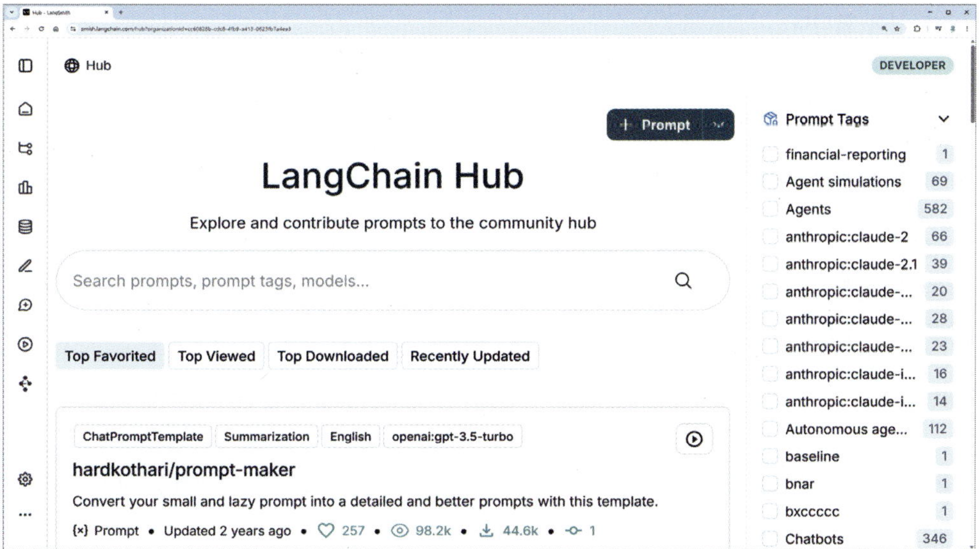

그림 6.11 랭체인 허브

6.3.1 랭체인 허브를 이용한 뉴스 요약 예제

이번 실습에서는 BBC 홈페이지의 뉴스 중 AI 관련된 기사 원문을 스크레이핑해서 LLM이 요약하도록 해보겠습니다. 여기에 사용될 프롬프트는 랭체인 허브로부터 가져와서 사용할 예정이므로 미리 랭체인 허브에 `hellollama/news_summary`라는 ID로 프롬프트를 등록해 뒀습니다. 랭체인 허브에서 ID로 검색하면 상세 내용을 보실 수 있습니다.

뉴스 요약 프롬프트(hellollama/news_summary)

```
HUMAN
당신은 뉴스 기사를 요약, 정리하는 AI 어시스턴트입니다.
당신의 임무는 주어진 뉴스(news_text)에서 기사제목(title), 작성자(author),
작성일자(date), 요약문(summary) - 4가지 항목을 정확하게 추출하는 것입니다.
결과는 한국어로 작성해야 하며, 뉴스와 관련성이 높은 내용만 포함하고 추측된 내용을
생성하지 마세요.
특히, 작성자와 작성일자는 반드시 원문에 명시된 정보를 기반으로 하여야 하며,
요약문에는 기사에서 다루고 있는 주요 주제와 관련된 내용, 사건의 원인 및 결과를
포함해야 합니다. 요약문은 사건의 배경과 현재 상황, 그리고 향후 전망을 명확히
전달해야 합니다.
<news_text>
{news}
<news_text>
요약된 결과는 아래 형식에 맞춰야 합니다.
<news>
<title></title>
<author></author>
<date></date>
<summary></summary>
</news>
```

프롬프트 중간에 있는 `{news}`에 주목하기 바랍니다. 나중에 코드를 실행하고 LLM이 호출될 때 `{news}` 자리에 기사 원문이 들어가야 합니다.

예제 코드 다운로드 및 환경 구성

예제 코드를 내려받고 준비하는 과정은 앞 예제에서 했던 과정과 동일합니다.

[실습 환경 구성]

```
cd ollama-mcp-tutorials/ch06/02_langchain_hub
uv sync
```

이 예제에서는 랭스미스의 기능을 사용하므로 앞선 예제에서 사용했던 `.env` 환경 설정 파일이 필요합니다.

실행 및 결과 확인

예제 코드는 다음 명령으로 실행하면 됩니다.

[예제 코드 실행]

```
> uv run main.py
<think>
Okay, I need to summarize this news article......
</think>

<news>
  <title>구글 알고리즘 업데이트, 웹사이트 트래픽에 막대한 영향</title>
  <author>BBC</author>
  <date>2023-09-20</date>
  <summary>2023년 9월 구글의 알고리즘 업데이트로 인해 다양한 웹사이트의 트래픽에
큰 변화가 발생했다. AI 생성 콘텐츠 사이트는 트래픽 증가를 기록했으나, 일반 콘텐츠
제작자는 AI 오버뷰 도입으로 인해 방문자 수가 급감했다. 사용자들이 AI 답변을
우선적으로 클릭하게 되면서 기존 웹사이트의 노출률이 떨어졌으며, 일부 운영자는
AI의 부정확한 정보와 트래픽 감소를 우려했다. 또한 구글은 검색 엔진 시장에서의
독점적 지위에 대한 반독점 소송에 직면해 있으며, 경쟁과 소비자 선택권에 대한 논란이
이어지고 있다.</summary>
```

예제를 실행하면 BBC 웹페이지의 AI 관련 뉴스의 내용을 가져와 LLM에게 전달해 줍니다. LLM은 위와 같이 기사를 요약한 결과를 정해진 XML 포맷에 맞춰 출력합니다.

6.3.2 랭체인 허브를 이용한 뉴스 요약 예제 분석

이번 예제는 랭스미스로 랭체인의 작동을 모니터링하는 것이 목표이므로 굳이 새로운 소스코드를 소개하는 대신, 앞서 5장에서 사용했던 RAG 예제를 재사용했습니다. 5장에서 사용했던 RAG 예제는 다음과 같이 작동했습니다.

1. 특정 URL의 뉴스를 스크레이핑
2. 요약에 사용할 프롬프트를 랭체인 허브에서 불러오기
3. 올라마 초기화
4. 체인 생성
5. 스크레이핑한 뉴스를 이용해 체인을 실행

랭체인 허브를 이용한 뉴스 요약 예제(ch06/02_langchain_hub/main.py)

```
... 생략 ...
load_dotenv()

# 1. 뉴스 URL
news_url = """https://www.bbc.com/korean/articles/c166p510n79o"""

# 2. 뉴스 스크레이핑
loader = WebBaseLoader(
    web_paths=([news_url]),
    bs_kwargs=dict(
        parse_only=bs4.SoupStrainer(
            "div",
            attrs={"class": ["bbc-1cvxiy9", "bbc-fa0wmp"]},
        )
    ),
)
```

```
news_array = loader.load()
news = news_array[0]

# 3. 요약에 사용할 프롬프트 불러오기
prompt = hub.pull("hellollama/news_summary")

# 4. 올라마 초기화
llm = ChatOllama(model="qwen3:8b", temperature=0)

# 5. 프롬프트를 실행할 체인 생성
summary_chain = prompt | llm | StrOutputParser()

# 6. LLM에 질문
for chunk in summary_chain.stream({"news": news}):
    print(chunk, end="", flush=True)
```

코드의 시작 부분에서 load_dotenv() 함수를 이용해 환경변수를 불러옵니다. 이때 랭스미스 관련 환경변수가 로드되므로 랭체인 허브뿐 아니라 랭스미스의 모니터링 기능도 함께 활성화됩니다. 따라서 예제의 실행 결과를 랭스미스에서 확인할 수 있습니다.

뉴스를 스크레이핑하기 위해 beautifulsoup4 라이브러리를 사용했습니다. news_url 변수에 스크레이핑할 URL이 담겨 있으므로 다른 URL을 사용하고 싶다면 news_url 변수를 수정하면 됩니다.

```
news_url = """https://www.bbc.com/korean/articles/c166p510n79o"""

loader = WebBaseLoader(
    web_paths=([news_url]),
    bs_kwargs=dict(
        parse_only=bs4.SoupStrainer(
            "div",
            attrs={"class": ["bbc-1cvxiy9", "bbc-fa0wmp"]},
        )
    ),
)
```

```
news_array = loader.load()
news = news_array[0]
```

예제에서는 BBC 뉴스 페이지의 HTML 구조를 분석해서 "bbc-1cvxiy9", "bbc-fa0wmp" 클래스를 가진 태그 내부에 있는 내용을 추출하도록 코드를 작성했습니다. BBC 뉴스 외에 다른 URL을 사용하는 경우 이 부분도 함께 변경해야 합니다. 스크레이핑 완료 후 추출된 뉴스 텍스트는 news 변수에 담아둡니다.

뉴스 스크레이핑이 완료되면 이제 랭체인 허브에서 프롬프트를 불러와야 합니다.

```
prompt = hub.pull("hellollama/news_summary")
```

이후의 실행 과정은 지금까지 테스트해온 예제 코드와 다를 바 없습니다. 프롬프트를 실행할 체인을 생성하고, LLM을 호출할 때 미리 생성해 둔 기사를 news 변수에 넣어줬습니다. 앞서 프롬프트를 소개할 때 {news} 변수가 프롬프트에 포함돼 있었음을 상기하시기 바랍니다.

6.3.3 랭체인 허브 사용의 효과

랭체인을 사용해서 LLM을 호출할 때 프롬프트가 가지는 중요성은 두말할 나위가 없습니다. 이 점은 앞선 장에서도 자세히 설명한 바 있습니다.

하지만 LLM을 여러 가지 방식으로 테스트하기 위해 다양한 코드를 작성하는 프로그래머가 매번 프롬프트를 튜닝하기 위해 시간을 쏟기란 쉽지 않습니다. LLM의 성능을 끌어올리기 위해 프롬프트를 튜닝하는 경우라도 처음부터 모든 텍스트를 직접 작성하는 것은 비효율적입니다. 이러한 경우 랭체인 허브가 여러분의 시간을 아껴주는 데 많은 도움이 될 것입니다.

그리고 랭체인 허브의 프롬프트들을 살펴보다 보면 반복적인 실험과 조정을 통해 점진적으로 개선된 흔적들을 확인할 수 있습니다. 이런 개선점들을 참고하면 어떤 상황에서 어떤 방식으로 프롬프트를 개선해야 할지 힌트를 얻을 수도 있습니다.

랭체인 허브를 통해 사용하던 프롬프트를 본인이 직접 수정, 보완해서 사용하고 싶은 경우 프롬프트를 만들어서 등록할 수도 있습니다. 랭스미스의 좌측 메뉴들 중 **Prompts**를 선택하면 프롬프트 화면이 나오는데, 여기서 프롬프트를 등록하거나 등록된 프롬프트를 수정할 수 있습니다. 이번 예제에 사용된 프롬프트도 이 메뉴를 사용해서 만든 뒤 공개한(public) 프롬프트입니다.

랭체인 허브를 사용할 때 아쉬운 점들도 있습니다. 먼저 랭체인 허브에는 한글 자료가 매우 부족합니다. 랭체인 허브에 접속해서 언어 통계를 보면 영어로 작성된 프롬프트가 압도적으로 많고 다른 언어들은 수가 매우 적습니다. 따라서 상황에 맞는 한글 프롬프트를 구하기가 어렵고, 필요한 경우 영문으로 사용하거나 번역해서 사용해야 합니다.

그리고 랭체인 허브 페이지로 접속할 수 있는 링크가 랭스미스의 **Prompts** 페이지 안에 작은 크기로 들어 있어 접근성이 떨어집니다. 이전에는 랭스미스의 메뉴 중 하나로 제공됐지만 현재는 해당 메뉴가 삭제된 상태입니다. 그래서 처음 랭스미스에 접속하면 랭체인 허브의 존재를 알아차리지 못할 수도 있습니다.

지금까지 소개했던 예제들은 랭스미스에서 가장 유용하고 자주 사용될 만한 기능들을 뽑아서 만든 예제입니다. 이 외에도 랭스미스에는 다양한 기능들이 있으니 LLM을 활용하면서 문제 상황에 부딪혔을 때 랭스미스에서 해답을 한번 찾아보시기 바랍니다.

참고로 현재 랭체인 허브에서 많이 사용되고 있는 인기 프롬프트들을 아래 표에 정리했습니다. 이를 활용하면 프롬프트 작성의 방향을 잡는 데 도움이 될 것입니다.

표 6.1 랭체인 허브에 공개된 주요 프롬프트 생성기

템플릿 종류	프롬프트 경로	설명	사용 횟수
ChatPromptTemplate Summarization	`hardkothari/prompt-maker`	짧고 단순한 프롬프트를 구체적이고 개선된 프롬프트로 변환	47.6k
ChatPromptTemplate QA over documents	`rlm/rag-prompt`	RAG용 프롬프트로 문서 기반 QA 및 컨텍스트 기반 채팅에 유용	26.5M
StringPromptTemplate	`hwchase17/react`	ReAct 방식 체이닝을 위한 프롬프트	7.2M

템플릿 종류	프롬프트 경로	설명	사용 횟수
ChatPromptTemplate	smithing-gold/ assumption-checker	질문의 전제 조건을 검증하고 후속 질문을 제시	10.6k
StringPromptTemplate Summarization	muhsinbashir/ youtube-transcript- to-article	유튜브 영상의 대본을 받아 이를 SEO에 최적화된 기사 형식의 글로 변환	31.2k

랭체인 허브에서 인기 있는 프롬프트 템플릿 중 하나인 prompt-maker는 짧고 단순한 문장을 더 구체적이고 정교한 프롬프트로 개선하는 기능을 제공합니다. 다음 절에서는 랭체인 허브의 prompt-maker를 활용해 실제로 어떻게 프롬프트를 개선할 수 있는지 실습하겠습니다.

6.4 랭스미스 클라이언트를 통해 랭체인 허브 사용하기

이번 실습에서는 랭체인 허브에 등록된 인기 프롬프트 템플릿 중 하나를 선택해 이를 랭스미스 클라이언트를 통해 직접 불러오고 실행해 보는 과정을 진행하겠습니다. 또한 랭체인 허브와 랭스미스 클라이언트 간의 연동 방식을 함께 살펴보며, 실무에 바로 적용 가능한 프롬프트 개선 워크플로를 익히는 것이 이번 실습의 핵심 목표입니다.

예제 코드 다운로드 및 환경 구성

예제 코드를 내려받고 준비하는 과정은 앞 예제에서 했던 과정과 동일합니다.

[실습 환경 구성]

```
cd ollama-mcp-tutorials/ch06/03_langsmith_client
uv sync
```

이번 실습에서는 랭스미스의 API 키를 사용하므로 앞의 예제에서 사용했던 `.env` 환경 설정 파일이 필요합니다.

실행 및 결과 확인

예제 코드는 다음 명령어로 실행할 수 있습니다.

[예제 코드 실행]

```
> uv run main.py
원본 프롬프트: LLM는 무엇인가?
개선된 프롬프트:

<think>
Okay, I need to improve the original prompt "LLM는 무엇인가?" into a more detailed
and structured one in Korean. Let me start by understanding the user's request.
They want the prompt to be more specific, with instructions at the beginning, and
using separators like ###. Also, they want it to be descriptive about the context,
outcome, length, format, etc.

... 생략 ...

**IMPROVED PROMPT:**
### 역할
LLM(대규모 언어 모델) 전문가로서, 일반 대중을 대상으로 한 **흥미로운 설명
스크립트**를 작성해 주세요.

### 지침
1. **LLM의 정의**를 명확히 설명하세요.
2. **작동 원리**와 **주요 특징**(예: 자연어 처리, 문맥 이해, 대화형 대응 등)을
포함해야 합니다.
... 생략 ...

### 스타일
- **친근한 어조**로 구성해 일반인도 쉽게 이해할 수 있도록 하세요.
- **흥미를 유도하는 문장**과 **간결한 설명**을 조화롭게 배치해 주세요.
- **시각적 요소**를 위한 **스크립트 주석**을 추가해 주세요 (예: "화면에 LLM의 구조
다이어그램 표시").

**예시 문장:**
```

```
"안녕하세요! 오늘은 여러분께 'LLM이란 무엇인지' 쉽게 설명해드릴게요.
LLM은 대규모 데이터를 학습해 사람과 비슷한 대화를 할 수 있는 인공지능입니다.
예를 들어, 여러분이 '한국어로 설명해줘'라고 말하면, LLM은 이전 대화 문맥을 기억해
정확하게 답변해 줍니다.
... 생략 ...
```

예제를 실행하면 다음과 같은 짧은 입력 프롬프트만 입력으로 들어갑니다.

```
원본 프롬프트: LLM는 무엇인가?
```

이 단순한 프롬프트는 랭체인 허브의 프롬프트 템플릿을 통해 역할, 지침, 스타일, 예시까지 포함된 구조적이고 명확한 형식으로 개선됩니다.

6.4.1 랭스미스 클라이언트 예제 분석

이 프로젝트의 소스코드는 main.py 파일에 포함돼 있습니다.

랭스미스 클라이언트 예제(ch06/03_langsmith_client/main.py)

```
... 생략 ...

# 2. 랭스미스 클라이언트 초기화 및 프롬프트 불러오기
client = Client(api_key=LANGSMITH_API_KEY)
prompt = client.pull_prompt("hardkothari/prompt-maker", include_model=False)

# 3. 간단한 원본 프롬프트와 요청
short_prompt = "LLM는 무엇인가?"
task = "한국어로 구체적으로 질문에 대한 프롬프트를 작성해 주세요."

# 4. 올라마 모델 초기화
llm = ChatOllama(model="qwen3:8b", temperature=0)

# 5. 프롬프트 템플릿에 변수를 주입해 메시지를 생성
messages = prompt.invoke({
    "task": task,
```

```
    "lazy_prompt": short_prompt
})

# 6. HumanMessage에서 실제 사용자 프롬프트 텍스트만 추출
user_prompt = [m.content for m in messages.messages if isinstance(m,
HumanMessage)][0]

# 7. LLM 실행
response = llm.invoke(user_prompt)
... 생략 ...
```

이번 실습은 앞선 예제와 전체적인 흐름은 유사하지만 한 가지 중요한 차이점이 있습니다.

```
client = Client(api_key=LANGSMITH_API_KEY)
prompt = client.pull_prompt("hardkothari/prompt-maker", include_model=False)
```

앞선 예제에서는 랭체인에서 제공하는 인터페이스를 이용해 프롬프트를 가져오는 구조였지만 이번 실습에서는 랭스미스 클라이언트를 초기화하고 `pull_prompt()` 함수를 통해 프롬프트를 불러오는 방식을 사용합니다. 이는 실제 프로젝트에서 랭스미스를 활용할 때 사용하는 일반적인 방식이며, 랭스미스가 제공하는 다양한 API를 활용할 수 있다는 장점이 있습니다.

이렇게 해서 랭스미스를 활용해 LLM 기반 애플리케이션의 실행 흐름을 추적하고, 프롬프트의 개선 과정을 시각적으로 확인하는 실습을 진행했습니다. 단순한 `print()` 디버깅을 넘어, 체인과 에이전트의 내부 작동을 기록하고 분석할 수 있는 강력한 도구로서 랭스미스의 가치를 직접 체험할 수 있었습니다.

특히 랭체인과의 자연스러운 통합 덕분에 최소한의 설정만으로도 강력한 모니터링 기능을 손쉽게 사용할 수 있다는 점은 실무에서 매우 유용한 장점입니다. 또한 실습을 통해 랭스미스 클라이언트의 사용법과 프롬프트 개선 예제를 경험하며, AI 시스템 개발의 품질과 안정성을 높이는 방법을 배울 수 있었습니다.

CHAPTER

07

에이전트: 지능적인 LLM 사용법

지금까지 랭체인 프로그래밍은 단순한 루틴을 따랐습니다. LLM의 능력을 활용하기 위해 프롬프트를 준비했고, LLM은 프롬프트에서 답변을 생성하는 데 필요한 모든 것을 얻어 결과를 출력했습니다. 이처럼 간단한 방식으로도 LLM은 만족스러운 결과를 보여줬을 것입니다. 하지만 에이전트의 개념을 LLM에 적용하면 성능을 또 한 단계 끌어올릴 수 있습니다. 에이전트는 AI 프로그래밍, 그리고 랭체인의 핵심 중 하나입니다.

7.1 에이전트가 필요한 이유

그렇다면 에이전트의 개념은 무엇이고 왜 등장했으며, 어떤 경우에 사용될 수 있을까요? 왜 이 책에서는 에이전트에 상당한 비중을 두고 중요한 개념으로 소개하는 것일까요? 이번 절에서는 이러한 질문의 답이 될 만한 내용들을 소개하겠습니다. AI 에이전트라고 불리는 개념이 단순히 LLM 모델을 사용하는 애플리케이션을 넘어 더 큰 의미를 갖는다는 점을 인식하는 계기가 되길 바랍니다.

7.1.1 LLM의 한계와 도구

컴퓨터 성능에 따라 제약은 있지만 LLM은 기존 검색과는 비교할 수 없는 성능을 보여줍니다. 사람의 언어뿐 아니라 문맥도 어느 정도 인식하며 답변을 생성하고, 마치 웹상의 정보를 압축해 놓은 듯 다양한 분야에 대한 질문에도 거침없이 답합니다. 때로는 부정확한 답변이나 응답 불가 오류가 발생하기도 하지만 수 기가바이트 수준의 신경망 데이터가 이 정도 능력을 보여준다는 것은 분명 놀라운 일입니다. 그러나 이러한 뛰어난 능력에도 불구하고, 독자 여러분도 이미 몇 번 경험했을 법한 근본적인 한계가 있습니다.

대표적인 예가 바로 실시간 정보에 접근하지 못하고, 외부 세계와 직접 상호작용할 수 없다는 점입니다. 예를 들어, 사용자가 다음과 같은 요청을 한다고 가정해 봅시다.

"오늘 서울 날씨를 알려줘"

위 요청에 대해 LLM은 정확하게 답할 수 없습니다. 왜냐하면 LLM 모델은 학습될 당시의 데이터만 알고 있기 때문에 현재 시점의 날씨나 뉴스, 환율 같은 실시간 정보에는 접근한 적도, 접근할 수도 없기 때문입니다.

또한 LLM은 자신이 만든 코드나 수식을 직접 실행해 볼 수도 없습니다. 입력에 따라 텍스트를 생성할 수는 있지만 실제로 무언가를 '행동'에 옮기지는 못합니다. 즉, LLM은 확률적으로 가장 근사한 답을 내놓을 수는 있지만 자신이 내놓은 답을 직접 검증할 수는 없습니다.

이러한 한계점을 고려하면 우리가 지금까지 사용해 온 전형적인 LLM 활용 방법으로는 LLM이 만들어졌을 때의 성능을 뛰어넘기 어렵습니다. 그렇다면 더 뛰어난 성능의 AI 애플리케이션을 만들려면 더 고성능의 LLM에만 의존해야 할까요? LLM 만능주의를 타파할 방법은 없을까요?

이런 고민을 해결하기 위해 등장한 것이 바로 도구(tool)입니다. 랭체인 그리고 AI 프로그래밍을 위한 프레임워크에서는 검색, 계산, 웹 요청, 파일 읽기 같은 기능을 도구로 만들어 LLM이 사용할 수 있게 해줍니다. 예를 들어, 웹 검색 도구를 연결하면 "오늘 서울의 날씨"

를 실제로 검색해서 LLM에게 알려줄 수 있고, 계산기를 붙이면 복잡한 수식도 정확히 계산한 뒤 결과를 이용해 제대로 답변할 수 있습니다. 덕분에 LLM은 마치 현실 세계와 연결된 것처럼 이전에는 할 수 없었던 작업들을 수행할 수 있습니다. 그리고 이를 이용하는 우리도 전혀 새로운 경험을 할 수 있습니다.

7.1.2 에이전트의 등장

앞에서 살펴본 것처럼 LLM의 한계를 보완하기 위해서는 다양한 외부 도구를 연결해 활용할 수 있는 능력이 필요합니다. 그러나 단순히 도구를 연결하는 것만으로는 충분하지 않습니다.

예를 들어, "오늘 서울의 날씨를 알려줘"라는 입력을 LLM에 전달한다고 생각해 보겠습니다. '시계 도구'와 '날씨 검색 도구'라는 두 도구가 필요합니다. 하지만 이 도구들만 갖췄다고 끝이 아닙니다. 그보다 훨씬 '지능적인' 사고를 LLM이 할 수 있도록 환경을 만들어야 합니다.

먼저 LLM은 자신이 어떤 도구들을 사용할 수 있는지를 인식할 수 있어야 합니다. 도구를 인식한다는 것은 단순히 '시계 도구', '날씨 검색 도구'라는 이름만 아는 것이 아닙니다. 각 도구를 호출하는 데 필요한 파라미터와 도구 호출의 결과를 이해할 수 있어야 합니다. 즉, 스스로 도구를 호출하고 결과에서 원하는 내용을 추출할 수 있어야 합니다.

이를 위해서는 LLM 자체의 변화가 필요합니다. 도구 자체는 개발자나 외부의 서버 등을 통해 LLM에 제공되지만 LLM도 이러한 도구들을 사용할 수 있도록 훈련돼 있어야 합니다. 일반 LLM으로도 여러 가지 외부 설정을 통해 도구를 인식해서 사용하도록 할 수는 있지만 도구 사용을 위해 훈련된 모델의 효율성에는 비할 수 없습니다. 이러한 도구 사용을 위해 훈련된 모델은 올라마 홈페이지에서 LLM 모델을 검색할 때 'tools' 태그로 표시되므로 쉽게 알 수 있습니다.

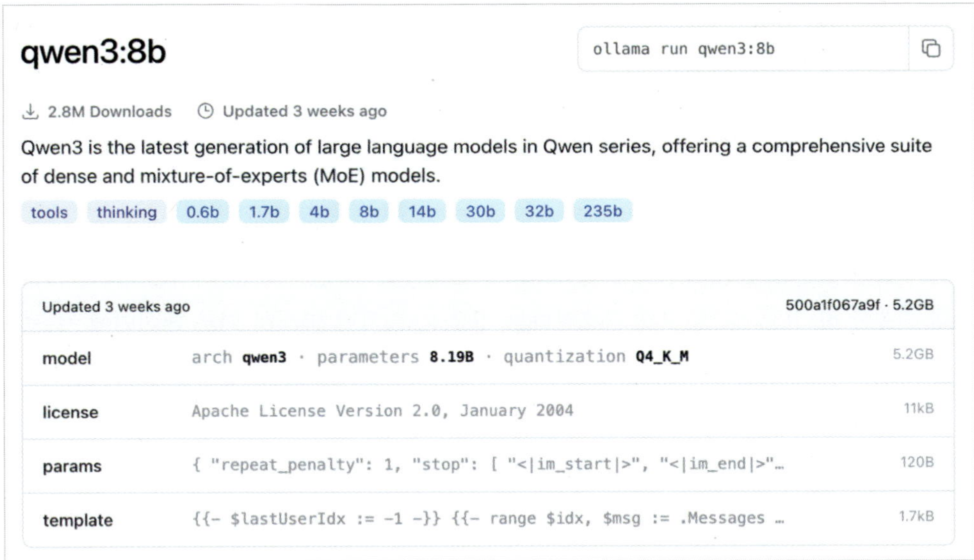

그림 7.1 도구 사용을 위해 훈련된 모델

"오늘 서울의 날씨를 알려줘"라는 요청은 도구의 목록과 사용법 외에도 한 가지 중요한 능력을 LLM에게 요구합니다. LLM은 이 요청을 받았을 때 자신이 사용할 수 있는 도구 목록과 사용법을 숙지하고, 요청을 처리하기 위해 수행할 작업들을 스스로 구성할 수 있어야 합니다.

1. 도구의 목록을 확인
2. 각 도구의 입력 파라미터와 출력 형식을 이해
3. 작업의 순서를 결정(시계 확인 → 도시별 날씨 검색)
4. 시계 도구를 호출하는 데 필요한 파라미터를 확인
5. 시계 도구를 호출
6. 시계 도구 호출 결과를 저장
7. 다음 실행할 도구 확인
8. 날씨 도구를 호출하는 데 필요한 파라미터를 확인(서울)

9. 날씨 도구를 호출
10. 날씨 도구 호출 결과를 저장
11. 다음 실행할 도구 확인
12. 최종 결과를 생성(오늘 서울의 날씨)

우리가 같은 질문을 받는다면 무의식적으로 수행했을 위 작업 목록을 이제는 LLM도 똑같이 수행해야 합니다. 즉, 도구를 사용한다는 것은 RAG처럼 단순히 외부 데이터에 접근한다는 정도에 그치는 것이 아니라 그보다 고차원적인 일들을 LLM의 실행을 반복하면서 수행해야 한다는 의미입니다. 자신이 사용할 수 있는 도구를 인식하고, 해야 할 일의 순서를 결정하고, 각 단계를 수행할 때 필요한 데이터를 찾아 도구를 실행하고, 도구의 실행 결과와 현재까지의 자료를 바탕으로 다음 해야 할 작업을 판단해야 합니다.

이때 도구와 LLM을 포함한 일련의 프로그램을 에이전트(agent)라 부릅니다. 에이전트는 LLM이 사용자의 요청을 이해하고, 필요한 도구를 선택해 실제로 행동을 수행할 수 있도록 돕는 지능형 시스템입니다. 마치 사람이 문제를 해결할 때처럼, 에이전트는 LLM에게 문제 해결을 위한 판단력과 실행력을 부여합니다.

7.1.3 에이전트의 작동 구조

지금까지는 에이전트를 개념적으로만 설명했지만 실제로 에이전트를 구현할 수 있도록 랭체인이 지원하려면 에이전트의 작동을 단계별로 나눠서 구현 가능한 형태로 구체화해야 합니다. 이 같은 관점에서 랭체인 에이전트의 작동은 다음 그림과 같이 순환 처리 구조(loop)로 도식화할 수 있습니다.

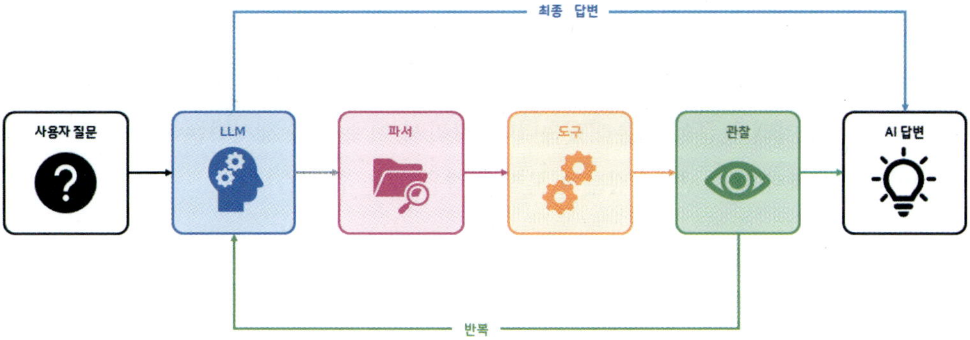

그림 7.2 에이전트의 순환 처리 구조

순환 처리 구조의 각 단계별 작동을 살펴보면 다음과 같습니다.

1. **사용자 질문**(User Question): 사용자의 질문이 입력됩니다.
2. LLM: 질문을 해석하고 해결을 위한 행동 계획(action plan) 또는 명령 템플릿(command template)을 생성합니다.
3. **파서**(Parser): 응답 내용을 분석해 어떤 도구를 사용할지 결정합니다.
4. **도구**(Tool): 선택된 도구를 실행합니다.
5. **관찰**(Observation): 도구의 실행 결과를 받아 다시 LLM에 전달합니다.
6. **반복**(Loop): 최종 응답이 생성될 때까지 위 과정을 반복합니다.
7. **최종 답변**(Final Response): 지금까지 누적된 결과를 바탕으로 LLM의 최종 응답이 생성됩니다.

이러한 작동 구조는 복잡한 문제도 한 단계씩 풀어나갈 수 있도록 해준다는 장점이 있어서 문제 해결형 에이전트 시스템에서 일반적으로 사용됩니다. 그리고 AI 프로그래밍 프레임워크에서는 이 구조를 기반으로 한 "ReAct(Reasoning and Acting) Loop 패턴" 또는 "Planning + Execution Loop 패턴" 구현체를 제공합니다. 특히 ReAct Loop 패턴(이하 ReAct) 구현체는 이후 예제에서 계속 사용해야 하기 때문에 ReAct에 대해 더 자세히 소개하겠습니다.

7.1.4 에이전트의 시작: ReAct

앞에서 설명한 내용과 ReAct(Reasoning and Acting)의 개념은 랭체인 개발 과정에서 나온 것이 아니라 아래 논문에서 유래됐습니다. 따라서 이 논문이 제시하는 개념을 들여다보면 에이전트 구조에 대해 좀 더 깊은 이론적 배경을 배울 수 있습니다.

- 『ReAct: Synergizing Reasoning and Acting in Language Models』: https://arxiv.org/abs/2210. 03629

ReAct는 이름 그대로 추론(reasoning)과 행동(acting)을 교차 반복하며 문제를 해결하는 전략으로, LLM의 사고 능력을 실제 실행과 연결해 줍니다. ReAct 구조에서 LLM은 다음과 같은 순서로 실행됩니다.

- **사고**(Thought): 현재 상황에서 필요한 다음 단계를 사고합니다.
- **행동**(Action): 선택된 도구를 실행합니다.
- **관찰**(Observation): 도구의 실행 결과를 관찰합니다.

이 과정을 최종 답변이 생성될 때까지 반복하는 것이 ReAct의 핵심입니다. 다음은 ReAct 구조에 기반한 에이전트의 실제 작동 방식을 간략하게 표현한 예입니다.

```
(사용자 질문) 대한민국 인구가 세계 인구의 몇 퍼센트야?
(사고) 대한민국 인구와 세계 인구를 알아야 비율을 계산할 수 있다. 먼저 대한민국
인구를 검색하자.
(행동) Search("대한민국 인구")
(관찰) 5,175만 명
(사고) 다음으로 세계 인구를 알아보자.
(행동) Search("세계 인구")
(관찰) 약 81억 명
(사고) 두 수치를 이용해 백분율을 계산하자.
(행동) Calculator(51750000 / 8100000000 * 100)
(관찰) 0.638...
(사고) 계산이 끝났으니, 이제 답변을 정리하자.
(최종 답변) 대한민국 인구는 세계 인구의 약 0.64%입니다.
```

처리 구조를 가만히 살펴보면 앞서 랭체인 에이전트의 순환 처리 구조와 매우 유사하다는 것을 느끼셨을 것입니다. 즉, 랭체인의 에이전트 구현 구조도 ReAct 논문의 연구와 결과에 기반한다는 사실을 알 수 있습니다. 따라서 앞으로는 이러한 순환 처리 구조를 통일해서 ReAct 구조로 통일해서 지칭하겠습니다.

설명이 다소 길어지다 보니 이러한 이론들을 랭체인을 이용한 에이전트로 구현하는 것이 어렵지 않을까 생각할 수도 있을 것입니다. 하지만 이어지는 실습 예제를 살펴보면 그러한 우려는 기우였음을 알게 될 것입니다. 생각보다 에이전트의 기본적인 구현은 어렵지 않은데 반해 성능은 눈에 띄게 향상될 것입니다.

7.2 검색엔진을 이용한 챗봇 에이전트

LLM은 학습 당시의 데이터에 기반하고 있기 때문에 실시간 정보에 접근하려면 외부 도구와의 연동이 필요합니다. 이 같은 단점을 극복하기 위해 웹 검색 도구를 사용하고 앞에서 설명한 ReAct 에이전트를 랭체인을 이용해 구현하는 기본 예제부터 살펴보겠습니다.

7.2.1 검색엔진 챗봇 에이전트 예제 소개

지금까지 실습 과정에서 종종 사용했던 날씨 관련 질문들은 LLM이 대답하기 어려운 경우가 많습니다. '오늘의 날씨' 같은 간단한 질문도 웹에서 검색하지 않으면 답변하기가 불가능합니다. 그래서 이번에 실습할 예제에서는 이러한 단점을 보완할 수 있도록 Tavily 검색 도구를 사용해 최신 뉴스나 정보를 조회하는 에이전트를 만들어 보겠습니다. 사용자의 질문을 받은 에이전트는 '사고 → 행동 → 관찰'의 과정을 반복하며 필요한 정보를 수집하고, 이를 종합해 응답을 생성합니다.

검색을 위한 Tavily API 발급

Tavily 서비스를 이용하려면 먼저 홈페이지(https://www.tavily.com)에 접속해 회원가입을 진행합니다. 이때 구글 계정이나 깃허브 계정을 사용해 간편하게 가입할 수 있습니다. 회원가입 또는 로그인을 완료하면 자동으로 Tavily의 대시보드 화면으로 이동합니다.

로그인 후에는 **Overview** 메뉴에서 **API Keys** 옆에 있는 **+** 버튼을 클릭합니다. 그러면 그림 7.3과 같이 API 키를 생성할 수 있는 팝업 창이 나타납니다. 이곳에서 키 이름(Key Name)을 입력하고, 사용 환경(Key Type)을 선택한 다음, 요청 제한 수(Limit)를 설정합니다. 예를 들어, 1000으로 설정하면 해당 키로 최대 1,000회의 요청이 가능합니다. 모든 항목을 입력한 후에는 **CREATE** 버튼을 클릭해 API 키 생성을 완료합니다.

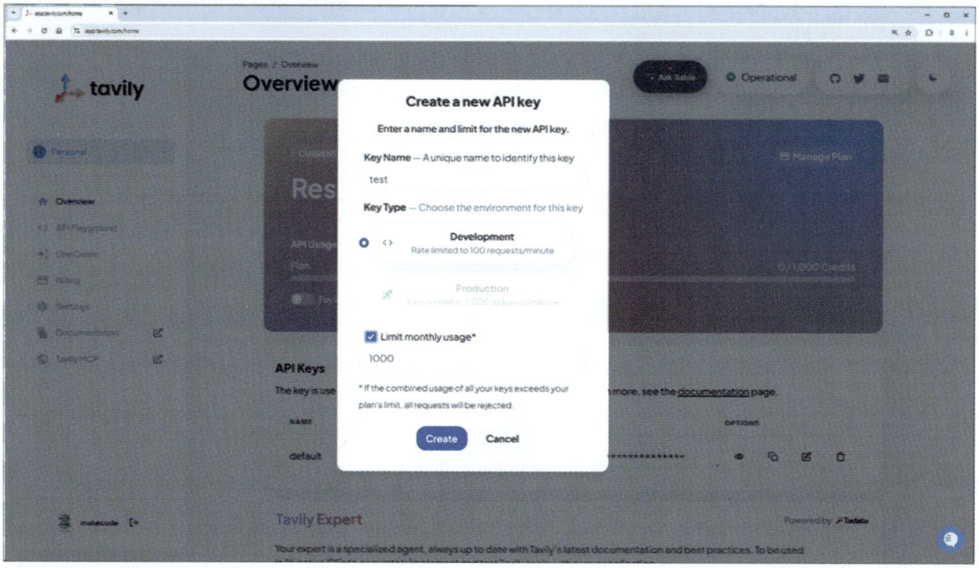

그림 7.3 Tavily 서비스 대시보드에서 API 키 발급

다음과 같이 발급받은 API 키를 환경변수 파일인 `.env`에 추가합니다.

[.env 파일에 Tavily API 키 추가]

```
TAVILY_API_KEY="<your-api-key>"
```

앞에서 살펴본 바와 같이 에이전트를 구성하는 핵심은 LLM의 사고 능력과 외부 도구의 실행 기능을 순환적으로 연결하는 구조, 즉 ReAct 기반 구조를 이해하고 적용하는 데 있습니다. 이론적으로는 복잡해 보일 수 있지만 랭체인은 이러한 구조를 비교적 간단한 코드로 구현할 수 있도록 다양한 기능을 제공합니다.

특히 이번 실습 예제에서는 기존 6장까지의 코드 구조, 즉 프롬프트 정의, LLM 초기화, 사용자 입력을 처리하는 대화 루프를 그대로 유지하면서도 에이전트의 개념을 적용합니다. 새롭게 추가되는 구성은 크게 세 가지입니다. 첫째, ReAct 형식의 프롬프트를 설계합니다. 둘째, LLM이 사용할 외부 도구를 설정하고 이를 리스트 형태로 구성합니다. 셋째, 이 도구들을 LLM과 연결해 에이전트로 작동하도록 하는 `AgentExecutor`를 설정합니다.

즉, 전체 코드의 뼈대는 이전 장의 익숙한 구조를 따르되 필요한 부분에만 에이전트 관련 코드가 추가되는 방식이기 때문에 코드를 이해하고 실습하는 데 큰 부담이 없을 것입니다. 이제 에이전트를 직접 실행해 보기 위해 예제 코드를 다운로드하고, 필요한 패키지를 설치하는 과정으로 이어가겠습니다.

예제 코드 다운로드 및 환경 구성

예제 코드를 내려받고 준비하는 과정은 앞 예제에서 했던 과정과 동일합니다.

[실습 환경 구성]

```
cd ollama-mcp-tutorials/ch07/01_agent_with_single_tool
uv sync
```

에이전트가 작동하려면 도구 사용을 지원하는 LLM 모델을 사용해야 합니다. 우리가 계속해서 사용한 `qwen3:8b`는 도구를 지원하는 모델입니다. 만약 다른 모델을 사용하고 있다면 이 점을 꼭 확인해야 합니다.

실행 및 결과 확인

예제 코드는 다음 명령어로 실행할 수 있습니다.

[예제 코드 실행]

```
> uv run main.py
기상학자 AI와 대화를 시작합니다.
질문을 입력하세요 (종료: exit): 오늘 서울의 날씨를 알려줘.

> Entering new AgentExecutor chain...
<think>
Okay, the user is asking for today's weather in Seoul. I need to figure out the
current temperature and conditions. Since I don't have real-time data, I should use
the WebSearch tool. Let me check the available tools. The WebSearch is based on
Tavily, so I'll input a query for Seoul's current weather. The action input should
be a string, maybe "Seoul current weather". Wait, the tool's parameters include a
string or a dict. Let me make sure to format it correctly. I'll use the WebSearch
action with the input as "Seoul current weather". Then, the observation should give
me the data. Once I get the temperature in Celsius, I can present the final answer.
Let me execute that.
</think>

Thought: I need to check the current weather in Seoul using the WebSearch tool.
Action: WebSearch
Action Input: "Seoul current weather"
... 생략 ...
<think>
</think>

Final Answer: 오늘 서울의 날씨는 부분적으로 구름이 많고, 최고기온은 28°C, 최저기온은
21°C입니다. 강수 확률이 60%로, 하루 종일 따뜻하고 습한 날씨가 예상됩니다.

> Finished chain.

AI --->
오늘 서울의 날씨는 부분적으로 구름이 많고, 최고기온은 28°C, 최저기온은 21°C입니다.
강수 확률이 60%로, 하루 종일 따뜻하고 습한 날씨가 예상됩니다.
질문을 입력하세요 (종료: exit): exit
```

보다시피 이전과는 다른, 몇 가지 눈에 띄는 점이 있습니다. 먼저 질문을 입력하면 AgentExecutor가 실행된다는 점입니다. AgentExecutor는 에이전트가 목적을 달성할 때까지 ReAct 구조의 각 단계를 반복해서 실행할 수 있도록 해주는 실행기 역할을 합니다.

그리고 이어지는 출력에서 ReAct 구조인 '사고 → 행동 → 관찰'의 순서로 LLM이 실행됐음을 알 수 있습니다. 위 예시에서는 단순한 질문을 사용했기 때문에 ReAct 작동이 한 번으로 끝났지만 질문이 복잡하고 어려워지면 이 과정이 반복될 것입니다.

7.2.2 검색 엔진을 이용한 챗봇 에이전트 분석

실습 예제 코드에서 핵심이 될 만한 코드만 추출해서 정리하면 다음과 같습니다. 이 코드의 흐름은 지금까지 사용한 전형적인 챗봇 코드의 흐름과 유사합니다. 여기서 에이전트를 구현하면서 변경된 부분 위주로 설명하겠습니다.

검색 엔진을 이용한 챗봇 에이전트 예제(ch07/01_agent_with_single_tool/main.py)

```
from dotenv import load_dotenv
from langchain.agents import Tool
from langchain.agents.agent import AgentExecutor
from langchain.agents.react.agent import create_react_agent
from langchain_community.tools.tavily_search.tool import TavilySearchResults
...생략...

# 1. ReAct 에이전트를 위한 프롬프트 템플릿 생성
prompt = ChatPromptTemplate.from_template(
    """당신은 유능한 기상학자입니다. 온도에 대한 답변은 섭씨로 해주세요. 필요한
경우 다음 도구들을 사용할 수 있습니다:
    {tools}

    Important: You must strictly follow the format below. The Final Answer should
only appear after a Thought. If no Action is needed, do not skip it or write that
you're proceeding without an action – always adhere to the structure.

    Use the following format:
```

```
    Question: the input question you must answer
    Thought: you should always think about what to do
    Action: the action to take, should be one of [{tool_names}]
    Action Input: the input to the action
    Observation: the result of the action
    ... (this Thought/Action/Action Input/Observation can repeat N times)
    Thought: I now know the final answer
    Final Answer: the final answer to the original input question

    Chat history: {chat_history}
    Question: {question}
    Thought:{agent_scratchpad}
    """
)

# 2. 올라마 초기화
llm = ChatOllama(
    model="qwen3:8b",
    temperature=0,
)

# 3. 에이전트가 사용할 도구들 초기화
# 3-1. Tavily 검색 도구: 웹 검색을 수행
search_tool = Tool(
    name="WebSearch",
    func=TavilySearchResults().run,
    description="This is a real-time web search tool (based on Tavily service)",
)

# 3-2. 도구 리스트 생성
tools = [search_tool]

# 4. ReAct 에이전트 생성 및 실행기 설정
agent = create_react_agent(llm, tools, prompt)
agent_executor = AgentExecutor(
    agent=agent, tools=tools, verbose=True, handle_parsing_errors=True
```

```
)

# 5. 대화 기록을 저장할 리스트 초기화
chat_history = []

# 6. 대화 루프 실행
print("기상학자 AI와 대화를 시작합니다.")

while True:
    # 6-1. 사용자 입력 받기
    user_input = input("질문을 입력하세요 (종료: exit): ")
    if user_input.lower() == "exit":
        break

    try:
        # 6-2. 에이전트 실행 및 응답 생성
        result = agent_executor.invoke(
            {"question": user_input, "chat_history": chat_history}
        )
        ...생략...
```

에이전트를 사용하려면 프롬프트도 ReAct 작동 구조에 맞게 수정해야 합니다. 예제에 포함된 프롬프트의 내용은 다음과 같습니다.

```
prompt = ChatPromptTemplate.from_template(
    """당신은 유능한 기상학자입니다. 온도에 대한 답변은 섭씨로 해주세요. 필요한
경우 다음 도구들을 사용할 수 있습니다:
    {tools}

    Important: You must strictly follow the format below. The Final Answer should
only appear after a Thought. If no Action is needed, do not skip it or write that
you're proceeding without an action – always adhere to the structure.

    Use the following format:
    Question: the input question you must answer
```

```
    Thought: you should always think about what to do
    Action: the action to take, should be one of [{tool_names}]
    Action Input: the input to the action
    Observation: the result of the action
    ... (this Thought/Action/Action Input/Observation can repeat N times)
    Thought: I now know the final answer
    Final Answer: the final answer to the original input question

    Chat history: {chat_history}
    Question: {question}
    Thought:{agent_scratchpad}
    """
)
```

프롬프트에서 특이한 점은 세 가지입니다. 먼저 LLM에게 사용할 수 있는 도구 목록을 전달하기 위해 `{tools}` 파라미터를 넣었습니다. `{tools}`에 들어갈 정보는 추후 코드에서 검색 도구를 정의한 뒤 넣어줍니다.

그리고 ReAct 구조를 명시적으로 프롬프트에 넣어서 LLM에게 어떻게 작동해야 하는지를 알려줍니다. 에이전트를 만든다면 위 프롬프트를 기본으로 본인에게 필요한 내용을 첨삭하는 형태로 재사용할 수 있습니다.

그리고 마지막에 `{agent_scratchpad}` 파라미터가 있습니다. 에이전트는 한 번의 LLM 실행으로 출력을 얻는 방식이 아니라 LLM이 도구 호출 및 사고 과정을 반복하는 방식으로 작동합니다. 따라서 에이전트가 각 실행 단계에서 도출한 결론을 다음 단계를 실행하는 LLM이 알 수 있도록 전달해야 합니다. 이 역할을 하는 것이 바로 `{agent_scratchpad}` 파라미터입니다.

프롬프트를 생성한 뒤에는 LLM 모델을 생성했습니다.

```
llm = ChatOllama(
    model="qwen3:8b",
    temperature=0,
)
```

LLM 모델은 지금까지 사용해오던 qwen3:8b 모델이 도구 사용을 지원하기 때문에 그대로 유지했습니다. 다른 LLM을 사용해 답변의 품질을 비교하고 싶을 때 이 부분을 수정하면 됩니다.

그리고 temperature 파라미터에 값으로 0을 지정했습니다. temperature 파라미터는 LLM 출력의 일관성과 창의성(또는 예측 가능성과 무작위성)의 정도를 조절하는 값입니다. 즉, temperature 값을 0.0~0.3 정도로 낮게 설정하면 LLM 출력의 창의성이 줄고 정확도가 높아져서 코딩, 수학, 도구 기반 에이전트에 적합합니다. 반면에 0.8~1.0과 같이 높게 설정하면 LLM은 창의적이고 유연한 답변을 생성하므로 스토리 생성, 마케팅 아이디어 도출 같은 작업에 적합해집니다. 따라서 답변의 품질에 문제가 있을 때 가장 먼저 확인해 봐야 할 부분 중 하나입니다.

여기까지 준비되면 이제 본격적으로 도구와 에이전트를 구성할 차례입니다.

```
search_tool = Tool(
    name="WebSearch",
    func=TavilySearchResults().run,
    description="This is a real-time web search tool (based on Tavily service)",
)

while True:
    ...생략...
    try:
        result = agent_executor.invoke(
...생략...
```

웹 검색을 위한 도구로 TavilySearch 서비스를 사용했습니다. 랭체인은 TavilySearch 서비스 사용을 위한 도구를 기본으로 내장하고 있으며 별도의 서비스 가입 절차 없이 사용이 가능합니다. 따라서 TavilySearchResults 객체를 실행하는 코드만으로 도구 설정이 완료됩니다.

에이전트의 생성도 간단합니다. ReAct 타입의 에이전트는 create_react_agent()를 실행하는 것만으로 생성되며, 세부적인 작동은 이미 랭체인 내부에 구현돼 있습니다. create_react_agent()를 이용해서 생성된 agent는 LLM 기반으로 사고(Reasoning)와 다음 행동을 결정하는 역할을 맡게 됩니다. 즉, agent는 LLM을 중심으로 이뤄지는 논리적인 사고와 판단을 담당합니다. 이 때문에 agent를 생성할 때 llm, tools, prompt와 같은 입력값을 전달합니다.

반면, 도구를 실행하고, ReAct 구조를 반복하고, 에러를 처리하는 등의 실질적인 작동과 제어는 AgentExecutor가 담당합니다. 좀 더 쉽게 이해하자면 AgentExecutor는 agent의 명령을 수행하는 모듈이라고 생각해도 좋습니다. 따라서 agent와 agent_executor는 하나로 결합돼 있으며, 에이전트의 실행은 agent_executor를 통해 이뤄집니다. AgentExecutor를 실행할 때 verbose=True로 설정돼 있는데, verbose 파라미터를 True로 설정하면 에이전트의 추론 과정이 출력됩니다.

7.2.3 에이전트 작동 모니터링

에이전트는 사용자의 요구사항이 복잡할수록 ReAct 구조를 계속 반복 실행하는 형태로 작동한다고 설명했습니다. 하지만 이 과정은 대부분이 랭체인이 제공하는 에이전트 코드 안에서 이뤄지기 때문에 코드를 작성하는 우리에게는 블랙박스와 다름없습니다. 단지 LLM이 작동하면서 중간중간 내놓는 메시지만으로 에이전트의 상태를 판단해야 합니다.

여기서 에이전트가 원하는 대로 잘 작동한다면 문제가 없겠지만 만약 에이전트의 출력에 뭔가 문제가 있다면 어떻게 해야 할까요? 반복해서 실행되는 LLM이 어떤 입력값을 가지고 어떤 출력을 했으며, 각 도구를 호출할 때의 입력값과 호출 결과는 어떤지 확인해야 하는데 우리가 접근할 수 있는 정보는 극히 제한적입니다. 에이전트가 실행 도중 문제가 생겨 실행을 중단하고 오류만을 출력한다면 어디서 어떤 정보가 문제인지 파악하기가 쉽지 않습니다.

따라서 에이전트를 본격적으로 사용하는 시점부터는 앞 장에서 배웠던 랭스미스를 활용하기를 권장합니다. 랭스미스를 사용하면 에이전트의 각 단계별, 작동별로 디버깅에 필요한 데이터들을 랭스미스 서버에 자동으로 업데이트합니다. 따라서 문제가 발생하더라도 랭스미스에서 원인을 추적하기가 훨씬 수월해집니다.

다음 그림은 이번 실습 예제에 랭스미스를 활성화해서 실행하고, 그 결과를 랭스미스에서 확인한 결과입니다.

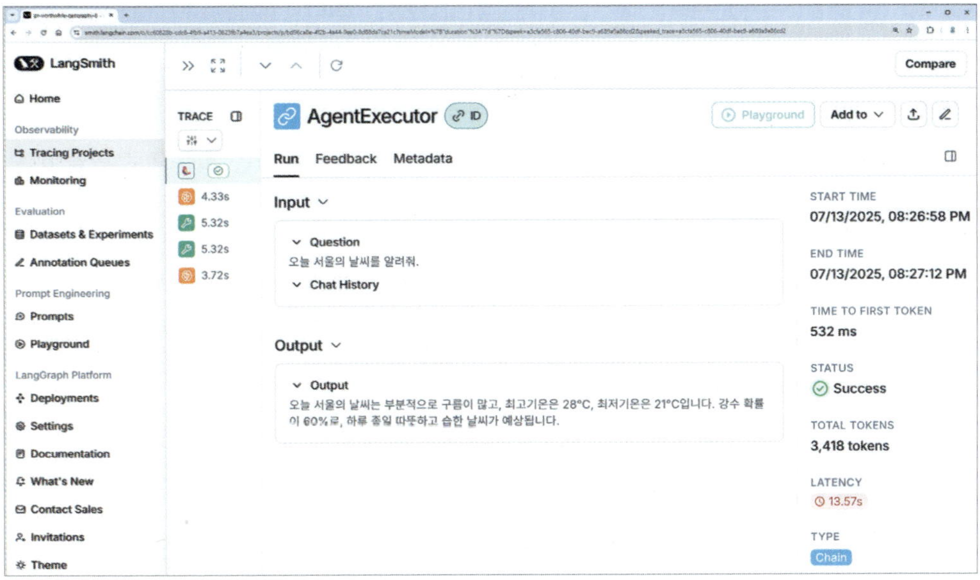

그림 7.4 랭스미스의 TRACE 기능을 이용한 에이전트 모니터링

랭스미스의 좌측 메뉴 중 **Tracing Projects**를 선택하고 `.env` 파일에 기록된 프로젝트로 들어가 보면 에이전트 실행 결과들을 확인할 수 있습니다. 여기서 방금 실행한 예제에 해당하는 `AgentExecutor` 항목을 선택하면 이전 그림과 같은 TRACE 화면을 보실 수 있습니다. 그림에서 보다시피 `AgentExecutor`가 실행되는 각 단계별로 세부적인 내용이 모두 추적되고 있습니다.

이곳에서 도구 호출 내역도 확인할 수 있습니다. 따라서 Tavily 검색을 수행할 때 LLM이 어떤 쿼리(query) 값을 넣었는지, 검색 결과가 무엇인지도 파악할 수 있고 LLM이 그 결과에서 원하는 정보를 어떻게 추출했는지도 파악할 수 있습니다.

지금이야 한 번의 도구 호출로 끝나서 간단해 보이지만 복잡한 질문에 도구 호출을 수차례에 걸쳐 반복했다면 랭스미스 없이 디버깅하기란 상상하기 어려울 것입니다.

7.3 다양한 도구를 활용하는 에이전트 구현

이번에는 에이전트에게 좀 더 난이도가 높은 작동을 요구해 보겠습니다. 이를 위해 도구도 3개를 사용하고 질문도 도구들을 1회 이상 활용해야 대답할 수 있는 질문으로 만들어 보겠습니다.

이번 실습 예제를 통해 랭체인으로 구현한 에이전트가 복잡한 요청을 해결하기 위해 스스로 작업을 순서를 결정하고, 각각의 작업을 수행하는 데 필요한 입력과 출력 데이터를 적절히 다루는지 확인할 수 있을 것입니다.

7.3.1 멀티 도구 에이전트 예제 소개

이번 예제에서 사용할 도구는 웹 검색 도구와 수학 계산 도구, 파일 저장 도구입니다. 그리고 이 도구들을 모두 사용할 수 있도록 다음과 같이 다소 복잡한 요구사항을 전달할 예정입니다.

```
전 세계의 인구 중에 한국 인구가 차지하는 비율을 알려줘. 그리고 계산된 값을 텍스트 파일로 저장해줘.
```

이 요청을 처리하기 위해서는 검색과 수학 계산, 파일 저장을 결합한 다단계 작업을 처리할 수 있어야 합니다. 하지만 아쉽게도 7.2절의 예제처럼 올라마와 `qwen3:8b` 모델로는 이런 복잡한 작업을 처리하기에는 무리가 있습니다. 7.2절의 예제를 수정해서 실행해 보면 제대로 된 답변을 내놓지 못하는 경우가 많고, 때로는 불가능한 경우도 있습니다. 그래서 이번 예제에서는 올라마 대신 OpenAI API를 이용해 처리하겠습니다.

에이전트를 실행한 후 Tavily 검색이 끝나고 인구에 대한 데이터가 모이면 수학 도구를 이용해 비율을 계산해야 합니다. 이때 사용되는 계산 도구는 `LLMMathChain`이라는 이름으로 랭체인에서 제공하는 도구를 사용할 예정입니다. 그러면 LLM이 답변할 최종 비율값을 얻을 수 있습니다.

이제 마지막으로 최종 결과를 화면에 출력할 뿐 아니라 파일로 저장해야 합니다. 이를 위해 사용자가 직접 만든 파일 저장 함수를 도구로 등록해서 사용하겠습니다. 이처럼 사용자 지정 도구 활용법을 익혀두면 추후 에이전트의 기능 확장에 큰 도움이 될 것입니다.

그럼 이제까지 설명한 실습 예제를 직접 실행해 보고 실제 LLM이 복잡한 요청 사항을 분석해서 처리하고, 결과가 파일로 생성되는지 확인해 보겠습니다.

예제 코드 다운로드 및 환경 구성

예제 코드를 내려받고 준비하는 과정은 앞 예제에서 했던 과정과 동일합니다.

[실습 환경 구성]

```
cd ollama-mcp-tutorials/ch07/02_agent_with_multi_tools
uv sync
```

이번 예제는 에이전트의 작동이 다소 복잡해질 거라 예상할 수 있습니다. 따라서 추후 에이전트의 작동 분석이 용이하도록 랭스미스를 활성화하겠습니다. 랭스미스를 활성화하려면 `.env` 환경 설정 파일에 아래 정보가 기재돼 있어야 합니다.

[.env 파일에 랭스미스 설정을 추가]

```
LANGSMITH_TRACING=true
LANGSMITH_ENDPOINT="https://api.smith.langchain.com"
LANGSMITH_API_KEY="<your-api-key>"
LANGSMITH_PROJECT="agent-with-multi-tools"
```

그리고 Tavily 검색과 OpenAI 서비스도 사용해야 하므로 아래 정보도 .env 파일에 추가합니다.

[.env 파일에 Tavily, OpenAI 설정을 추가]

```
TAVILY_API_KEY="<your-api-key>"
OPENAI_API_KEY="<your-api-key>"
```

실행 및 결과 확인

이제 예제를 실행할 준비가 끝났습니다. 다음과 같이 예제를 실행하고 질문을 입력하세요.

[예제 코드 실행]

```
> uv run main.py
질문을 입력하세요 (종료: exit): 전 세계의 인구 중에 한국 인구가 차지하는 비율을
알려줘. 그리고 결과를 파일로 저장해줘.

> Entering new AgentExecutor chain...
Question: 전 세계의 인구 중에 한국 인구가 차지하는 비율을 알려줘. 그리고 계산된
값을 텍스트 파일로 저장해줘.
Thought: 먼저 전 세계 인구와 한국 인구 데이터를 찾아야 한다. 그 후 비율을 계산하고,
계산된 값을 텍스트 파일로 저장하겠다.
Action: WebSearch
Action Input: "current world population and South Korea population 2024"
...생략...

Thought: 전 세계 인구와 한국 인구 데이터를 확보했다. 한국 인구는 약
52,246,747명(2024년 기준)이고, 전 세계 인구는 아직 확인하지 못했다. 전 세계 인구를
찾아서 비율을 계산한 후, 결과를 텍스트 파일로 저장하겠다.
...생략...
Action: WebSearch ...생략...

Thought: 전 세계 인구는 약 8,118,835,999명(2024년 기준)이고, 한국 인구는 약
52,246,747명(2024년 기준)이다. 이 두 값을 이용해 한국 인구가 전 세계 인구에서
차지하는 비율을 계산하겠다.
```

```
...생략...
Action: MathCalculator ...생략...
Action: SaveTextToFile ...생략...

Thought: 전 세계 인구와 한국 인구 데이터를 확보했고, 비율을 계산했다. 계산된 비율을 텍스트 파일로 저장도 완료했다.
...생략...

AI ---> 2024년 기준, 한국 인구는 약 52,246,747명이고, 전 세계 인구는 약 8,118,835,999명입니다. 따라서 한국 인구가 전 세계 인구에서 차지하는 비율은 약 0.644%입니다. 이 내용은 텍스트 파일로 저장되었습니다.
```

예제 코드의 실행 결과를 살펴보면 마치 사람처럼 계획을 세우고 도구를 사용했음을 알 수 있습니다.

1. 문제 해결을 위한 실행 계획을 수립: 전 세계 인구 검색(Thought)
2. 전 세계 인구를 검색(Action)
3. 다음 실행 계획: 한국 인구 검색(Thought)
4. 한국 인구를 검색(Action)
5. 다음 실행 계획: 비율 계산과 저장(Thought)
6. 한국 인구의 비율을 계산(Action)
7. 계산된 비율을 텍스트 파일로 저장(Action)
8. 다음 실행 계획: 최종 결과를 취합해서 출력(Thought)

이제는 AI 서비스가 많이 보급돼 있어서 이 같은 결과가 익숙할 법 하지만 여전히 제게는 매우 인상적인 결과입니다. 이런 기능을 구현하기 위해서는 사람이 일일이 고민하고 코드로 구현해야 했는데, 이제는 LLM이 구동할 수 있는 환경만 갖춰주면 자동으로 일을 처리해 주니까요.

7.3.2 여러 개의 도구를 사용하는 에이전트 예제 분석

7.2절에서 사용했던 에이전트의 기본 예제와 코드 진행은 유사합니다. 다만 LLM과 도구만 바뀌었을 뿐입니다. 7.2절과 7.3절 예제에서 에이전트의 작동 차이에 비해 코드 변경사항은 매우 적다는 점을 보면 랭체인이 얼마나 쉽고 효율적인 도구인지 알 수 있습니다.

이번 예제 분석은 7.2절과 비교해서 바뀐 코드 위주로 살펴보겠습니다.

여러 개의 도구를 사용하는 에이전트 예제(ch07/02_agent_with_multi_tools/main.py)

```
# 환경변수 로드(.env 파일에서 API 키 등을 로드)
load_dotenv()

...생략...

# 2. ChatOpenAI 초기화
llm = ChatOpenAI(model_name="gpt-4.1-mini", temperature=0)

# 3. 에이전트가 사용할 도구를 초기화
# 3-1. Tavily 검색 도구: 웹 검색을 수행
search_tool = Tool(
    name="WebSearch",
    func=TavilySearchResults().run,
    description="This is a real-time web search tool (based on Tavily service)",
)

# 3-2. 수학 계산 도구: 수학적 계산을 수행
math_tool = Tool.from_function(
    name="MathCalculator",
    func=LLMMathChain.from_llm(llm=llm).run,
    description="""Useful for when you need to answer questions about math.
        This tool is only for math questions and nothing else.
        Only input math expressions.""",
)

# 3-3. 파일 저장 도구: 문자열을 텍스트 파일로 저장
```

```
def save_to_file_tool(text: str) -> str:
    with open("output.txt", "w") as f:
        print(f"Saving to file: output.txt")
        f.write(text)
    return "파일 저장 완료"

save_tool = Tool(
    name="SaveTextToFile",
    func=save_to_file_tool,
    description="Save string to file. Input is the string to save.",
)

# 3-4. 도구 리스트 생성
tools = [search_tool, math_tool, save_tool]

...생략...
```

앞에서 설명했듯이 에이전트의 작동이 다소 복잡하기 때문에 올라마 대신 OpenAI API를 사용했습니다. 따라서 `ChatOpenAI` 클래스를 이용해 `gpt-4.1-mini` 모델을 LLM으로 사용했습니다. 이를 위해 코드의 시작 부분에 `load_dotenv()` 함수를 호출해서 환경변수를 불러왔습니다.

```
load_dotenv()

...생략...

llm = ChatOpenAI(model_name="gpt-4.1-mini", temperature=0)
```

웹 검색을 위해서는 Tavily 서비스를 사용해야 하므로 `TavilySearchResults` 클래스를 이용해 에이전트가 사용할 수 있는 도구를 만들었습니다. `TavilySearchResults` 클래스는 Tavily 서비스와 연동하기 위한 코드를 모두 포함하고 있기 때문에 `.env` 파일에 API 키만 설정돼 있으면 작동합니다.

```
search_tool = Tool(
    name="WebSearch",
    func=TavilySearchResults().run,
    description="This is a real-time web search tool (based on Tavily service)",
)
```

7.2절의 예제와는 다르게 Tool 클래스를 이용해 Tavily 도구를 생성했습니다. 이 방법은 name, description 파라미터를 통해 사용자가 도구의 의미를 설명하기 좋다는 장점이 있습니다.

수학 계산을 위해 사용하는 LLMMathChain 계산 도구는 외부 서비스를 연동하는 방식이 아니라 랭체인에서 자체적으로 구현해서 제공하는 도구입니다. 따라서 이 도구는 API 키와 같은 설정 없이 바로 사용 가능합니다.

```
math_tool = Tool.from_function(
    name="MathCalculator",
    func=LLMMathChain.from_llm(llm=llm).run,
    description="""Useful for when you need to answer questions about math.
        This tool is only for math questions and nothing else.
        Only input math expressions.""",
)
```

계산 도구를 생성하는 코드인 LLMMathChain.from_llm(llm=llm)을 자세히 살펴보면 LLM을 직접 도구에 연결합니다. 이것은 LLMMathChain이 수학 문제를 푸는 과정을 직접 수행하는 것이 아니라 LLM이 추론하게 하는 방식으로 작동한다는 것을 의미합니다. 이러한 작동 방식은 LLM이 출력하는 메시지로는 파악하기가 어렵고, 랭스미스의 TRACE 리스트를 보면서 확인해야 합니다.

마지막으로 파일 저장 도구는 사용자가 직접 작성한 함수를 이용해서 구현한 도구입니다. 사용법도 간단해서 파일을 저장하기 위한 save_to_file_tool 함수를 직접 작성한 뒤, 이 함수를 도구로 등록하면 됩니다.

```
def save_to_file_tool(text: str) -> str:
    with open("output.txt", "w") as f:
        print(f"Saving to file: output.txt")
        f.write(text)
    return "파일 저장 완료"

save_tool = Tool(
    name="SaveTextToFile",
    func=save_to_file_tool,
    description="Save string to file. Input is the string to save.",
)
```

save_to_file_tool 함수를 생성해서 문자열을 파일로 저장할 수 있도록 코드를 작성했습니다. 이처럼 사용자가 제작한 함수를 Tool 클래스의 func 파라미터로 지정해서 "사용자 정의 도구"를 만들 수 있습니다.

이렇게 해서 3개의 도구가 모두 만들어졌습니다. 이 도구들을 에이전트에 넘겨주면 에이전트는 3개의 도구를 사용해 문제를 해결합니다.

7.3.3 에이전트 작동 모니터링

실습 예제에서는 AgentExecutor를 실행할 때 verbose=True로 설정했기 때문에 에이전트의 추론 과정이 단계별로 화면에 출력됩니다. 따라서 출력되는 텍스트를 분석해도 어느 정도 에이전트의 작동 내역을 짐작할 수 있습니다. 하지만 이번 예제는 에이전트가 화면에 출력되는 것보다 훨씬 더 많은 작업을 수행하면서 복잡하게 돌아갑니다. 따라서 랭체인의 TRACE 기능을 활용해 분석해 보기를 권장합니다.

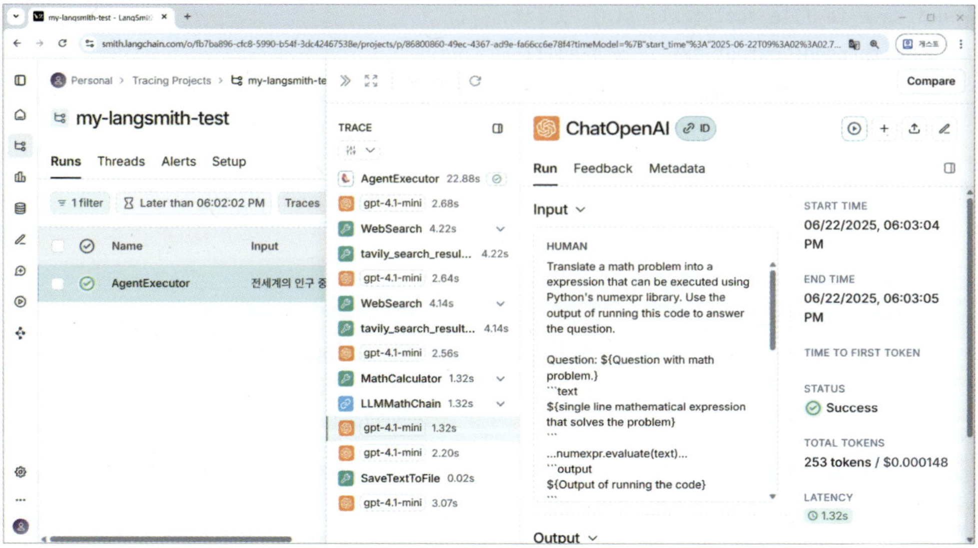

그림 7.5 랭스미스의 TRACE 기능을 활용한 에이전트 모니터링

랭스미스의 좌측 메뉴 중 **Tracing Projects**를 선택하고 `.env`에 기록된 프로젝트를 선택합니다. 그리고 방금 실행한 `AgentExecutor` 항목을 선택하면 TRACE 화면을 볼 수 있습니다.

TRACE 화면에서 좌측 실행 항목 리스트를 보면 시간순으로 어떤 작동들이 실행됐는지 알 수 있습니다. 여기서 눈에 띄는 점 몇 가지를 살펴보겠습니다.

먼저 LLM이 한두 번만 실행되는 것이 아니라 계획 수립, 도구 호출 전후 그리고 데이터를 수집-변경하는 각 단계마다 계속해서 실행된다는 점입니다. 그리고 LLM이 실행되는 매 단계마다 변경된 데이터를 LLM에게 계속 전달해서 LLM이 연속적인 작업을 수행할 수 있도록 해줍니다. 이런 특징은 TRACE 항목 중 `ChatOpenAI`를 하나씩 선택해서 어떤 `Input`이 사용됐는지를 확인해 보면 알 수 있습니다.

그리고 `WebSearch` 도구도 두 번 이상 사용됐음을 알 수 있습니다. 이것은 에이전트가 웹 검색을 수행한 결과를 분석해서 최종 답변을 만들기에 충분한지 판단하면 반복적으로 도구를 호출할 수 있음을 의미합니다. 실제로 첫 번째 웹 검색은 "전 세계 그리고 한국의 2024년 인구"이고 두 번 째 웹 검색은 "전 세계 2024년 인구"였습니다.

첫 번째와 마지막 LLM 호출도 눈여겨볼 만합니다. 첫 번째 LLM 호출의 Output 내용을 보면 다음과 같이 기록돼 있습니다.

```
Output
Question: 전 세계의 인구 중에 한국 인구가 차지하는 비율을 알려줘. 그리고 계산된
값을 텍스트 파일로 저장해줘.
Thought: 먼저 전 세계 인구와 한국 인구 데이터를 찾아야 한다. 그 후 비율을 계산하고,
계산된 값을 텍스트 파일로 저장하겠다.
Action: WebSearch
Action Input: "current world population and South Korea population 2024"
```

즉, 에이전트가 시작할 때 LLM은 앞으로 해야 할 작업 계획을 미리 세워뒀음을 알 수 있습니다. 그리고 이 계획 뒤에 실행되는 LLM에도 전달되어 계획대로 실행이 가능했음을 유추할 수 있습니다.

마지막 LLM 호출의 Output 내용도 확인하겠습니다.

```
Output
Question: 전 세계의 인구 중에 한국 인구가 차지하는 비율을 알려줘. 그리고 계산된
값을 텍스트 파일로 저장해줘.
Thought: 전 세계 인구와 한국 인구 데이터를 확보했고, 비율을 계산했다. 계산된 비율을
텍스트 파일로 저장도 완료했다.
Final Answer: 2024년 기준, 한국 인구는 약 52,246,747명이고, 전 세계 인구는 약
8,118,835,999명입니다. 따라서 한국 인구가 전 세계 인구에서 차지하는 비율은 약
0.644%입니다. 이 내용은 텍스트 파일로 저장되었습니다.
```

마지막 LLM 호출 결과는 사용자의 입력과 그동안의 처리 내용, 그리고 최종 답변(Final Answer)까지 요약돼 있습니다. 따라서 이 답변을 인식하면 에이전트의 작동이 끝난다는 것을 알 수 있습니다.

랭스미스의 TRACE를 통해 들여다본 에이전트의 작동은 생각보다 똑똑하게 느껴집니다. 마치 우리가 사용자의 질문대로 수행하는 코드를 짜기 위해 수행하는 사고의 흐름을 펼쳐 놓은 듯합니다. 하지만 이게 전부가 아닙니다. LLM을 다루는 랭체인 기술을 응용해서 에이전트라는 발전을 이뤘듯이 에이전트를 응용해서 더 복잡하고 어려운 문제를 푸는 랭그래프(LangGraph) 기술도 있습니다. 에이전트를 구성하는 코드에 조금만 익숙해지면 다음 주제인 랭그래프의 기초를 배울 때도 그리 어렵지 않을 것입니다.

CHAPTER

08

랭그래프와 멀티 에이전트 시스템

이 책은 간단한 챗봇 프로그램을 만드는 것으로부터 시작했습니다. 여기에 살을 붙이고 기능을 추가하고, 여러 가지 팁들을 적용해 나가다 보니 어느새 다양한 도구로 문제를 해결하는 에이전트까지 만들었습니다. 하지만 사람의 욕심은 끝이 없습니다. 에이전트 하나로 모든 작업을 처리하기보다는 특정 작업을 전문적으로 처리하는 에이전트들을 만들고, 이 에이전트들이 역할을 분담해서 작동하는 시스템은 어떨까요? AI 프로그래밍 기술이 고도화되면 자연스럽게 이러한 욕심이 생기기 마련입니다.

하지만 작업을 분해해서 에이전트 사이를 매끄럽게 전환하면서 문제를 해결해 나가는 시스템을 직접 구현하기란 쉬운 일이 아닙니다. 이처럼 고도화된 시스템을 만들려면 그만큼 고도화된 AI 프로그래밍 프레임워크가 필요합니다. 비록 랭체인이 AI 프로그래밍을 도와주는 가장 쉽고 효율적인 프레임워크 중 하나지만 이 영역은 랭체인만으로는 채워지지 않는 영역입니다. 바로 이런 갈증에서 랭그래프(LangGraph)가 등장했습니다.

랭그래프는 에이전트와 AI 프로그램들이 묶여서 더 큰 시스템을 만드는 데만 유용한 것이 아닙니다. 랭그래프로 워크플로(workflow)를 구성하면 훨씬 자유롭고 세밀하게 제어할 수 있습니다. 또한 다른 시스템이나 모듈, 사용자와 상호작용하기 위한 장치도 잘 갖춰져 있습니다.

비록 장점이 많은 만큼 배우는 데 난이도가 더 높기는 하지만 인내심을 발휘해서 조금만 노력하면 AI 프로그래밍 기술이 진일보했음을 느낄 수 있을 것입니다.

8.1 랭그래프와 멀티 에이전트 시스템 소개

랭그래프는 LLM을 이용한 작업 흐름을 자유롭게 구성할 수 있도록 지원합니다. 여기서 말하는 '작업'이란 무엇이라고 꼬집어 정의할 수 없는 보편적인 문제 해결 과정을 가리킵니다. 따라서 랭그래프도 자유롭고 범용적인 문제 해결 솔루션을 제시해야 합니다. 랭그래프의 사용법을 배우기에 앞서, 랭그래프가 제시하는 문제 해결 솔루션이 무엇이고 어떤 규칙을 통해 랭그래프를 구현할 수 있는지 알아보겠습니다.

8.1.1 랭그래프란?

먼저 랭그래프의 중요성을 확인하기 위해 아래의 랭그래프 공식 홈페이지를 방문해 보기 바랍니다.

- **랭그래프 공식 홈페이지:** https://www.langchain.com/langgraph

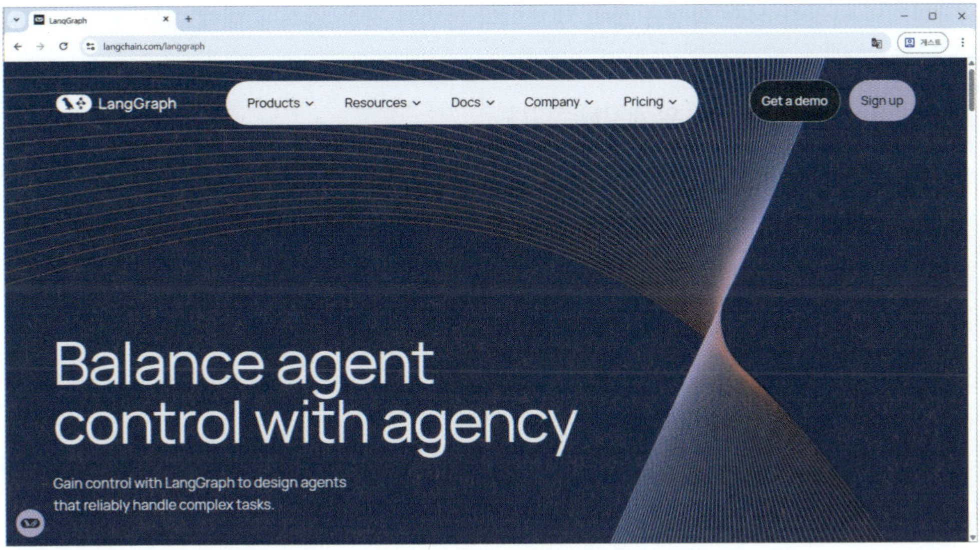

그림 8.1 랭그래프 공식 홈페이지

홈페이지 상단의 **Products**에는 랭그래프가 랭체인과 함께 프레임워크(frameworks) 항목으로 등록돼 있고, **Docs** 메뉴를 펼쳐보면 랭체인, 랭스미스, 랭그래프가 함께 보입니다. 그만큼 랭그래프는 랭체인 팀의 주요한 프로젝트로 간주되고 있다는 점을 알 수 있습니다. 그렇다면 랭그래프란 무엇이며, 랭체인과의 차이점은 무엇일까요?

공식 홈페이지에서 제공하는 랭그래프에 대한 설명을 요약하면 다음과 같습니다.

> "랭그래프는 상태(state)를 기반으로 순환하며 오랜 시간 실행되는 LLM 애플리케이션 및 에이전트를 구축하기 위한 멀티 에이전트 기반 라이브러리입니다."

공식적인 설명답게 랭그래프의 정의를 매우 압축적으로 설명하고 있지만 여기에 포함된 여러 가지 개념들을 이해하지 않으면 모호하게만 들립니다. 따라서 랭그래프의 정의와 필요성은 이 같은 설명보다는 랭체인의 작동을 기반으로 기능을 확장해가는 사고실험을 해보면 좀 더 쉽게 알 수 있습니다.

8장까지의 다양한 실습 과정을 통해 랭체인의 문법과 작동 방식에 대해 어느 정도 익숙해졌을 것입니다. 실습 예제에서 랭체인은 LLM을 사용하는 데 필요한 컴포넌트들을 체인으로 연결해 처리하는 방법론을 제시했습니다.

- 프롬프트 → LLM → 출력 파서

하지만 사용자나 시스템의 요구사항이 복잡해지는 경우, 그리고 시스템 내외부의 로직이나 데이터에 접근해서 작업을 수행해야 하는 경우에는 이 같은 직선적인 데이터 처리만으로는 원하는 목표를 달성하기가 어렵습니다. 그래서 도구들을 랭체인에 결합하고, LLM이 반복적으로 도구를 사용하며, 처리 결과를 가지고 다음 작업들을 수행할 수 있도록 에이전트를 구성했습니다. 에이전트를 사용함으로써 복잡한 작업들이 작은 단위의 작업들로 나뉘고, 이렇게 나눠진 작업들을 도구를 사용해 처리하며 목표를 향해 나아갈 수 있습니다.

사람들이 챗GPT 같은 서비스를 처음 사용할 때는 이 서비스가 얼마나 사람처럼 답변하는지 튜링 테스트라도 해보고 싶은 마음에 간단한 질문들을 연이어 해보곤 합니다. 이런 정도의 작업이라면 에이전트를 구성한 정도로도 어느 정도 대응이 가능할 것입니다. 하지만 근래의 AI 서비스들이 제공하는 챗 화면의 UI를 보면 서비스가 이전과는 비교할 수 없을 정도로 복잡해졌음을 알 수 있습니다.

이제는 텍스트 입력뿐 아니라 이미지, 음성을 입력할 수도 있으며 각종 파일들을 첨부할 수도 있습니다. 현재 가지고 있는 데이터가 부족하다면 인터넷에서 주제와 부합하는 데이터를 검색하고 요약해서 답변에 참고하도록 할 수도 있습니다. 출력되는 형식은 또 어떤가요? 이미지뿐 아니라 동영상 또는 워드 파일 같은 문서 포맷을 제공하기도 하며, 코딩과 관련된 주제인 경우 코드를 실행하는 툴을 제공하기도 합니다. 그만큼 사용자들의 요구사항이 복잡해졌을 뿐 아니라 AI 서비스의 응용 분야와 작업 범위도 확장됐습니다.

그런데 이러한 요구사항을 기존의 랭체인과 에이전트를 이용해서 구현한다면 어떨까요? 구현이 불가능하지는 않겠지만 효율적이라 할 수는 없습니다. 랭체인이 제공하는 방법론은 직선적이기 때문에 체인을 수행하는 중간에 발생하는 동적인 데이터나 조건에 따라 분기, 순환하는 구조를 만들기가 쉽지 않습니다. 에이전트의 경우 많은 도구들이 입력되면 성능이 좋은 LLM이라 하더라도 작업을 효율적으로 처리하기 힘들어집니다. 따라서 자연스럽게 더 유연하고 강력한 상위 수준의 프레임워크가 필요해집니다.

그래서 등장한 것이 바로 랭그래프입니다. 랭그래프는 랭체인처럼 직선적인 작동 구조가 아니라 동적으로 생성되는 데이터에 따라 상태를 결정하고, 상태에 따라 다양하게 분기 또는 순환할 수 있는 방법론을 제공합니다. 그뿐만 아니라 에이전트를 통해 처리할 작업을 세부적으로 쪼개서 각 작업을 가장 효율적으로 처리할 수 있는 전문 에이전트들을 이용해 해결합니다. 그리고 전문 에이전트 간의 상호작용을 통해 복잡한 작업을 해결해 가는데, 이를 가리켜 멀티 에이전트(multi-agent) 시스템이라 부릅니다.

이제 서두에 보여드렸던 랭그래프 정의를 떠올려 보시기 바랍니다. 상태, 멀티 에이전트의 개념을 머릿속에 넣고 보면 이해하기 힘들었던 설명이 좀 더 명확하게 이해될 것입니다. 랭그래프는 랭체인을 대체하는 프레임워크가 아닙니다. 랭그래프는 랭체인보다 높은 수준에서 AI 애플리케이션을 구조화하는 프레임워크이며, 이를 위해 랭체인과 에이전트를 하부 구성요소로 활용한다고 보는 편이 더 정확합니다.

랭그래프의 학문적, 이론적인 배경이 궁금하다면 다음 논문을 한번 읽어 보기를 권합니다. 랭그래프 공식 페이지에서 제공하는 예제들도 이러한 이론에 근거하고 있습니다.

- 『AutoGen: Enabling Next-Gen LLM Applications via Multi-Agent Conversation』: https://arxiv.org/abs/2308.08155

8.1.2 랭그래프의 구성 요소

앞서 랭체인은 단방향, 직선적인 데이터 처리 방식인 반면 랭그래프는 복잡하게 분기하고 때로는 순환하는 로직을 구현할 수 있다고 했습니다. 이런 차이점을 그림으로 비교하면 더 명확히 이해할 수 있습니다.

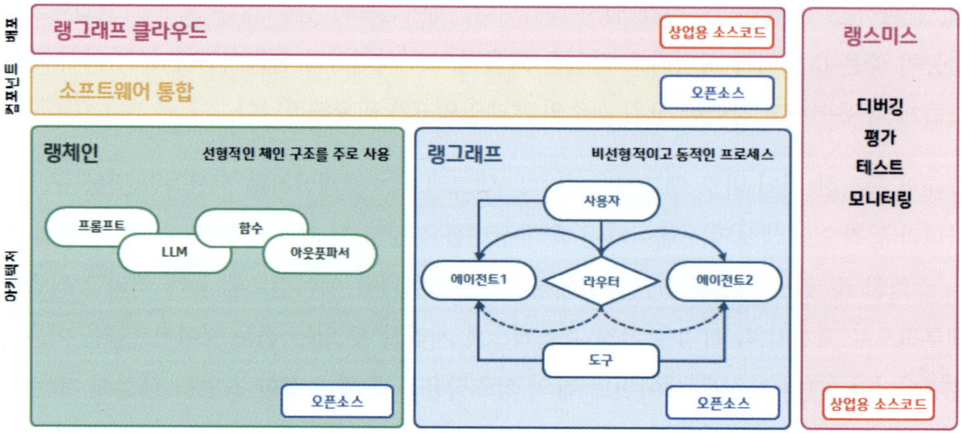

그림 8.2 랭체인과 랭그래프의 작동 로직 차이

실은 랭그래프라는 이름 자체가 랭그래프의 속성을 가장 잘 표현합니다. 그림 8.2의 예시처럼 랭그래프는 복잡한 로직을 코드로 작성할 수 있을 뿐 아니라 직관적인 그래프 방식으로 표현하고 이해할 수 있도록 해주는 장치를 마련하고 있습니다.

랭체인이 LCEL 체인을 이용해 로직을 표현했듯이 랭그래프도 로직을 그래프 기반의 워크플로로 작성할 수 있도록 지원합니다. 하지만 그래프 기반의 워크플로를 사용하기 위해서는 몇 가지 핵심 구성 요소들을 살펴볼 필요가 있습니다.

노드(Node): 에이전트의 작업 단위

랭그래프에서 가장 기본적인 구성 요소는 바로 '노드'입니다. 노드는 LLM 또는 함수형 컴포넌트가 실행되는 단위이며, 특정한 작업을 처리하는 역할을 합니다. 예를 들어, 문서를 요약하는 기능, 외부 API를 호출하는 기능, 다른 노드의 출력을 평가하는 기능 등을 하나의 노드로 정의할 수 있습니다.

노드는 랭체인에서 정의한 `Runnable`을 기반으로 작성하도록 설계돼 있습니다. 따라서 랭체인을 사용해서 구현했던 임베딩, 프롬프트 수정, 검색, 포매팅, 파싱 등 다양한 기능을 노드에 포함할 수 있습니다.

에지(Edge): 실행 흐름의 제어

노드 간의 연결을 담당하는 것은 에지입니다. 노드 간의 연결이란 단순히 다음 노드로 넘어가는 방향을 정의하는 것이 아니라 조건에 따른 분기, 반복되는 루프, 에러 처리와 같은 흐름 제어를 담당합니다. 따라서 에지는 랭체인과의 중요한 차이점을 만들고 랭그래프가 '그래프'다워질 수 있도록 해주는 구성 요소입니다.

예를 들어, '요약 결과가 일정 길이 이상일 경우에는 다시 요약 노드로 되돌아가기' 같은 로직이 있는 경우 요약이라는 기능은 노드를 통해 처리되지만 에지를 통해 현재의 **상태(state)**를 판단하고 다음으로 실행할 노드를 선택합니다.

빌더(Builder): 그래프를 구성하는 도구

랭체인에서 컴포넌트를 파이프로 연결한 것과 비슷하게 랭그래프에서는 노드와 에지를 연결해서 그래프를 구성하기 위해 빌더(Builder) 객체를 사용합니다. 빌더를 통해 각 노드에 이름을 지정하고, 해당 노드가 어떤 작업을 수행하며, 어떤 조건에서 어느 노드로 이동할지를 코드로 작성할 수 있습니다. 빌더를 통해 작성된 그래프(워크플로)는 이미지로도 출력할 수 있기 때문에 로직을 시각적으로 표현하는 데도 유리하고 디버깅과 유지보수 측면에서도 유리합니다.

그래프(Graph): 노드와 에지로 표현된 전체 로직

빌더를 통해 정의된 구조는 최종적으로 하나의 그래프로 컴파일되고, 이 그래프는 실행 가능한 객체로 변환되어 구동됩니다. 이때 그래프는 상태(State)를 입력으로 받아 상태를 갱신하며 지정된 노드와 에지 사이를 순회합니다. 따라서 랭그래프에서 '상태'는 매우 중요한 요소이며, 상태에 의해 그래프의 실제 워크플로가 결정됩니다. 이해를 돕기 위해 내용을 압축하자면 랭그래프를 이용해 사용자가 만든 실행 흐름과 코드를 그래프라 볼 수 있습니다.

라우터(Router): 분기와 반복을 위한 핵심 도구

마지막으로 라우터는 그래프에서 분기 로직을 담당하는 노드입니다. 에지에도 분기 기능이 있다고 소개했는데, 라우터와의 차이점은 분리 로직의 복잡성입니다. 단순하게 상태 정보만으로 분기할 수 있다면 에지를 사용하고, 여러 정보를 취합해 판단해야 하는 복잡한 판단이라면 라우터를 사용합니다. 라우터를 사용하면 사용자의 입력이나 대화의 흐름에 따라 어떤 에이전트를 어떤 순서로 사용할지와 같은 고수준의 판단을 포함할 수 있습니다.

랭그래프를 이용하면 훨씬 복잡하고 정교한 AI 프로그래밍 설계가 가능하다는 점은 두말할 나위가 없습니다. 그리고 앞에서 소개한 핵심 구성 요소에 대한 개념만 기억하면 다음 절부터 소개되는 랭그래프 예제도 어렵지 않게 익힐 수 있을 것입니다.

8.2 랭그래프 챗봇 예제

이제 첫 랭그래프 예제를 실습하겠습니다. 랭그래프를 사용한 첫 예제이니만큼 익숙한 기본 챗봇을 구현하는 예제를 준비했습니다. 이 챗봇은 사용자에게 입력을 받고 프롬프트를 구성해서 LLM에 전달하며, LLM의 응답을 화면에 출력하는 작동을 반복하도록 구성돼 있습니다. 이 과정은 랭체인의 기본 챗봇 예제와 동일하며, 단지 랭그래프의 문법으로 표현했을 뿐입니다.

8.2.1 프로젝트 생성과 테스트

랭체인으로 구현했던 챗봇을 랭그래프로 구현하면서 바뀌는 점은 다음 절에서 소스코드를 보며 설명할 예정입니다. 그 전에 예제 코드를 다운로드하고 실행하는 과정은 동일합니다.

이번 챗봇 예제는 매우 간단하므로 올라마와 `qwen3`를 사용해 LLM을 구성하겠습니다. 따라서 LLM을 위한 `.env` 환경변수 설정은 필요없지만 랭스미스에서 실행 과정을 추적할 수 있도록 랭스미스 설정을 추가하겠습니다.

[랭스미스 사용 설정]

```
LANGSMITH_TRACING=true
LANGSMITH_ENDPOINT="https://api.smith.langchain.com"
LANGSMITH_API_KEY="<your-api-key>"
LANGSMITH_PROJECT="my-langsmith-test"
```

랭그래프 예제는 이전 랭체인 예제와 다른 점이 한 가지 더 있습니다. 랭그래프는 사용자가 구성한 그래프를 이미지로 만들어주는 시각화 기능을 가지고 있습니다. 이번 예제에서는 이 기능을 이용해 챗봇의 로직을 이미지로 저장합니다. 다음 예제를 직접 실습하면서 그래프 구성을 직접 확인해 봅시다.

예제 코드 다운로드 및 환경 구성

예제 코드를 내려받고 준비하는 과정은 앞 예제에서 했던 과정과 동일합니다.

[실습 환경 구성]

```
cd ollama-mcp-tutorials/ch08/01_basic_chatbot_graph
uv sync
```

앞에서 언급했듯이 예제 코드를 실행하기 전에 .env 환경변수 파일을 생성하고 랭스미스 관련 설정을 추가해 둬야 합니다.

실행 및 결과 확인

준비가 완료되면 main.py 파일을 실행합니다.

[예제 코드 실행]

```
> uv run main.py
Graph saved as C:\Workspace\ch08\01_basic_chatbot_graph\graph.png
질문을 입력하세요 (종료: exit): 안녕. 너의 이름은?

Assistant:
```

```
... 생략...
안녕하세요! 저는 Qwen이라고요. 어떤 도움이 필요하신가요? 😊
```

매우 익숙한 커맨드 라인 인터페이스가 실행되고, 실행 결과도 예상과 다르지 않습니다. 다만 실행 후 첫 출력 라인에 "`Graph save as...`"라는 메시지가 나옵니다. 여기에 출력된 경로(`main.py` 파일이 위치한 폴더)를 확인해 보면 `png` 파일이 하나 생성돼 있을 것입니다. 이 이미지 파일에는 예제 코드에서 설정한 노드, 에지 등 그래프의 구성 요소들이 시각적으로 그려져 있어 그래프의 작동을 한눈에 파악할 수 있습니다.

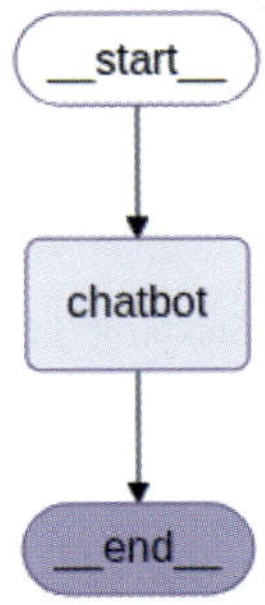

그림 8.3 챗봇 예제를 랭그래프로 시각화한 이미지

랭그래프 시각화 이미지는 매우 직관적이어서 별다른 설명이 필요하지 않을 정도입니다. 랭그래프에서 모서리가 둥근 사각형들은 노드를 표현하고, 노드 사이를 연결하는 화살표는 에지를 나타냅니다. 그리고 "__start__", "__end__"로 표현된 노드는 각각 그래프의 시작, 종료 지점이 되는 노드를 표현하기 위한 시스템 예약 노드입니다. 따라서 그림 8.3의 그래프는 사용자의 입력을 받아 LLM을 통해 처리하고 결과를 반환한 뒤 종료하는 채팅 그래프임을 보여줍니다.

8.2.2 랭그래프 챗봇 예제 분석

챗봇 예제의 구조는 이전에 만들어 본 것들과 크게 다르지 않습니다. 따라서 이번 실습에서는 그래프의 노드와 에지, 빌더 등을 이용해서 구성하는 방식에 주목하겠습니다.

랭그래프 챗봇 예제(ch08/01_basic_chatbot_graph/main.py)

```
... 생략 ...
load_dotenv()

# 1. 상태 클래스 정의
class State(TypedDict):
    messages: Annotated[list, add_messages]

# 2. 모델 초기화
llm = init_chat_model("ollama:qwen3:8b")

# 3. 그래프 빌더 생성
graph_builder = StateGraph(State)

# 4. 챗봇 노드 정의(모델 호출)
def chatbot(state: State):
    return {"messages": [llm.invoke(state["messages"])]}

# 5. 그래프 생성
# 5-1. 그래프 노드 추가
graph_builder.add_node("chatbot", chatbot)

# 5-2. 그래프 에지 추가
graph_builder.add_edge(START, "chatbot")
graph_builder.add_edge("chatbot", END)

# 5-3. 그래프 컴파일
graph = graph_builder.compile()

# 6. 그래프 시각화
try:
    png_data = graph.get_graph(xray=True).draw_mermaid_png()
    file_path = os.path.join(os.getcwd(), "graph.png")
    ...생략...

# 7. 챗봇 실행
```

```
while True:
    try:
        user_input = input("질문을 입력하세요 (종료: exit): ")
        ...생략...
        # 7-2. 그래프 실행 및 결과 출력
        for event in graph.stream(
            {"messages": [{"role": "user", "content": user_input}]}
        ):
            for value in event.values():
                print("Assistant:", value["messages"][-1].content)
...생략...
```

랭그래프에서 우리가 작성하고자 하는 로직은 노드, 에지 등의 구성 요소를 이용해서 표현하지만 실제 그래프가 작동할 때 매 순간 다음 작업을 판단하는 기준은 그래프 내부의 상태에 의존합니다. 따라서 상탯값을 표현하는 방법도 랭그래프에서 매우 중요한 부분 중 하나입니다.

먼저 상태 클래스(State)를 정의하고, 그 안에 그래프의 노드가 전환되는 경우 전달돼야 할 데이터(messages)들을 정의해서 넣습니다. 우리는 챗봇을 만들고 있으므로 사용자가 입력한 메시지와 LLM이 출력한 메시지들을 messages 리스트에 저장하면 됩니다. messages 리스트는 랭체인에서 사용했던 SystemMessage, HumanMessage, AIMessage, ToolMessage와 같은 메시지 타입을 저장할 수 있습니다.

[상태 클래스 정의]

```
class State(TypedDict):
    messages: Annotated[list, add_messages]
```

랭그래프를 본격적으로 사용하기 전에 우리가 사용할 LLM도 미리 만들어줘야 합니다. 올라마와 qwen3:8b를 이용할 예정이므로 다음과 같이 llm을 생성했습니다.

```
llm = init_chat_model("ollama:qwen3:8b")
```

이 코드는 앞서 랭체인 예제에서 사용했던 LLM 초기화 코드와는 약간 다르다는 것을 눈치 채셨을 수도 있습니다. 여기서는 `init_chat_model()`이라는 함수를 사용하고 있는데, 이 함수는 다양한 종류의 LLM 서비스와 모델을 동일한 방식으로 초기화하고 사용할 수 있도록 도와주는 통합 생성 함수입니다. 즉, OpenAI, 올라마, 앤트로픽, 미스트랄, 허깅페이스 같은 서로 다른 LLM 제공자들의 모델을 동일한 인터페이스로 다룰 수 있도록 추상화하는 기능을 수행합니다.

`init_chat_model()` 함수를 사용하면 로컬에서 실행되는 올라마 기반의 모델뿐만 아니라 상용 클라우드 기반 LLM 서비스도 동일한 방식으로 활용할 수 있기 때문에 실험 환경을 유연하게 구성하는 데 매우 유용합니다. 이 함수에 대한 자세한 설명은 랭체인 공식 문서의 API 레퍼런스 페이지에서 확인할 수 있습니다.

- **랭체인** API Reference: https://python.langchain.com/api_reference/langchain/chat_models/langchain.chat_models.base.init_chat_model.html

그 외에 사용 가능한 모델과 API들은 랭체인의 레퍼런스 페이지에서 확인할 수 있습니다.

- https://python.langchain.com/api_reference

상태가 정의되고 LLM 모델이 초기화되면 이제 랭그래프 코딩을 시작할 준비가 완료됐습니다. 우리는 마치 그래프를 그리듯 실행 로직을 작성해야 하므로 이 작업에 필요한 도구인 그래프 빌더(Graph builder)부터 만들어야 합니다.

```
graph_builder = StateGraph(State)
```

그래프 빌더도 다양한 종류가 있지만 일반적으로 쓰기 좋은 빌더 클래스는 `StateGraph`입니다. `StateGraph`를 빌더로 사용할 때는 앞서 미리 정의해 둔 상태(`State`) 클래스가 필요합니다.

랭그래프로 챗봇의 작업을 처리하기 위해서는 처리할 작업이 무엇인지 미리 계획할 필요가 있습니다. 랭체인으로 챗봇을 만든다면 다음과 같은 순서로 작업이 실행될 것입니다.

- 사용자 입력 → LLM 모델 호출 → 결과 출력

그런데 여기서 사용자 입력과 결과 출력은 우리가 사용하는 시스템에 따라 바뀔 수 있는 코드이므로 굳이 랭그래프 내부에 들어갈 이유가 없습니다. 따라서 랭그래프에는 'LLM 모델 호출' 작업만 수행하면 됩니다. 이 작업을 처리할 함수를 미리 chatbot() 함수로 만들어두고, 나중에 이 함수를 이용해 노드를 만들겠습니다.

```
def chatbot(state: State):
    return {"messages": [llm.invoke(state["messages"])]}
```

챗봇 함수는 한 줄에 그래프의 핵심 작업이 모두 표현돼 있습니다. 앞서 그래프의 노드 사이에 데이터를 전달하기 위한 State 클래스를 정의했는데, 이 state를 챗봇 함수가 호출될 때 전달받습니다. 그리고 state에서 message 항목을 꺼내 LLM에 전달함으로써 LLM이 작동합니다. LLM이 작동하고 나오는 출력은 다시 message에 담아서 State 형태로 만든 다음 이후의 작동으로 넘어갑니다.

랭그래프에서 처리할 작업은 챗봇 노드 하나면 됩니다. 단, 랭그래프는 작업의 시작과 끝을 알리기 위해 미리 만들어 둔 START, END 노드가 있습니다. 따라서 START, 'LLM 모델 호출', END 노드를 에지를 이용해 일직선으로 연결하면 우리가 원하는 챗봇용 그래프가 완성됩니다.

[그래프 생성 과정]

```
graph_builder.add_node("chatbot", chatbot)

graph_builder.add_edge(START, "chatbot")
graph_builder.add_edge("chatbot", END)

graph = graph_builder.compile()
```

그래프 빌더를 이용해 노드들을 추가하고, 다시 노드들을 에지로 연결했습니다. 그리고 그래프 빌더를 컴파일해서 설정한 노드와 에지가 작동할 수 있도록 준비했습니다. 그래프 빌더로 컴파일까지 완료되면 우리가 설정한 처리 구조가 모두 인식되기 때문에 이 구조를 그림으로 그리는 것도 가능해집니다. 아래 코드가 바로 그래프의 처리 구조를 이미지 파일로 만드는 코드입니다. 이 코드가 실행되면 그림 8.3과 같은 이미지 파일이 생성됩니다.

[그래프 시각화]

```
try:
    # 그래프를 PNG 파일로 저장
    png_data = graph.get_graph(xray=True).draw_mermaid_png()
    # 현재 작업 디렉터리에 'graph.png'라는 이름으로 저장
    file_path = os.path.join(os.getcwd(), "graph.png")
```

챗봇의 메인 로직을 담당할 그래프를 만드는 작업이 완료됐습니다. 이제 while 루프를 통해 사용자의 입력을 받고 이를 처리할 수 있도록 그래프를 실행하면 됩니다.

```
while True:
    try:
        user_input = input("질문을 입력하세요 (종료: exit): ")
        ...생략...
        for event in graph.stream(
            {"messages": [{"role": "user", "content": user_input}]}
        ):
            for value in event.values():
                print("Assistant:", value["messages"][-1].content)
```

앞에서 랭그래프의 작동 상태는 상태 클래스(State) 형식으로 저장된다고 설명했습니다. 따라서 랭그래프의 최종 실행 결과도 State로 저장되므로 State의 message에서 필요한 데이터를 추출해서 화면에 출력해야 합니다.

그래프를 실행한 결과를 담는 event 객체는 여러분이 State를 어떻게 정의하느냐에 따라 달라질 수 있으므로 반드시 랭스미스나 로그로 출력해서 결과를 확인해 보고 사용하기를 권장합니다.

8.2.3 랭그래프 챗봇 실행 모니터링

지금이야 간단한 챗봇 예제라서 랭그래프의 작동을 짐작하는 것이 어렵지 않지만 실제 프로젝트에서 활용할 때는 훨씬 복잡한 로직을 담게 될 것이기에 랭그래프의 작동을 모니터링하는 것도 중요한 문제입니다. 그래서 챗봇 예제의 시작 부분에서 랭스미스 설정을 언급했습니다.

랭스미스 설정을 올바르게 수행했다면 랭스미스 온라인 페이지에서 **Tracing Projects** 메뉴를 통해 그림 8.4와 같은 랭그래프 실행 내역을 볼 수 있습니다.

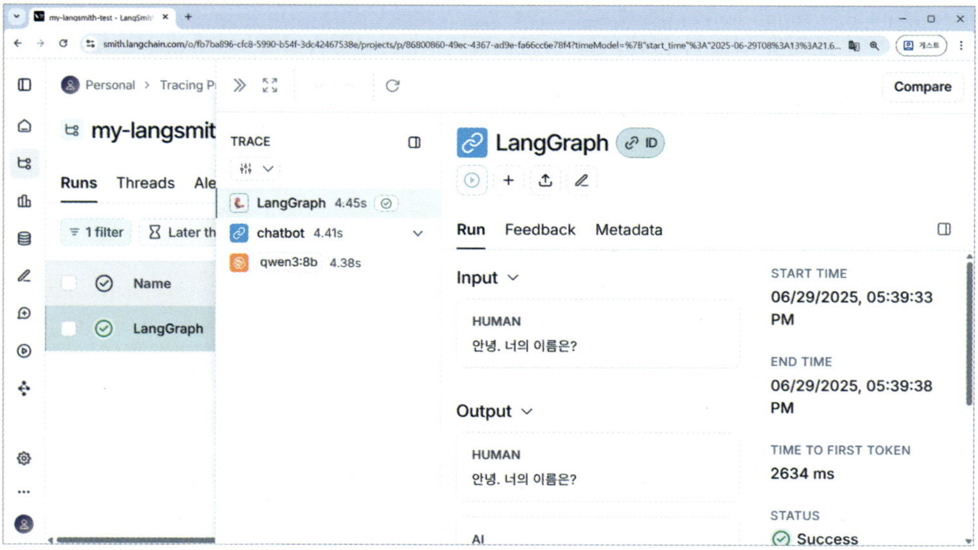

그림 8.4 랭스미스를 이용한 챗봇 예제 모니터링

실행 내역은 무척 단순해서 `chatbot` 함수를 실행한 기록이 사용한 모델에 대한 세부사항과 함께 표시됩니다. 이것은 우리가 하나의 노드만 설정했고, 이 노드가 한 번만 실행되도록 설계했기 때문입니다.

랭스미스의 실행 내역 중 **LangGraph** 항목을 선택하고 **Run** 탭을 선택한 후 **Output** 콤보박스를 **Raw Output**으로 바꿔보세요. 그러면 랭그래프 실행 후 반환되는 데이터의 구조를 볼 수 있습니다.

[랭그래프 반환 데이터 구조]

```
{
  "messages": [
    {
      "content": "안녕. 너의 이름은?",
      ...생략...
                                                    "type": "human",
                                                    ...생략...
    },
    {
      "content": "<think>\nOkay, the user asked, \"안녕. 너의 이름은?\" which means
\"Hello. What is your name?\" in Korean. I need to respond in Korean. My name is
Qwen, but I should use the Korean version of my name, which is 퀀. I should also
greet them back and offer assistance. Let me make sure the response is friendly
and helpful. I'll start with \"안녕하세요!\" to greet them, then introduce myself
as 퀀, and ask how I can help. That should cover it.\n</think>\n\n안녕하세요! 저는
퀀입니다. 어떻게 도와드릴까요? 😊",
      ...생략...
      "type": "ai",
      ...생략...
    }
  ]
}
```

이 구조를 참고했을 때 message 리스트에 있는 마지막 항목에서 content에 담긴 내용을 추출해서 화면에 출력해야 한다는 것을 알 수 있습니다.

이번 예제에서 그래프 빌더를 만들 때 StateGraph를 사용했으므로 '그래프 빌더로 다른 것을 사용할 수는 없을까?'라는 의문이 생길 수도 있을 것입니다. 물론 StateGraph 대신 MessageGraph 또는 CompiledGraph와 같은 특수한 그래프 빌더를 사용할 수 있으며, 챗봇 예제에서는 MessageGraph가 더 적합해 보이기도 합니다.

하지만 MessageGraph는 오직 메시지 배열로만 상태가 만들어지기 때문에 특수한 그래프 빌더이며 간단한 챗봇 기반의 예제에 적합합니다. 그리고 CompiledGraph도 그래프 빌

더를 컴파일했을 때 생성되는 결과를 나타내는 클래스로서 여러 개의 그래프를 컴파일해 두고 사용자나 작업에 맞게 그래프를 바꿔가며 사용하고자 할 때 유용합니다. 따라서 StateGraph를 사용하는 것이 일반적인 방법이고 대부분의 프로젝트에 적합합니다.

8.3 랭그래프 에이전트 구현 예제

가장 기본이 되는 랭그래프의 예제 코드를 살펴봤으니 이제 랭그래프 예제를 좀 더 심화시켜 보겠습니다. 특히, 랭체인과 도구를 이용해 에이전트를 만들었던 예제처럼 랭그래프에 도구를 포함해 에이전트를 만들어 보겠습니다. 이제부터 랭그래프 예제는 이전의 랭체인 예제와는 달리 그래프 내부에서 상태 정보를 판단한 뒤, 해야 할 작업들을 동적으로 변경할 수 있습니다.

8.3.1 프로젝트 생성과 테스트

에이전트의 핵심 요소가 도구의 사용이므로 이번 랭그래프 예제도 도구를 사용할 준비를 한 다음 그래프 안에 포함합니다. 특히 가장 유용한 도구 중 하나라고 할 수 있는 '웹 검색' 도구를 넣음으로써 사용자의 다양한 요청에도 유연하게 대응할 수 있도록 예제를 구성했습니다.

그리고 7장에서 에이전트를 만들 때의 기억을 떠올려보면 에이전트는 사용자의 요청에 따라 도구를 한 번이 아니라 여러 번 사용할 수도 있었습니다. 이 점을 고려해서 그래프를 작성할 때 사용자의 입력과 현재의 상태를 처리하는 '챗봇' 노드와 웹 검색을 실행하는 '도구' 노드가 반복 실행될 수 있는 구조를 갖춰야 합니다.

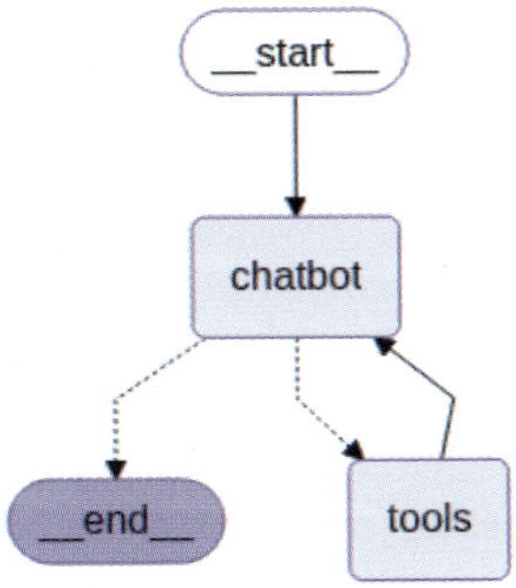

그림 8.5 도구 추가 예제를 랭그래프로 시각화한 이미지

그럼 예제 코드가 실제로 위와 같은 요구사항을 만족하는지 확인하겠습니다.

예제 코드 다운로드 및 환경 구성

예제 위치로 이동한 후 uv를 통해 필요한 패키지를 설치합니다.

[실습 환경 구성]

```
cd ollama-mcp-tutorials/ch08/02_add_tools
uv sync
```

8.2절에서 했던 것처럼 .env 환경변수 파일을 생성하고 랭스미스 관련 설정을 추가합니다. 이번 예제부터는 LLM의 성능이 중요하기 때문에 올라마 대신 외부의 LLM 서비스(OpenAI)를 사용할 예정입니다. 그리고 웹 검색을 위해 Tavily 서비스도 사용해야 합니다. 따라서 다음과 같이 환경설정 파일을 작성하고 API 키를 설정합니다.

[.env 환경변수 설정]

```
LANGSMITH_TRACING=true
LANGSMITH_ENDPOINT="https://api.smith.langchain.com"
LANGSMITH_API_KEY="<your-api-key>"
LANGSMITH_PROJECT="my-langsmith-test"
TAVILY_API_KEY="<your-api-key>"
OPENAI_API_KEY="<your-api-key>"
```

실행 및 결과 확인

uv run 명령어로 예제를 실행한 뒤 웹 검색이 없으면 알 수 없을 만한 내용을 입력해 보세요.

[예제 코드 실행]

```
> uv run main.py
Graph saved as C:\Workspace\ch08\02_add_tools\graph.png
질문을 입력하세요 (종료: exit): 오늘 서울의 날씨는?
Assistant:
...생략...
Assistant: 오늘 서울의 날씨는 대체로 맑으며, 낮 기온은 약 25~33도 사이로
예상됩니다. 바람은 약간 불며, 비 올 확률은 낮습니다. 자세한 시간대별 기온은 오전
6시 25도, 오전 9시 28도, 낮 12시와 오후 3시에는 33도, 오후 6시는 31도 정도입니다.
외출 시 참고하시기 바랍니다.
```

예제를 실행하면 먼저 이번 예제에서 사용된 그래프의 구조가 png 이미지로 저장됩니다. 그리고 사용자의 입력을 받는 프롬프트가 화면에 출력됩니다. 여기서 "오늘 서울의 날씨는?" 같은 질문을 던져 웹 검색 후 답변이 제대로 나오는지 테스트했습니다. 실행 결과를 보면 예제 코드는 사용자의 요청을 확인하고 웹 검색을 수행한 뒤, 결과를 정리해서 답변했음을 알 수 있습니다.

실행 결과를 보면 랭그래프를 이용해 에이전트와 같은 작동을 구현할 수 있고, 랭그래프 코드를 수정함으로써 내가 원하는 대로 에이전트의 구성을 변경할 수도 있다는 사실을 알 수 있습니다. 이제 예제에 사용된 코드를 리뷰하면서 랭그래프로 만든 에이전트를 분석하겠습니다.

8.3.2 랭그래프 도구 추가 예제 분석

예제 코드의 기본적인 구조는 8.2절의 내용과 유사합니다. 따라서 앞에서 설명한 부분은 빼고 변경된 부분 위주로 살펴보겠습니다.

랭그래프 도구 추가 예제(ch08/02_add_tools/main.py)

```
...생략...
# 2. 도구 추가
search_tool = Tool(
    name="WebSearch",
    func=TavilySearchResults().run,
    description="This is a real-time web search tool (based on Tavily service)",
)
tools = [search_tool]

# 3. 모델 초기화
llm = init_chat_model("openai:gpt-4.1-mini")
llm_with_tools = llm.bind_tools(tools)

...생략...
# 5-2. 도구 노드 정의
class BasicToolNode:
    """도구 호출을 처리하는 노드"""
    ...생략...

tool_node = BasicToolNode(tools=tools)

# 6. 도구 노드 라우팅
def route_tools(
    state: State,
):
    """
    메시지에 tool_calls가 있으면 "tools"로 라우팅, 없으면 END로 라우팅
    """
    ...생략...

# 7. 그래프 생성
# 7-1. 그래프 노드 추가
graph_builder.add_node("chatbot", chatbot)
graph_builder.add_node("tools", tool_node)
```

```
# 7-2. 그래프 에지 추가
graph_builder.add_edge(START, "chatbot")
graph_builder.add_conditional_edges(
    "chatbot",
    route_tools,
    {"tools": "tools", END: END},
)
graph_builder.add_edge("tools", "chatbot")
graph_builder.add_edge("chatbot", END)

# 7-3. 그래프 컴파일
graph = graph_builder.compile()

...생략...
```

예제 코드에서 가장 먼저 하는 일은 랭그래프에서 사용할 상태 클래스를 정의하는 것입니다. 이 부분은 앞 절의 예제와 동일하기 때문에 메시지와 관련된 변경사항은 없습니다.

이어지는 코드는 랭그래프에서 사용할 도구를 정의하는 코드입니다.

```
search_tool = Tool(
    name="WebSearch",
    func=TavilySearchResults().run,
    description="This is a real-time web search tool (based on Tavily service)",
)
tools = [search_tool]
```

여기서는 웹 검색을 사용할 예정이므로 Tavily 검색 서비스를 도구로 만들어서 `tools` 리스트에 추가했습니다. 이 도구들은 나중에 도구 노드를 정의할 때 사용합니다.

세 번째 작업은 모델을 초기화하는 작업입니다. 이번에는 앞 절에서 올라마를 사용했던 것과는 달리 도구를 사용하는 추론의 품질을 높이기 위해 OpenAI 서비스를 사용합니다. 따라서 사용하는 LLM 서비스와 모델명이 다음과 같이 변경됐습니다.

```
llm = init_chat_model("openai:gpt-4.1-mini")
llm_with_tools = llm.bind_tools(tools)
```

이후 그래프 빌더를 생성하고 그래프 빌더에 등록할 노드들을 설정합니다. 노드는 총 2개를 생성할 예정으로, 사용자의 입력을 처리하고 다음으로 해야 할 작업을 결정하는 챗봇 노드와 도구 호출을 처리하는 도구 노드를 생성합니다. 챗봇 노드는 앞 절에서 사용했던 노드를 재사용하고, 도구 노드는 다음과 같이 새롭게 추가됐습니다.

[도구 노드 정의]

```
class BasicToolNode:
    """도구 호출을 처리하는 노드"""

    def __init__(self, tools: list) -> None:
        self.tools_by_name = {tool.name: tool for tool in tools}

    def __call__(self, inputs: dict):
        if messages := inputs.get("messages", []):
            message = messages[-1]
        else:
            raise ValueError("No message found in input")
        outputs = []
        for tool_call in message.tool_calls:
            tool_result = self.tools_by_name[tool_call["name"]].invoke(
                tool_call["args"]
            )
            outputs.append(
                ToolMessage(
                    content=json.dumps(tool_result),
                    name=tool_call["name"],
                    tool_call_id=tool_call["id"],
                )
            )
        return {"messages": outputs}

tool_node = BasicToolNode(tools=tools)
```

도구 노드의 __init__ 함수를 보면 도구 노드 객체를 생성할 때 도구 리스트를 설정해야 한다는 사실을 알 수 있습니다. 그리고 __call__ 함수를 자세히 보면 이 노드가 어떻게 작동하는지 알 수 있습니다. 도구 노드를 호출할 때 메시지(message)를 포함한 상태 정보를 전달하면 messages에서 마지막 메시지를 추출합니다. 그리고 딕셔너리 타입의 마지막 메시지에서 tool_calls 리스트를 가져오고, tool_calls에 저장된 도구 호출 메시지를 하나씩 분석해서 도구를 호출합니다. 이 부분은 코드만으로는 파악하기 어렵기 때문에 랭스미스의 트레이스 기능을 이용해 확인하는 것이 좋습니다.

그리고 도구 노드와 챗봇 노드를 연결할 때도 고려할 점이 있습니다. 그것은 챗봇 노드가 연속적으로 여러 개의 도구 호출 메시지를 생성할 경우 도구 호출 과정이 반복돼야 한다는 점입니다. 이를 위해 라우터를 사용해 챗봇 노드가 생성한 메시지에 따라 도구 노드 또는 END 노드로 전환되도록 만들었습니다.

[도구 노드 라우팅]

```
def route_tools(
    state: State,
):
    """
    메시지에 tool_calls가 있으면 "tools"로 라우팅, 없으면 END로 라우팅
    """
    if isinstance(state, list):
        ai_message = state[-1]
    elif messages := state.get("messages", []):
        ai_message = messages[-1]
    else:
        raise ValueError(f"No messages found in input state to tool_edge: {state}")
    # 도구 호출인 경우 "tools"를 리턴, 아니면 END를 리턴
    if hasattr(ai_message, "tool_calls") and len(ai_message.tool_calls) > 0:
        return "tools"
    return END
```

라우터 함수는 도구 노드의 작동 방식과 매우 유사합니다. messages에서 마지막 메시지를 추출하고 tool_calls 리스트에 저장된 도구 호출 정보가 있는지 확인하는 로직을 동일하게 수행합니다. 다만 이 결과에 따라 다음으로 실행할 노드가 도구 노드인지, 아니면 그래프의 종료인지를 결정한다는 점이 다를 뿐입니다. 여기서 주의할 점이 하나 있는데, 라우터 함수는 다음으로 실행할 작업(노드)이 무엇인지 결정하지만 실제 작업이 분기되는 것은 에지에서 이뤄진다는 점입니다. 이 점은 이어지는 코드에서 확인할 수 있습니다.

이제 그래프를 만들기 위한 모든 준비가 완료됐으니 그래프 객체를 만드는 과정을 보겠습니다.

```
graph_builder.add_node("chatbot", chatbot)
graph_builder.add_node("tools", tool_node)

graph_builder.add_edge(START, "chatbot")
graph_builder.add_conditional_edges(
    "chatbot",
    route_tools,
    # route_tools 함수의 출력에 따라 다음 노드를 결정
    {"tools": "tools", END: END},
)
graph_builder.add_edge("tools", "chatbot")
graph_builder.add_edge("chatbot", END)

graph = graph_builder.compile()
```

START, END 노드를 포함해서 총 4개의 노드를 만들었고, 이 노드들을 연결하기 위한 에지도 4개를 만들었습니다. 그중 하나는 조건에 따라 분기되는 조건부 에지(conditional edge)입니다. 앞에서 라우터가 선택한 다음 작업을 에지에서 처리해 줘야 한다고 했는데, 바로 조건부 에지가 이 역할을 합니다. 그래서 조건부 에지에는 라우터 함수뿐 아니라 라우터 함수의 결과에 따라 다음으로 실행할 노드를 설정하는 파라미터들을 함께 전달합니다.

이상의 노드와 에지 설정은 그림 8.5에서 보여드린 그래프 이미지를 코드로 구현한 것입니다.

예제 코드에 대한 설명이 다소 길었기 때문에 각 코드 조각은 이해되더라도 전체적인 흐름은 놓치기가 쉽습니다. 지금까지 설명한 내용을 다음과 같이 요약할 수 있으니 참고해서 예제의 전체 흐름을 되짚어보길 바랍니다.

1. 상태 클래스 정의
2. 도구 추가
3. LLM 모델 초기화
4. 그래프 빌더 생성
5. 노드 정의(챗봇 노드 + 도구 노드)
6. 노드 라우터 정의
7. 그래프 생성
8. 그래프 컴파일

8.3.3 작동 모니터링

코드 설명이 복잡해진 만큼 랭그래프의 작동도 더 복잡해졌습니다. 특히 도구를 여러 번 사용해야 하는 질문일수록 랭그래프의 작동은 더욱 복잡해집니다. 이럴 때일수록 랭스미스를 이용한 작동 모니터링이 더욱 중요합니다.

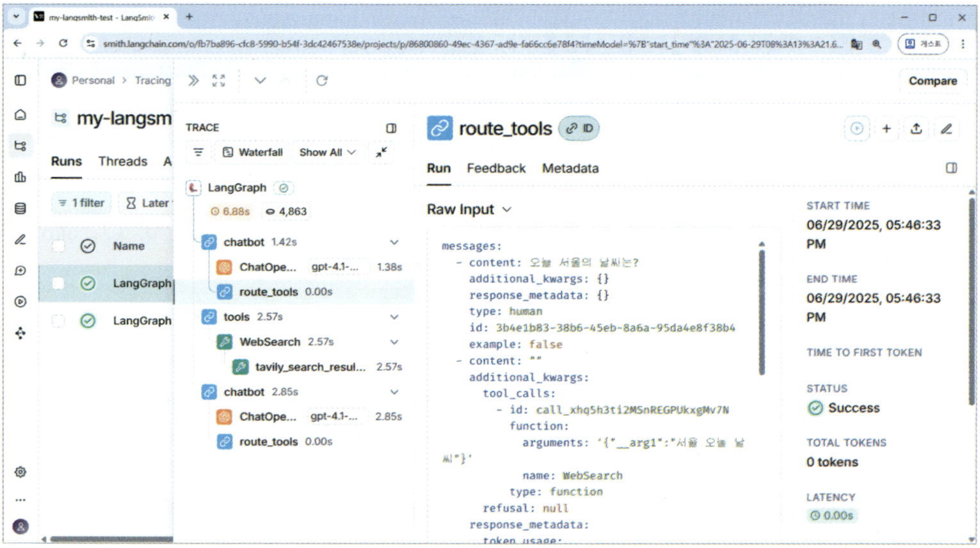

그림 8.6 도구 추가 예제의 작동 모니터링

특히 라우터를 이용한 작동 흐름의 변화가 있을 수 있으므로 각 실행 단계에서 상태가 어떻게 변경되고, 상태에 따라 실행 흐름이 어떻게 변경되는지 확인할 필요가 있습니다. 여러분이 직접 랭그래프 코드를 작성했는데 문제가 발생하는 경우 각 노드가 수신하는 데이터를 머릿속으로 파악하기가 쉽지 않기 때문에 랭스미스를 참고하면서 디버깅해야 합니다. 따라서 그림 8.6처럼 랭스미스의 트레이스 기능을 적극 활용하기 바랍니다.

이번 예제를 실행해 보면 앞 장에서 배운 랭체인 에이전트의 작동 방식과 다를 바 없다는 점을 알 수 있습니다. 즉, 랭체인이 제공하는 ReAct 에이전트 구현체에 의존하던 코드에서 진일보해서 이제는 직접 에이전트를 만들 수도 있습니다. 그리고 에이전트들을 모아 더 복잡하고 사용자 맞춤형의 서비스도 만들 수 있습니다. 이것이 랭그래프가 만들어진 이유이고, 우리가 랭그래프를 공부해야 하는 이유이기도 합니다.

8.4 랭그래프 기능 확장 예제

이번에는 8.3절에서 구현한 에이전트의 기본 기능들을 확장해 보겠습니다. 8.3절의 에이전트는 단순히 하나의 도구를 반복해서 사용하는 구조였지만 이번에 사용해 볼 예제에서는 도구를 하나 더 추가하겠습니다. 즉, 랭체인 에이전트 예제에서 살펴본 ReAct 에이전트처럼 여러 개의 도구를 사용하면서 문제를 해결하는 에이전트를 랭그래프를 이용해서 작성합니다.

추가로 에이전트가 작동하는 도중에 사용자의 피드백이 필요한 상황이 되면 랭그래프의 실행을 잠시 멈추고 피드백 작업을 수행한 뒤, 다시 랭그래프를 작동시키는 기능도 구현했습니다. 이러한 기능은 랭체인으로는 구현하기 어려웠던 기능으로, 랭그래프의 유연성과 확장성을 보여주는 좋은 예라 할 수 있습니다.

8.4.1 사용자 입력과 일시 중지 기능 테스트

이번 예제는 8.3절에서 사용했던 예제를 기반으로 기능을 확장했기 때문에 그래프에서 바뀌는 점은 없습니다. 따라서 예제의 실행했을 때 생성되는 그래프 이미지는 8.3절과 동일합니다.

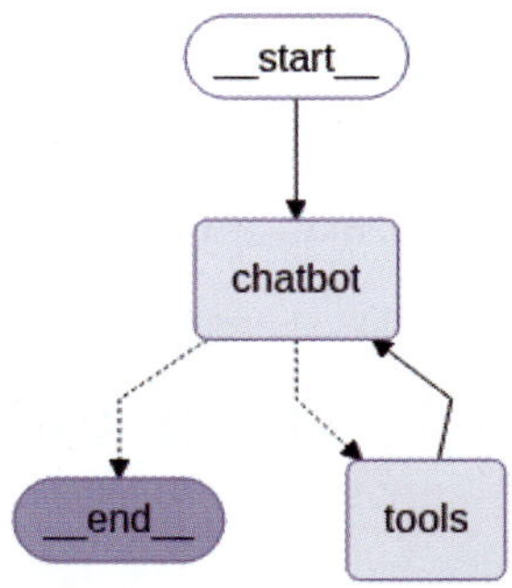

그림 8.7 기능 확장 예제를 랭그래프로 시각화한 이미지

하지만 이번 예제는 실행 도중 사용자의 입력을 받아 상태를 변경시킬 수 있습니다. 이를 위해 "사용자 입력 도구"가 추가됩니다. 사용자 입력 도구는 우리가 직접 작성한 함수로 이뤄진 도구로, 랭그래프 실행 중간에 사용자에게 입력을 받아 LLM에게 전달하는 도구입니다.

이전까지의 랭그래프 예제는 사용자의 입력을 전달했을 때 LLM이 작성한 작업 순서에 따라 랭그래프가 중단 없이 실행됐습니다. 하지만 이번 예제에서는 사용자의 입력을 받기 위해 랭그래프의 실행을 멈춰야 하며, 사용자 입력이 끝나면 변경된 사용자 입력을 이용해 랭그래프를 다시 실행해야 합니다. 이를 위해 랭그래프는 일시중지(interrupt) 및 재개(resume) 함수를 제공합니다.

즉, 이번 예제는 사용자의 입력이 랭그래프 실행 중간에 필요한 상황이 발생하면 사용자 입력 도구를 실행하고, 사용자 입력을 위해 랭그래프를 일시중지하고 사용자 입력이 모두 완료되면 재개(resume)하는 기능이 구현돼 있습니다.

예제 코드 다운로드 및 환경 구성

예제 위치로 이동한 후 uv를 통해 필요한 패키지를 설치합니다.

[실습 환경 구성]

```
cd ollama-mcp-tutorials/ch08/03_human_in_the_loop
uv sync
```

8.3절과 동일하게 `.env` 환경변수 파일을 생성하고 랭스미스 관련 설정을 추가합니다. OpenAI 서비스를 사용하며, 웹 검색을 위해 Tavily 서비스를 사용하는 점도 동일합니다.

[.env 환경변수 설정]

```
LANGSMITH_TRACING=true
LANGSMITH_ENDPOINT="https://api.smith.langchain.com"
LANGSMITH_API_KEY="<your-api-key>"
LANGSMITH_PROJECT="my-langsmith-test"
```

```
TAVILY_API_KEY="<your-api-key>"
OPENAI_API_KEY="<your-api-key>"
```

실행 및 결과 확인

uv run 명령어로 예제를 실행한 뒤, 웹 검색이 없으면 알 수 없을 만한 내용을 입력해 보세요.

[예제 코드 실행]

```
> uv run main.py
Graph saved as C:\Workspace\ch08\03_human_in_the_loop\graph.png
질문을 입력하세요 (종료: exit): 사용자에게 원하는 도시를 입력받아서 해당 도시의
오늘 날씨를 검색해서 출력해줘
...생략...
================================== Ai Message ======
Tool Calls:
  human_assistance (call_qFAhdBB5temrkj67dxCvKnPV)
 Call ID: call_qFAhdBB5temrkj67dxCvKnPV
  Args:
    query: 어느 도시의 오늘 날씨를 알고 싶으신가요? 도시 이름을 알려주세요.
어느 도시의 오늘 날씨를 알고 싶으신가요? 도시 이름을 알려주세요.: 서울
...생략...

Tool Calls:
  WebSearch (call_AHmgC8p3yTPvuJHL0kjKWgpY)
 Call ID: call_AHmgC8p3yTPvuJHL0kjKWgpY
  Args:
    __arg1: 서울 오늘 날씨
...생략...

================================== Ai Message ======
서울의 오늘 날씨는 대체로 맑음이며, 최저 기온은 16도, 최고 기온은 29도입니다.
강수확률은 0%로 비는 내리지 않을 예정입니다. 대기오염 상태는 미세먼지와 초미세먼지
모두 보통 수준입니다.
```

예제를 실행하고, 사용자에게 정보를 입력받은 후 관련 작업을 수행할 수 있도록 질문을 던져보세요. 위 예시에서 사용한 질문은 다음과 같습니다.

```
사용자에게 원하는 도시를 입력받아서 해당 도시의 오늘 날씨를 검색해서 출력해줘
```

이 질문의 답을 만들기 위해서는 '사용자 입력 도구'를 이용해 도시명을 입력받아야 하고, 입력된 도시명을 이용해 웹 검색 후 결과를 출력해야 합니다. 그리고 사용자 입력을 받기 위해 랭그래프가 일시중지 상태로 바뀌어야 합니다. 랭그래프가 일시중지 상태로 바뀐다는 것은 랭그래프가 그동안 수행했던 상태가 그대로 유지돼야 하며, 일시중지 상태에서 업데이트된 상태 정보가 반영되어 이후의 과정이 정상적으로 수행돼야 한다는 것을 의미합니다.

질문을 입력한 이후의 랭그래프 작동과 최종 출력 결과를 살펴보면 예제의 랭그래프가 우리가 의도한 대로 작동했음을 알 수 있습니다

랭그래프 기능 확장 예제 분석

앞에서 여러 차례에 걸쳐 설명한 것처럼 이전 예제와의 차이점이 사용자 입력 도구와 일시중지, 재개 기능에 있으므로 이 기능 위주로 코드를 살펴보겠습니다.

랭그래프 기능 확장 예제(ch08/03_human_in_the_loop/main.py)

```
...생략...
# 2-2. 사용자 입력 도구
@tool
def human_assistance(query: str) -> str:
    """사용자의 입력이 필요한 경우 이 도구를 호출하여 도움을 요청합니다. query는
사용자에게 전달할 메시지입니다."""
    human_response = interrupt({"query": query})
    return human_response["data"]

tools = [search_tool, human_assistance]
```

```
...생략...

# 9. 챗봇 실행
while True:
    try:
        # 9-1. 사용자 입력 받기
        user_input = input("질문을 입력하세요 (종료: exit): ")
        if user_input.lower() == "exit":
            break
        # 9-2. 매번 새로운 thread_id 생성(채팅 초기화)
        config = {"configurable": {"thread_id": str(uuid.uuid4())}}
        # 9-3. 그래프 실행
        graph_stream = graph.stream(
            {"messages": [{"role": "user", "content": user_input}]},
            config=config,
            stream_mode="values",
        )
        keep_running = True
        tool_call_id = None

        # 9-4. 그래프 실행 결과 출력 및 인터럽트 처리
        while keep_running:
            keep_running = False
            for event in graph_stream:
                if "messages" in event:
                    last_msg = event["messages"][-1]
                    last_msg.pretty_print()

                    if (
                        hasattr(last_msg, "tool_calls")
                        and isinstance(last_msg.tool_calls, list)
                        and len(last_msg.tool_calls) > 0
                        and last_msg.tool_calls[0]["name"] == "human_assistance"
                        and tool_call_id != last_msg.tool_calls[0]["id"]
                    ):
                        tool_call = last_msg.tool_calls[0]
```

```
                    tool_call_id = tool_call["id"]

                human_input = input(tool_call["args"]["query"] + ": ")

                command = Command(
                    resume={"tool_call_id": tool_call_id, "data":
human_input}
                  )
                  graph_stream = graph.stream(
                      command, config, stream_mode="values"
                  )
                keep_running = True
                  break
```

사용자 입력 도구를 정의한 함수부터 살펴보겠습니다. 사용자 입력 도구 함수인 `human_assistance`는 `@tool` 데코레이터(decorator)를 사용하고 있는데, 이 데코레이터가 사용된 함수는 랭그래프에서 도구로 인식됩니다.

```
@tool
def human_assistance(query: str) -> str:
    """사용자의 입력이 필요한 경우 이 도구를 호출하여 도움을 요청합니다. query는
사용자에게 전달할 메시지입니다."""
    human_response = interrupt({"query": query})
    return human_response["data"]

tools = [search_tool, human_assistance]
```

사용자 입력 도구 함수는 """ """으로 표현하는 독스트링(docstring)으로 시작합니다. 보통 독스트링은 함수를 설명하는 주석 역할만 하고 실제 코드의 작동에는 영향을 미치지 않습니다. 하지만 `@tool` 데코레이터에서는 독스트링도 LLM에게 도구를 설명하는 프롬프트와 같은 역할을 하기 때문에 생략할 수 없는 중요한 정보이며, 함수의 실행에도 영향을 미칩니다. 코딩에 이미 익숙하신 분은 이 부분을 간과하고 실수하기 쉬우므로 주의해야 합니다.

그리고 이어지는 코드는 interrupt()입니다. 이름처럼 human_assistance 도구가 호출되면 interrupt() 호출에 의해 랭그래프가 일시정지 상태로 전환되고, 재개될 때까지 랭그래프의 실행이 멈춥니다. 따라서 human_assistance 함수가 이번 예제의 핵심이며, 이 함수의 작동 방식을 이해하면 랭그래프를 제어하는 방법을 이해할 수 있습니다.

인터럽트 이후 랭그래프를 다시 실행할 때는 사용자에게 입력받은 데이터를 함께 전달해야 합니다. 사용자 입력 도구 함수는 이 데이터가 "data" 안에 포함돼 있는 것으로 가정합니다. 따라서 나중에 구현할 사용자 입력을 처리하는 코드에서는 "data" 항목에 사용자가 입력한 문자열을 넣어야 합니다.

인터럽트를 이용해 일시정지 이벤트를 발생시키면 이 이벤트를 감지해서 사용자의 입력을 받을 수 있도록 처리하는 코드가 필요합니다. 이 코드는 챗봇을 반복적으로 실행하는 while 루프 안에서 그래프를 실행한 이후에 등장합니다. 먼저 일반적인 챗봇의 랭그래프 코드부터 살펴보겠습니다.

```
while True:
    graph_stream = graph.stream()
    for event in graph_stream:
        if "messages" in event:
            last_msg = event["messages"][-1]
            last_msg.pretty_print()
```

graph.stream() 함수를 이용해 얻게 되는 graph_stream 객체는 랭그래프의 출력 결과를 event 형태로 담아서 계속 전달합니다. event 객체에는 상태 정보들이 포함돼 있으므로 messages 리스트가 있을 것이고, 여기서 마지막 메시지를 보면 마지막 상태 정보를 얻을 수 있습니다. event["messages"][-1] 코드가 의미하는 것이 바로 마지막 상태 정보입니다. 이 메시지의 정보를 출력하면 현재 랭그래프의 상태를 화면에 출력할 수 있습니다.

여기에 인터럽트 처리를 추가하면 코드가 다음과 같이 바뀝니다.

```python
while True:
    try:
        user_input = input("질문을 입력하세요 (종료: exit): ")
        if user_input.lower() == "exit":
            break
        config = {"configurable": {"thread_id": str(uuid.uuid4())}}
      graph_stream = graph.stream(
            {"messages": [{"role": "user", "content": user_input}]},
            config=config,
            stream_mode="values",
        )
        keep_running = True
        tool_call_id = None

        while keep_running:
            keep_running = False
            for event in graph_stream:
                if "messages" in event:
                    # 마지막 메시지 출력
                    last_msg = event["messages"][-1]
                    last_msg.pretty_print()
```

config 설정값은 랭그래프가 반복해서 실행될 때 각각의 실행을 구분할 수 있는 ID를 설정하는 용도입니다. 그리고 `graph.stream()` 함수를 이용해 얻게 되는 `graph_stream` 객체는 그래프가 종료될 때까지 `for` 루프를 이용해 반복해서 참조됩니다. 하지만 실행 중간에 인터럽트가 발생하는 경우에는 `for` 루프를 중단하고 사용자가 입력한 값을 이용해 `graph.stream()` 함수를 다시 실행한 뒤, `graph_stream` 객체를 다시 얻어서 `for` 루프를 실행해야 합니다.

이를 위해 추가한 변수가 `keep_running`입니다. `keep_running`은 인터럽트가 없는 경우 `for` 루프 종료 후 랭그래프 실행을 종료합니다. 하지만 인터럽트가 발생했을 때는 `for` 루프 종료 후 다시 생성된 `graph_stream`을 이용해 `for` 루프를 실행하게 해줍니다.

이제 실제 인터럽트가 발생했을 때 처리하는 루틴을 살펴보겠습니다. 인터럽트가 발생했다는 사실은 event의 마지막 메시지에서 tool_calls 리스트를 살펴보면 알 수 있습니다. 만약 tool_calls 리스트에 human_assistance 도구가 있다면 이번 호출은 사용자 입력 도구를 호출한 것이고, 이는 인터럽트가 발생했다는 것을 의미하기 때문입니다.

[human_assistance 도구의 인터럽트 감지]

```
            if (
                hasattr(last_msg, "tool_calls")
                and isinstance(last_msg.tool_calls, list)
                and len(last_msg.tool_calls) > 0
                and last_msg.tool_calls[0]["name"] == "human_assistance"
                and tool_call_id != last_msg.tool_calls[0]["id"]
            ):
                # 중복 실행 방지를 위해 도구 ID를 기억
                tool_call = last_msg.tool_calls[0]
                tool_call_id = tool_call["id"]
```

human_assistance 도구가 실행된 것을 감지했다면 가장 먼저 도구 호출 ID 값을 저장해야 합니다. 왜냐하면 재개 작동을 수행하고 난 뒤에 다시 for 루프를 돌려보면 이미 실행했던 메시지를 다시 처리하기 때문입니다. 즉, tool_call_id 변수는 사용자 입력 도구의 중복 실행을 방지하기 위한 변수입니다.

이제 사용자 입력 도구를 감지해서 인터럽트를 처리하는 코드는 확인했습니다. 남은 일은 사용자에게 입력을 받고, 입력된 값을 이용해 다시 랭그래프를 재개하는 것입니다.

```
                # 사용자 입력 요청
                human_input = input(tool_call["args"]["query"] + ": ")

                # 그래프 재개
                command = Command(
                    resume={"tool_call_id": tool_call_id, "data":
human_input}
                )
```

```
                # 그래프 재실행
                graph_stream = graph.stream(
                    command, config, stream_mode="values"
                )
                # 새로 생성된 graph_stream 처리를 위해 현재 for 루프를 종료한
후 재실행
                keep_running = True
                break
```

앞에서 인터럽트 함수를 호출할 때 query 파라미터를 함께 넘겼던 것을 기억하시나요? 그때 전달했던 query 파라미터는 tool_call 안에 args – query 항목으로 저장돼 있습니다. query 파라미터는 사용자에게 던질 질문에 해당하기 때문에 input() 함수를 호출할 때 파라미터로 사용했습니다.

사용자에게 입력을 받은 이후 그래프 작동 재개를 위해 필요한 것은 Command 객체이며, 객체를 생성할 때 resume 설정값을 전달하면 됩니다. resume 설정값에는 사용자의 입력 문자열이 "data" 항목으로 포함돼야 하며, 도구 호출 ID 값도 함께 지정해야 합니다. 그리고 graph.stream()을 다시 호출하면서 command 객체를 전달하면 됩니다.

여기서 graph.stream()을 다시 실행했기 때문에 앞에서 실행했던 graph_stream의 for 루프를 중단하고 새로 생성된 graph_stream으로 for 루프를 다시 실행해야 합니다.

코드가 다소 복잡하긴 하지만 이로써 랭그래프를 이용해 에이전트를 구현할뿐 아니라 사용자와의 상호작용도 가능하게 만들 수가 있습니다.

8.4.2 작동 모니터링

이번 예제와 같은 코드를 작성할 때 주의할 점 중 하나가 "인터럽트가 발생한 시점을 어떻게 알아내서 사용자에게 입력받는 루틴을 실행할 것인가?"입니다. 리뷰한 코드에서는 이 시점을 tool_calls 리스트에 등록된 도구 목록을 뒤져서 찾았습니다. 따라서 tool_calls와 이 안에 포함된 도구 데이터가 어떻게 구성되어 넘어오는지를 랭스미스를 이용해서 확인해 봐야 합니다.

그림 8.8에서 확인할 수 있듯이 `tool_calls`에는 `human_assistance` 도구에 대한 정보가 등록돼 있습니다. 즉, 이 메시지가 등록된 시점에 인터럽트가 발생한다는 뜻입니다. 그래서 앞의 예제에서는 인터럽트 이후의 코드를 작성하기 위해 `if` 조건식으로 `human_assistance` 도구가 호출됐는지를 검사한 것입니다.

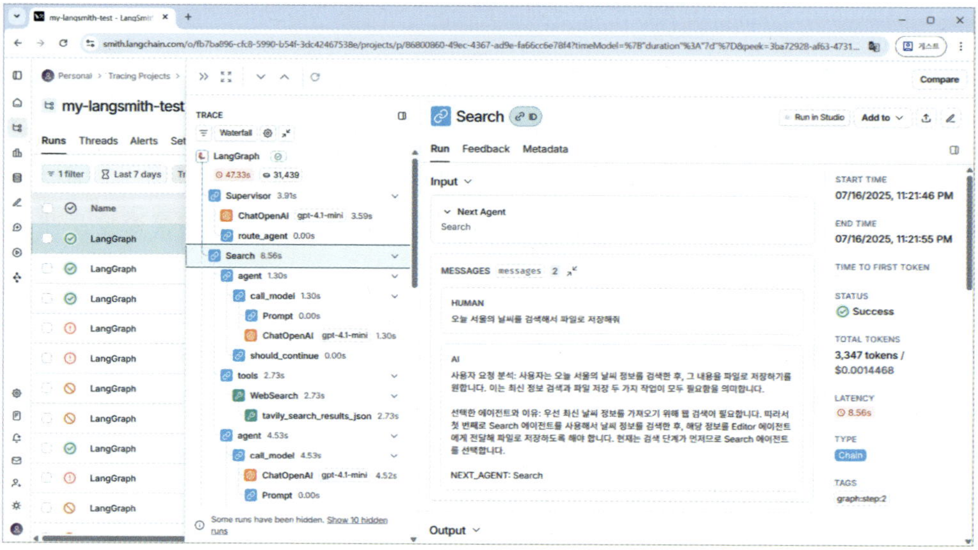

그림 8.8 랭그래프 기능 확장 예제 모니터링

이처럼 랭스미스를 통해 각 노드와 에지에서 상태 및 그 안에 담긴 메시지의 형식과 내용을 파악해 둬야 나중에 더 복잡한 랭그래프도 제어할 수 있게 됩니다. 이 책의 예제를 따라 하는 것을 넘어 자신만의 코드를 작성할 때는 랭스미스를 적극 이용해서 상태의 흐름을 모니터링하기 바랍니다.

8.5 멀티 에이전트 예제

지금까지 랭그래프를 이용해 에이전트를 만드는 과정을 알아봤습니다. 물론 에이전트를 만들면서 여러 가지 부가적인 기능들을 넣기는 했지만 기본적으로는 하나 이상의 도구를 사용해 문제를 해결하는, 전형적인 형태의 에이전트를 랭그래프로 구현했습니다. 여기서 7장에서 배운 ReAct 에이전트의 구현을 떠올려 보시기 바랍니다. 7장에서는 에이전트 내부의 복잡한 로직을 직접 구현하는 대신 랭체인에서 제공하는 `create_react_agent()` 함수를 이용해 손쉽게 구현했습니다. 우리는 단지 에이전트에 필요한 도구들을 설정하기만 하면 됐습니다. 랭그래프에서도 같은 방식으로 에이전트를 구현할 수 있도록 이미 내부 로직이 작성돼 있는 `create_react_agent()` 함수를 제공합니다. 따라서 7장처럼 매우 손쉽게 에이전트를 만들 수 있습니다.

랭그래프는 여기서 한 걸음 더 나아가 에이전트를 하나의 노드처럼 등록해서 사용할 수도 있습니다. 이 기능을 응용하면 역할별로 에이전트를 여러 개 만들어서 에이전트 간의 협업으로 문제를 해결할 수 있도록 만들 수 있습니다. 예를 들어, 음성으로 입력된 메시지를 텍스트로 변환하고, 이를 인식해서 특정 작업을 수행한 뒤 멀티미디어 콘텐츠를 생성하는 작업을 생각해 봅시다. 도구로 처리하기에는 세부적인 작업들이 복잡한 경우 작업 프로세스를 쪼개서 각 작업별 에이전트의 조합으로 처리할 수 있는 것입니다.

이번 절에서 실행해 볼 예제가 앞에서 소개한 기능들을 모두 포함하고 있습니다. `create_react_agent()` 함수를 이용해 간편하게 에이전트를 생성할뿐 아니라 생성된 두 개의 에이전트를 노드로 등록하고, 에이전트 간 협업을 통해 문제를 해결하겠습니다.

8.5.1 멀티 에이전트 예제 테스트

8.4절까지 테스트했던 예제에서는 수차례에 걸쳐 에이전트 내부 구조를 랭그래프 시각화를 이용해 확인했습니다. 이제는 이러한 에이전트가 노드로 여러 개 등록되기 때문에 그래프 구조를 시각화해 보면 이전보다 꽤 복잡한 형태를 띱니다. 따라서 먼저 이번 예제의 그래프 시각화 결과부터 보는 것이 전체적인 그래프 구조를 이해하는 데 도움이 될 것입니다.

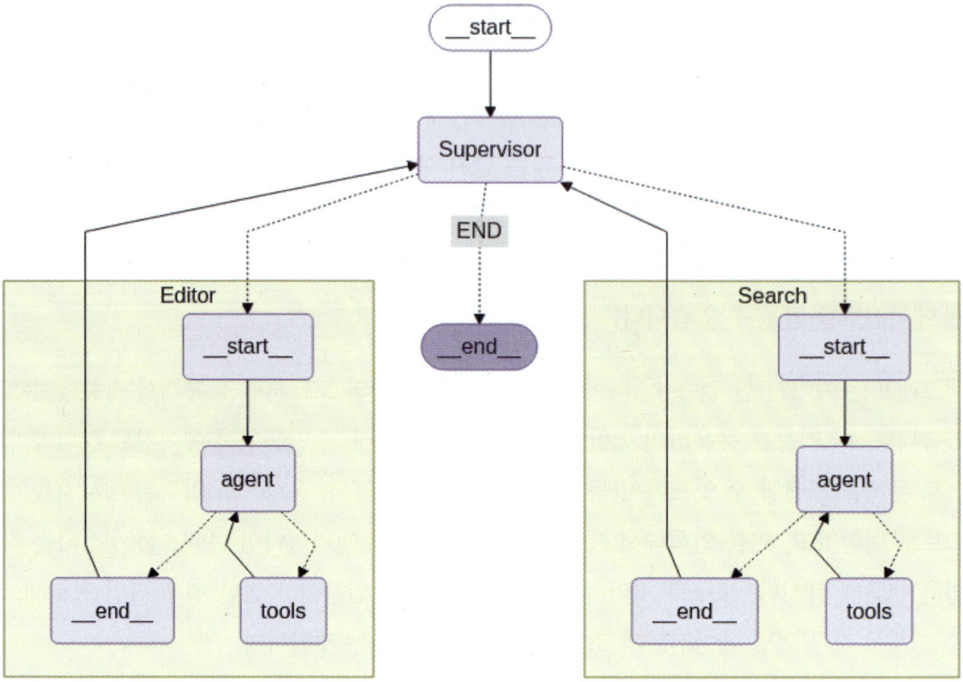

그림 8.9 멀티 에이전트의 그래프 시각화

노드를 표현하는 노란색 박스 안에 익숙하게 봐왔던 에이전트 구조가 포함된 것을 확인할 수 있습니다. 그리고 그래프의 시작점이자 에이전트를 호출하는 역할을 하는 관리자(Supervisor) 노드가 Search, Editor 에이전트 사이에 위치합니다. Search, Editor 에이전트 안에서 agent 노드가 tools 노드를 호출하면서 작업을 관리하듯이, 관리자 노드도 Search, Editor 노드를 호출하면서 작업 전체를 관리하기 위해 작성한 노드입니다. 랭그래프에서는 관리자 노드도 쉽게 만들 수 있는 도구를 제공하지만 이번 예제에서는 직접 관리자 노드를 만들어서 사용합니다.

위 그래프 이미지에서 Search 에이전트는 웹 검색을 수행하는 에이전트로, 웹 검색 도구 하나를 내부에 포함합니다. 그리고 논문, 이미지나 기타 검색 도구가 있다면 추가로 붙여서 사용할 수 있습니다. Editor 에이전트는 검색된 자료를 내 컴퓨터에 저장하기 위한 에이전트입니다. 따라서 두 에이전트와 관리자 노드를 사용하면 웹을 통해 원하는 자료를 검색해서 정리한 다음, 파일로 저장하는 작업을 할 수 있습니다.

그래프를 시각화한 이미지상으로는 전체 구조가 꽤 복잡해 보이지만 Editor와 Search 에이전트는 `create_react_agent()`를 이용해 코드 한 줄로 만들기 때문에 전체 코드의 양은 그리 많지 않습니다. 이것은 랭그래프가 복잡한 구조를 만들 때도 매우 간결하고 효율적으로 구현할 수 있도록 도구들을 잘 갖추고 있다는 반증이기도 합니다.

예제의 전체적인 구조는 설명했으므로 이제 실습을 통해 직접 확인하겠습니다.

예제 코드 다운로드 및 환경 구성

예제 위치로 이동한 후 uv를 통해 필요한 패키지를 설치합니다.

[실습 환경 구성]

```
cd ollama-mcp-tutorials/ch08/04_multi_agent
uv sync
```

이번 예제를 실행하려면 `.env` 환경변수 파일이 필요하지만 앞 절에서 사용했던 파일을 그대로 사용할 수 있습니다.

[.env 환경변수 설정]

```
LANGSMITH_TRACING=true
LANGSMITH_ENDPOINT="https://api.smith.langchain.com"
LANGSMITH_API_KEY="<your-api-key>"
LANGSMITH_PROJECT="my-langsmith-test"
TAVILY_API_KEY="<your-api-key>"
OPENAI_API_KEY="<your-api-key>"
```

실행 및 결과 확인

예제를 실행하고 입력 커서가 출력되면 원하는 질문을 입력해 보세요. 두 개의 에이전트를 모두 사용할 수 있도록 웹 검색 후 데이터를 파일로 저장해 달라는 프롬프트를 전달하면 그대로 실행하는 모습을 볼 수 있습니다.

[예제 코드 실행]

```
> uv run main.py
Graph saved as C:\Workspace\ch08\04_multi_agent\graph.png
질문을 입력하세요 (종료: exit): 오늘 서울의 날씨를 검색해서 파일로 저장해줘

Agent: 오늘 서울의 날씨를 검색해서 파일로 저장해줘
...생략...
NEXT_AGENT: Search

Agent: 오늘 서울의 날씨는 맑음이며, 최저기온은 16℃, 최고기온은 29℃입니다.
강수확률은 0%입니다. 미세먼지와 초미세먼지는 보통 수준입니다.
...생략...
Agent: 사용자 요청 분석: 서울 오늘 날씨 정보를 검색했고, 사용자가 파일로 저장하기를
원하기 때문에 편집 및 파일 저장이 필요합니다.

선택한 에이전트와 이유: 검색은 완료되었으므로, 파일 저장을 위해 Editor 에이전트를
선택합니다.

NEXT_AGENT: Editor
...생략...
Agent: 오늘 서울의 날씨(맑음, 최저 16℃ 최고 29℃, 강수확률 0%, 미세먼지 보통)를
"서울오늘날씨.txt" 파일로 저장 완료했습니다. 요청하신 작업을 완료했습니다.

END
```

실행 결과에서 "NEXT_AGENT"로 표시된 부분이 관리자 노드에 의해 선택된 다음 실행 노드(에이전트)입니다. 따라서 NEXT_AGENT 부분만 찾아서 봐도 예제에 포함된 그래프가 실제로 어떻게 작업을 수행했는지 알 수 있습니다.

Editor 에이전트는 작업을 결과를 파일로 작성해 주는 에이전트입니다. 따라서 작업의 결과가 파일로도 저장됐는지 확인해야 합니다. 실행 결과를 자세히 보면 저장된 파일의 이름도 표시돼 있으므로 예제를 포함한 폴더로 이동해서 해당 파일을 열어보세요. 화면에 출력된 내용과 같은 텍스트가 파일로 저장돼 있으면 Editor 에이전트가 정상적으로 일을 한 것입니다.

8.5.2 멀티 에이전트 예제 분석

이번 예제는 에이전트 두 개에 관리자 노드까지 추가돼 있습니다. 이 내용만 보면 코드가 꽤 복잡하지 않을까 걱정될 수도 있지만 앞에서 언급한 것처럼 생각보다 코드는 간단합니다. 도구만 붙이면 에이전트로 작동할 수 있도록 미리 잘 만들어진 에이전트를 랭그래프가 제공하기 때문입니다. 따라서 우리는 관리자 노드만 신경 써서 만들면 됩니다.

멀티 에이전트 예제(ch08/04_multi_agent/main.py)

```
...생략...
# 1. 상태 클래스 정의
class AgentState(TypedDict):
    messages: Annotated[list, add_messages]
    next_agent: str
...생략...
# 2. 도구 추가
# 2-1. 웹 검색 도구
search_tool = Tool(
    name="WebSearch",
    func=TavilySearchResults().run,
    description="This is a real-time web search tool (based on Tavily service)",
)

# 2-2. 파일 저장 에이전트용 도구
@tool
def save_file(filename: str, content: str) -> str:
    """주어진 내용을 지정된 파일명으로 현재 폴더에 저장합니다."""
    with open(filename, "w", encoding="utf-8") as f:
```

```
        f.write(content)
    return f"'{filename}' 파일이 성공적으로 저장되었습니다."

# 3. 모델 초기화, 검색 및 편집 에이전트 생성
llm = init_chat_model("openai:gpt-4.1-mini")
search_agent = create_react_agent(llm, [search_tool])
editor_agent = create_react_agent(llm, [save_file])

# 4. Supervisor 시스템 메시지 정의
supervisor_system_message = """당신은 작업을 관리하는 Supervisor입니다.
...생략...
3. 마지막에 반드시 "NEXT_AGENT: [선택한_에이전트]" 형태로 명시
"""

def supervisor(state: AgentState):
    """Supervisor 노드: 사용자 요청을 분석하고 적절한 에이전트를 선택"""
    messages = [SystemMessage(content=supervisor_system_message)] +
state["messages"]
    response = llm.invoke(messages)

    next_agent = "END"
    if "NEXT_AGENT:" in response.content:
        try:
            next_agent = response.content.split("NEXT_AGENT:")[-1].strip()
            if next_agent not in ["Search", "Editor", "END"]:
                next_agent = "END"
        except:
            next_agent = "END"

    return {"messages": [response], "next_agent": next_agent}

...생략...

# 6. 라우터 함수 정의(에이전트 선택)
def route_agent(state: AgentState) -> str:
    return state.get("next_agent", "END")
```

```
# 7. 그래프에 노드 및 에지 추가
graph_builder.add_node("Supervisor", supervisor)
graph_builder.add_node("Search", search_agent)
graph_builder.add_node("Editor", editor_agent)

graph_builder.add_edge(START, "Supervisor")
graph_builder.add_conditional_edges(
    "Supervisor", route_agent, {"Search": "Search", "Editor": "Editor", "END": END}
)
graph_builder.add_edge("Search", "Supervisor")
graph_builder.add_edge("Editor", "Supervisor")

# 8. 그래프 컴파일
graph = graph_builder.compile(checkpointer=memory)
```

예제에서 계속 반복되는 코드를 제외하면 크게 세 부분이 남습니다. 첫 번째는 도구를 만들고, 이 도구들을 이용해 에이전트를 생성하는 코드입니다.

[검색 및 편집 에이전트 생성]

```
from langgraph.prebuilt import create_react_agent

search_agent = create_react_agent(llm, [search_tool])
editor_agent = create_react_agent(llm, [save_file])
```

도구를 만드는 방법은 이미 소개한 적이 있으므로 에이전트를 생성하는 코드만 보겠습니다. 두 개의 에이전트를 생성하는 데 필요한 코드는 단 세 줄입니다. 미리 도구만 준비해 뒀다면 `create_react_agent()` 함수 호출만으로 도구를 생성할 수 있습니다. 그리고 `import` 코드를 보면 `create_react_agent()` 함수는 랭그래프에서 제공하는 함수임을 알 수 있습니다. 랭그래프에서 제공하는 `create_react_agent()` 함수는 랭체인에서 제공하는 것과는 달리 랭그래프의 노드로 작동할 수 있으며 상태 기반 처리 흐름에 적합하도록 설계돼 있습니다.

두 번째로 살펴볼 코드는 관리자(Supervisor) 노드를 생성하는 코드입니다. 관리자 노드는 사용자의 채팅을 분석해서 등록된 에이전트 노드들을 순서대로 호출하며, 에이전트의 응답을 모아 최종 결과를 만들어 내는 중요한 노드입니다. 관리자 노드가 없다면 에이전트 노드는 전혀 쓸모가 없어집니다.

[관리지 노드 작동 정의]

```
supervisor_system_message = """당신은 작업을 관리하는 Supervisor입니다.
...생략...
3. 마지막에 반드시 "NEXT_AGENT: [선택한_에이전트]" 형태로 명시
"""

def supervisor(state: AgentState):
    """Supervisor 노드: 사용자 요청을 분석하고 적절한 에이전트를 선택"""
    messages = [SystemMessage(content=supervisor_system_message)] +
state["messages"]
    response = llm.invoke(messages)

    # 응답에서 다음 에이전트를 추출
    next_agent = "END"  # 기본값
    if "NEXT_AGENT:" in response.content:
        try:
            next_agent = response.content.split("NEXT_AGENT:")[-1].strip()
            if next_agent not in ["Search", "Editor", "END"]:
                next_agent = "END"
        except:
            next_agent = "END"

    return {"messages": [response], "next_agent": next_agent}
```

관리자 노드의 작동을 제어하기 위해 `supervisor_system_message` 시스템 메시지를 정의했습니다. 이 시스템 메시지의 가장 중요한 역할은 다음으로 실행될 노드(에이전트)가 무엇인지 LLM이 알려주도록 만드는 것입니다. 그래서 시스템 메시지 마지막에 `NEXT_AGENT`에 해당하는 값을 반드시 명시하도록 지시문을 넣었습니다. 따라서 관리자 노드의 작동을

정의한 supervisor() 함수는 LLM을 호출하고 LLM의 출력 메시지에서 NEXT_AGENT에 해당하는 값을 추출합니다.

NEXT_AGENT 값을 추출한 다음이 중요합니다. 지금처럼 관리자 노드의 작동 다음에 그래프의 상태에 따라 노드(에이전트)를 선택적으로 실행해야 하는 경우 상태와 라우터를 이용해 처리할 수 있습니다.

먼저 상태 클래스에 다음에 실행할 노드를 적어주면 라우터에서 처리하기가 편하겠죠? 그래서 이번 예제에서는 기존에 쓰던 State 클래스 대신 AgentState 클래스를 정의하고 next_agent 파라미터를 추가한 것입니다.

```
class AgentState(TypedDict):
    messages: Annotated[list, add_messages]
    next_agent: str  # 다음으로 실행할 에이전트 정보
```

AgentState 상태 클래스에 next_agent를 추가한다고 해서 다음 에이전트가 자동으로 선택되어 실행되지는 않습니다. 에이전트를 선택적으로 실행하도록 분기하기 위해서는 관리자 노드와 에이전트를 연결하는 라우터를 만들어야 합니다.

```
def route_agent(state: AgentState) -> str:
    return state.get("next_agent", "END")
```

라우터의 작동 방식은 매우 간단합니다. 현재 상태에서 next_agent 파라미터에 담긴 값을 가져오는 것이 전부입니다. 만약 값이 없다면 END를 전달함으로써 랭그래프 실행이 종료되도록 유도합니다.

라우터가 준비됐으니 랭그래프를 생성할 때 조건부 에지를 이용해서 등록하면 됩니다. 조건부 에지는 라우터에 의해 선택된 노드를 실행해 주는, 분기가 가능한 에지입니다.

```
graph_builder.add_node("Supervisor", supervisor)
graph_builder.add_node("Search", search_agent)
```

```
graph_builder.add_node("Editor", editor_agent)

# START에서 Supervisor로 진입
graph_builder.add_edge(START, "Supervisor")
# Supervisor에서 조건부 라우팅
graph_builder.add_conditional_edges(
    "Supervisor", route_agent, {"Search": "Search", "Editor": "Editor", "END": END}
)
# 각 에이전트 실행 후 종료
graph_builder.add_edge("Search", "Supervisor")
graph_builder.add_edge("Editor", "Supervisor")

graph = graph_builder.compile(checkpointer=memory)
```

위 코드에서는 본격적으로 그래프를 그리고 있습니다. 먼저 노드들이 그래프에 추가됐고, START–노드(에이전트)–END를 연결하는 에지들이 설정됐습니다. 이 가운데 관리자 노드와 에이전트 노드들, 그리고 END 노드는 라우터와 조건부 에지로 연결됐습니다. 즉, 관리자 노드가 AgentState를 통해 전달한 정보를 라우터가 분석하고 다음 노드를 선택합니다. 그리고 조건부 에지는 선택된 노드를 실행하는 역할을 합니다.

이처럼 노드, 에이전트들을 정의하고 이들을 에지로 연결하는 방법만 학습하면 상당히 복잡하고 다양한 데이터를 다뤄야 하는 작업도 랭그래프로 처리가 가능합니다. 게다가 ReAct 에이전트를 간단하게 생성할 수 있는 방법도 랭그래프에서 제공하므로 우리는 도구 같은 재료만 준비하면 레고를 조립하듯 AI 애플리케이션을 만들 수 있습니다.

8.5.3 작동 모니터링

예제에서는 에이전트를 노드로 등록해서 사용했기 때문에 에이전트에 하나 이상의 도구를 등록할 수 있습니다. 그리고 에이전트는 여러 개의 도구가 입력돼 있는 경우 목표를 달성하기 위해 자신에게 등록된 도구들을 수차례 사용하면서 LLM 호출을 반복할 수 있습니다. 즉, 랭그래프가 처리할 전체 작업이 에이전트 단위로 나뉘고, 에이전트도 자신이 맡은 작업을 도구 단위로 나눠서 처리합니다. 복잡한 작업을 분할-정복 전략으로 처리할 수 있는 셈입니다.

이러한 작동 특성을 확인하기 위해 에이전트에 다양한 도구를 설정해 보세요. 그리고 복잡하고 재귀적인 처리가 필요한 질문으로 던져보세요. 이후에 랭스미스에서 실행 결과를 살펴보면 앞에서 설명한 작동 특성이 잘 나타날 것입니다.

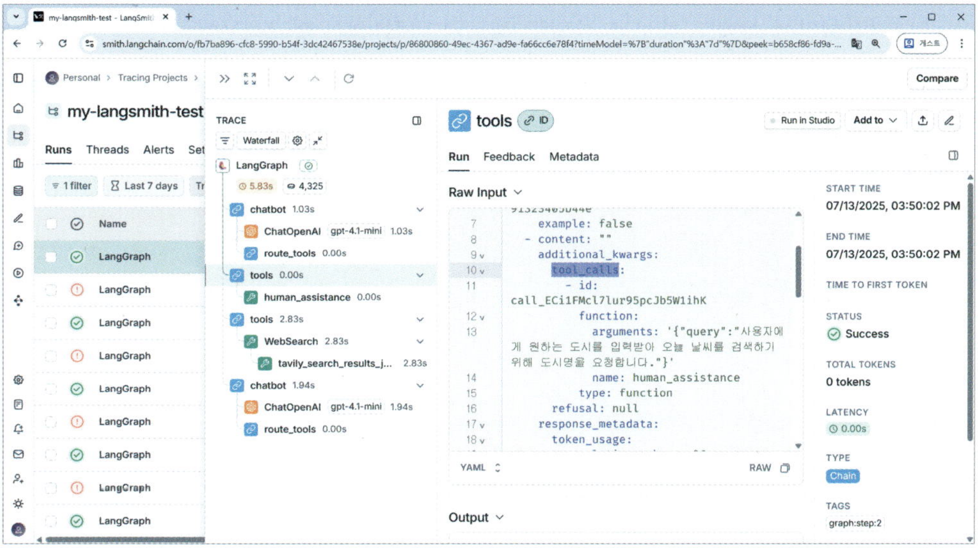

그림 8.10 멀티 에이전트 예제 모니터링

그림 8.10처럼 랭스미스의 트레이스 기능으로 랭그래프의 실행 과정을 살펴보면 이전 예제보다 노드 간의 전환도 많고 에이전트 노드 안에서의 LLM, 도구 호출도 상대적으로 많아진 것을 확인할 수 있습니다.

여기서 주의할 점이 하나 있습니다. 멀티 에이전트를 사용한 그래프는 앞에서 누차 이야기한 것처럼 복잡한 작업을 처리하는 좋은 전략이긴 하지만 자칫 상태 관리가 꼬이거나 중간 작동에 문제가 생기는 경우가 발생할 수 있습니다. 이때는 그래프가 계속 같은 과정을 반복하면서 시간/호출 횟수의 제한으로 중단되기도 하고, 예상과는 전혀 다른 결과를 출력하기도 합니다. 그리고 그래프가 복잡할수록 어디서부터 잘못됐는지 찾기도 힘듭니다. 이 점을 유념해서 랭그래프의 실행 과정을 모니터링하는 데 주의를 기울이고, LLM에게 노드와 에이전트 및 도구에 대해 충분히 설명해 주세요.

멀티 에이전트 예제 코드는 학습을 위한 예시일 뿐, 다양한 사용자의 요청에 대해 만족할 만한 답변을 보장하지는 않습니다. 하지만 본인만의 아이디어를 더해 목표를 설정하고 지금까지 배워온 랭그래프의 기능들을 이용해 그래프를 그려보세요. 그리고 그래프의 작동을 모니터링하면서 실험도 해보고 튜닝도 해보기 바랍니다. 랭그래프를 이용해 가이드만 제대로 잘 해주면 LLM은 내가 예상했던 것보다 훨씬 쓸모 있고 괜찮은 결과물을 만들어줍니다. 이것이 바로 AI 프로그래밍의 묘미가 아닐까요?

CHAPTER

09

MCP 활용법

2025년 들어 MCP(Model Context Protocol)에 대한 관심이 뜨겁게 달아올랐습니다. MCP 자체는 2024년에 이미 발표된 기술이지만 클로드 데스크톱(Claude Desktop)과 커서(Cursor) 개발 환경에서 MCP를 지원하면서 유용성이 알려지기 시작했고, 유튜브 등을 통해 급속도로 확산했습니다.

이 책의 독자 중에는 이미 MCP에 대한 소식을 접하고 클로드 데스크톱이나 커서에 MCP를 설정해 사용해 본 경험이 있을 것입니다. 물론 이것도 의미 있는 시도지만 이 책에서는 여기서 한 발 더 나아가 MCP를 에이전트와 결합할 수 있게 코드를 작성하는 것을 목표로 삼겠습니다. 9장에서는 지금까지 배운 랭체인과 랭그래프의 코드를 기반으로 MCP를 접목하고 에이전트의 기능과 확장성을 늘리는 방법을 설명할 예정입니다.

9.1 MCP 소개

"MCP를 사용하면 다양한 도구나 최신 데이터들을 LLM에 연결해서 사용할 수 있다던데?"

아마도 이와 유사한 내용을 AI 또는 MCP 관련 영상이나 뉴스에서 보신 적이 있을 것입니다. 하지만 이 같은 피상적인 개념만으로는 AI 애플리케이션을 만들고자 하는 사용자에게는 부족합니다. AI 애플리케이션이 MCP를 사용해서 능력을 확장하기 위해서는 MCP가 무엇이며, 어떻게 작동하는지를 이해해야 합니다. MCP에 대한 기본적인 이해가 갖춰지면 이후부터 MCP를 애플리케이션에 적용하는 일이 한결 수월해지기 때문입니다.

9.1.1 MCP란?

지금까지 실습한 예제를 살펴보면 AI 프로그래밍의 정수는 에이전트라는 것을 알 수 있습니다. 에이전트의 구현 방법도 그다지 어려울 것이 없어서, 수행하고자 하는 작업에 필요한 도구들과 이 도구들을 호출하면서 문제를 해결해 줄 LLM만 있으면 됩니다. 이미 ReAct 방식의 에이전트를 랭체인에서 구현해서 제공하기 때문에 긴 코드가 필요하지도 않습니다.

하지만 여기에는 우리가 주목해야 할 개선점이 하나 있습니다. 에이전트의 핵심은 도구를 활용한 문제의 해결인데, 에이전트에 사용할 도구들은 어디서 구해야 할까요? 지금까지의 예제처럼 랭체인이 제공하는 도구를 사용하거나 직접 구현한 함수를 도구로 사용해야 할까요? 단순한 작업이나 범용적인 작업은 이렇게 처리할 수도 있겠지만 더 복잡하거나 랭체인이 제공하지 않는 도구는 어떻게 해야 할까요? 예를 들어, 깃허브 서비스에 접속해서 기능을 실행하거나 특정 유튜브 영상에서 영상 정보를 가져오는 경우에는 이 기능들을 직접 구현해야 할까요?

이러한 질문의 답을 찾다 보면 누구나 비슷한 결론에 다다를 것입니다. 필요한 도구를 직접 만들기보다는 서비스 업체나 오픈소스 개발자가 만들어 공유하는 도구를 활용하는 방식이 훨씬 효율적이라는 것입니다. 이미 우리는 깃허브의 성공에서 이러한 오픈소스 철학과 생태계의 유용함을 경험했습니다. 물론 이러한 생태계를 위해서는 제작자와 사용자가 도구를 공유할 수 있는 표준 방식이 필요합니다.

이러한 필요에 의해 앤트로픽에서 2024년 11월 제안한 표준 프로토콜이 바로 MCP(Model Context Protocol)입니다[10]. 공식적인 표현으로, MCP는 '애플리케이션이 LLM에 컨텍스트를 제공하는 방식을 표준화하는 오픈 프로토콜'입니다. 하지만 이러한 표현만으로는 MCP의 정의와 유용함을 이해하기에는 부족하기 때문에 보통은 USB 허브에 비교하곤 합니다. 즉, USB가 각종 주변 장치를 PC에 연결하기 위해 표준화된 방법을 제공하듯, MCP도 LLM에 데이터 소스와 도구를 연결할 수 있도록 표준안을 제공한다는 것입니다.

9.1.2 MCP의 작동 구조

AI 애플리케이션에서 MCP를 활용하려면 MCP의 개념만 이해하는 것으로는 부족합니다. 실제 MCP가 어떻게 작동하는지, 작동 방식까지 이해해야 MCP를 원활하게 사용할 수 있습니다. 그러려면 먼저 MCP의 구성 요소들을 이해해야 합니다.

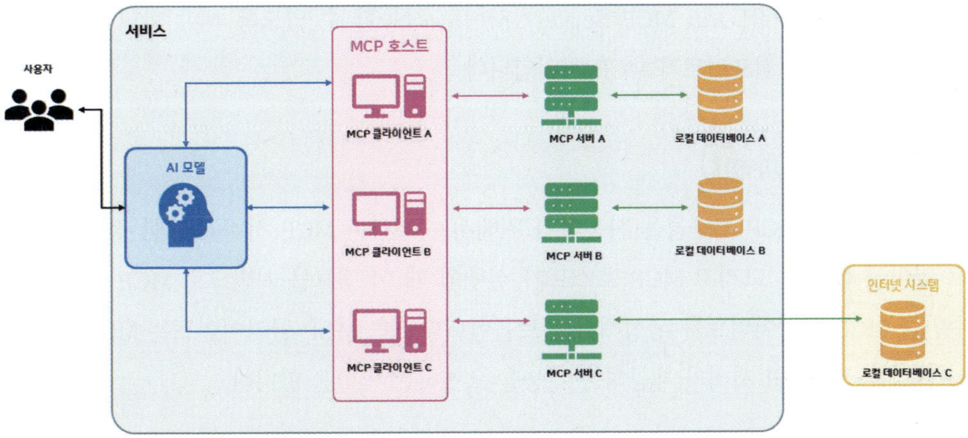

그림 9.1 MCP의 구성 요소와 작동 구조

10 MCP가 발표된 시점은 2024년 11월이지만 AI 사용자에게 인기를 끌기 시작한 것은 2025년 초입니다. 불과 몇 개월밖에 차이가 나지 않지만 하루가 다르게 변화하는 AI 업계에서는 짧지 않은 시간입니다. 아마도 딥시크 등 AI 업계를 강타했던 LLM 관련 이슈에 가려졌다가 다시 재조명된 것으로 보입니다.

MCP의 구성 요소는 크게 3가지로 나눌 수 있습니다.

MCP 호스트(Host)

클로드 데스크톱, 커서 개발 환경 또는 사용자가 직접 작성하는 AI 애플리케이션을 지칭합니다. 앞에서 비유했던 USB 관점에서 보면 주변 장치들을 연결하고 싶은 PC에 해당합니다.

MCP 서버(Server)

간단하게 표현하자면 USB 주변 장치에 해당한다고 할 수 있습니다. 예를 들어, 내 깃허브 계정을 입력하면 자동으로 깃허브에 접속해서 저장소 또는 소스코드를 관리해 주는 깃허브 MCP가 필요하다고 가정해 봅시다. 그러면 깃허브 서비스와의 보안 접속, 인증 및 깃허브 제어 기능을 실행하는 코드를 작성해야 합니다. 그리고 이 코드를 실행할 수 있는 온라인 서버를 만들어서 외부에서 실행할 수 있게 하거나(Remote MCP Server), 사용자의 PC에 다운로드해서(Local MCP Server) 서버로 작동할 수 있도록 해야 합니다. 여기서 '서버'라고 표현한 컴포넌트가 MCP 서버입니다.

MCP 클라이언트(Client)

MCP 호스트가 MCP 도구들을 사용하기 위해서는 원하는 MCP 서버에 대한 정보를 가지고 있어야 합니다. 그리고 MCP 호스트가 실행될 때 이 정보를 기반으로 MCP 서버의 개수만큼 MCP 클라이언트를 생성해서 컨트롤합니다. 즉, MCP 클라이언트는 MCP 서버와의 연결을 관리하고 서버가 제공하는 기능을 요청하는 역할을 합니다.

요약하면, MCP는 'MCP 호스트 - MCP 클라이언트 - MCP 서버'의 구조로 작동합니다. 그래서 MCP는 클라이언트-서버 아키텍처를 기반으로 작동한다고 표현합니다. 그리고 MCP의 구성요소들은 상호 연동을 위해 표준화돼 있기 때문에 일일이 사용자가 구현하지 않아도 라이브러리 차원에서 작동합니다. 사용자는 자신이 원하는 MCP 서버를 찾아서 해당 서버를 사용할 수 있도록 애플리케이션에 MCP 설정을 추가하기만 하면 됩니다.

그럼 내가 원하는 MCP 서버의 설정을 찾으려면 어떻게 해야 할까요? 검색 엔진을 이 잡듯이 뒤져야 할까요? 깃허브처럼 MCP 설정들을 자유롭게 등록하고 사용할 수 있는 온라인 저장소는 없을까요? 다행스럽게도 여기에 해당하는 서비스가 Smithery라는 이름으로 서비스되고 있습니다.

9.1.3 MCP 저장소, Smithery.ai

Smithery.ai는 MCP계의 깃허브라 할 만합니다. 유용한 MCP 서버를 검색해서 내가 사용하고자 하는 애플리케이션에 연결하는 것을 도와줄뿐 아니라 직접 MCP 서버를 등록해서 다른 사용자에게 제공할 수도 있습니다. 따라서 MCP를 사용하고자 하는 이들은 반드시 기억해 둘 만한 서비스입니다. 아래 URL로 방문해서 서비스를 한번 구경해 보시기 바랍니다.

- https://smithery.ai/

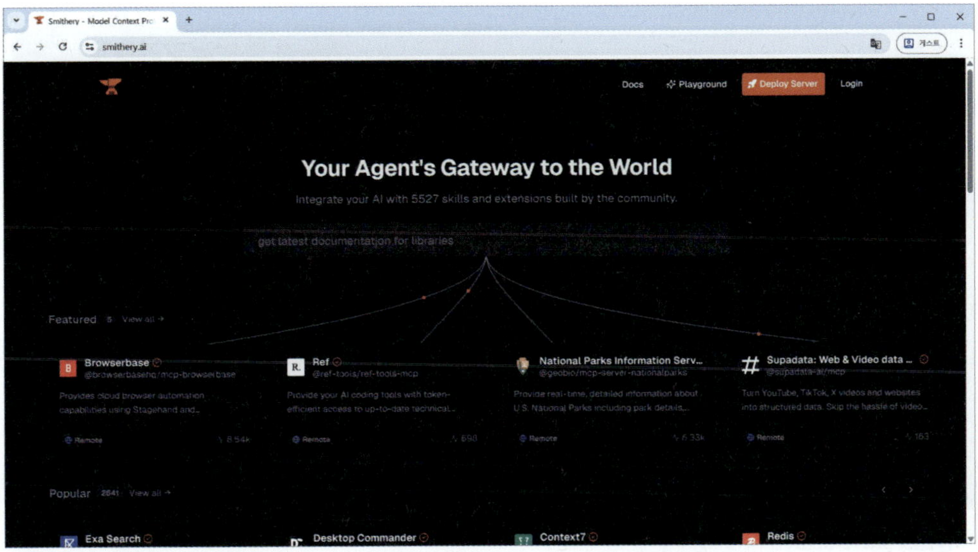

그림 9.2 Smithery.ai 홈페이지

이미 구현하고자 하는 명확한 목표가 있는 경우에는 문제 해결에 필요한 MCP 서버를 Smithery에서 검색해 손쉽게 찾을 수 있습니다. 그리고 Smithery에 들렀을 때 'popular' 카테고리도 한번 둘러보시길 권합니다. 여기에는 사용자들이 자주 사용하는 MCP 서버들을 리스트로 보여줍니다. MCP는 근래들어 급격히 성장한 기술이기 때문에 미처 생각지 못했던 기능이나 누군가 개발해 줬으면 하는 기능들이 빠르게 등록되기 때문입니다. 그리고 이러한 참신한 MCP 서버를 보다 보면 새로운 아이디어를 떠올리거나 내가 개발하는 애플리케이션을 확장하는 데 도움이 되기도 합니다.

Smithery.ai를 통해 MCP를 사용하는 방법은 간단합니다. 내가 원하는 MCP 서버를 찾아서 클릭하면 해당 MCP 서버의 상세 페이지로 연결됩니다. 예를 들어, 웹 검색에 사용되는 Brave Search 서비스를 MCP 서버로 등록하고 싶은 경우, 'brave search'로 검색해 상세 페이지로 이동합니다.

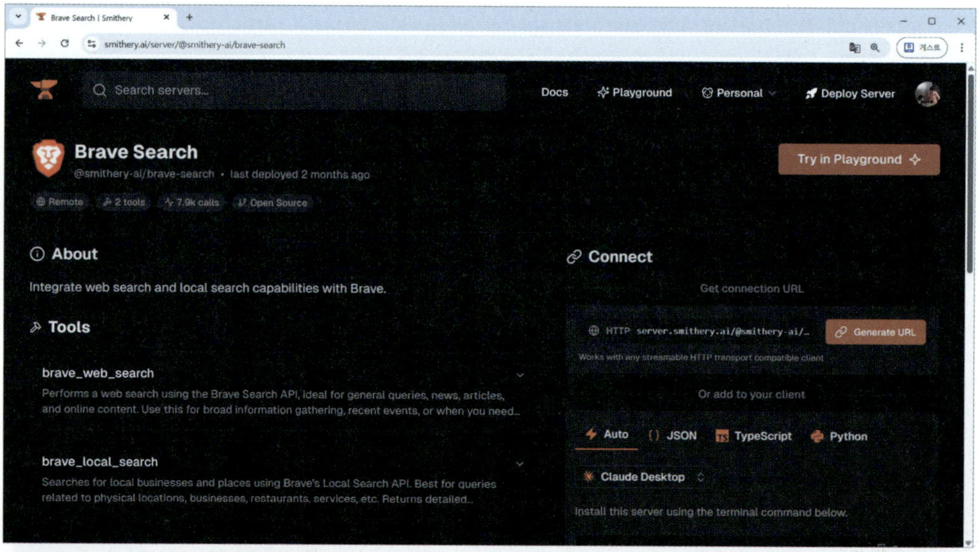

그림 9.3 Brave Search 상세 페이지

Brave Search 상세 페이지의 상단에는 로고와 함께 이 MCP 서버의 특징이 기재돼 있습니다. 특히 로고 아래에 **Remote** 태그가 있는데, 이것은 현재 MCP 서버가 원격 서버 형태로 구현돼 있음을 알려줍니다. 즉, 이 MCP 서버는 내 PC에 다운로드해 설치하는 대신 원격(클라우드) 서버에 접속해서 사용하는 방식이라는 뜻입니다. 반대로 **Local**로 표시된 MCP 서버는 내 PC에 서버를 설치 후 실행해서 사용합니다.

이 외에도 왼쪽 아래에는 **Tools** 항목이 있습니다. 이곳에서는 해당 MCP 서버가 제공하는 도구가 몇 개이고, 각 도구는 어떤 기능을 제공하는지 알려줍니다. 이 정보는 사용자에게 MCP의 기능을 소개할뿐 아니라 LLM에게도 전달되어 도구를 어떻게 사용할지 판단하는 데 도움을 줍니다.

그리고 가장 중요한 정보는 오른쪽 **Connect** 영역에 표시돼 있습니다. MCP를 적용하고 싶은 애플리케이션에서 MCP 서버를 사용할 수 있도록 설정하는 방법이 바로 이 영역에 표시됩니다. 예를 들어, 이번 장에서 실습할 클로드 데스크톱에서 Brave Search를 사용하고 싶다면 오른쪽 하단에서 **Auto** 탭을 선택하고 **Claude Desktop** 항목을 선택하면 됩니다. 그러면 **Auto** 탭 아래에 Brave Search를 사용할 수 있도록 설정하는 방법이 표시됩니다.

이 외에도 **TypeScript**, **Python** 탭에서는 해당 언어를 이용해 MCP를 사용할 때 필요한 라이브러리와 기본 코드를 알려줍니다. **JSON** 탭은 JSON 파일 형태로 MCP 서버 설정을 저장하고 불러와서 사용하는 경우를 위한 안내문을 제공합니다. AI 애플리케이션에서는 MCP 서버를 연동하기 위한 설정값을 JSON 형태로 저장하는 경우가 많기 때문에 JSON 파일을 직접 수정하는 경우를 위해 이 같은 옵션을 제공합니다.

초기에는 MCP를 지원하는 애플리케이션이 클로드 데스크톱이나 커서 개발 환경으로 국한돼 있었기 때문에 MCP를 응용해서 사용할 수 있는 방법이 제한적이었습니다. 하지만 MCP가 인기를 얻고 시간이 흐르자 MCP를 지원하는 애플리케이션도 늘어나고 여러 프로그래밍 언어에서 MCP를 사용할 수 있는 라이브러리도 개발됐으며, MCP 서버의 수도 대폭 증가했습니다. 단적인 예로 Smithery의 **Auto** 탭에서 확인할 수 있는 MCP 지원 애플리케이션이 20개를 넘어가고 있습니다.

이 중에는 여러분이 자주 사용하거나 사용해 본 적이 있는 앱이 있을 수 있습니다. 혹은 여러분이 종종 사용하는 프로그래밍 언어가 MCP를 지원할 수도 있을 것입니다. 그러니 주저하지 말고 익숙한 애플리케이션이나 프로그래밍 언어로 MCP와 연동해 보세요. 이전과는 다른 에이전트의 성능을 체감할 수 있습니다.

이 책에서는 MCP 애플리케이션을 실습하기 위한 보편적인 방법으로 클로드 데스크톱을 선택했습니다. 이어지는 절에서는 클로드 데스크톱을 이용해 MCP를 직접 연동하는 실습을 해보겠습니다.

9.2 클로드 데스크톱과 MCP 테스트

Smithery 서비스를 둘러봤다고 하더라도 실제 MCP 서버를 애플리케이션에 적용해서 사용하려면 어떻게 해야 하는지 감이 잡히지 않을 수 있습니다. 그래서 본격적으로 MCP를 활용한 AI 프로그래밍을 시작하기 전에 클로드 데스크톱을 이용해 LLM 서비스와 MCP 서버를 연결하는 실습을 해보겠습니다. 이번 실습을 통해 MCP가 실제로 어떻게 AI 애플리케이션에 통합되어 작동하는지 감을 잡을 수 있을 것입니다.

9.2.1 클로드와 클로드 데스크톱

클로드(Claude)는 2021년에 설립된 앤트로픽이 개발한 상용 LLM입니다. 앤트로픽은 OpenAI 출신 연구자들이 창립한 회사로, 2022년에 첫 번째 클로드 모델을 출시했습니다. 이후 클로드 2가 출시된 후 Haiku, Sonnet, Opus 등 다양한 버전의 클로드 3가 출시됐습니다. 이 책이 집필된 시점 기준으로 2025년 9월에 출시된 클로드 Sonnet 4.5와 Opus 4.1이 최신 모델입니다. 정보 이론의 아버지로 불리는 클로드 섀넌(Claude Shannon)에서 이름을 따온 클로드는 다른 LLM 서비스처럼 텍스트 대화, 문서 작성, 코드 생성, 데이터 분석, 번역, 요약 등의 기능을 제공합니다. 다른 LLM들과 비교했을 때 클로드는 긴 문맥을 처리하는 능력이 뛰어나며 복잡한 추론 작업 및 글쓰기, 코딩 작업을 잘 수행하는 것으로 평가받습니다.

하지만 이런 특장점보다 근래 들어 가장 주목받는 클로드의 장점은 MCP 서버와의 연동을 통해 다양한 부가 기능을 제공한다는 점입니다. 즉, MCP라는 표준을 준수하는 내외부의 MCP 서버가 있다면 클로드가 이를 인식해서 사용자의 요청을 수행하기 위해 언제 어떻게 써야 할지 똑똑하게 판단할 수 있는 것입니다. 앤트로픽이 처음 제안한 MCP는 당연히 클로드 서비스에서 적극적으로 통합됐지만 그 인기가 폭발적이기 때문에 앞으로 클로드뿐 아니라 챗GPT 등 다양한 곳에서 채택될 것으로 예상됩니다.

또한 클로드는 문서, 차트, 코드 등을 실시간으로 생성하고 수정할 수 있는 아티팩트 기능을 제공합니다. 아티팩트 기능은 다양한 프로그래밍 언어를 실행할 수 있기 때문에 LLM 서비스의 전형적인 텍스트 답변을 넘어서 실제로 작동하는 웹페이지, 앱, 게임 등을 만들어 냅니다. 예를 들어, "간단한 계산기를 만들어줘"라고 요청하면 클로드는 아티팩트를 생성하고 코딩을 시작합니다. 그 결과물로 실제로 버튼을 클릭할 수 있는 계산기를 다음 그림과 같이 만들어 줍니다.

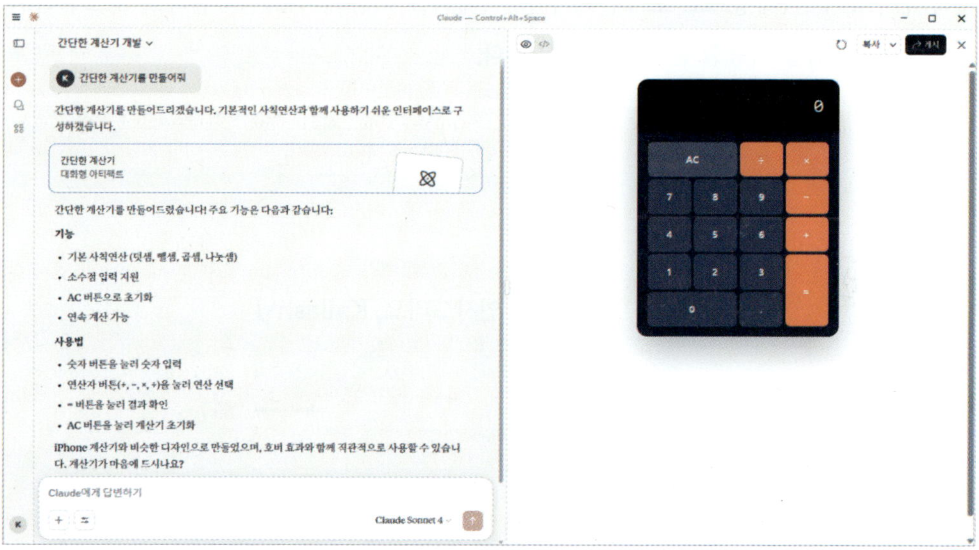

그림 9.4 클로드 데스크톱으로 계산기 만들기

이처럼 클로드의 LLM 성능에 부가 기능을 더하고, 여기에 MCP까지 연결하면 기존 LLM의 성능을 우리가 원하는 방향으로 확장해서 사용할 수 있습니다. 왜냐하면 MCP를 통해 클로드가 접근할 수 없었던 정보에 접근할뿐만 아니라 외부 서버에서 제공하는 기능도 활용할 수 있기 때문입니다.

9.2.2 클로드 데스크톱 설치 및 실행

클로드 데스크톱은 웹으로 제공되는 클로드 서비스를 데스크톱에서도 사용할 수 있도록 작성된 프로그램입니다. 특히 클로드 데스크톱은 클로드 서비스의 기본적인 기능뿐 아니라 MCP 도구도 연결할 수 있도록 설계됐습니다.

클로드 데스크톱은 앤트로픽 공식 홈페이지[11]에 접속해 마이크로소프트 윈도우 또는 애플 macOS 중 각자의 컴퓨터에 맞는 버전을 선택해 다운로드한 후 설치할 수 있습니다. 설치 파일을 다운로드하면 설치를 진행하고, 이어서 클로드 데스크톱을 실행해 주세요. **구글로 계속하기**로 구글 계정으로 로그인하거나, 이메일을 이용해서 회원가입하고 로그인하면 클로드 데스크톱을 사용할 준비가 된 것입니다.

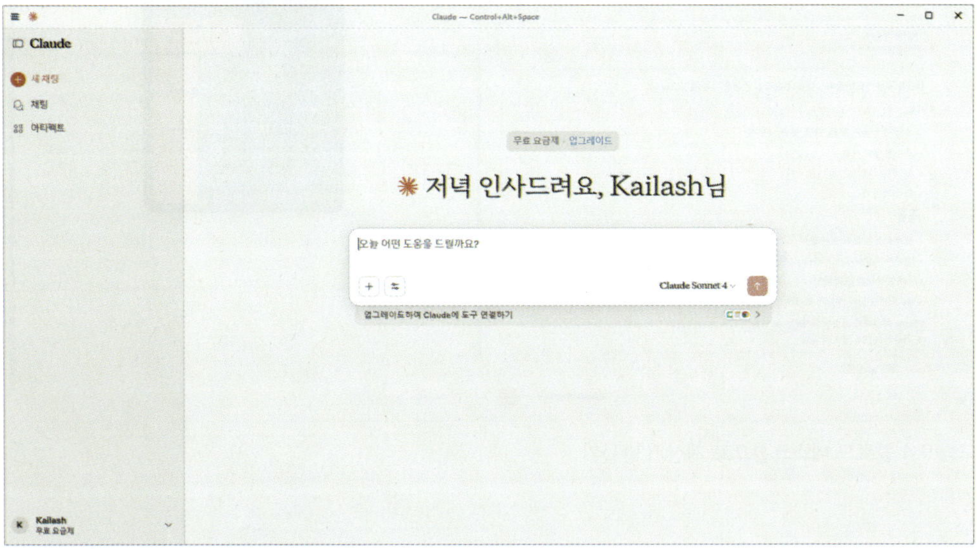

그림 9.5 클로드 데스크톱의 초기 화면

11 https://claude.ai/download

클로드 데스크톱의 화면 구성은 챗GPT 웹사이트와 거의 유사하며, 중앙에 있는 입력창을 이용해 질문을 입력하면 LLM의 답변이 출력되는 방식입니다. 왼쪽 탭에는 대화 이력이 표시되며, 입력창 아래에는 + 버튼과 모델 선택 버튼이 있습니다. + 버튼은 질문을 할 때 참고할 파일을 업로드하는 용도이며, + 옆 버튼을 클릭해서 웹 검색을 활성화할 수도 있습니다.

그럼 이제 본격적으로 클로드에게 질문해 봅시다. 우리가 생각나는 대로 던지는 간단한 질문에 대해 클로드는 자연스러운 답변을 할뿐만 아니라 (질문에 따라서) 혼자 추론하거나 검색하면서 구조적으로 답변을 생성해 나가기도 합니다.

9.2.3 클로드 데스크톱에 도구 연결하기

이번에는 클로드 데스크톱에 MCP 서버 기반의 도구를 연결하겠습니다.

MCP 서버는 말 그대로 도구를 제공하는 서버이기 때문에 서버를 실행할 수 있는 환경이 필요합니다. 이때 사용할 수 있는 방법 중 하나로 자바스크립트 기반의 서버 프레임워크인 Node.js가 있습니다. Node.js는 보통 서버 측 애플리케이션 개발, 특히 RESTful API 같은 웹 서비스를 구축하는 데 널리 사용됩니다. 특히 Node.js에 포함된 `npx`는 Node.js 패키지를 설치하지 않고도 임시로 다운로드해서 실행할 수 있도록 해주는 편리한 실행 도구입니다. 즉, Node.js 설치 후 `npx`를 사용하면 간편하게 MCP 서버를 내 컴퓨터에서 실행할 수 있습니다.

먼저 Node.js를 설치해 봅시다. Node.js는 공식 웹사이트에서 다운로드할 수 있습니다.

- **Node.js 다운로드 페이지**: https://nodejs.org/ko/download

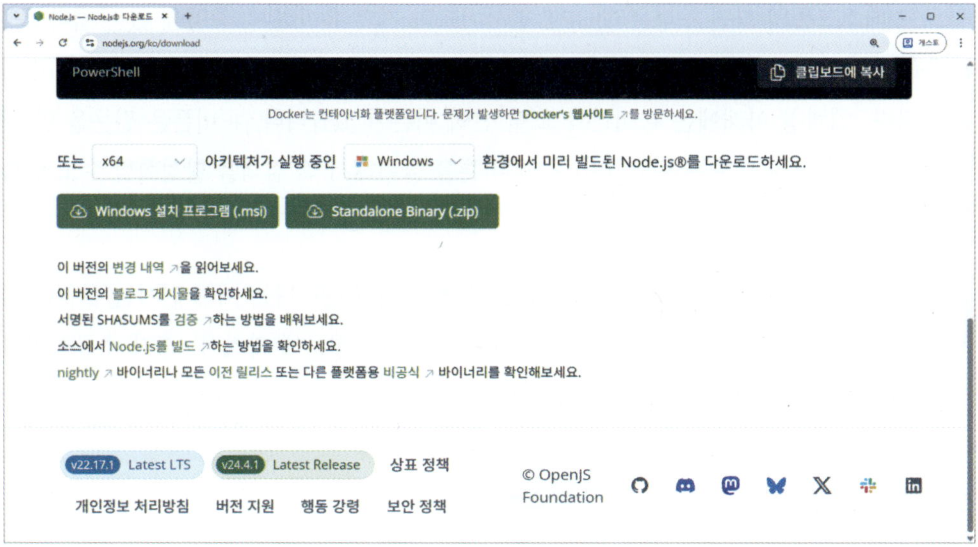

그림 9.6 Node.js 다운로드 페이지

Node.js 다운로드 페이지에서 사용 중인 운영체제에 맞춰 설치 프로그램을 내려받으면 됩니다. macOS는 pkg 설치 파일이, 윈도우는 msi 설치 파일이 다운로드됩니다. 이때 npx는 최신 버전의 Node.js를 설치할 때 함께 설치되므로 별도로 설치하지 않아도 됩니다. 설치 파일을 실행하고 설치 마법사를 따라 진행하면 Node.js 설치가 완료됩니다.

Node.js 설치가 완료되면 다음과 같은 명령어를 통해 정상적으로 설치됐는지 확인할 수 있습니다. 윈도우를 사용할 경우 명령 프롬프트를 실행하고 macOS를 사용할 경우 터미널 프로그램을 실행한 후 다음 명령을 실행합니다.

[윈도우에서 node 및 npx 버전 확인]

```
C:\Users\username>node --version
v22.13.0

C:\Users\username>npx --version
10.9.2
```

일반적으로는 LLM 서비스는 내가 직접 파일 목록을 입력해서 알려주지 않는 이상 내 컴퓨터에 어떤 파일들이 있는지 알 수가 없습니다. 하지만 "내 컴퓨터의 파일 목록"을 추출해주는 도구를 LLM에 연동한다면 내 컴퓨터의 파일과 연동하는 작업이 가능해집니다. 이를 위해 내 컴퓨터 파일들을 LLM과 연동할 수 있도록 desktop-commander MCP 서버를 연동해 보겠습니다.

클로드 데스크톱에 MCP 서버를 연동하려면 `claude_desktop_config.json` 설정 파일에 MCP 서버 연동을 위한 정보를 입력해야 합니다. 윈도우의 경우에는 먼저 좌측 상단의 햄버거 메뉴에서 **도움말 → 문제 해결 → 개발자 모드 활성화**를 차례로 선택해 개발자 모드를 활성화해야 합니다. 개발자 모드를 활성화하면 자동으로 프로그램이 재시작할 것입니다. macOS의 경우 이러한 과정을 생략할 수 있습니다.

JSON 설정 파일은 윈도우의 경우 메뉴에서 **파일 → 설정 → 개발자 탭 → 구성 편집**을 차례로 선택해 접근할 수 있습니다. macOS의 경우 메뉴에서 **설정 → 개발자 탭 → 설정 편집**을 차례로 선택해 접근할 수 있습니다. **구성 편집** 버튼을 누르면 JSON 설정 파일을 포함한 폴더가 열립니다.

파일 탐색기로 직접 JSON 설정 파일이 있는 폴더를 찾아가서 파일을 수정하고 싶은 경우는 아래 경로로 들어가보세요.

- **윈도우**: `%APPDATA%\Claude\claude_desktop_config.json`
- **macOS**: `~/Library/Application Support/Claude/claude_desktop_config.json`

그럼 클로드 데스크톱의 설정 파일에 desktop-commander MCP 서버를 추가하겠습니다.

만약 최신 클로드 데스크톱을 사용하는 경우라면 이미 desktop-commander가 추가돼 있을 수 있습니다. 이 경우에는 곧바로 해당 MCP 서버를 사용할 수 있습니다. 하지만 아직 desktop-commander 설정이 추가되지 않은 경우에는 Smithery에서 desktop-commander 설정을 복사할 수 있습니다.

- https://smithery.ai/server/@wonderwhy-er/desktop-commander

Smithery에서 우측의 **JSON** 탭을 선택하고 현재 사용 중인 운영체제를 선택하면 추가해야 할 JSON 설정값을 복사할 수 있습니다. 이후 다음 예시와 같이 `desktop-commander`의 설정을 최상위 항목인 `mcpServers` 아래에 넣으면 됩니다. 이렇게 하면 `desktop-commander` 이름으로 MCP 서버를 추가하는 설정이 완료됩니다.

[클로드 데스크톱의 설정 파일 수정]

```
{
  "mcpServers": {
    "desktop-commander": {
      "command": "cmd",
      "args": [
        "/c",
        "npx",
        "-y",
        "@smithery/cli@latest",
        "run",
        "@wonderwhy-er/desktop-commander",
        "--key",
        "your-key"
      ]
    }
  }
}
```

`desktop-commander`의 옵션도 하나씩 살펴보겠습니다. `args` 항목에는 `npx` 옵션인 `"-y"`를 입력해 처음 호출될 때 자동으로 설치를 진행하며, 이때 `smithery` 서비스를 사용함을 알 수 있습니다. 그리고 `"@wonderwhy-er/desktop-commander"` 옵션은 `npx`가 `desktop-commander`라는 MCP 서버를 식별해서 불러올 수 있도록 지정합니다.

9.2.4 클로드 데스크톱에 연결된 도구 활용하기

설정을 저장했다면 설정이 적용되도록 클로드 데스크톱을 완전히 종료하고 다시 시작합니다. 그러고 나면 입력창 하단의 **검색 및 도구** 아이콘으로 추가된 MCP 도구들을 확인할 수 있습니다.

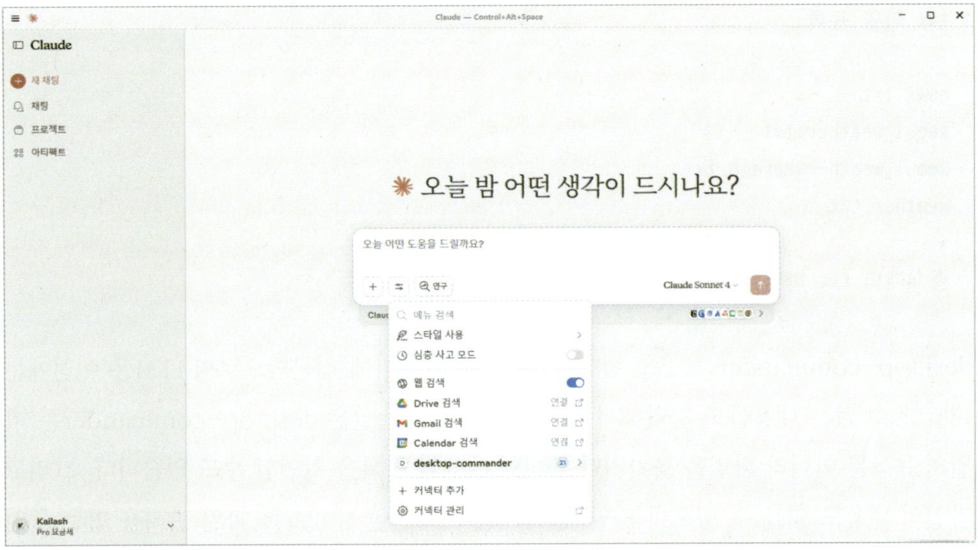

그림 9.7 클로드 데스크톱에서 desktop-commander 연동을 확인

위 그림과 같이 desktop-commander 도구가 추가되지 않는다면 다음을 확인합니다.

- **설정 파일 문법 재확인**: `claude_desktop_config.json` 파일에 내용을 잘못 입력하는 것은 자주 발생하는 실수 중 하나입니다. 특히 대괄호 등과 같은 특수문자가 책에 나온 예시와 정확하게 일치하는지 다시 한번 확인합니다. 폴더 경로 역시 본인의 컴퓨터 환경에 맞게 올바르게 입력했는지 점검이 필요합니다.
- **개발자 모드 활성화**: 윈도우의 경우에는 반드시 클로드 데스크톱 개발자 모드 활성화가 필요합니다.
- **클로드 데스크톱 재실행**: 클로드 데스크톱을 다시 한번 확실히 종료하고 다시 실행해 봅시다. 만약 클로드 데스크톱이 백그라운드로 실행되도록 설정돼 있다면 백그라운드로 실행된 애플리케이션도 종료해야 합니다. 확실하지 않은 경우 컴퓨터를 재시작하는 방법도 있습니다.
- **Node.js와 npx 재설치**: 사용 중인 컴퓨터에 설치된 Node.js 버전이 너무 오래됐을 수 있습니다. 이 경우 Node.js를 삭제하고 다시 설치합니다.

이제 클로드 데스크톱을 열어 "다운로드 폴더에 있는 파일들 중 txt 파일만 리스트로 출력해줘"라고 질문해 봅시다. 질문 후 응답 중에 실행 권한을 요청할 경우 권한을 허용해 주세요.

```
...생략...
다운로드 폴더에서 발견된 txt 파일들은 다음과 같습니다:
txt 파일 목록:

news.txt
seoul_weather.txt
seoul_weather_korean.txt
weather.txt

총 4개의 txt 파일이 다운로드 폴더에 있습니다.
```

desktop-commander 도구를 활용해 내 컴퓨터 폴더에 접근함으로써 LLM은 이전에는 대답할 수 없는 내용들도 파악해서 답할 수 있습니다. 실은 desktop-commander는 파일의 목록뿐 아니라 파일을 옮기거나 폴더의 생성과 목록을 확인할 수도 있습니다. 그리고 파일의 내용도 읽을 수 있으며 파일 찾기 기능도 포함한 데스크톱 파일 관리용 만능 툴입니다. 따라서 파일과 관련된 복잡한 요구사항도 MCP를 통해 처리할 수 있습니다.

이러한 MCP 서버를 내 컴퓨터뿐만 아니라 외부에서도 가져다 쓸 수 있다면 어떻게 될까요? LLM은 외부 환경과 상호작용을 하면서 이전에는 생각지 못했던 작업까지 스스로 수행할 수 있을 겁니다. 그리고 가만히 생각해 보면 LLM은 MCP라는 도구를 사용하면서 단순히 외부의 도구에 접근만 한 것이 아닙니다. 사용자의 질문과 사용 가능한 도구들을 파악해서 작업을 처리할 순서를 스스로 계획하고, 도구를 사용하면서 나온 결과를 취합해서 그 순간에 가장 적절한 판단을 했습니다. 이렇게 매력적인 기능을 표준화해서 하나의 인터페이스로 통합될 수 있도록 길을 열어줬으니 사람들이 MCP에 열광했던 게 아닐까 합니다.

9.3 MCP 에이전트 구현 예제

클로드 데스크톱은 그 자체로도 매우 유용한 LLM 애플리케이션이지만 몇 가지 설정만으로 MCP를 추가해서 활용 범위를 더 넓힐 수 있습니다. 하지만 이러한 상용 프로그램은 어쩔 수 없이 사용자가 활용할 수 범위의 한계가 존재합니다. 만약 LLM 서비스를 이용해서 회사 업무를 자동화하기 위한 애플리케이션들을 만들어서 배포하고 싶다면 당연히 회사 업무와 데이터에 맞게 수정된 애플리케이션을 만들 수 있어야 합니다. 하지만 이렇게 세세한 요구사항을 반영해서 프로세스를 자동화하는 작업은 클로드 데스크톱이 해결해 줄 수 없습니다. 따라서 MCP 같은 도구를 지금까지 학습한 랭체인 코드에 통합함으로써 AI 애플리케이션의 능력을 확장하는 방법을 배울 필요가 있습니다.

이번 절에서 제공하는 예제의 목표가 바로 이것입니다. 이번 예제는 8.4절에서 사용했던 랭그래프 – 멀티 에이전트 예제를 기반으로 기존에 사용하던 랭체인 도구들을 MCP 도구로 대체했습니다. 따라서 이번 예제의 랭그래프에서는 앞에서 배운 Smithery 서비스에서 원하는 도구들을 찾아서 적용할 수 있을뿐 아니라 사용자가 추가 코딩 없이 MCP 설정만으로 도구를 교체할 수도 있습니다. 이 방법으로 에이전트를 내가 원하는 대로 작동하도록 손쉽게 변형할 수 있습니다.

이번 절의 예제를 통해 자신만의 AI 애플리케이션 코드에 MCP를 통합하는 데 많은 도움이 될 것입니다.

9.3.1 프로젝트 생성과 테스트

이번 예제는 8장의 멀티 에이전트 예제를 사용한다고 앞에서 언급했습니다. 다시 한번 멀티 에이전트 예제의 내용을 떠올려 보겠습니다. 멀티 에이전트 예제에서는 랭그래프에 3개의 노드가 있었습니다.

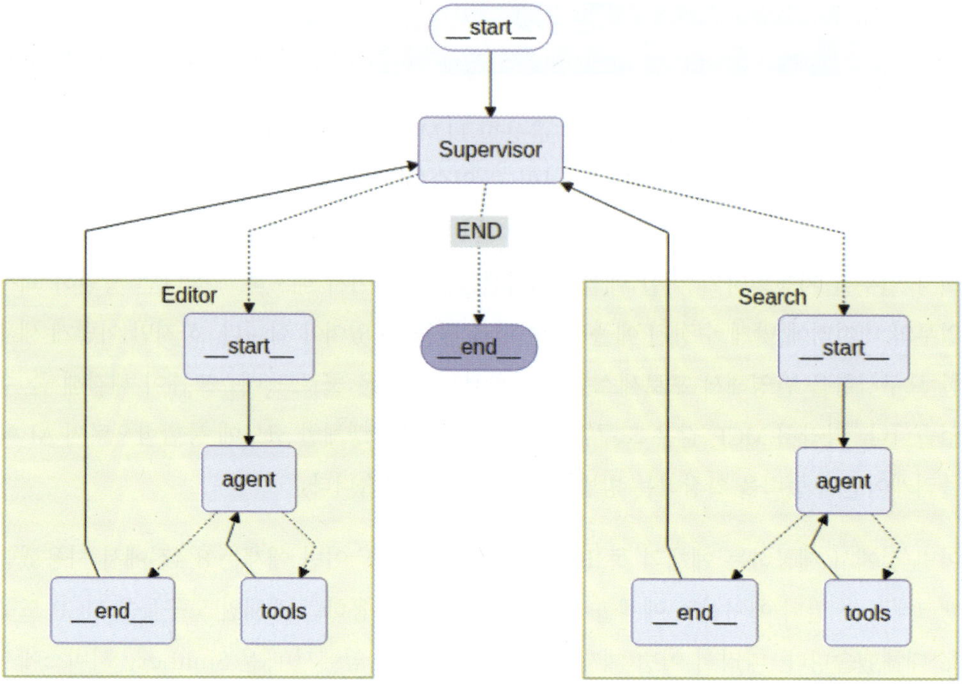

그림 9.8 멀티 에이전트 예제의 그래프 구조

보다시피 멀티 에이전트의 예제는 두 개의 에이전트 노드와 하나의 관리자(Supervisor) 노드로 구성돼 있습니다. 에이전트 노드는 하나의 기능 단위로 원하는 목표를 세부 작업으로 나눴을 때 각 세부 작업을 처리하는 것을 담당합니다. 따라서 관리자 노드에 동적으로 여러 개의 에이전트가 연결될 수 있는 구조입니다.

이번 MCP 에이전트 예제도 마찬가지로 하나의 관리자에 여러 개의 에이전트가 연결되는 구조를 띱니다. 하지만 이번 예제는 편의상 에이전트는 하나만 생성해서 사용한다는 점이 다릅니다. 이 에이전트가 "Common" 에이전트이며, 모든 사용자의 요청을 담당합니다. 비록 이번 예제에서는 하나의 에이전트만 생성해서 사용하지만 멀티 에이전트를 사용할 수 있도록 구조이므로 이전 예제를 참고해서 여러 개의 에이전트를 추가하는 데 문제가 없을 것입니다.

그리고 MCP 에이전트 예제는 MCP 서버를 사용할 수 있도록 MCP 초기화 작업들이 대거 추가됩니다. 이전의 랭체인 도구와는 달리 MCP 도구들은 MCP 서버를 통해 구현되며, PC에서 서버들을 실행시키고 관리하기 위해서 MCP 라이브러리를 필요로 합니다. 그리고 이 라이브러리를 초기화하는 코드들이 예제 폴더에 추가돼 있으므로 이 파일들을 주의 깊게 살펴봐야 합니다.

예제 코드 다운로드 및 환경 구성

예제 위치로 이동한 후 uv를 통해 필요한 패키지를 설치합니다.

[실습 환경 구성]

```
cd ollama-mcp-tutorials/ch09/01_mcp_agent
uv sync
```

이번 실습에서는 랭그래프와 에이전트, MCP 서버가 연동하기 때문에 애플리케이션의 내부 작동 방식이 복잡합니다. 따라서 다음과 같이 .env 환경설정 파일을 이용해 랭스미스를 활성화하고 애플리케이션을 모니터링하기 바랍니다. 또한 멀티 에이전트의 작동을 관리하기 위해서는 어느 정도 LLM의 성능이 뒷받침돼야 합니다. 이 때문에 기본으로 상용 LLM 서비스(OpenAI)를 사용합니다. 하지만 올라마를 선호하는 분을 위해 올라마용 코드도 포함돼 있습니다.

[.env 환경변수 설정]

```
LANGSMITH_TRACING=true
LANGSMITH_ENDPOINT="https://api.smith.langchain.com"
LANGSMITH_API_KEY="<your-api-key>"
LANGSMITH_PROJECT="my-langsmith-test"
OPENAI_API_KEY="<your-api-key>"
```

이번 예제에는 두 개의 MCP 서버가 포함돼 있습니다. 하나는 '오늘의 날씨'를 알려주는, 우리가 직접 만든 함수를 사용한 MCP 서버입니다(이 서버는 모든 날씨 요청에 대한 항상 같은 대답을 합니다). 그리고 다른 하나는 내 PC의 파일을 검색, 생성, 삭제할 수 있는 desktop commander MCP 서버입니다. 이름을 보고 이미 눈치채셨겠지만 desktop commander는 클로드 데스크톱 예제에서 사용했던 MCP 서버로, Smithery와 같은 외부 MCP 저장소를 통해 찾은 MCP 서버를 손쉽게 추가할 수 있음을 보여주기 위해 사용했습니다.

실행 및 결과 확인

이제 코드와 `.env` 환경변수 파일이 준비됐으므로 `uv run` 명령어로 예제를 실행해 보세요. 그리고 오늘 날씨를 검색하고, 검색된 날씨 데이터를 텍스트 파일로 저장하도록 입력해 보세요.

[예제 코드 실행]

```
> uv run main.py
=== Initializing MCP client... ===
Loaded 22 MCP tools.
[Tool] get_weather
...생략...
[Tool] give_feedback_to_desktop_commander
ReAct agent created.

질문을 입력하세요 (종료: exit): 오늘 서울의 날씨를 알려줘. 그리고 서울의 날씨
정보를 파일로 저장해줘.
...생략...

=== 그래프 실행 시작 ===
[Supervisor] 사용자 요청 분석 시작: 2개 메시지
[Supervisor] LLM 모델 호출 중...
...생략...
NEXT_AGENT: Common
[Supervisor] 다음 에이전트 결정: Common
...생략...
```

```
[None] 오늘 서울의 날씨는 "오늘은 비, 오후는 맑음. 최고기온 19도, 최저기온
8도. 동남향 2~3m/s 예상. 강우량 2mm 이하."입니다. 이 날씨 정보를 C:\Temp\
seoul_weather.txt 파일로 저장해 두었습니다.
...생략...

=== 그래프 실행 완료 ===
```

보다시피 (항상 동일하게 대답하도록 설정된) 날씨 정보를 알려주고 그 내용을 특정 폴더에 텍스트 파일로 저장합니다. 만약 이 과정에 문제가 있다면 입력 프롬프트를 조금씩 수정해 보기 바랍니다.

9.3.2 MCP 에이전트 예제의 파일 구조와 MCP 코드

이전과는 달리 MCP 에이전트 예제는 코드의 양도 많고 코드를 기능별로 구분해야 할 필요도 있기 때문에 프로젝트가 여러 파일들로 구성돼 있습니다. 여전히 애플리케이션의 메인 로직은 `main.py`에서 실행되지만 가독성과 코드 관리를 위해 MCP 관련 파일과 프롬프트를 저장하는 파일을 분리했습니다.

[MCP 에이전트 예제의 폴더와 파일 구조]

```
ch09/01_ollama-mcp-agent/
├── main.py                    # 메인 애플리케이션 파일
├── mcp_manager.py             # MCP 클라이언트 관리 모듈
├── mcp_prompt.py              # 프롬프트 템플릿 정의
├── mcp_config.json            # MCP 서버 설정 파일
├── pyproject.toml             # 프로젝트 의존성 및 설정
├── uv.lock                    # 의존성 잠금 파일
├── mcp_server/                # MCP 서버 구현 폴더
    └── mcp_server_weather.py  # 날씨 정보 제공 MCP 서버
```

여기서 `mcp_server`는 사용자가 직접 함수 형태로 구현한 MCP 서버들을 저장하기 위한 폴더입니다. 따라서 여기에 들어 있는 `mcp_server_weather.py` 파일을 보면 MCP를 통해 날씨 정보를 어떻게 제공하는지 알 수 있습니다.

날씨 정보 제공 MCP 서버(mcp_server_weather.py)

```
from mcp.server.fastmcp import FastMCP

mcp = FastMCP(
    "Weather",  # MCP 서버 이름
    instructions="You are a weather assistant that can answer questions about the 
weather in a given location.",
    host="0.0.0.0",  # 호스트 주소(0.0.0.0 주소는 모든 IP와 연결 허용)
    port=8005,  # MCP 서버 포트 번호
)

@mcp.tool()
async def get_weather(location: str) -> str:
    """
    지정된 장소의 현재 날씨 정보를 획득
...생략...
    """
    print(f"\n[DEBUG] MCP: get_weather called: {location}\n")
    return f"오전은 비, 오후는 맑음. 최고기온 19도, 최저기온 8도. 동남풍 2~3m/s 
예상. 강우량 2mm 이하. {location} 날씨 예보입니다."


if __name__ == "__main__":
    # stdio transport 방식으로 MCP 서버를 시작
    # MCP 서버는 stdio transport로 클라이언트와 소통
    mcp.run(transport="stdio")
```

MCP 서버를 만들기 위해 mcp 라이브러리를 사용하고, 특히 FastMCP() 함수를 통해 날씨 MCP 서버를 만든다는 것을 알 수 있습니다. 여기서 FastMCP()의 host 파라미터는 이 MCP 서버가 어떤 클라이언트에게 응답할 것인지를 지정합니다. 예제처럼 "0.0.0.0"은 모든 네트워크에서의 연결을 허용한다는 의미인데, 특정 IP를 기재해서 연결을 제한하거나 "127.0.0.1" 또는 "localhost"를 사용해 같은 PC 내에서만 허용하도록 할 수 있습니다.

그리고 @mcp.tool() 데코레이터를 get_weather() 함수에 사용함으로써 이 날씨 MCP 서버가 제공할 도구를 정의할 수 있습니다. 즉, get_weather() 함수는 날씨 MCP 서버의 도구 중 하나로 제공되며, 이 함수를 사용하는 방법은 이후 등장하는 독스트링(""" ~ """)으로 제공됩니다. 따라서 독스트링으로 제공되는 도구에 대한 설명은 LLM이 도구를 인식하는 데 매우 중요한 역할을 하므로 주의해서 작성해야 합니다. 우리가 랭체인으로 챗봇을 만들 때 시스템 프롬프트를 잘 작성해야 하는 것과 유사합니다.

mcp 라이브러리는 @mcp.tool 데코레이터 외에도 @mcp.resource, @mcp.prompt 데코레이터를 지원합니다. @mcp.resource 데코레이터는 각종 문서나 설정, 이미지 파일 등 답변에 참고할 외부 자료를 추출하는 함수에 사용할 수 있습니다. @mcp.prompt는 프롬프트가 복잡하거나 특정 형식과 구조를 지켜야 하는 등의 제약 사항이 있을 때 이를 쉽게 처리해 주는 함수를 작성한 경우에 지정할 수 있습니다. 자세한 내용은 아래 문서를 참고하세요.

- MCP Server Features: https://modelcontextprotocol.io/specification/2025-06-18/server
- FastMCP: https://github.com/jlowin/fastmcp

이처럼 mcp 라이브러리를 이용하면 MCP 서버를 만드는 작업 자체는 그리 어렵지 않습니다. 예제에서는 간단한 형태의 MCP 서버만 코드로 작성돼 있지만 다음 mcp 라이브러리에 대한 공식 문서 링크를 방문하면 좀 더 다양한 활용법을 배울 수 있습니다.

- mcp python-sdk: https://github.com/modelcontextprotocol/python-sdk

MCP 서버용 코드를 작성했으니 이제 이 MCP 서버를 우리가 작성하는 애플리케이션에서 인식할 수 있도록 설정 파일에 기록해야 합니다. 앞에서 보여드린 파일 구조 중 mcp_config.json 파일이 MCP 설정 파일입니다.

날씨 MCP 설정 파일(mcp_config.json)

```
{
    "mcpServers": {
```

```
        "weather": {
            "command": "python",
            "args": ["./mcp_server/mcp_server_weather.py"],
            "transport": "stdio"
        },
        "desktop-commander": {
            "command": "cmd",
            "args": [
              "/c",
              "npx",
              "-y",
              "@smithery/cli@latest",
              "run",
              "@wonderwhy-er/desktop-commander",
              "--key",
              "your-key"
            ]
          }
    }
}
```

설정 파일은 "mcpServers" 항목 아래에 사용 가능한 MCP 서버들이 나열되는 구조입니다. 예제에서는 "weather", "desktop-commander"라는 두 개의 MCP 서버가 등록돼 있음을 알 수 있습니다. 이 가운데 weather는 앞서 FastMCP()를 이용해서 코드로 직접 작성한 MCP 서버입니다. 그래서 날씨 MCP 서버는 "command" 타입이 "python"입니다. 그럼 "desktop-commander" MCP 서버는 어디에 코드가 구현돼 있을까요?

desktop-commander MCP 서버는 Smithery 서비스를 통해 코드를 받아와 내 PC에서 실행하는 MCP 서버입니다. 그래서 예제에는 desktop-commander에 대한 구현 코드가 없습니다. 즉, Smithery 서비스를 통해 원하는 MCP 서버를 찾았다면 설정 파일에 내용을 추가하는 것만으로 사용할 수 있습니다. 이처럼 에이전트를 구현하는 AI 애플리케이션 개발자 입장에서 바라볼 때 MCP는 굉장히 편리하게 에이전트 기능을 확장할 수 있게 해줍니다.

하지만 이것만으로 MCP가 애플리케이션에 연동되어 작동하지는 않습니다. MCP 설정 파일을 이용해 MCP 클라이언트, MCP 서버 초기화를 수행하는 코드를 작성해야 실제 에이전트에서 사용할 수 있는 도구 리스트를 얻을 수 있습니다. 이 과정은 mcp_manager.py 파일에 기재돼 있습니다.

[mcp_manager.py 파일의 MCP 초기화 코드]

```
# MCP 설정 초기화
DEFAULT_MCP_CONFIG = {"mcpServers": {}}

# MCP 설정이 저장된 mcp_config.json 파일을 로드
def load_mcp_config() -> Dict[str, Any]:
    try:
        with open("mcp_config.json", "r", encoding="utf-8") as f:
            config = json.load(f)
        return config["mcpServers"]
    except FileNotFoundError:
        return DEFAULT_MCP_CONFIG

# MCP 클라이언트 초기화
async def initialize_mcp_client():
    mcp_config = load_mcp_config()

    try:
        client = MultiServerMCPClient(mcp_config)
        await client.__aenter__()
        tools = client.get_tools()
        return client, tools
    except Exception as e:
        print(f"Error occurred while initializing MCP client: {str(e)}")
        if "client" in locals():
            await cleanup_mcp_client(client)
        raise
```

위 코드에서 initialize_mcp_client() 함수가 MCP 클라이언트 초기화 함수입니다. 초기화 함수에서 가장 먼저 하는 일은 load_mcp_config() 함수를 호출해서 mcp_config.json 파일을 불러오는 일입니다. 이 작업을 하면 JSON 파일에 담겨진 MCP 서버 정보들을 얻을 수 있고, 이 정보를 이용해 MultiServerMCPClient()를 호출합니다. MultiServerMCPClient() 함수가 실질적인 MCP 클라이언트 생성 작업을 담당하며, 그 결과로 client 객체를 얻습니다. 이제 client를 이용해 __aenter__()를 실행하면 MCP 서버를 실행 또는 연동합니다. 이후에는 client를 이용해 get_tools() 함수로 도구 리스트도 얻을 수 있으므로 client와 도구 리스트를 초기화 함수를 호출한 애플리케이션에 전달할 수 있습니다.

AI 애플리케이션 입장에서는 단순히 MCP 초기화 함수만 호출하면 MCP 관련 작업이 모두 이뤄지니 무척 편리합니다. 다만 MultiServerMCPClient 클라이언트를 생성한 후 MCP 서버와 연동하는 작업이 병렬로 실행되기 때문에 initialize_mcp_client() 초기화 함수가 async 함수로 선언돼 있습니다. 즉, initialize_mcp_client() 함수는 비동기 함수이기 때문에 이를 호출하는 코드에서도 비동기 함수 호출을 위한 적절한 조치가 필요합니다. 이 부분은 잠시 후 다시 자세히 설명하겠습니다.

9.3.3 MCP 에이전트 예제 메인 파일

MCP 에이전트 예제의 main.py 파일을 보면서 코드를 분석하겠습니다. 이번 예제는 8.4절의 멀티 에이전트 예제를 기반으로 수정한 코드이므로 기본적인 코드의 흐름과 구성은 이미 앞에서 설명한 적이 있습니다. 따라서 중복되는 부분은 제거하고 중요한 부분 위주로 보여드리겠습니다.

[환경 설정 파일, 주요 파라미터, 상태 클래스]

```
load_dotenv()

DEFAULT_TEMPERATURE = 0.1
MODEL_QWEN3 = "qwen3:8b"
MODEL_OPENAI = "gpt-4.1-mini"
```

```
NODE_SUPERVISOR = "Supervisor"
NODE_COMMON = "Common"

class AgentState(TypedDict):
    messages: Annotated[list, add_messages]
    next_agent: str  # 다음으로 실행할 에이전트의 정보
```

DEFAULT_TEMPERATURE 값은 LLM 모델 객체를 생성할 때 사용되는, 언어 모델의 창의성과 일관성을 조절하는 매개변수입니다. 이번 예제에서는 더 예측 가능하고 일관된 응답을 생성한다는 의미로 0.1을 설정했지만 이 값을 다양하게 바꿔보면서 최적화할 필요가 있습니다. 그리고 사용하는 LLM 모델과 수행하는 작업에 따라서도 테스트와 최적화가 필요합니다.

LLM 모델도 두 가지가 선언돼 있는데, 사용자의 필요에 따라 모델을 변경해서 사용하면 됩니다. 예제에서는 올라마를 사용하는 경우를 위해 MODEL_QWEN3를 선언했으며, OpenAI 모델을 사용하기 위해 MODEL_OPENAI를 선언했습니다. OpenAI 모델을 사용하는 경우는 API 키가 필요하기 때문에 코드 최상단에서 load_dotenv() 함수를 호출했습니다.

이번 예제는 멀티 에이전트를 사용할 수 있는 예제이긴 하지만 실제로 사용하는 에이전트는 하나입니다. 그리고 에이전트들을 관리하는 관리자 노드가 하나 생성됩니다. 여기서 에이전트와 관리자 노드의 ID 역할을 하는 것이 NODE_SUPERVISOR, NODE_COMMON입니다. 이 파라미터들은 그래프의 노드와 에지를 설정할 때 사용되기도 하고, 상태를 설정할 때 사용되기도 합니다.

AgentState 클래스는 8장의 멀티 에이전트 예제와 동일합니다. 기본적인 messages 데이터 외에 다음 실행할 에이전트 정보를 담는 next_agent가 포함돼 있습니다.

이제 본격적으로 랭그래프를 작성하는 데 필요한 LLM 모델, 에이전트 및 노드를 정의하는 코드를 살펴보겠습니다.

[LLM 모델 초기화와 에이전트 생성]

```
# 2. 모델 초기화, 검색 및 편집 에이전트 생성
# 2-1. 채팅 모델 생성: 도구 사용이 가능한 LLM 모델 필요
# chat_model = ChatOllama(
#     model=MODEL_QWEN3,
#     temperature=DEFAULT_TEMPERATURE,
# )
chat_model = ChatOpenAI(model_name=MODEL_OPENAI, temperature=DEFAULT_TEMPERATURE)

# 2-2. 에이전트 생성
def create_agent(mcp_tools: Optional[List] = None) -> CompiledGraph:
    # ReAct 에이전트 생성
    react_agent = create_react_agent(model=chat_model, tools=mcp_tools)
    print("ReAct agent created.")
    return react_agent  # 에이전트 반환
```

도구를 사용하는 에이전트는 특성상 LLM 모델 선택에 주의를 기울여야 합니다. LLM 모델이 문제를 해결하기 위해서는 작업의 순서를 구성하고, 각 작업에 필요한 도구를 선택해야 합니다. 또한 도구를 호출하고 나온 결과에 따라 동적으로 다음으로 해야 할 작업을 판단해야 합니다. 그리고 도구를 사용하기 위해 특별히 훈련된 LLM 모델이어야 합니다. 이러한 사항을 고려해서 예제에서는 기본으로 OpenAI와 같은 상용 LLM 서비스를 사용합니다. 올라마의 경우 일반적인 PC에서 사용 가능한 모델이 제한적이고, 사용 가능한 모델도 성능이 부족한 경우가 많습니다. 이 때문에 올라마를 사용해 `chat_model`을 만드는 코드는 주석으로 처리된 상태입니다. 하지만 올라마를 이용해 MCP 에이전트를 테스트하고 싶다면 주석을 해제하고 사용하세요.

LLM 모델을 이용해서 에이전트를 생성하는 코드는 `create_agent()` 함수에 담겨 있습니다. 8장에서 사용했던 ReAct 에이전트 생성 함수를 사용해서 에이전트를 생성하는데, 이때 MCP 도구를 설정해야 합니다. MCP 도구는 이후 설명할 MCP 초기화 코드에서 생성합니다.

[그래프 빌드 코드]

```
# 5. 그래프 빌드
def build_graph(common_mcp_tools):
    # 에이전트 생성 및 초기화
    common_agent = create_agent(mcp_tools=common_mcp_tools)

    # 메모리 초기화
    memory = MemorySaver()

    # 그래프 빌더 생성
    graph_builder = StateGraph(AgentState)

    # 노드 추가
    graph_builder.add_node(AGENT_SUPERVISOR, supervisor)
    graph_builder.add_node(AGENT_COMMON, common_agent)

    # 에지 추가
    graph_builder.add_edge(START, AGENT_SUPERVISOR)
    graph_builder.add_conditional_edges(
        AGENT_SUPERVISOR, route_agent, {AGENT_COMMON: AGENT_COMMON, "END": END}
    )
    graph_builder.add_edge(AGENT_COMMON, END)

    # 그래프 컴파일
    graph = graph_builder.compile(checkpointer=memory)
    ...생략...

    return graph
```

그래프 빌드와 관련된 코드를 모아 `build_graph()` 함수로 만들었습니다. 8장의 멀티 에이전트 예제와 거의 유사한 코드이며, 단지 에이전트는 `common_agent` 하나만 등록돼 있다는 점만 다릅니다. 그리고 에이전트를 만들 때 앞에서 설명한 `create_agent()` 함수가 사용되는데, 이때 필요한 도구들도 `build_graph()` 함수를 호출할 때 넣어주게끔 돼 있습니다.

[async_main 메인 로직 함수]

```
async def async_main():
    ...생략...
    try:
        mcp_client, mcp_tools = await initialize_mcp_client()
        ...생략...

        # 에이전트 생성 및 그래프 빌드
        graph = build_graph(mcp_tools)
        ...생략...

        while True:
            # 10-1. 사용자 입력 받기
            user_input = input("질문을 입력하세요 (종료: exit): ")
            if user_input.lower() == "exit":
                break

            # 10-2. 그래프 비동기 스트리밍 실행
            try:
                async for event in graph.astream(
                    {
                        "messages": [
                            ("system", formatted_mcp_prompt),
                            ("user", user_input),
                        ]
                    },
                    config=config,
                    stream_mode="values",
                ):
                    # 각 노드의 실행 결과를 실시간으로 출력
                    if "messages" in event and event["messages"]:
                        last_message = event["messages"][-1]
                        ...생략...
```

LLM, 에이전트를 생성하고, 이를 이용해 그래프를 만드는 함수까지 작성했습니다. 이제 애플리케이션의 시작점에 해당하는 async_main 함수에서 그래프를 생성하는 초기화 작업을 수행해야 합니다. 하지만 그래프를 생성하기 위해서는 MCP 도구들이 필요합니다. 이 도구들을 생성하는 코드가 바로 initialize_mcp_client() 함수입니다. 이 함수는 mcp_manager.py 파일에 포함돼 있으며, MCP 서버 초기화 작업을 수행합니다.

그런데 여기서 한 가지 눈여겨봐야 할 중요한 특징이 있습니다. 그것은 initialize_mcp_client() 함수가 비동기 함수라는 점입니다. 다시 말해, 이 함수를 호출하기 위해서는 호출하는 코드(함수)도 비동기로 실행돼야 합니다. 그래서 initialize_mcp_client() 함수를 호출할 때 await을 사용했고, async_main 함수도 비동기 함수로 선언돼 있습니다. 그뿐만 아니라 그래프를 실행하는 함수도 graph.astream()을 사용해 비동기로 처리합니다.

비동기 프로그래밍은 여러 작업을 동시에 처리할 수 있게 해주는 프로그래밍 방식입니다. 일반적인 코드는 위에서 아래로 순차적으로 실행되는데(동기 처리) 네트워크나 큰 파일을 다루는 작업이 중간에 있는 경우 이 작업이 끝나기를 마냥 기다려서는 다음 작업을 처리할 수 없습니다. 따라서 비동기 함수를 만들어 실행하고 이 함수가 완료되길 기다리지 않고 다른 작업을 처리하면 훨씬 효율적으로 작업을 처리할 수 있습니다. 이것이 비동기 프로그래밍과 비동기 함수의 개념입니다.

파이썬에서는 async def로 비동기 함수를 만들고, 비동기 함수를 호출할 때는 await 키워드를 사용합니다. 그리고 비동기 함수를 실행하려면 asyncio.run()으로 이벤트 루프를 시작해야 합니다. MCP 클라이언트나 AI 모델과의 통신은 네트워크를 통해 이뤄지므로 응답을 기다리는 시간이 길 수 있어서 이러한 경우에 비동기 함수로 처리하는 것이 좋습니다.

그러면 async_main 함수도 비동기 함수인데, 이를 호출하는 코드에서는 또 어떻게 처리해야 할까요? 이 문제의 해법이 main.py의 맨 마지막에 기록돼 있습니다.

[애플리케이션 실행 코드]

```
import asyncio
import nest_asyncio
...생략...

try:
    nest_asyncio.apply()
    asyncio.run(async_main())
    ...생략...
```

main.py 파일의 끝에는 애플리케이션이 시작될 때 실행되는 코드가 있습니다. MCP 에이전트 애플리케이션의 시작점에 해당하는 async_main() 함수를 여기서 호출하면 되겠지요. 하지만 async_main() 함수는 비동기 함수이기 때문에 이벤트 루프를 이용해서 호출하는 방법을 사용합니다. 이때 사용되는 라이브러리가 asyncio입니다.

이렇게 해서 비동기 처리까지 완료되면 MCP 에이전트의 실행에는 문제가 없습니다. 이 예제 코드는 가장 단순한 형태의 MCP 에이전트를 구현한 코드입니다. 따라서 세세한 작동과 성능이 완성된 상태는 아니지만 AI 애플리케이션을 만들 때 사용할 수 있는 기본 코드로는 상당히 유용할 것입니다. 여기에 MCP 서버를 추가, 변경하면서 MCP 에이전트의 작동을 확인하고 입맛에 맞게 튜닝도 해보기 바랍니다.

9.3.4 MCP 에이전트 작동 모니터링

이 책의 후반부로 오면서 애플리케이션의 구조가 점점 복잡해졌습니다. 특히 이번 예제의 경우에는 멀티 에이전트를 운용하는 랭그래프이기 때문에 관리자 노드와 에이전트가 상호 연동해서 작동합니다. 그뿐만 아니라 각 에이전트도 다양한 도구를 사용하기 위해 LLM을 여러 번 호출하면서 작업을 수행합니다. 따라서 이 과정을 머릿속으로 상상하거나 출력되는 메시지만 보면서 그려내기는 쉽지 않습니다. 지금까지 여러 차례에 걸쳐 설명했듯이 이럴 때는 랭스미스를 이용해 애플리케이션의 작동을 확인하는 것이 좋습니다.

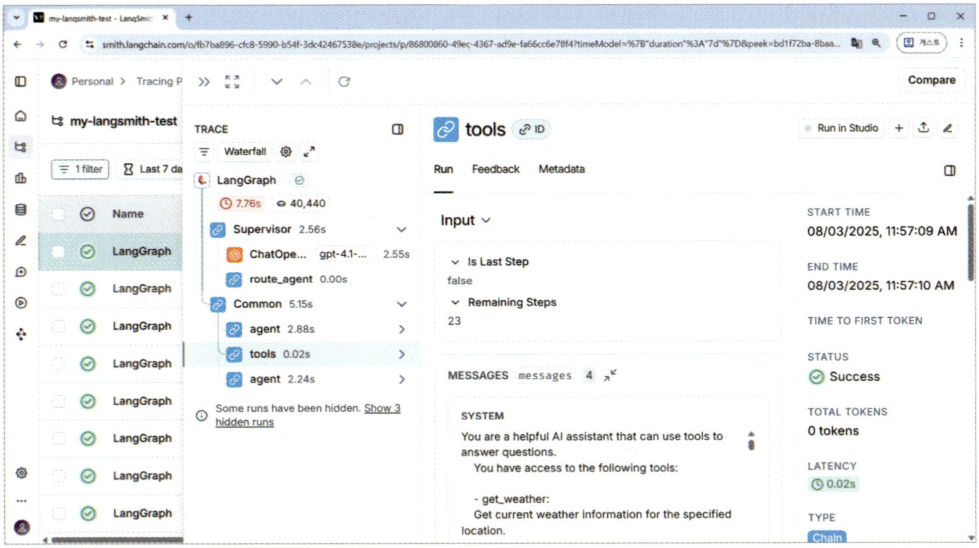

그림 9.9 MCP 에이전트 작동 모니터링

랭스미스에서 확인해 보면 애플리케이션은 다음과 같은 순서로 실행됐습니다.

1. **관리자 노드 실행**
   A. LLM 실행
   B. 라우터 실행
2. **Common 에이전트 실행**
   A. LLM 실행
   B. 도구 실행: `get_weather`
   C. 도구 실행: `write_file`
   D. LLM 실행

만약 입력한 작업이 예상대로 수행되지 않는다면 이렇게 구분된 단계를 하나씩 살펴보면서 문제가 발생한 지점을 유추해 볼 수 있습니다. 그리고 문제가 발생한 지점에 해당하는 노드나 에이전트를 수정하면서 문제를 해결할 수 있습니다.

이번 예제는 MCP 도구를 교체해서 사용하는 것도 매우 쉽습니다. 예를 들어, 예제 코드에서는 날씨 도구를 직접 구현한 파이썬 파일을 사용했고, 실제 데이터가 아닌 정해진 대답만 하도록 작성돼 있습니다. 이를 실제 날씨 데이터와 연동하려면 어떻게 해야 할까요? 방법은 간단합니다. 먼저 Smithery와 같은 MCP 서비스 페이지에 방문해서 날씨 MCP 서버를 찾아보세요. 그리고 해당 MCP 서버의 JSON 설정을 `mcp_config.json` 파일에 넣어주면 됩니다.

[mcp_config.json 설정 수정]

```
{
    "mcpServers": {
      "national-weather-service": {
        "command": "cmd",
        "args": [
          "/c",
          "npx",
          "-y",
          "@smithery/cli@latest",
          "run",
          "@smithery-ai/national-weather-service",
          "--key",
          "your-key",
          "--profile",
          "constitutional-meadowlark-jJYRP9"
        ]
      },
      "desktop-commander": {
          "command": "cmd",
          "args": [
            "/c",
            "npx",
            "-y",
            "@smithery/cli@latest",
            "run",
            "@wonderwhy-er/desktop-commander",
```

```
            "--key",
            "your-key"
          ]
        }
    }
}
```

테스트를 위해 Smithery에서 "United States Weather"를 검색했습니다. 그리고 이 서비스의 JSON 설정을 복사해서 기존 "weather"를 대체했습니다. MCP 도구를 교체하기 위해서는 이렇게만 하면 됩니다. 이제 코드를 다시 실행해 보면 미국 각 도시의 날씨 정보를 얻을 수 있습니다.

[수정된 예제 코드 실행]

```
> uv run main.py
=== Initializing MCP client... ===
Loaded 27 MCP tools.
[Tool] get_current_weather
[Tool] get_weather_forecast
[Tool] get_hourly_forecast
[Tool] get_weather_alerts
...생략...
[Tool] give_feedback_to_desktop_commander
ReAct agent created.

질문을 입력하세요 (종료: exit): 오늘 마이애미의 날씨를 알려줘
...생략...

=== 그래프 실행 시작 ===
[Supervisor] 사용자 요청 분석 시작: 2개 메시지
[Supervisor] LLM 모델 호출 중...
...생략...

[None] 오늘 마이애미의 현재 날씨는 대체로 맑으며, 기온은 84.0°F (28.9°C)입니다.
체감 온도는 90.4°F (32.5°C)로 다소 더울 수 있습니다. 습도는 70%이고, 바람은 거의
없으며, 가시거리는 10마일입니다.
```

```
...생략...

=== 그래프 실행 완료 ===
```

보다시피 MCP 서버를 변경하거나 추가하는 작업을 위해 코드를 변경할 필요가 없습니다. 그리고 도구를 우리가 직접 만들 필요도 없습니다. 이러한 MCP 서버를 수많은 IT 업체나 정부 기관, 오픈소스 개발자가 만들어서 배포하고 있기 때문입니다. 우리는 MCP를 사용하기 위한 라이브러리만 연동해 두면 이 모든 리소스와 데이터에 접근할 수 있습니다.

'백문이 불여일견'이란 말처럼 여러분도 직접 MCP 서버를 바꿔가면서 테스트해 보시기 바랍니다. MCP와 에이전트가 결합하면 이전까지는 상상할 수 없었던 애플리케이션이나 서비스가 탄생할 수 있겠다는 희망과 기대가 생길 것입니다.

CHAPTER

10

[예제 프로젝트] AI 뉴스 블로그 작성 자동화하기

1장에서 AI 에이전트를 처음 소개할 때 명사들이 AI 에이전트에 대해 내렸던 정의를 기억하실 겁니다. 마이크로소프트 창업자인 빌 게이츠는 AI 에이전트는 사람의 작업을 대신해주는 소프트웨어라고 말했고, 엔비디아의 젠슨 황은 AI 에이전트를 디지털 노동력이라고 봤습니다. 지금까지 소개한 이 책의 예제들은 이러한 명사들의 정의처럼 "사람의 판단과 개입"이 필요한 부분들도 AI가 대체해서 자동화 가능하다는 것을 직접 확인해 보는 과정이었습니다. 특히 사람이 반복적으로 큰 노력을 들여 처리했던 작업일수록 AI 에이전트를 통해 자동화할 경우 더 큰 가치를 가질 것입니다.

예를 들어, 매일 쏟아지는 AI 관련 소식을 조사해서 블로그로 정리하고 사람들에게 공유하는 것은 의미 있는 일이지만 큰 노력과 의지가 필요한 일입니다. 이 책의 집필에 참여한 저자들도 블로그를 운영하고 있지만 매일 반복적으로 블로그를 작성하기란 여간 어려운 일이 아닙니다. 이러한 반복적인 작업을 AI 에이전트가 대신 수행해 준다면 이보다 더 좋을 수 없을 것입니다. 그래서 이번 장에서는 지금까지 배운 올라마, 랭체인, 랭그래프, MCP 코드를 활용해 최신 AI 뉴스를 정리하고 매일 블로그를 작성해 주는 AI 에이전트를 만들어 보겠습니다.

앞에서 소개한 9장 예제처럼 Smithery 서비스를 사용하면 원하는 도구들을 찾아서 적용할 수 있을뿐 아니라 에이전트를 내가 원하는 대로 작동하도록 손쉽게 변형할 수 있습니다. Smithery에서는 AI 뉴스 크롤링과 블로그 작성에 필요한 MCP 서버를 키워드 검색으로 손쉽게 찾을 수 있습니다. 그리고 검색 결과에서 사용자들이 자주 사용하는 MCP 서버들의 리스트를 확인할 수 있습니다. 따라서 이번 장에서는 9장의 예제를 기반으로 뉴스 크롤링과 블로그 작성을 위한 MCP 도구를 활용해 만들어 보겠습니다.

10.1 노션 블로그 생성 및 노션 MCP 연결

이번 예제에서는 블로그를 준비하기 위해 노션(Notion)을 사용하겠습니다. 노션은 문서 편집기와 데이터 관리 도구를 한 화면에서 유연하게 넘나들 수 있게 만든 올인원 작업 공간 서비스입니다. 워드 프로세서처럼 텍스트를 쓰는 동시에, 스프레드시트처럼 표를 만들고, 위키처럼 페이지들을 서로 촘촘히 연결할 수 있다는 특징이 있습니다.

노션의 강점은 일관된 작성 경험과 낮은 진입 장벽입니다. 많은 사람들이 노션을 개인 지식관리 도구로만 생각하지만, 사실 노션은 공개 페이지 기능과 데이터베이스 기능을 조합하면 꽤 그럴듯한 개인 블로그를 만들 수 있습니다. 노션 계정이 없다면 이메일로 무료 계정을 만들면 됩니다. 무료 플랜으로도 개인 블로그를 운영하는 데 충분합니다. 아래 URL에서 노션 서비스를 둘러보고 가입하기 바랍니다.

- https://www.notion.com/

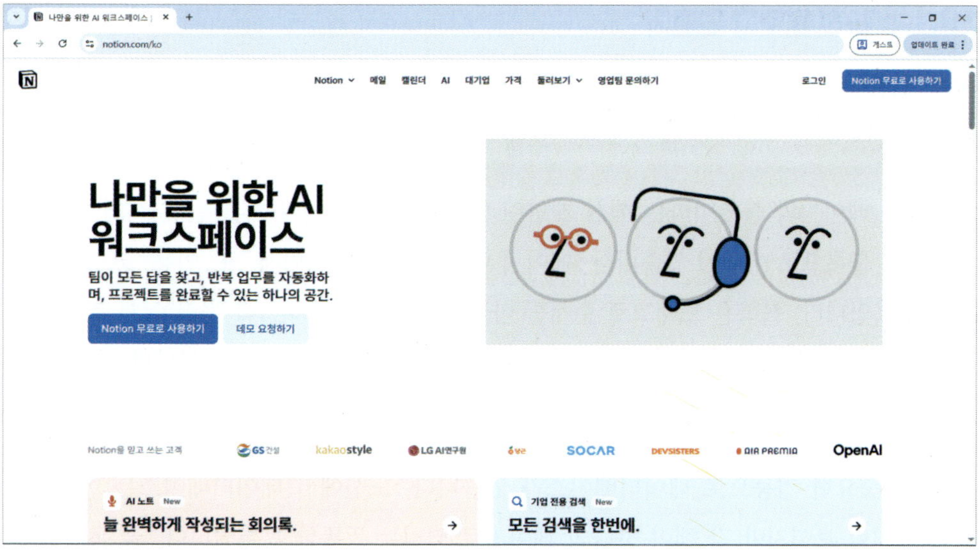

그림 10.1 노션 홈페이지

노션 MCP 도구는 AI 에이전트가 노션에 페이지나 데이터베이스를 추가하거나 업데이트할 수 있는 기능을 제공합니다. 즉, 노션 워크스페이스를 AI 에이전트에 통합해서 페이지, 데이터베이스 관리 등을 자동화할 수 있도록 지원합니다. 노션 MCP 서버에서 제공하는 주요 도구는 다음과 같습니다.

표 10.1 노션 MCP 서버에서 제공하는 도구

도구	설명
`list-databases`	접근 가능한 노션 데이터베이스 목록 조회
`query-database`	필터링, 정렬, 페이징을 포함한 데이터베이스 쿼리
`create-database`	부모 페이지 아래에 새 데이터베이스를 생성
`update-database`	데이터베이스 제목, 설명, 속성 수정
`get_page`	페이지 메타데이터 및 속성 조회

이 MCP 도구들과 AI 에이전트를 연결해서 블로그 작성을 자동화하는 것이 이번 예제의 핵심입니다.

10.1.1 노션 블로그 만들기

먼저 노션을 이용해 블로그부터 만들어보겠습니다. 이 블로그를 활용해 이후 예제에서 MCP를 연결하고 자동으로 블로그 포스트를 추가하는 기능을 만들어 볼 예정입니다.

노션에는 페이지와 블록이라는 핵심 개념이 있습니다. 노션에서 기본 단위는 페이지이고 페이지는 블록으로 이뤄져 있습니다. 페이지 내 제목, 본문, 이미지, 표, 인용, 코드 조각이 모두 블록입니다. 블록은 드래그로 순서를 바꿀 수 있고, 슬래시(/)를 눌러 쉽게 추가할 수 있습니다. 페이지는 이 블록들을 담는 그릇이며, 서로 계층 구조로 연결됩니다. 따라서 하나의 페이지는 상위 페이지에 포함될 수도 있고, 또는 하위 페이지를 가질 수도 있습니다.

또 하나 중요한 기능으로 데이터베이스가 있습니다. 노션에서 데이터베이스는 한마디로 말해 표처럼 보이지만 각 행이 하나의 페이지로 열리는 똑똑한 목록입니다. 글 목록을 띄우는 데이터베이스 페이지가 있으며, 데이터베이스에 포함된 글들은 데이터베이스 항목이자 동시에 하나의 페이지가 됩니다. 이 구조를 이해하면 손쉽게 노션을 블로그처럼 사용할 수 있습니다. 노션 블로그 기능에서 데이터베이스는 글 리스트를 저장하는 기능이라고 생각해도 좋습니다.

처음 노션에 로그인하면 다음과 같은 초기 화면을 확인할 수 있습니다. 앞에서 설명했듯이 노션에서 페이지는 모든 콘텐츠를 담는 가장 기본 단위입니다. 한 편의 글, 소개문, 연락처, 심지어 글 목록을 보여주는 데이터베이스조차도 결국 하나의 페이지 안에 놓입니다. 페이지는 블록들의 컨테이너이자, 다른 페이지를 품을 수 있는 폴더 같은 존재입니다. 왼쪽 사이드바에서 페이지의 리스트가 보이고, 페이지 안에는 다시 서브페이지를 만들어 구조를 깊게 만들 수 있습니다. 왼쪽 사이드바에서 **개인 페이지** 옆의 + 버튼을 통해 최상위 페이지를 만들 수 있습니다. 그리고 새로 생성된 페이지 이름 옆의 + 버튼을 통해 해당 페이지의 서브페이지를 만들 수 있습니다.

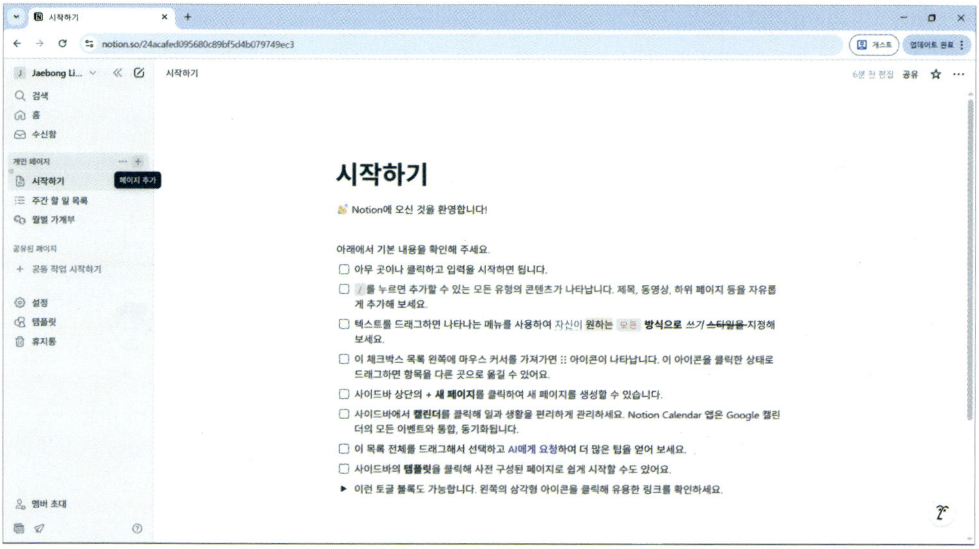

그림 10.2 노션의 기본 편집 화면

노션에서는 템플릿(template) 기능을 제공합니다. 템플릿은 페이지의 틀을 제공하는 기능으로, 매번 같은 구조와 속성을 반복하는 수고를 줄여 줍니다. 왼쪽 사이드 개인 페이지에는 **주간 할 일 목록**이나 **월별 가계부**와 같이 이미 템플릿을 통해 생성된 페이지를 둘러볼 수 있습니다. 왼쪽 사이드바의 **템플릿**을 선택하면 주제별로 다양한 템플릿을 찾아볼 수 있습니다. 여기에는 하나의 페이지를 위한 템플릿뿐만 아니라 데이터베이스를 포함하거나 여러 페이지를 포함하는 복합적인 템플릿도 있습니다. 이러한 복합적인 템플릿 중 하나가 개인 블로그 템플릿입니다. 이 템플릿은 처음부터 홈/소개/블로그 글 목록 구조를 어느 정도 갖추고 있어 초보자가 빠르게 블로그를 시작하기에 좋습니다.

오른쪽 상단의 검색란에서 "개인 블로그"를 검색해 봅시다. 그러면 노션에서 제공하는 무료 템플릿인 개인 블로그 템플릿을 확인할 수 있습니다. 해당 템플릿을 선택하면 템플릿에 대한 설명과 예시, 그리고 내 노션에 추가할 수 있는 버튼을 확인할 수 있습니다. **추가** 또는 **다시 추가** 버튼을 통해 내 노션에 블로그를 추가해 보겠습니다.

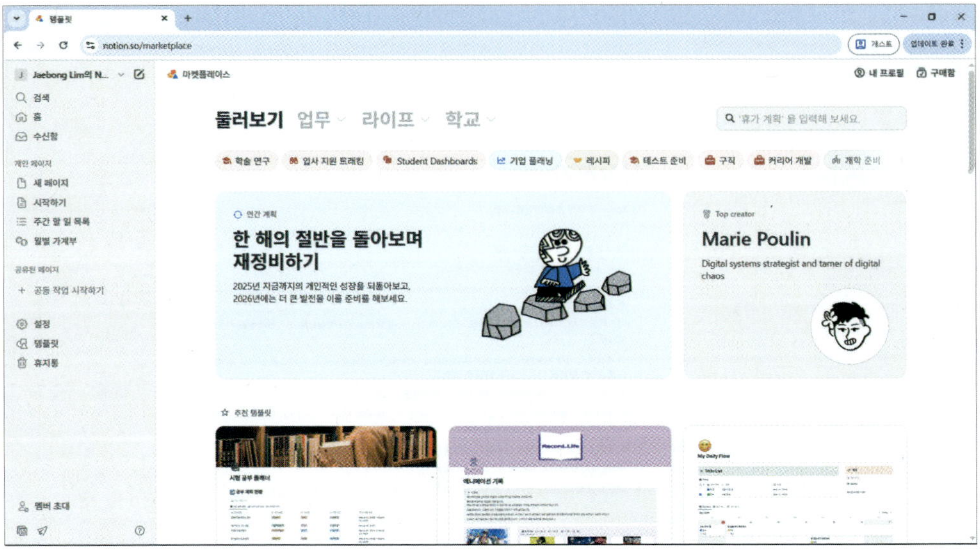

그림 10.3 노션 템플릿 둘러보기 페이지

개인 블로그가 만들어지면 맨 위에 블로그 헤더가 보입니다. 그리고 헤더 아래 본문의 가장 앞에는 한두 문장의 소개 문단이 들어 있으며, 소개 문단 바로 아래에는 글 카드 데이터베이스가 배치돼 있습니다.

글 목록은 설정에 따라 리스트 또는 갤러리로 보입니다. 글 목록이 리스트라면 제목 옆으로 태그/생성일이 보이고, 갤러리라면 각 카드가 섬네일과 제목, 요약을 보여 줍니다. 카드에서 글 제목을 클릭하면 데이터베이스 페이지가 열리고, 상단에 속성이, 아래에는 실제 본문 블록이 나타납니다.

데이터베이스 우측 상단의 **새로 만들기** 버튼이 보이는데, 이 버튼을 클릭해 새 페이지를 추가할 수 있습니다. 새 페이지뿐만 아니라 원하는 템플릿을 선택해 페이지를 추가할 수도 있습니다.

마지막으로 생성한 개인 블로그를 웹상에 공개해 블로그 글이 외부로 공유될 수 있게 해보겠습니다. 각 페이지 오른쪽 위의 공유 버튼을 눌러 '게시'를 켜면 해당 페이지는 공개 주소로 누구나 볼 수 있도록 바뀝니다. 노션의 페이지 게시는 해당 페이지에 공개 URL을 발급해 읽기 전용으로 노출하는 기능인데, 페이지 게시 후 주소를 복사해서 배포하면 누구나 열람할 수 있습니다. 상위 페이지를 게시하면 하위 페이지도 함께 게시됩니다.

블로그 템플릿으로 생성한 페이지를 만들어 웹사이트로 게시하면 최소한의 기능을 가진 블로그가 뚝딱 완성됩니다. 개인 기록 용도나 소규모 구독자를 상정할 때 사용할 수 있을 만큼 충분히 실용적입니다.

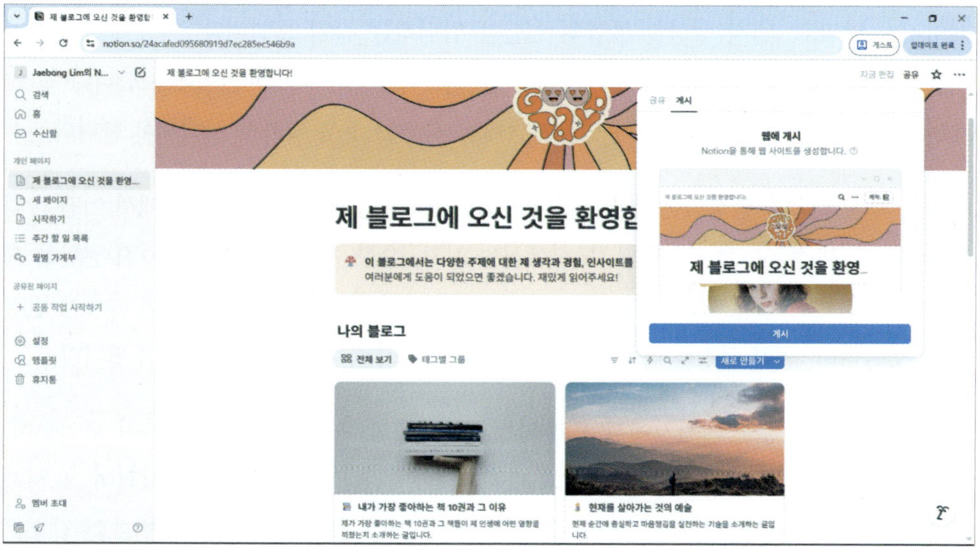

그림 10.4 노션 개인 블로그 템플릿 적용과 웹사이트 게시

이렇게 해서 노션 기반의 블로그를 만들었습니다. 이제 이 블로그를 활용해 MCP를 연결하고 자동으로 블로그 포스트를 추가하는 기능을 만들어 보겠습니다.

10.1.2 노션 MCP 연결하기

내 블로그를 노션 MCP에 연결하려면 노션 API를 생성해야 합니다. 노션 API 키는 노션과 다른 프로그램이나 서비스가 서로 안전하게 데이터를 주고받는 데 필요한 일종의 비밀 열쇠입니다. 예를 들어, 사용자가 만든 앱이 노션에 저장된 데이터베이스 내용을 불러오거나 수정하려면 그 앱이 사용자의 노션 계정에 접근할 수 있는 권한을 가져야 하는데, 이 권한을 부여하는 방법이 바로 API 키를 생성하는 것입니다.

API 키를 만들려면 먼저 노션 개발자 설정 웹페이지에 접속해야 합니다. 브라우저의 주소창에 https://www.notion.so/profile/integrations/를 입력하고 이동하면 노션 로그인 화면이 나타납니다. 로그인에 성공하면 **API 통합**이라는 제목의 페이지가 열리는데, 이곳에서 새로운 통합을 생성할 수 있습니다. 화면에서 **새 API 통합** 버튼을 클릭하면 새로운 페이지가 열리고, 먼저 생성할 통합의 이름을 입력하는 칸이 보입니다. 나중에 구분하기 쉬운 이름을 여기에 입력하고, 그 아래에서 연결할 워크스페이스를 선택해야 합니다. 만약 계정에 여러 개의 워크스페이스가 있다면 API를 사용할 곳을 정확히 선택해야 합니다.

다음 단계는 권한을 설정하는 과정입니다. 이는 해당 API 키를 이용해 노션에서 어떤 작업들을 허용할지 정하는 절차입니다. 노션에서는 읽기, 수정, 생성, 삭제의 네 가지 권한을 제공합니다. 처음 시도할 때는 읽기 권한만 선택하는 것이 안전하며, 필요하다면 나중에 변경할 수 있습니다. 권한 설정을 마쳤다면 제출 버튼을 눌러 통합 생성을 완료하면 됩니다.

통합이 생성되면 상세 페이지에서 **프라이빗 API 통합 시크릿**이라는 항목이 보이는데, 이것이 바로 노션 API 키입니다. 영문과 숫자가 섞인 긴 문자열 형태로 표시되며, 표시하기 버튼과 복사 버튼을 순차적으로 눌러 이용할 수 있습니다. 이 키는 비밀번호와 같으므로 반드시 안전하게 보관해야 하며, 외부에 노출되지 않도록 각별히 주의해야 합니다.

그림 10.5 노션 API 키 추가 페이지

이제 앞에서 생성한 노션 블로그 웹페이지를 API와 연결해 보겠습니다. API 키를 만들었다고 해서 바로 노션 데이터에 접근할 수 있는 것이 아닙니다. 사용하려는 데이터베이스나 페이지를 해당 API 통합과 연결해야 합니다. 노션에서 연결할 페이지를 열고 우측 상단의 세 개의 점으로 표시된 버튼을 누른 뒤, **연결**에서 방금 생성한 API 통합을 선택하면 됩니다. 이렇게 하면 API를 통해 해당 페이지의 데이터를 읽거나 쓸 수 있는 권한이 부여됩니다. 모든 설정을 마치면 외부 프로그램이나 코드에서 노션 API를 사용할 준비가 끝납니다.

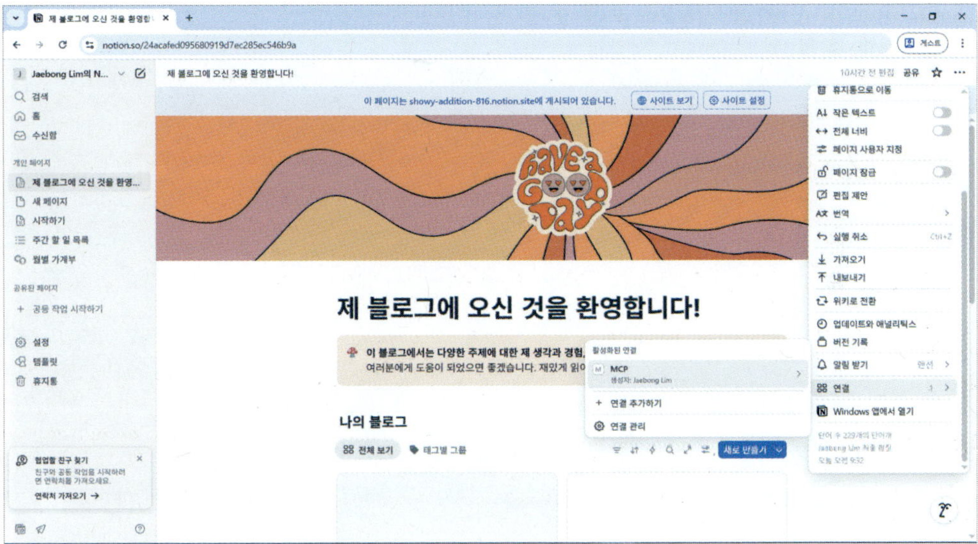

그림 10.6 노션 블로그에 API 키 연결

이제 내 노션 블로그를 AI 에이전트 코드와 연결하도록 설정하겠습니다. 우선 Smithery에서 노션 MCP를 찾고 이를 위한 JSON 설정을 확인해야 합니다. 브라우저로 Smithery에 로그인한 뒤 노션 MCP 페이지를 엽니다. "Notion"을 검색해 보면 여러 제작자가 올린 MCP 서버가 있는데 그중 `@smithery/notion`[12]이라는 이름으로 제공되는 MCP 서버를 이용하겠습니다. 서버의 상세 화면에서는 우리 코드에 MCP 설정을 할 수 있도록 **JSON**을

12 https://smithery.ai/server/@smithery/notion

선택합니다. JSON을 선택한 후에는 다음과 같이 노션 API 키를 입력할 수 있는 화면을 확인할 수 있습니다. 여기에 내 노션 블로그에 설정된 노션 API를 입력해야 내 노션 블로그를 AI 에이전트 코드와 연결할 수 있습니다. (앞에서 노션 API 통합 상세 페이지의 **프라이빗 API 통합 시크릿** 항목에서 노션 API 키를 복사할 수 있었습니다.) 최종적으로 노션 API를 입력하고 **Connect** 버튼을 누르면 MCP 연결을 위한 JSON 텍스트를 얻을 수 있습니다.

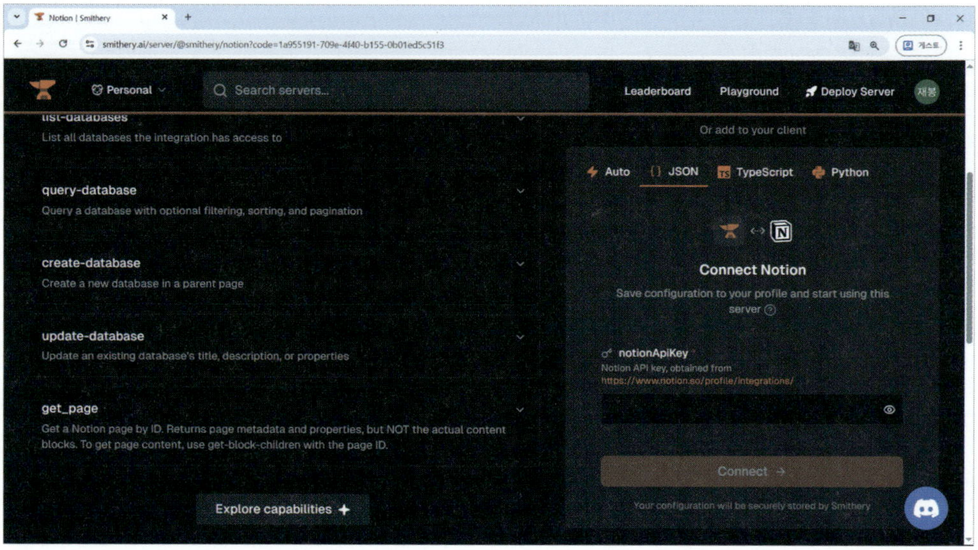

그림 10.7 Smithery 노션 MCP 서버

노션 MCP 설정 파일(윈도우)

```
{
  "mcpServers": {
    "notion": {
      "command": "cmd",
      "args": [
        "/c",
        "npx",
        "-y",
```

```
        "@smithery/cli@latest",
        "run",
        "@smithery/notion",
        "--key",
        "your-key",
        "--profile",
        "your-profile"
      ]
    }
  }
}
```

10.1.3 노션 MCP 테스트하기

이번 예제에서는 9장의 MCP 예제를 사용한다고 앞에서 언급한 바 있습니다. 9장의 MCP 예제에서 desktop-commander MCP 대신에 노션 MCP를 활용해 내 컴퓨터에 결과를 저장하는 것이 아닌 노션에 블로그 포스트로 저장해 보겠습니다. 앞 절에서 확인한 노션 MCP용 JSON 설정 파일을 이용해 실습을 진행하겠습니다.

예제 코드 다운로드 및 환경 구성

예제 위치로 이동한 후 uv를 통해 필요한 패키지를 설치합니다.

[실습 환경 구성]

```
cd ollama-mcp-tutorials/ch11/01_mcp_agent_notion
uv sync
```

예제 코드의 실행을 위해서는 환경변수를 설정해야 합니다. 여기에는 랭스미스를 활성화하는 설정이 포함돼 있습니다. 상용 LLM 서비스(OpenAI)를 기본으로 사용하고 필요할 경우 올라마 코드도 사용할 수 있도록 포함돼 있습니다.

[.env 환경변수 설정]

```
LANGSMITH_TRACING=true
LANGSMITH_ENDPOINT="https://api.smith.langchain.com"
LANGSMITH_API_KEY="<your-api-key>"
LANGSMITH_PROJECT="my-langsmith-test"
OPENAI_API_KEY="<your-api-key>"
```

이번 예제는 '오늘의 날씨'를 알려주는, 우리가 직접 만든 함수를 사용한 MCP 서버와 desktop commander MCP 서버를 대신하는 노션 MCP 서버를 포함하고 있습니다. 이번 예제 프로그램에서는 그러한 MCP 서버를 활용해 노션에 새 페이지를 추가하거나 내용을 업데이트하는 등 다양한 작업을 자동화할 수 있습니다.

먼저 MCP 서버를 예제 애플리케이션에서 인식할 수 있도록 설정 파일을 수정해야 합니다. MCP 설정 파일인 mcp_config.json에 앞에서 확인한 노션 JSON 설정을 입력합니다. 설정 파일은 "mcpServers" 항목 아래에 사용 가능한 MCP 서버들이 나열되는 구조입니다. 그리고 예제에는 "weather", "notion"이라는 두 개의 MCP 서버가 등록돼 있습니다. 그중 notion 부분에 내 블로그와 연동하기 위해 앞에서 확인한 API 키 등을 포함한 JSON 설정을 입력합니다.

[날씨 MCP와 노션 MCP 설정 파일]

```
{
  "mcpServers": {
    "weather": {
        "command": "python",
        "args": ["./mcp_server/mcp_server_weather.py"],
        "transport": "stdio"
    },
    "notion": {
      "command": "cmd",
      "args": [
        "/c",
        "npx",
        "-y",
```

```
            "@smithery/cli@latest",
            "run",
            "@smithery/notion",
            "--key",
            "your-key",
            "--profile",
            "your-profile"
          ]
        }
      }
    }
```

실행 및 결과 확인

이제 코드와 .env 환경변수 파일이 준비됐으므로 uv run 명령어로 예제를 실행해 보세요. 그리고 오늘의 날씨를 검색하고, 검색된 날씨 데이터를 텍스트 파일로 저장하도록 입력해 보세요.

[예제 코드 실행]

```
> uv run main.py
=== Initializing MCP client... ===
Loaded 22 MCP tools.
[Tool] get_weather
...생략...
[Tool] give_feedback_to_desktop_commander
ReAct agent created.

질문을 입력하세요 (종료: exit): 오늘 서울의 날씨를 알려줘. 그리고 노션에 새 페이지
생성해서 서울의 날씨 정보를 입력해줘.
새 페이지 추가할 노션 데이터베이스 ID : 24aca...
...생략...

=== 그래프 실행 시작 ===
[Supervisor] 사용자 요청 분석 시작: 2개 메시지
```

```
[Supervisor] LLM 모델 호출 중...
...생략...
NEXT_AGENT: Common
[Supervisor] 다음 에이전트 결정: Common
...생략...

[None] 오늘 서울의 날씨는 "오늘은 비, 오후는 맑음. 최고기온 19도, 최저기온 8도.
동남향 2~3m/s 예상. 강우량 2mm 이하."입니다. 이 내용을 노션 데이터베이스 ()에 새
페이지로 생성해 입력해 두었습니다. 필요하시면 언제든지 확인하세요!
...생략...

=== 그래프 실행 완료 ===
```

보다시피 (항상 동일하게 대답하도록 설정된) 날씨 정보를 알려주고 그 내용을 노션 블로그 포스트로 확인할 수 있습니다. 프롬프트를 조금씩 수정해 보며 새 블로그 포스트가 새롭게 추가되는 것을 확인해 보기 바랍니다.

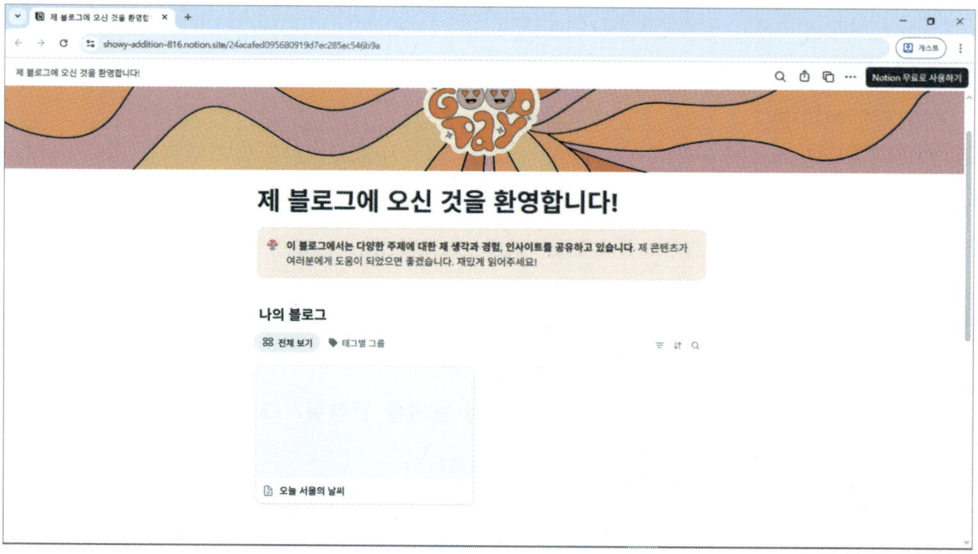

그림 10.8 AI가 생성한 노션 블로그 포스트

10.2 긱뉴스 MCP 연결 및 AI 뉴스 블로그 자동화하기

앞에서 실습을 통해 검색 MCP를 사용해 인터넷에서 얻은 다양한 정보를 블로그 형태로 저장할 수 있었습니다. 이번 예제에서는 여기에 긱뉴스(GeekNews) MCP 서버를 연결해 AI 뉴스를 검색 및 정리하고 이를 블로그 글로 포스팅하는 작업을 자동화해 보겠습니다.

긱뉴스는 기술, 스타트업, IT 산업 전반의 최신 소식과 트렌드를 공유하는 온라인 뉴스 큐레이션 플랫폼으로, 주로 개발자와 기술 관련 종사자가 자발적으로 참여해 정보를 나누는 커뮤니티 서비스입니다. 이곳에서는 인공지능, 소프트웨어 개발, 하드웨어 혁신, 데이터 과학, 클라우드, 사이버보안, 오픈소스 등 폭넓은 기술 분야의 소식이 링크와 함께 간결한 요약으로 소개됩니다. 긱뉴스는 뉴스의 속도와 깊이를 모두 추구한다는 점이 특징으로, 대형 포털이나 일반 뉴스 매체에서 다루기 어려운 마이크로 트렌드, 기술적 변화, 업계 내부 동향 등을 신속하게 접할 수 있습니다. 또한 댓글과 토론 기능을 통해 단순히 기사를 소비하는 데 그치지 않고, 각 뉴스의 맥락과 의미를 심도 있게 해석하고 업계인들의 시각을 공유하는 장으로써의 역할도 하고 있습니다. 이러한 특성 덕분에 긱뉴스는 심도 있는 최신 AI 뉴스를 얻기 위한 최적의 정보원입니다. 다음 URL에 접속해서 한번 둘러보기 바랍니다.

- https://news.hada.io/

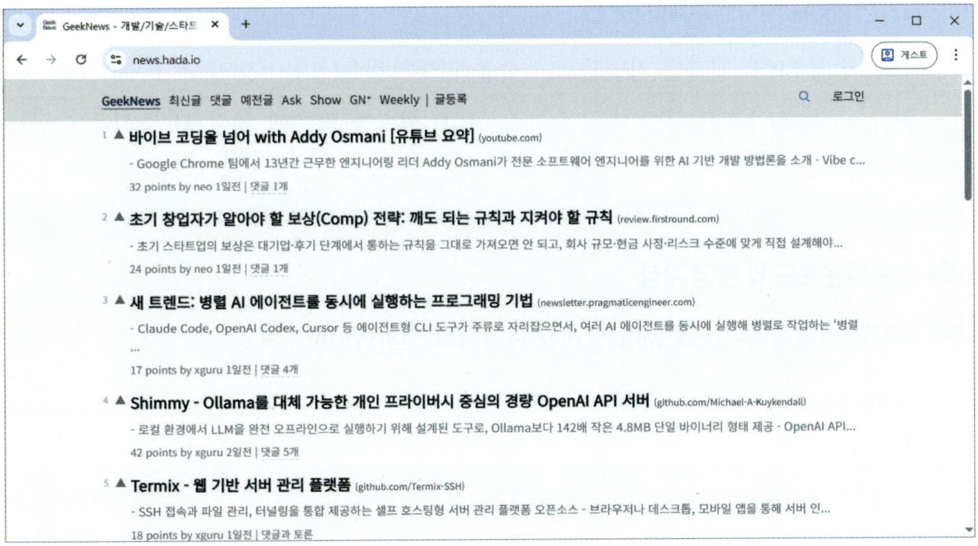

그림 10.9 긱뉴스 홈페이지

긱뉴스 MCP 서버는 깃허브 저장소와 Smithery에서 찾아볼 수 있는 오픈소스 MCP 중 하나로 긱뉴스에 개시된 뉴스를 검색할 수 있는 기능을 제공하는 MCP 서버입니다.

- https://github.com/the0807/GeekNews-MCP-Server

MCP 덕분에 이렇게 다른 개발자가 공유한 기능도 바로 LLM에 접목할 수 있습니다. 이러한 오픈소스 MCP 서버는 노션 MCP처럼 npx로 연결하는 방법도 있지만 날씨 MCP처럼 소스코드를 바로 연결할 수 있습니다. 이번 예제에서는 후자의 방법으로 소스코드 파일을 내려받아 실습 코드에 포함해뒀습니다. 긱뉴스 MCP 서버는 긱뉴스 검색을 위해 다음과 같은 도구를 제공합니다.

표 10.2 긱뉴스 MCP 서버에서 제공하는 도구

도구	설명
get_articles	top, new, ask, show 등의 유형을 지정하고, 원하는 기사 수(limit, 최대 30)를 인자로 받아 호출할 수 있습니다. 반환되는 각각의 기사에는 제목, URL, 포인트, 작성자, 시간, 댓글 수, 순위 등의 정보를 포함합니다.
get_weekly_news	주간 뉴스 아카이브를 가져오는 기능입니다. 특정 주간 뉴스 ID를 입력하거나 ID 없이 호출해 가장 최근 주간 뉴스를 요청할 수 있습니다.

10.2.1 긱뉴스 MCP 연결하기

이번에도 9장의 MCP 예제를 기반으로 실습을 진행하겠습니다. 9장의 MCP 예제에서 직접 구현한 weather MCP 서버 대신 긱뉴스 MCP 서버를 활용해 최신 AI 소식을 수집해 보겠습니다.

예제 코드 다운로드 및 환경 구성

예제 위치로 이동한 후 uv를 통해 필요한 패키지를 설치합니다.

[실습 환경 구성]

```
cd ollama-mcp-tutorials/ch11/02_mcp_agent_geeknews
uv sync
```

9장 실습과 동일하게 랭그래프와 에이전트, MCP 서버가 연동해서 애플리케이션 내부 작동이 복잡하므로 다음과 같이 `.env` 환경설정 파일을 이용해 랭스미스를 활성화하고 애플리케이션을 모니터링하는 것이 좋습니다. 또한 멀티 에이전트의 작동을 관리하기 위해서는 어느 정도 LLM의 성능이 뒷받침돼야 합니다. 이 때문에 기본으로 상용 LLM 서비스(OpenAI)를 사용합니다. 하지만 올라마를 선호하는 분을 위해 올라마를 위한 코드도 포함돼 있습니다.

[.env 환경변수 설정]

```
LANGSMITH_TRACING=true
LANGSMITH_ENDPOINT="https://api.smith.langchain.com"
LANGSMITH_API_KEY="<your-api-key>"
LANGSMITH_PROJECT="my-langsmith-test"
OPENAI_API_KEY="<your-api-key>"
```

이번 예제에서도 두 개의 MCP 서버를 포함하고 있습니다. 하나는 최신 AI 뉴스를 알려주는 긱뉴스 MCP 서버입니다. 그리고 다른 하나는 노션 MCP 서버입니다. 긱뉴스 MCP 서버를 활용해 최신 AI 뉴스를 가져오고, 이를 LLM이 정리하도록 지시한 후 노션 MCP 서버를 통해 새 블로그 글을 추가하겠습니다.

이제 이 MCP 서버를 우리가 작성하는 애플리케이션에서 인식할 수 있도록 설정 파일에 기록해야 합니다. 앞에서 보여드린 파일 구조 중 `mcp_config.json` 파일이 MCP 설정 파일입니다. 설정 파일은 `"mcpServers"` 항목 아래에 사용 가능한 MCP 서버들이 나열되는 구조입니다. 그리고 예제에는 `"geeknews-mcp-server"`, `"notion"`이라는 두 개의 MCP 서버가 등록돼 있습니다. 노션 설정에는 이전 예제와 같이 내 블로그와 연동된 노션 API로 생성된 설정이 들어가야 합니다.

날씨 MCP와 노션 MCP 설정 파일(mcp_config.json)

```
{
  "mcpServers": {
    "geeknews-mcp-server": {
      "command": "python",
      "args": ["./mcp_server/main.py"],
      "transport": "stdio"
    },
    "notion": {
      "command": "cmd",
      "args": [
        "/c",
        "npx",
        "-y",
        "@smithery/cli@latest",
        "run",
        "@smithery/notion",
        "--key",
        "your-key",
        "--profile",
        "your-profile"
      ]
    }
  }
}
```

실행 및 결과 확인

이제 코드와 .env 환경변수 파일이 준비됐으므로 uv run 명령어로 예제를 실행해 보세요. 그러면 긱뉴스로부터 오늘의 인공지능 뉴스를 스스로 찾아서 자동으로 블로그 포스트로 작성해 게시합니다.

[예제 코드 실행]

```
> uv run main.py
=== Initializing MCP client... ===
Loaded 17 MCP tools.
...생략...

=== 그래프 실행 시작 ===
[None] 긱뉴스에서 오늘 인공지능 관련 뉴스 중요도 순으로 5개 찾아서 나열해줘.
5개 뉴스는 링크뿐만 아니라 요약한 내용을 같이 표시해줘. 그리고 노션에 새 페이지
생성해서 답변 결과을 입력해줘. 새 페이지 제목과 내용을 블로그 포스트처럼 친근하게
작성해줘. 새 페이지 추가할 노션 데이터베이트 ID : 24acafed095681a8be96c93fc6dede04
[Supervisor] 사용자 요청 분석 시작: 2개 메시지
[Supervisor] LLM 모델 호출 중...
[Supervisor] LLM 응답: 1. The user requests to find the top 5 important AI-related
news articles from GeekNews for today, including links and summaries.
2. Then create a new page in a Notion database with the given ID, with a friendly
blog-post style title and content containing the news.
3. This requires common problem-solving with the use of tools: get_articles (to
get news), and create-page and append-block-children (to create and add content to
Notion page).
4. Therefore, the appropriate agent is "Common" to handle this multi-step task
involving data retrieval and Notion page creation.
NEXT_AGENT: Common
[Supervisor] 다음 에이전트 결정: Common
...생략...
[Supervisor] 다음 에이전트 결정: Common
...생략...

[None] 오늘 긱뉴스에서 중요도 순으로 선별한 인공지능 관련 뉴스 5개를 요약과 함께
아래와 같이 정리했습니다.1. 새 트렌드: 병렬 AI 에이전트를 동시에 실행하는 프로그래밍
방법
- 링크: https://newsletter.pragmaticengineer.com/p/new-trend-programming-by-
kicking
- 요약: 최신 AI 기술 동향으로 병렬 AI 에이전트를 동시에 실행하는 새로운 프로그래밍
기법을 소개합니다. 효율성과 성능 향상을 목표로 하며, 실제 적용 사례와 방법론을
다룹니다.2. Ollama를 대체 가능한 개인 프라이버시 중심의 경량 OpenAI API 서버
```

```
- 링크: https://github.com/Michael-A-Kuykendall/shimmy
...생략...

=== 그래프 실행 완료 ===
1분 대기 중...
```

보다시피 최신 AI 뉴스 정보를 알려주고 그 내용을 이제 노션 블로그 포스트로 확인할 수 있습니다. 프롬프트를 조금씩 수정해 보며 새 블로그 포스트가 추가되는 것을 확인하길 바랍니다.

그림 10.10 AI 뉴스를 자동으로 추가한 결과

CHAPTER

11

[프로젝트] 멀티모달 AI로 구현하는 자동 회의록 애플리케이션

지금까지 랭체인과 프롬프트를 활용해 LLM 기반 애플리케이션을 구성하는 방법과 주요 기능을 익혔으며, RAG, 에이전트, MCP 같은 핵심 기술을 함께 학습했습니다. 이를 통해 단순한 대화형 챗봇 기능을 넘어 실생활에 직접 도움이 되는 AI 애플리케이션을 설계하고 구현할 수 있는 탄탄한 기반을 마련했습니다.

예를 들어, 바쁜 일상 속에서 회의나 전화 내용을 일일이 메모하지 않아도 대화가 끝난 직후 자동으로 핵심 내용을 정리한 요약본이 제공된다면 얼마나 편할까요? 업무 효율성은 물론, 중요한 내용을 놓칠 가능성도 크게 줄어들 것입니다. 더 나아가, 이러한 기능이 단순한 텍스트 처리에 그치지 않고 음성과 이미지 등 다양한 형태의 데이터를 함께 처리할 수 있다면 활용 범위는 훨씬 넓어집니다.

이번 장에서는 이와 같이 작동하는 멀티모달(Multimodal) AI 애플리케이션을 구현해 보겠습니다. 이 애플리케이션은 실제 회의 녹음 파일을 넣으면 자동으로 전사한 뒤 그 내용을 요약하며, 누구나 바로 활용할 수 있는 회의록을 생성해 줍니다.

11.1 멀티모달 LLM과 음성인식 AI 모델

이번 장에서 멀티모달 LLM이라는 용어가 처음 등장했습니다. 멀티모달 LLM이란 텍스트, 음성, 이미지, 영상 등 서로 다른 형태의 데이터를 동시에 이해하고 처리할 수 있는 대형 언어 모델을 의미합니다.

지금까지 배운 LLM이 주로 텍스트 입력과 출력을 중심으로 발전해 왔다면 멀티모달 LLM은 여러 모달리티(modality)에서 추출한 정보를 결합해 더 풍부하고 정확한 결과를 만들어낼 수 있습니다. 기술적으로는 음성, 이미지, 동영상 모달을 이해할 수 있는 인코더가 데이터를 벡터 형태로 변환하고, 이를 공통 표현 공간에서 통합해 모델이 다양한 작업(질의응답, 요약, 생성 등)을 수행하는 방식입니다.

다음은 멀티모달 LLM의 기본 구조와 작동 흐름을 나타낸 다이어그램입니다.

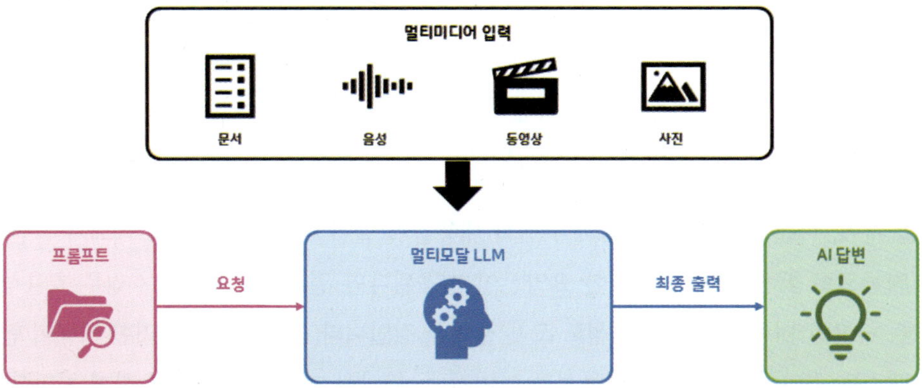

그림 11.1 멀티모달 LLM 구조

사용자가 요청한 명령 프롬프트를 바탕으로 음성, 텍스트, 이미지, 동영상 등 서로 다른 형식의 데이터를 입력받아 중앙의 LLM 모듈이 수집된 데이터를 통합적으로 분석하고 이해합니다. 마지막으로 오른쪽의 출력 단계에서는 사용 목적에 따라 요약문, 분석 결과, 시각 자료 등 다양한 형태로 가공된 결과물이 제공됩니다.

11.1.1 멀티모달 LLM

멀티모달 LLM은 입력되는 데이터의 형태와 처리 목적에 따라 다양한 모델 아키텍처를 활용할 수 있습니다. 각 모델은 처리 가능한 모달리티, 성능, 사용 목적이 다르기 때문에 요구사항에 맞는 모델을 선택하는 것이 중요합니다. 다음 표는 대표적인 멀티모달 LLM과 그 특징을 비교한 것입니다.

표 11.1 멀티모달 모델의 종류

모델명	지원 모달리티	주요 특징	활용 예시
GPT-5	텍스트, 이미지, 음성	OpenAI 최신 모델, 실시간 음성 · 이미지 처리 가능	멀티모달 챗봇, 실시간 통역
Gemini Pro	텍스트, 이미지, 영상, 코드	구글의 범용 멀티모달 모델, 긴 컨텍스트 처리에 강점	장문 분석, 영상 · 이미지 기반 질의응답
클로드 Sonnet	텍스트, 이미지	안전성과 장문 이해 능력 우수	보고서 분석, 문서 · 이미지 혼합 질의응답
DeepSeek	텍스트, 이미지	멀티모달 인식 · 생성 모두 가능	이미지 캡션 생성, 비주얼 QA
LlaVA	텍스트, 이미지	오픈소스 기반, 확장 · 튜닝 용이	커스텀 비전+언어 모델 구축

눈치채셨겠지만 멀티모달 기능은 주로 상용 거대 언어 모델의 클라우드 기반 서비스 형태로 제공됩니다. 왜냐하면 텍스트뿐만 아니라 음성, 이미지, 동영상 등 다양한 멀티미디어 데이터를 동시에 처리하려면 상당한 수준의 병렬 컴퓨팅과 대용량 메모리 같은 대규모 리소스가 필요하기 때문입니다. 이러한 리소스는 개인 PC나 소규모 서버 환경에서는 확보하기 어렵기 때문에 대부분의 멀티모달 서비스는 고성능 GPU 클러스터를 갖춘 클라우드 인프라에서 운영됩니다.

하지만 이러한 개념을 반드시 클라우드 환경에서만 구현해야 하는 것은 아닙니다. 개인 노트북에 장착된 엔비디아 GPU나 최신 맥북 프로 정도의 성능만 갖춰도 일부 멀티모달 기능은 충분히 구현할 수 있습니다. 물론 대규모 이미지 생성이나 복잡한 비디오 분석처럼 연산량이 많은 작업은 제약이 있을 수 있지만 비교적 가벼운 모델을 활용한 기능은 무리 없이 실행 가능합니다. 특히 음성 데이터 인식 분야는 이러한 환경에서 가장 많이 활용되는 영역 중 하나로, 회의록 작성, 실시간 자막 생성, 음성 명령 인식 등 다양한 업무와 일상 속에서 빠르게 적용할 수 있습니다.

이번 장에서는 앞에서 배운 랭체인을 기반으로 로컬 환경에서 실행 가능한 LLM 애플리케이션을 구성해 음성과 텍스트를 함께 처리하는 간단한 멀티모달 예제를 직접 만들어 보겠습니다. 이를 통해 복잡한 상용 인프라나 고가의 클라우드 서비스를 사용하지 않고도 멀티모달 처리의 핵심 개념과 작동 방식을 이해하고 실습할 수 있습니다.

11.1.2 위스퍼 음성인식 모델

앞에서 살펴본 바와 같이 멀티모달 구현에서 가장 많이 사용되는 입력 형태 중 하나는 음성입니다. 그러나 음성 인식을 위해 복잡한 신호 처리나 자연어 처리 알고리즘을 직접 구현하는 것은 현실적으로 쉽지 않습니다. 다행히도 이미 성능과 안정성이 검증된 오픈소스 음성인식 기술이 있으며, 그중 전 세계적으로 널리 사용되는 것이 바로 위스퍼(Whisper)[13]입니다. 이 오픈소스를 활용하면 음성 데이터를 손쉽게 텍스트로 변환할 수 있으며, 복잡한 알고리즘을 직접 작성할 필요 없이 간단한 API 호출이나 명령어 실행만으로도 높은 품질의 음성 인식 결과를 얻을 수 있습니다.

위스퍼는 OpenAI가 만든 범용 음성인식 모델로, 트랜스포머라는 AI 구조를 사용합니다. 이 모델은 인코더와 디코더라는 두 부분으로 나뉘어 작동합니다. 먼저 인코더는 입력된 음성을 분석하기 좋은 데이터 형태로 바꾸고, 셀프 어텐션(Self-Attention)이라는 기술을 이용해 소리 속에서 중요한 패턴과 특징을 찾아냅니다. 그다음 디코더는 인코더에서 받은 정보와 이미 만들어진 글자를 참고해 다음 글자를 예측하며 문장을 완성합니다. 이 과정에서 멀티헤드 어텐션(Multi-Head Attention)이라는 방법을 쓰는데, 쉽게 말해 여러 개의

13 https://openai.com/ko-KR/index/whisper/

관찰 시선을 동시에 둬서 문장의 앞뒤 맥락을 함께 살펴보는 기술입니다. 예를 들어, 사람이 긴 문장을 읽을 때 앞부분과 뒷부분을 왔다 갔다 하면서 전체 의미를 파악하듯, 멀티헤드 어텐션도 여러 시각에서 문장을 분석해 긴 대화나 문장도 자연스럽게 이해하고 반영할 수 있습니다. 멀티헤드 어텐션 덕분에 위스퍼는 긴 문맥을 효과적으로 반영할 수 있어 문장 전체의 의미를 더 정확하게 이해합니다. 그 결과, 여러 언어와 방언의 특성을 파악해 다양한 언어를 인식할 수 있으며, 음성의 품질이 다소 떨어지거나 주변에 잡음이 있는 환경에서도 안정적인 인식 성능을 유지할 수 있습니다.

위스퍼는 tiny, base, small, medium, large 등 여러 크기의 버전이 제공됩니다. 작은 모델은 매개변수 수가 적어 추론 속도가 빠르고, 메모리 사용량이 낮아 실시간 처리나 임베디드 환경에 적합합니다. 반면, 큰 모델은 더 많은 매개변수를 갖고 있어 정확도가 높지만 GPU 메모리와 연산 자원이 더 많이 필요합니다.

표 11.2 위스퍼 모델 종류

모델 크기	파라미터	장점	권장 사용 환경
tiny	39M	속도가 매우 빠름, 저사양 기기에 사용 가능	간단 음성 메모, 실시간 처리
base	74M	속도와 정확도의 균형	일반 음성 기록, 회의록 생성
small	244M	정확도 향상, 다국어 지원 강화	인터뷰, 방송 콘텐츠
medium	769M	고정밀 인식, 긴 오디오 처리에 적합	자막 제작, 다중 화자 회의
large	1550M	최고 수준 정확도, 다국어 완벽 지원	전문 녹음물, 연구 · 아카이브

위 모델을 실행하는 방법은 두 가지가 있습니다. 하나는 OpenAI의 파이토치 기반의 `whisper`를 직접 사용하는 것이고, 다른 하나는 속도와 메모리 사용량을 개선한 `faster_whisper`를 활용하는 것입니다. 두 방식은 동일한 모델 크기와 학습된 파라미터를 사용하지만 실행되는 방식에서 차이가 있습니다. 이번 장에서는 `faster_whisper`를 사용해 음성을 텍스트로 변환하겠습니다. `faster_whisper`에 대한 자세한 설명은 다음 주소를 참고하기 바랍니다.

- https://github.com/SYSTRAN/faster-whisper

이처럼 다양한 옵션 덕분에 위스퍼는 개인용 컴퓨터나 휴대용 기기, 심지어 스마트폰에서도 활용 가능하며, 회의록 생성, 영상 자막 제작, 음성 기반 검색 등 여러 멀티모달 응용 프로그램에서 핵심 구성 요소로 자리 잡고 있습니다. 특히 LLM과 결합하면 음성을 텍스트로 변환한 뒤 곧바로 요약과 분석을 수행할 수 있어 실시간 회의 지원이나 콘텐츠 제작 등 다양한 분야에 적합한 솔루션을 구현할 수 있습니다.

11.1.3 회의록 워크플로 설계

일반적으로 LLM과 AI 도구들을 활용한 애플리케이션을 구현하려면 먼저 전체 프로세스의 흐름을 정의하는 워크플로를 설계해야 합니다. 워크플로는 입력 데이터의 수집부터 전처리, 모델 처리, 후처리, 그리고 결과물을 저장하고 활용하는 단계까지의 순서를 명확히 구조화한 청사진 역할을 합니다. 이렇게 사전에 설계된 워크플로는 개발 과정에서의 시행착오를 줄이고, 기능 확장이나 모델 교체 시에도 안정적으로 시스템을 운영할 수 있는 기반이 됩니다.

다음 그림은 AI 회의록이 만들어지는 전체 과정을 나타냅니다. 먼저 회의 음성을 마이크로 녹음해 파일로 저장합니다. 이렇게 저장된 음성 파일은 음성 인식 엔진을 통해 문장 단위의 텍스트로 변환됩니다. 원본 텍스트는 LLM으로 전달되어 회의 내용을 이해하고 내용 요약, 결정 사항, 후속 작업 등 핵심 정보를 구조화합니다. 마지막으로 이 내용을 미리 정해 둔 템플릿에 맞춰 문서 형식으로 자동 생성합니다.

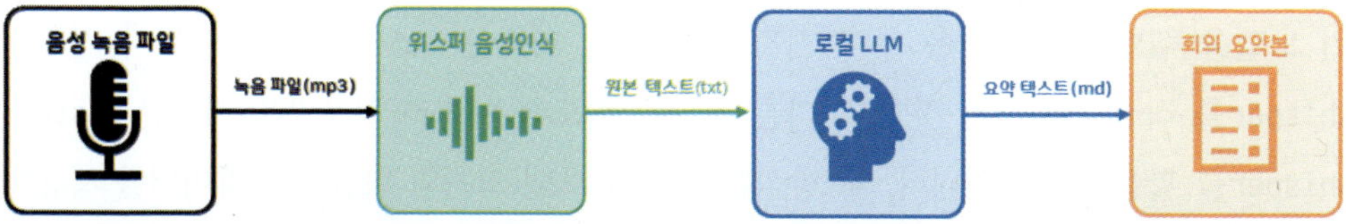

그림 11.2 AI 회의록 생성 워크플로

11.2 회의록 구현 예제

이번 절에서는 앞에서 설명한 워크플로를 기반으로 실제 업무 환경에서 활용 가능한 AI 기반 회의록 생성 애플리케이션 예제를 구현합니다. 이 예제는 앞에서 배운 랭체인 기반 워크플로 설계와 위스퍼 음성인식 모델을 중심으로 구성되며, 음성 데이터를 텍스트로 변환한 뒤 LLM을 통해 요약 · 정리하는 전 과정을 자동화합니다. 이를 통해 독자는 음성과 텍스트를 함께 처리하는 멀티모달 애플리케이션의 작동 원리를 실습을 통해 체득할 수 있습니다.

11.2.1 위스퍼와 LLM을 이용한 AI 회의록 예제 소개

AI 회의록 예제는 복잡한 서버나 대규모 클라우드 환경이 없어도 여러분이 사용하는 개인용 로컬 컴퓨터에서 바로 실행할 수 있도록 만들어졌습니다. 실습에서는 먼저 오디오 파일을 준비해 프로그램에 넣으면 소리가 문자로 변환됩니다. 그다음, 이 문장들을 분석해서 중요한 부분을 찾아내고, 마지막으로 이를 정리한 요약문을 만들어 줍니다. 이렇게 완성된 요약문이 최종 회의록이 됩니다. 이 방식은 회의뿐만 아니라 강의, 인터뷰, 팟캐스트처럼 음성으로 된 다른 콘텐츠에도 그대로 적용할 수 있어 실제 업무나 개인 프로젝트에 활용할 수 있는 범위가 매우 넓습니다.

표 11.3 예제 소스코드 구조와 설명

소스 경로	설명
assets/meeting_audio_sample.mp3	테스트용 회의 음성 샘플 파일
assets/meeting_audio_sample_notes.md	테스트용 샘플 결과 파일
src/__init__.py	패키지 초기화 파일
src/pipeline.py	전체 회의록 생성 파이프라인 로직을 담당(음성 → 텍스트 → 요약)
src/summarizer.py	변환된 텍스트를 LLM에 전달하고 요약 및 구조화하는 모듈

소스 경로	설명
src/transcriber.py	위스퍼를 사용해 음성을 텍스트로 변환하는 모듈
src/file_handler.py	파일 저장 및 결과 처리 모듈
src/.gitignore	Git에서 제외할 파일/폴더 목록 설정
src/README.md	예제 개요, 주요 기능, 설치 및 실행 방법 설명
src/main.py	프로그램 실행 진입점. pipeline.py를 호출해 전체 프로세스를 실행
src/pyproject.toml	프로젝트 설정 및 의존성 관리 파일

이 예제를 위해 테스트용 회의 음성 샘플 파일인 meeting_audio_sample.mp3를 준비했습니다. 이 파일은 3개의 팀이 5분간 진행한 업무 미팅의 내용을 TTS(Text To Speech)로 생성한 것으로, 전략기획, 개발, 품질 부서가 AI 도입 방안과 구체적인 활용 아이디어를 논의하는 내용을 담고 있습니다. 개발 팀은 내부 코딩 가이드 문서를 기반으로 한 AI 채팅 시스템, 품질 팀은 고객 상담 데이터를 활용한 자동 분류 및 보고서 생성 시스템을 제안하며, 양 팀 모두 반복 업무 효율화와 품질 향상을 목표로 하고 있습니다. 이 회의 내용을 위스퍼 모델을 이용해 텍스트로 변환한 후, LLM을 통해 회의록으로 요약해서 회의록이 잘 만들어지는지 보겠습니다.

예제 코드 다운로드 및 환경 구성

예제 위치로 이동한 후 uv를 통해 필요한 패키지를 설치합니다.

[실습 환경 구성]

```
cd ollama-mcp-tutorials/ch11
uv sync
```

실행 및 결과 확인

이제 프로젝트 폴더에서 uv run 명령어로 예제를 실행합니다.

[예제 코드 실행]

```
> uv run main.py
... 생략 ...
[1단계] 음성을 텍스트로 변환 중... Faster Whisper 모델 로딩 중: base 음성 파일 변환
중: meeting_audio_sample.mp3 사용 모델: base
변환 완료! (2422 글자)
안녕하세요. 전략기 획힘 김유진 팀장입니다. 오늘 회의의 핵심 목적은 우리 회사의 AI
도입 방향성과 관련된 실질적인 실행 방안을 논의하는 것입니다. 최근 산업 전반에서
디지털 트랜스포메이션이 빠르게 진행되고 있고 이러한 변화의 중심의 AI 기술이
있습니다. 우리 조직도 시대의 흐름의 발맞춰 경쟁력을 합보하고 업무 효율을 극대화하기
위해 AI 기반의 업무 혁신이 반드시 필요하다고 판단했습니다. 따라서 각 부서에서 현재
검토 중이거나 계획하고 있는 AI 활용 아이디어나 시도들을 자유롭게 공유해 주시면
감사하겠습니다.
... 생략 ...
예산 및 리소스 배부는 다음 주 전략 기획회의에서 보다 구체적으로 조율하겠습니다.
그전에 각 팀에서 간단한 피오 씨를 통해 실제 적용 가능성을 먼저 테스트해 보시는 게
어떨까요?

[2단계] 회의록 요약 생성 중... LLM 모델 로딩 중: qwen3:8b 요약 완료! Okay, let me
try to tackle this. The user wants me to summarize the meeting notes into three
sections: Main Discussion Points, Decisions Made, and Action Items. First, I need to
read through the provided meeting notes carefully to understand what was discussed.
... 생략 ...

Let me structure each section clearly and concisely, avoiding any markdown as
requested.
1. 주요 논의 사항
- AI 도입 필요성: 디지털 트랜스포메이션 속도가 빨라지고 AI 기술이 중심으로 자리 잡고
있음. 회사의 경쟁력 강화 및 업무 효율화를 위 해 AI 도입이 필수적임.
- 개발팀의 문제점: 신입/외부 개발자에게 코딩 가이드라인 전달 시 혼란이 발생하며,
구도 설명이나 문서만으로 핵심 전달이 어려움.
... 생략 ...
2. 결정된 사항
- AI 채팅 시스템 구현: 개발팀의 AI 채팅 시스템(코딩 가이드라인 기반)과 품질팀의
데이터 분석 기반 자동화 모델을 추진.
- 시범 운영 진행: 각 팀이 소규모 시범 프로토타입을 개발해 테스트 사용자 피드백
```

```
수집.
... 생략 ...
3. 액션 아이템
- 개발팀: AI 채팅 시스템 구현을 위해 대형 언어 모델 학습 및 API 연동 기획.
... 생략 ...
[완료] 회의록 생성이 완료되었습니다!
```

보다시피 전반적으로 음성인식 성능은 양호하지만 일부 단어가 전혀 다른 의미로 인식되거나 발음대로 잘못 표기되는 경우가 있습니다. 이러한 오류는 회의록의 정확성과 가독성을 저하시킬 수 있으므로 이후 과정에서 LLM을 활용해 잘못 인식된 부분을 교정하고 전체 문장을 자연스럽게 다듬어 요약하는 과정이 필요합니다.

11.2.2 메인 로직(main.py)

main.py의 첫 번째 핵심 부분은 명령행 인자 설정입니다. 이를 위해 argparse 라이브러리를 사용해 사용자가 uv run main.py 명령을 실행할 때 덧붙여 입력할 수 있는 옵션들을 정의합니다. 예를 들어, --audio-path는 변환할 오디오 파일의 경로를 지정하며, 기본값으로 assets/meeting_audio_sample.mp3가 설정돼 있습니다. --model-size는 위스퍼 음성인식 모델의 크기를 선택할 수 있게 하고, --llm-model은 요약에 사용할 LLM 모델명을 입력받습니다.

```
parser = argparse.ArgumentParser(
    description="AI 기반 회의록 자동 생성 시스템"
)

parser.add_argument(
    "--audio-path",
    type=str,
    default="assets/meeting_audio_sample.mp3",
    help="회의 오디오 파일 경로 (mp3/wav)"
)
```

```
parser.add_argument(
    "--model-size",
    type=str,
    default="base",
    choices=["tiny", "base", "small", "medium", "large"],
    help="Whisper 모델 크기 선택"
)

parser.add_argument(
    "--llm-model",
    type=str,
    default="qwen3:8b",
    help="요약에 사용할 LLM 모델명"
)
```

메인 코드의 두 번째 핵심 부분은 파이프라인 실행과 결과 처리입니다. 아래 코드에서 MeetingNotesPipeline 객체를 초기화해 음성 전사와 요약 기능이 연결된 전체 작업 흐름을 구성하고 실행합니다.

```
# 2. 파이프라인 초기화
pipeline = MeetingNotesPipeline(
    model_size=args.model_size,
    llm_model=args.llm_model
)

pipeline.run(args.audio_path)
```

11.2.3 전체 파이프라인 구현(pipeline.py)

pipeline.py는 음성 파일을 받아서 글자로 변환하고, 이를 요약해 최종 회의록을 만드는 전체 과정을 구현한 코드입니다. 먼저 필요한 설정과 객체를 준비하는 초기화 단계가 있고, 다음으로 음성을 전사(transcribe)하고 요약(summarize)하는 실행 단계가 이어집니다. 마지막으로 실행 결과를 저장(file_handler)하는 단계로, 처음부터 끝까지 하나의 흐름으로 작동합니다.

먼저 __init__ 함수에서 전체 파이프라인에 필요한 설정과 객체를 준비합니다.

```
def __init__(
    self,
    model_size: str = "base",
    llm_model: str = "qwen3:8b"
) -> None:
    """지정된 모델들로 파이프라인 초기화

    Args:
        model_size: 전사에 사용할 Whisper 모델 크기
        llm_model: 요약에 사용할 LLM 모델명
    """
    self.transcriber = AudioTranscriber(model_size=model_size)
    self.summarizer = MeetingSummarizer(model_name=llm_model)
    self.file_handler = FileHandler()

    # LangGraph 워크플로 구성
    self.graph = self._build_workflow()

    # 그래프 시각화 생성
    self._save_graph_visualization()
```

이 함수에서 전사 모듈(AudioTranscriber), 요약 모듈(MeetingSummarizer), 결과 저장을 담당하는 파일 처리 모듈(FileHandler)을 초기화합니다. 전사에 사용할 위스퍼 모델의 크기(model_size)와 요약에 사용할 LLM 모델명(llm_model)을 매개변수로 받아 실행 환경이나 요구 사항에 맞게 유연하게 변경할 수 있습니다. 다음으로 LangGraph 워크플로를 빌드합니다.

```
    def _build_workflow(self) -> StateGraph:
        """LangGraph 워크플로우 구성"""
        # 1. 그래프 빌더 생성
        graph_builder = StateGraph(MeetingState)

        # 2. 노드 추가
        graph_builder.add_node("validate_input", self._validate_input_node)
        graph_builder.add_node("transcribe", self._transcribe_node)
        graph_builder.add_node("summarize", self._summarize_node)
        graph_builder.add_node("save_file", self._save_file_node)

        # 3. 에지 추가(순차 실행)
        graph_builder.add_edge(START, "validate_input")
        graph_builder.add_edge("validate_input", "transcribe")
        graph_builder.add_edge("transcribe", "summarize")
        graph_builder.add_edge("summarize", "save_file")
        graph_builder.add_edge("save_file", END)

        # 4. 그래프 컴파일
        return graph_builder.compile()
```

빌드된 워크플로는 `_save_graph_visualization()` 함수를 통해 `graph.png`로 시각화한 결과를 저장해 구조를 한눈에 확인할 수 있습니다.

```
# 그래프를 PNG 파일로 저장
png_data = self.graph.get_graph(xray=True).draw_mermaid_png()

# 현재 작업 디렉터리에 'graph.png' 파일로 저장
file_path = os.path.join(os.getcwd(), "graph.png")
with open(file_path, "wb") as f:
    f.write(png_data)
```

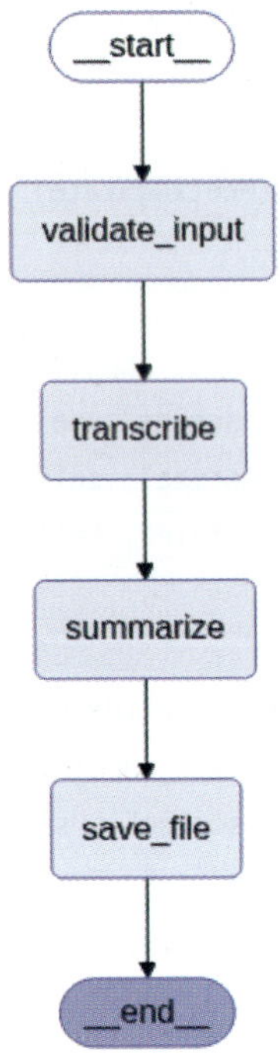

그림 11.3 AI 회의록 생성 워크플로

다음으로 run() 함수에서는 파이프라인의 핵심 로직을 수행합니다.

```
def run(
        self,
        audio_path: str,
        output_path: str = None,
        verbose: bool = True
    ) -> Dict[str, Any]:
... 생략 ...

    # 워크플로 수행
    final_state = self.graph.invoke(initial_state)
```

이 과정은 네 개의 노드로 이뤄진 그래프가 순차적으로 실행되면서 자동으로 이어집니다. 먼저 validate_input 노드에서 입력된 음성 파일 경로가 올바른지 검증하고, 이어서 transcribe 노드에서 전사 모듈을 통해 음성을 텍스트로 변환합니다. 변환된 전사문은 summarize 노드로 전달돼 요약 모듈이 구조화된 회의록 요약을 생성합니다. 마지막으로 save_file 노드에서는 전사 내용과 요약 결과를 파일 처리 모듈을 통해 마크다운 형식으로 저장하며, 저장 시 UTF-8 인코딩을 적용해 한글이 깨지지 않도록 처리됩니다.

이처럼 pipeline.py는 음성 파일로부터 전사와 요약을 거쳐 완성된 회의록을 자동으로 생성하고 저장하는 전 과정을 랭그래프 기반 워크플로로 재구성했으며, 이를 통해 기존의 절차형 코드보다 더 효율적이고 확장 가능한 회의록 자동화 시스템을 제공합니다.

11.2.4 음성 파일 전사(transcriber.py)

transcriber.py는 Faster Whisper 모델을 활용해 음성 파일을 텍스트로 변환하는 전사 모듈입니다. 이 모듈은 초기화 단계에서 전사에 필요한 모델 설정을 준비하고 실제로 전사가 필요할 때 모델을 로드해 메모리와 자원을 효율적으로 사용할 수 있도록 합니다. 그리고 준비된 모델을 이용해 음성 파일을 텍스트로 변환하는 흐름으로 설계돼 있습니다.

__init__ 함수에서는 전사에 필요한 모델 크기, 실행 장치, 계산 정밀도를 설정합니다. 실제 위스퍼 모델 객체는 _model 속성을 None으로 지정해 필요한 시점에만 로드되게 합니다.

```
def __init__(self, model_size: str = "base", device: str = "cpu", compute_type: str
= "int8") -> None:
    self.model_size = model_size
    self.device = device
    self.compute_type = compute_type
    self._model: Optional[WhisperModel] = None
```

_load_model() 함수는 _model이 아직 로드되지 않았을 경우에만 위스퍼 모델을 초기화합니다. 모델 크기와 장치, 정밀도 정보를 바탕으로 WhisperModel 객체를 생성하며, 어떤 설정이 사용되는지 콘솔에 출력합니다.

```python
def _load_model(self) -> None:
    if self._model is None:
        print(f"Faster Whisper 모델 로딩 중: {self.model_size}")
        self._model = WhisperModel(
            self.model_size,
            device=self.device,
            compute_type=self.compute_type
        )
```

transcribe() 함수는 음성 파일을 텍스트로 변환합니다. 먼저 파일이 존재하는지 확인한 후, _load_model()을 호출해 모델을 준비합니다. 그다음, self._model.transcribe()를 실행해 음성을 텍스트로 변환하고, 세그먼트 단위의 결과를 합쳐 하나의 문자열로 반환합니다.

```python
def transcribe(self, audio_path: str, language: str = "ko") -> str:
    audio_file = Path(audio_path)
    if not audio_file.exists():
        raise FileNotFoundError(f"음성 파일을 찾을 수 없습니다: {audio_file}")

    self._load_model()

    print(f"음성 파일 변환 중: {audio_file.name}")
    print(f"사용 모델: {self.model_size}")

    segments, _ = self._model.transcribe(str(audio_file), language=language)
    transcript = "".join(segment.text for segment in segments)

    print("음성 변환 완료!")
    return transcript.strip()
```

이처럼 transcriber.py는 음성 데이터를 효율적으로 텍스트로 변환하기 위한 과정을 한 클래스 안에 체계적으로 구현하고 있어 회의록 자동화나 음성 기반 애플리케이션의 핵심 구성 요소로 활용할 수 있습니다.

11.2.5 로컬 LLM을 통한 요약(summarizer.py)

summarizer.py는 로컬 환경에서 실행 가능한 올라마 LLM을 사용해 회의록 텍스트를 구조화된 요약으로 변환하는 모듈입니다. 모듈의 초기화 단계에서 프롬프트 템플릿을 생성하고, 사용할 모델명을 설정합니다. 그리고 필요할 때만 LLM을 로드하는 지연 로딩 방식을 사용하며, 요약 실행 단계에서 지정된 형식의 일관된 요약문을 생성합니다.

__init__ 함수에서는 기본 모델명을 "qwen3:8b"로 설정하며, 매개변수를 통해 다른 올라마 호환 모델로 교체할 수 있습니다. 또한 _create_prompt_template() 함수를 호출해 요약 결과가 항상 동일한 구조(주요 논의 사항, 결정된 사항, 액션 아이템)를 따르도록 프롬프트를 정의합니다.

```
def __init__(self, model_name: str = "qwen3:8b") -> None:
    self.model_name = model_name
    self._llm: Optional[OllamaLLM] = None
    self.prompt_template = self._create_prompt_template()

def _create_prompt_template(self) -> PromptTemplate:
    template = """다음 회의록을 아래 형식으로 요약해 주세요:

### 1. 주요 논의 사항
- 핵심 포인트들을 bullet point로 정리

### 2. 결정된 사항
- 결정된 내용들을 bullet point로 정리

### 3. 액션 아이템
- 후속 조치나 다음 단계들을 bullet point로 정리

회의록:
{transcript}"""
    return PromptTemplate(input_variables=["transcript"], template=template)
```

_load_llm() 함수는 LLM이 아직 준비되지 않은 경우에만 모델을 초기화합니다. 이 방식은 불필요하게 모델을 메모리에 올려두지 않고, 실제로 필요할 때만 로드해서 자원 사용을 최적화합니다.

```
def _load_llm(self) -> None:
    if self._llm is None:
        print(f"LLM 모델 로딩 중: {self.model_name}")
        self._llm = OllamaLLM(model=self.model_name)
```

summarize() 함수는 실제 요약 작업을 수행합니다. 입력된 회의록이 비어 있는 경우 예외를 발생시키며, 모델을 로드한 후 프롬프트와 LLM을 파이프 연산자(|)로 연결해 체인을 구성합니다. 이 체인을 실행하면 지정된 구조의 요약 결과가 반환됩니다.

```
def summarize(self, transcript: str) -> str:
    if not transcript.strip():
        raise ValueError("회의록 텍스트가 비어있습니다")
    try:
        self._load_llm()
        chain = self.prompt_template | self._llm
        summary = chain.invoke({"transcript": transcript})
        return summary.strip()
    except Exception as e:
        return self._handle_error(e)
```

에러 발생 시 _handle_error() 함수가 호출되어 사용자 친화적인 메시지를 제공합니다. 특히 모델이 설치되지 않아 발생하는 404 오류에는 `ollama pull` 명령어 안내를 함께 제공하여 사용자가 즉시 문제를 해결할 수 있도록 돕습니다.

```
def _handle_error(self, error: Exception) -> str:
    error_msg = str(error)
    if "404" in error_msg:
        return f"""[오류] 모델을 찾을 수 없습니다: {self.model_name}
```

```
다음 명령어로 모델을 설치해 주세요:
ollama pull {self.model_name}"""
    else:
        return f"[오류] 요약 생성 중 문제가 발생했습니다: {error_msg}"
```

이처럼 summarizer.py는 로컬 LLM을 활용해 표준화된 회의록 요약을 안정적으로 생성하며, 모델 변경의 유연성, 실행 효율성, 오류 복구 편의성을 모두 갖춘 구조로 설계돼 있습니다.

11.2.6 요약 파일 저장(file_handler.py)

file_handler.py는 전사 및 요약 결과를 마크다운 파일 형식으로 저장하는 기능을 담당하는 모듈입니다. 이 FileHandler 클래스는 초기화, 결과 딕셔너리 생성, 최종 파일 저장의 흐름으로 작동하며, 사용자가 입력한 음성 파일을 기반으로 한 전사와 요약 내용을 정리된 문서로 쉽게 관리할 수 있도록 설계됐습니다.

__init__ 함수는 복잡한 설정 없이 간단히 파일 핸들러를 준비하는 역할을 합니다.

```
class FileHandler:
    """회의록 결과를 파일로 저장하는 핸들러"""

    def __init__(self) -> None:
        """파일 핸들러 초기화"""
        pass
```

create_result_dict() 함수는 전사문과 요약문, 원본 음성 파일 경로를 받아 하나의 결과 딕셔너리로 정리합니다. 이 딕셔너리에는 전사 텍스트, 요약 텍스트, 음성 파일 경로, 전사문 글자 수가 포함돼 있습니다. 이러한 구조를 통해 이후 파일 저장 과정에서 필요한 정보를 일관되게 관리할 수 있습니다.

```
    def create_result_dict(
        self,
        transcript: str,
        summary: str,
        audio_file: str
    ) -> Dict[str, Any]:
        """결과 딕셔너리 생성

        Args:
            transcript: 전사 텍스트
            summary: 요약 텍스트
            audio_file: 음성 파일 경로

        Returns:
            결과 딕셔너리
        """
        return {
            "transcript": transcript,
            "summary": summary,
            "audio_file": str(audio_file),
            "character_count": len(transcript)
        }
```

파일 저장은 save_meeting_notes() 함수가 담당합니다. 이 함수는 먼저 저장 경로를 확인하고, 별도로 지정되지 않은 경우에는 원본 음성 파일명 뒤에 _notes.md를 붙여 자동으로 경로를 생성합니다. 이어서 마크다운 형식의 문서를 구성하는데, 여기에는 음성 파일 경로, 전사문 글자 수, 원본 전사 내용, 요약 결과가 순서대로 포함됩니다. 이렇게 생성된 문서는 UTF-8 인코딩을 적용해 저장되므로 한글이 깨지지 않으며, 실행 시 진행 상황을 출력해 사용자가 저장 결과를 쉽게 확인할 수 있습니다.

```
def save_meeting_notes(self, result: Dict[str, Any], output_path: str = None,
verbose: bool = True) -> str:
    if output_path is None:
        audio_file = Path(result['audio_file'])
```

```
        output_path = audio_file.parent / f"{audio_file.stem}_notes.md"

    output_file = Path(output_path)
    content = f"""# 회의록
**음성 파일:** {result['audio_file']}
**전사 길이:** {result['character_count']} 글자

## 원본 전사 내용

{result['transcript']}
## 요약
{result['summary']}
"""
    output_file.write_text(content, encoding='utf-8')

... 생략 ...
```

이처럼 file_handler.py는 전사 및 요약 결과를 사용자 친화적인 문서로 변환해서 저장하는 역할을 수행하며, 전체 회의록 자동화 파이프라인에서 최종 결과물을 책임지는 핵심 구성 요소입니다.

이번 장에서는 음성 인식과 LLM을 결합한 멀티모달 파이프라인을 설계하고 구현하는 전 과정을 살펴봤습니다. 위스퍼를 이용해 음성을 텍스트로 변환하고, LLM을 통해 이를 요약하고 정리하는 흐름을 단계별로 실습하며, 실제 회의록을 자동으로 생성하는 애플리케이션을 완성했습니다. 이 과정에서 음성인식, LLM, 데이터처리, 워크플로 설계 등 실무 적용을 위한 핵심 기술과 구현 패턴을 익혔습니다.

이러한 기반 기술은 회의록 생성에만 국한되지 않습니다. 인터뷰 내용을 자동으로 기록하고 정리하는 인터뷰 노트, 강의 내용을 요약해 학습 효율을 높이는 수업 노트 등 다양한 형태로 확장할 수 있습니다. 여기까지 꾸준히 내용을 따라온 독자라면 이번 예제를 기반으로 맞춤형 데이터와 추가 기능을 포함해서 더욱 유용한 AI 도구를 직접 만들 수 있을 것입니다.

다만 이번 장에서 애플리케이션이 사용하는 세부 기능들은 MCP 서버가 아니라 함수 형태로 구현해서 사용하고 있다는 점에 주의합니다. 만약 필요로 하는 기능들을 모두 MCP 서버 형태로 구현할 경우 도구 실행 시간이 매우 길어져(30초 이상) 호출이 실패하는 상황이 자주 발생할 수 있습니다. 따라서 이러한 애플리케이션은 MCP 서버를 사용하기보다는 일반 애플리케이션 형태로 개발하는 것이 적합합니다.

기호

@mcp.tool() 데코레이터 283
@tool 데코레이터 243

A – J

AgentExecutor 191
AGI(Artificial General Intelligence) 2
AI 에이전트 1
AIMessage 96, 114
Chatbot 올라마 57
ChatMessage 96, 121
ChatOllama 71
ChatOpenAI 81
ChatPromptTemplate 96
Chroma 137
CLI(Command Line Interface) 45
Code LLMs 32
Command 247
curl 47
deactivate 69
DeepSeek 31
FAISS 137
Gemma 31
GPT–4 74
GPT(Generative Pre–trained Transformer) 17
gpt–oss 32
GPU 11
GPU 오프로딩 11
GPU(Graphics Processing Unit) 33
HumanMessage 72, 114
JsonOutputParser 86
JsonResponse 89

L – N

LCEL 체인 93
LCEL(LangChain Expression Language) 68, 92
LLaMA(Large Language Model Meta AI) 10
LLM 14
LLM(Large Language Models) 1
LM Studio 56
LoRA(Low–Rank Adaptation) 23
MCP 서버 264
MCP 클라이언트 264
MCP 호스트 264
mcp_config.json 283, 308, 313
MCP(Model Context Protocol) 261
mcpServers 284, 308, 313
MeetingNotesPipeline 327
MessagesPlaceholder 107
Mistral/Mixtral 32
MoE(Mixture of Experts) 8
MultiServerMCPClient 286
NPU(Neural Processing Unit) 33

O – Q

OLLAMA_AUTH_TOKEN 50
OllamaEmbeddings 135
ollama list 29, 73
ollama pull 28
ollama rm 29
ollama run 28
OpenAI 3
OpenAI API 75
OPENAI_API_KEY 78

Open WebUI 55, 59
OutputParser 86, 91
PEFT(Parameter-Efficient Fine-Tuning) 23, 128
Phi-4 32
Pinecone 137
PPO(Proximal Policy Optimization) 23
PromptTemplate 101
PyPDFLoader 148
Qwen 6, 12, 31

R – Z

RAG(RetrievalAugmented Generation) 64
ReAct Loop 패턴 187
ReAct(Reasoning and Acting) 188
REST API 방식 47
RLHF(Reinforcement Learning from Human Feedback) 22
RNN(Recurrent Neural Network) 15
RunnableGenerator 119
RunnableSequence 167
Smithery.ai 265
State 222
StateGraph 223
StrOutputParser 96
SystemMessage 114
Tavily 190
temperature 파라미터 197
ToolCall 121
ToolMessage 121
uv 41
uv add 51
uv init 52
uv sync 69
VectorStoreRetriever 167
VRAM 33

ㄱ – ㄹ

강화학습 기반 사용자 피드백 반영 22
강화학습 알고리즘 23
검색 증강 생성 64, 123
관리자 노드 250
관찰 188
그래프 217
그룹 단위 양자화 37
근접 탐색 알고리즘 137
깃뉴스 MCP 서버 312
노드 216
노션 298
노션 MCP 299
대규모 언어 모델 1
도구 66, 183
독스트링 243
동적 양자화 36
딥시크 3, 5
라마 3, 5, 10
라마3/라마4 31
라마인덱스 46
라우터 218
랭그래프 38, 211
랭스미스 38, 156
랭체인 38, 63
랭체인 허브 170
로컬 LLM 5

ㅁ – ㅅ

맥락 길이 20
멀티모달 317
멀티 에이전트 215
멀티 헤드 어텐션 16
멀티헤드 어텐션 320
메모리 67
메모리 분할 11
명령줄 기반 인터페이스 45
모달리티 318
문맥 124
미세 조정 22
벡터 데이터베이스 124
벡터 양자화 137
벡터 저장소 125
벡터 차원 축소 137
보상 모델 23
빌더 217
사고 188
사전 훈련 22
상용 LLM 4
상태 217
생각의 사슬 21
셀프 어텐션 16, 18, 320
소프트맥스 함수 19
소형 LLM 34
순차 예측 17
순환 신경망 15
순환 처리 구조 186
스트리밍 형식 82

ㅇ – ㅊ

알파카 10
앤트로픽 3
양자화 8, 34, 35
어텐션 14, 16
언어모델 서비스 66

에이전트 65, 67, 182, 186
에이전트 노드 278
에지 217
오토리그레시브 17
오픈소스 LLM 26
올라마 9, 26
올라마 GUI 60
워크플로 211
위스퍼 320
은닉층 18
의존성 잠금 41
일반 인공 지능 2
임베딩 19, 126
임베딩 벡터 128
입력층 18
작동 모니터링 159
전문가 혼합 구조 20
제마 5
제미나이 3
조건부 에지 235
챗GPT 3, 74
체인 67
추론 188
출력층 18
출력 파서 67

ㅋ – ㅎ

커서 261
클로드 3, 268
클로드 데스크톱 261
텐서플로 38
토큰화 18
트랜스포머 14, 16
파라미터 8
파이토치 38
포지션 인코딩 17
프롬프트 98
프롬프트 엔지니어링 99
프롬프트 템플릿 66, 101
피드 포워드 18
하이퍼클로버X 12
할루시네이션 155
행동 188
허깅페이스 6
허깅페이스 트랜스포머 38
훈련 22
희소 어텐션 20